표준보육과정과 평가인증지표에 기초한

0·1·2세아 2판
영아보육 프로그램

| 김혜금 · 임미정 · 차승환 · 전영희 · 길미애 공저 |

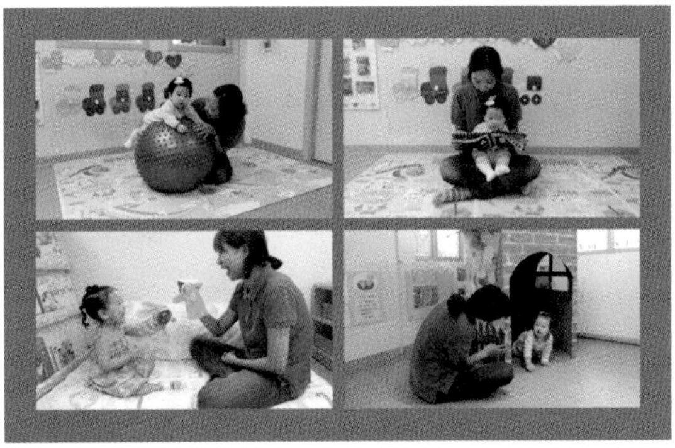

INFANT NURSERY PROGRAMS

학지사

2판 머리말

급격한 산업화와 사회문화적 환경의 변화에 따라 보육은 보편적인 자녀양육 방식이 되고 있다. 이에 따라 어린이집을 이용하는 영유아의 연령이 낮아지고 영아를 바라보는 시각도 변화하고 있다. 특히 저출산과 여성의 경제 참여 증가에 따라 양질의 보육서비스에 대한 사회적 요구와 국가적 책임이 강조되는 한편, 질적으로 우수한 영아보육 프로그램에 대한 요구도 높아지고 있다.

그런데 대부분의 어린이집에서는 이미 개발된 영아보육 프로그램을 적용하기도 하고 유아의 프로그램을 변형하여 활용하기도 하지만 그 사례가 많지 않다. 더욱이 만 0세아 프로그램에 대해서는 소수이기는 하지만 계획조차 세우지 않고 있는 어린이집들이 있음을 현장 사례를 통해 알 수 있다.

이 같은 현실에서 정부는 영아보육 모형과 제1차 표준보육과정을 개발 · 보급하였으며 2012년 2월 29일 제1차 표준보육과정을 개정한 제2차 표준보육과정을 고시하였다. 그리고 2013년 1월 제3차 어린이집 표준보육과정이 개정 고시되었다(보건복지부 고시 제2013-8호). 그러나 많은 관심 속에 진행되고 있는 평가인증과 연계하여 보육 프로그램을 적용하기에는 적지 않은 어려움이 있으며, 이 같은 문제를 해결하기 위해서는 평가인증과 표준보육과정과의 연계성 있는 프로그램이 필요하다. 특히 월령이 낮은 영아를 보육하는 어린이집에서는 영아의 발달 특성과 욕구를 충분히 고려한 프로그램 적용에 어려움을 느끼고 있어, 이에 대한 적절한 프로그램 지원 또한 필요하다.

이 책은 제3차 표준보육과정의 6개 영역과 어린이집 평가인증 항목에서 요구되는 보육 내용을 함께 적용하였다. 이를 통해 제3차 표준보육과정에 대한 이해도를 높이고, 어린이집 평가인증 항목과의 연계성을 강조함으로써 영아반 교사들이 보다 쉽게 영아보육 프로그램을 계획하고 적용할 수 있도록 하였다. 무엇보다 영아의 특성을 충분히 고려한 프로그램을 계획하고 실시함으로써 영아보육의 질적 수준 향상에 기여할 수 있도록 하였다.

이 책의 구성은 이론 및 활동편으로 나뉘는데, 이론편은 1장부터 5장으로 편성되어 있다. 먼저 1장에서는 보육의 정의와 보육의 개념에 대한 인식 변화를 살펴봄으로써 보육을 이해하도록 하고, 사회문화 환경의 변화에 따른 영아보육 프로그램의 필요성에 대해 설명하였으며, 임미정 원장이 집필을 맡았다.

2장에서는 인간의 삶에서 가장 극적인 발달 변화가 일어나는 시기인 영아기의 발달에 대해 이해하도록 하고, 만 0~2세아의 발달 특성과 영아기 놀이에 대해 소개하였으며, 임미정 원장이 집필을 맡았다.

3장에서는 3차 표준보육과정의 0~1세 보육과정과 2세 보육과정을 살펴보았으며, 임미정 원장이 집필을 맡았다.

4장에서는 영아를 위한 실내·외 환경 구성 원리와 원칙을 이해하도록 하고, 실내·외 환경의 흥미영역별로 안전한 환경 구성에 대해 설명하였으며, 김혜금 교수가 집필을 맡았다.

5장에서는 영아보육 프로그램의 평가 목적을 이해하도록 하고, 영아보육 프로그램의 평가 내용으로서 영아보육과정 평가와 영아발달 평가를 소개하고 교사의 자기평가에 대해서 살펴보았으며, 김혜금 교수가 집필을 맡았다.

활동편에서는 표준보육과정과 평가인증 항목에 따라 연계성 있는 활동 내용을 함께 제시함으로써 영아보육과정에 대한 이해도를 높이고, 만 0세아, 만 1세아, 만 2세아로 나누어 연간, 월간, 주간, 일일활동을 제시하였다. 활동편은 연령별로 나누었는데, 만 0세아는 차승환 원장, 만 1세아는 전영희 원장, 그리고 만 2세아는 길미애 원장이 집필을 맡았다.

이 책이 나오기까지 서울과 지방에 있는 저자들은 오랜 기간 동안 매주 모여 회의를 하고 의견을 나누었다. 특히 만 0세아, 만 1세아, 만 2세아 영아들의 연계성 있는 활동들을 계획하고 놀이 활동을 진행하기 위해 자료를 모으고 준비하는 데 심혈을 기울였다. 강한 의욕을 보이며 준비한 내용들이 앞선 의욕에 비해 생각만큼 충분하게 담아내지 못한 것 같아 아쉬운 마음이지만, 앞으로 이 책을 읽는 독자들의 질책과 평가를 통해 좀 더 시간을 두고 정진할 것을 다짐해 본다.

끝으로 이 책이 나오기까지 사랑스러운 영아들과 호흡을 같이하며 활동을 열심히 해 준 우리 교사들의 노고에 감사 드리며, 오늘도 보육현장에서 영아반을 맡아 묵묵히 애쓰고 있는 여러 보육교사들과 영아보육에 관심이 있는 예비교사들에게 이 책이 다소나마 도움이 되길 바란다. 더불어 기꺼이 출판을 허락해 주신 학지사 김진환 사장님과 편집 관계자 여러분께 심심한 감사의 마음을 전한다.

2013년 8월

저자 일동

차 례

제 1 장

보육의 개념 및 영아보육 프로그램의 필요성

1. 보육의 이해
2. 영아보육 프로그램의 필요성

제1장

보육의 개념 및 영아보육 프로그램의 필요성

1. 보육의 이해

1) 보육의 정의 및 개념

「영유아보육법」 제1장 총칙 제2조 2항에 따르면, '보육이란 영유아를 건강하고 안전하게 보호 · 양육하고 영유아의 발달 특성에 적합한 교육을 제공하는 사회복지 서비스'를 말한다.

보육의 개념은 학자에 따라 정의를 달리하는데, 그 시작은 탁아(day-care)의 개념에서 시작하였다. 과거 보육의 개념은 선별적 보육서비스로서 영유아가 어떤 사유 때문에 가정에서 양육받기 어려울 때 일정 시간 동안 타인에 의해 보호받으면서 양육되는 것을 의미하였다(김연진, 한성심, 윤혜경, 최진원, 현미숙, 2005).

그러나 오늘날의 보육(child-care)의 개념은 포괄적 보육서비스로서 일반적 가정의 영유아에게 보호(care)와 교육(education)을 총체적으로 하는 광의의 개념으로 사용되고 있다. 즉, 보육은 영유아를 대상으로 발달에 적합한 보호와 교육을 비롯한 제반 서비스를 제공하여 가족의 안녕과 성장을 목적으로 하는 사회복지적 서비스라고 할 수 있다.

2) 보육의 개념에 대한 인식 변화

오늘날 우리 사회에는 다양한 형태의 가족이 존재한다. 전통적 확대가족은 점차 감소하고, 가족의 구성과 가치에서 부부와 자녀 중심의 전형적인 가족 유형에서 벗어난 여러 형태의 가족이 증가하고 있다. 대표적인 유형으로는 맞벌이 가족, 한부모 가족, 재혼 가족, 조손 가족, 다문화 가족, 소년소녀 가족 등이 있다. 가족 형태의 다양화는 급격한 산업화 및 도시화, 세계화, 경제적 불안정 등 사회 구조의 변화와 그에 따른 개인의 가치관과 삶의 양식 변화를 통하여 자연스럽게 발생하고 있다(정계숙 외, 2007).

통계청(2012a)에 따르면 우리나라의 2012년 합계출산율은 1.30명으로, 출산율이 2.1명 정도는 되어야 인구를 보존할 수 있다는 점을 고려할 때 저출산 문제가 심각한 수준이다. 전 세계 평균 합계출산율은 2.54명으로 우리나라 합계출산율의 2배 이상이다. 또한 2012년 우리나라의 65세 이상 노인은 전체 인구의 11.8%로 매년 증가하는 추세이며 2018년에는 고령사회(14%), 2026년에는 초고령사회(20%)로 진입하게 된다. 2050년이 되면 노인인구 비율은 38.2%로 크게 높아져서 세계 최고령 국가가 될 것으로 예상된다(통계청, 2012b).

가족 형태의 다양화와 최근 들어 더욱 두드러지게 나타나는 저출산 및 고령화와 같은 사회문화적 환경의 변화는 가족 내의 자녀양육 기능의 부재 내지는 약화 현상을 초래하였으며, 아이를 낳고 키우는 것이 가정만의 책임이 아니라 무엇보다 중요한 국가의 과업이 되었다. 영유아보육은 국가와 사회의 주요 책무라는 공감대를 형성하였고 특히 보육에 대한 관심과 중요성을 증폭시키고 있다.

이에 따라 보육은 더 이상 요보호 아동만을 대상으로 하는 것이 아닌 보편적인 영유아 전체를 대상으로 하는 것임이 명확해졌으며, 이 같은 보육의 보편성을 뒷받침하기 위하여 「영유아보육법」 제4조 제2항에서는 "국가와 지방자치단체는 보호자와 더불어 영유아를 건전하게 보육할 책임을 진다."고 명시하여 영유아의 보편적 보육을 위한 국가와 지방자치단체의 책임을 확실히 하고 있다. 더불어 보육은 과거 단순한 보호의 개념을 넘어, 보다 유익하고 발달을 촉진하는 교육적 경험을 제공하는 사회적 제도로 인식되게 되었고, 보육사업은 영유아의 바람직한 성장과 자녀양육에 대해 도움을 필요로 하는 부모의 욕구, 여성인력의 활용을 통한 경제발전이라는 국가적 욕구를 동시에 충족시켜 주는 아동교육 · 복지의 중요한 사업이 되었다. 또한 어린이집은 일부 한정된 가족이 이용하는 서비스 시설이 아니라 영유아기 자녀를 키우는 데 중요한 역할을 하는 유아교육기관으로 인식하게 되었다.

보육에 대한 인식 변화와 함께 우리나라의 보육사업도 발전을 거듭해 왔다. 「영유아보육법」 제정 · 공포(1991. 8.) 당시에는 취업률이 높은 저소득층 여성을 위한 대리보육의 개념으로 출발하여 소수의 영유아들이 이용하는 아동복지사업이라는 인식이 강하였다. 그러나 1995~1997년간의 어린이집 확충 3개년 계획 추진 이후 어린이집과 보육아동의 수가 급격히 증가하였다. 2004년 「영유아보육법」의 전면개정(2004. 1. 29. 공포) 이후 어린이집 평가인증제 · 표준보육과정 실시 등으로 보육서비스의 질이 급속히 향상되면서 어린이집에서의 보육은 모든 영유아를 위한 보편적이고 바람직한 보호 · 교육 방식이라는 사고를 심어 주게 되었다(곽형식 외, 2008).

최근에는 보육에 대한 사회적 요구에 부응하여 질적 성장에 보다 치중하고 있지만 우리나라 보육사업 규모는 1990년 말에 어린이집 1,919개소, 보육아동 48,000명이던 것이 2012년 12월 말에는 어린이집 42,527개소, 보육아동 1,487,361명으로 괄목할 만한 성장을 이루었다. 이는 시설 수 대비 약 22배, 보육아동 수 대비 약 31배가 증가한 수치로 보육의 보편화 추세를 잘 나타낸다.

2. 영아보육 프로그램의 필요성

1) 영아보육 프로그램의 정의

일반적으로 영유아기는 출생에서 만 2세까지의 영아기와 그 이후 초등학교 들어가기 전까지의 연령인 만 5세까지의 유아기로 구분된다. 따라서 영아보육 프로그램은 출생 이후부터 만 2세까지의 영아를 대상으로 제공되는 보육서비스를 의미하며, 영아의 발달단계에 따른 적절한 경험을 제공하여 영아가 전인적으로 발달할 수 있도록 한다.

영아는 월령별 발달의 차이와 개인차 또한 크기 때문에 개별화된 보육이 이루어져야 하고, 질병에 대한 감염의 우려가 높기 때문에 위생과 안전에 보다 신경을 써야 한다. 또한 영아는 일상적인 양육과 놀이활동이 동시에 강조되어야 하고, 실내와 실외에서의 활동이 균형을 이루어야 한다.

영아보육 프로그램은 유아보육 프로그램과 차이가 있는데, 그 이유는 발달연령상의 차이에 따라 발달 특성과 발달 과업이 다르기 때문이다. 또한 영아보육 프로그램은 보호와 교육을 포함하는 보육이라는 큰 틀 안에서 영아를 대상으로 발달적 특성을 고려하여 보호하고 교육하는 것을 의미하며, 현대 사회에서 매우 필요로 하는 보육 프로그램이라고 할 수 있다. 따라서 만 3세 이상의 유아를 대상으로 하는 보육 프로그램과 세부적인 교육목표, 방법, 내용, 환경, 교사의 역할 등에서 차이가 있어야 하며 신체, 인지, 언어, 정서 및 사회성 발달과 성장이 이루어질 수 있도록 최적의 인적·물리적 환경을 지원해야 한다.

2) 영아보육 프로그램의 필요성

최근에는 취업모의 증가, 가족구조의 변화와 형태의 다양화, 영아발달의 중요성 인식 등 여러 가지 환경변화에 따라 어린이집을 이용하는 영아의 연령이 하향화되고 있는 추세다. 또한 저출산으로 인해 보육에 대한 관심이 높아졌으며, 특히 영아보육에 대한 관심이 높아지면서 양질의 보육서비스에 대한 사회적 요구가 커졌다.

(1) 취업모의 증가

현대 사회로 접어들면서 여성의 학력 수준이 높아지고 여성취업에 대한 사회적 인식이 변화되고 있다. 또한 여성의 자아실현 욕구가 강해지고, 만 2세 이하 영아를 둔 어머니들의 취업이 증가함에 따라 어린이집을 이용하는 영아의 수가 증가하고, 영아의 연령도 점점 낮아지고 있다. 취업모의 증가는 영아보육의 필요성을 더욱 강조하게 되었고, 이에 따라 영아에게 양질의 경험을 위한 제도적 변화, 질 높은 보육서비스를 위한 영아보육 프로그램 지원 등 다양한 방안이 필요하게 되었다.

우리나라 보육영유아는 2012년 12월 현재 총 1,487,361명으로 국 · 공립어린이

〈표 1-1〉 어린이집 보육아동 현황

(단위: 명)

구 분			설립주체별							
			계	국 · 공립 어린이집	사회복지법인 어린이집	법인 · 단체등 어린이집	민간 어린이집	가정 어린이집	부모협동 어린이집	직장 어린이집
전국	계	계	1,487,361	149,677	113,049	51,914	768,256	371,671	2,913	29,881
		남	769,573	77,321	59,562	26,867	397,021	191,722	1,572	15,508
		녀	717,788	72,356	53,487	25,047	371,235	179,949	1,341	14,373
	만0세	계	177,757	3,418	3,434	1,283	43,717	124,474	168	1,263
		남	92,187	1,747	1,817	653	22,809	64,389	98	674
		녀	85,570	1,671	1,617	630	20,908	60,085	70	589
	만1세	계	321,716	18,576	15,264	6,197	130,442	145,610	399	5,228
		남	166,500	9,499	7,981	3,217	67,562	75,288	191	2,762
		녀	155,216	9,077	7,283	2,980	62,880	70,322	208	2,468
	만2세	계	372,811	31,629	25,528	10,589	202,625	94,908	682	6,850
		남	191,770	16,269	13,374	5,504	104,149	48,519	349	3,608
		녀	181,041	15,360	12,154	5,085	98,476	46,389	333	3,244
	만3세	계	259,112	33,698	25,789	11,842	175,252	4,763	601	7,167
		남	134,101	17,327	13,520	6,138	90,599	2,517	325	3,675
		녀	125,011	16,371	12,269	5,704	84,653	2,246	276	3,492
	만4세	계	194,413	32,459	22,175	10,833	121,779	1,052	550	5,565
		남	100,519	16,842	11,629	5,525	62,833	550	312	2,828
		녀	93,894	15,617	10,546	5,308	58,946	502	238	2,737
	만5세	계	149,522	27,865	18,281	8,789	89,745	690	495	3,657
		남	78,138	14,571	9,671	4,611	46,735	367	284	1,899
		녀	71,384	13,294	8,610	4,178	43,010	323	211	1,758
	만6세 이상	계	12,030	2,032	2,578	2,381	4,696	174	18	151
		남	6,358	1,066	1,570	1,219	2,334	92	13	64
		녀	5,672	966	1,006	1,162	2,362	82	5	87

자료: 보건복지부(2012). 2012년 보육통계. 서울: 보건복지부.

집 149,677명(10.1%), 사회복지법인어린이집 113,049명(7.6%), 법인 · 단체등어린이집 51,914명(3.5%), 민간어린이집 768,256명(51.7%), 가정어린이집 371,671명(25.0%), 부모협동어린이집 2,913명(0.2%), 직장어린이집 29,881명(2.0%)이다. 만 0세~만 2세 영아의 어린이집 취원율은 2012년 12월 말 현재 전체 영유아 수 1,487,361명의 58.6%인 872,284명이며 이를 연령별로 구분해 보면, 만 0세아는 177,757명, 만 1세아는 321,716명, 만 2세아는 372,811명이다(보건복지부, 2012).

(2) 가족구조의 변화와 형태의 다양화

현대 사회의 가족구조를 보면, 경제개발계획으로 추진되던 공업화가 진행되면서 농촌의 인구가 도시로 집중화되는 현상이 심화되었으며, 전통적 대가족제도가 붕괴되고 핵가족화가 보편화되면서 가족구조의 변화를 가져왔다. 핵가족화로 인해 대가족제도에서 가질 수 있었던 가족이 양육을 지원하거나 타인과 교류할 수 있는 기회가 상실되었고, 사회 · 정서적 안정, 애착 등과 같은 발달적 기회가 거의 사라졌으며, 자녀양육에 대한 책임이 모두 부모에게 주어지게 되었다. 또한 부모의 이혼과 별거, 사별, 재혼 등의 가족문제로 가족해체현상이 증가하여 한부모가정의 수가 증가하게 되었다.

매년 미국에서는 결혼한 부부의 1/3, 즉 약 80만 명이 이혼을 하며, 그로 인해 100만 명 정도의 아이들이 영향을 받는다. 우리나라의 경우도 이혼율이 증가하는 추세다. 이혼율의 증가는 영아가 있는 가정의 경우 더욱 심각한 문제가 된다. 또한 결혼은 하지 않으면서 자녀를 낳고 키우는 여성의 수도 증가하였다(서영숙, 김경혜, 2008). 이혼모나 혼전 아이를 가진 어머니들은 혼자 아이를 키워야 하고 직업도 가져야 하는 어려움을 갖게 된다. 이러한 가족구조의 변화와 형태의 다양화로 영아보육의 필요성은 더욱 강조되고 있다.

(3) 영아기의 중요성

영아기는 인간 발달의 여러 시기 중 가장 급격한 성장이 이루어지는 시기로, 이 시기의 발달 특성은 신체발달, 언어발달, 인지발달, 사회 · 정서발달 등을 통해 알 수가 있다.

① 영아기는 신체 성장과 뇌 발달이 가장 빠른 속도로 이루어지는 시기다. 신생아는 몇 가지 반사 기능만을 가지고 태어나 자신의 신체를 조절하지 못하지만 영아기를 거치면서 기기, 앉기, 서기, 걸음을 걷기 시작하고 타인의 도움 없이 스스로 이동하고 움직일 수 있는 독립적인 존재로 발달한다.

② 신생아 때 최초의 발성을 울음으로 시작하여 소리 내기, 옹알이, 몸짓 등의 여러 단계를 거쳐 말을 하게 된다. 이러한 언어능력은 영아기에 급속히 발달하여 타인과 의사소통이 가능할 정도가 된다.

③ 출생 시 빨기반사, 파악반사 등 몇 가지 반사 기능만을 가지고 태어난 신생아는 감각기관의 발달과 더불어, 영아기를 거치면서 급속도로 인지발달이 이루어져 목적의식을 지니고 행동하게 된다.

④ 영아기에 가장 중요한 사회적 관계는 영아와 주 양육자 간에 친밀한 정서적 유대를 형성하는 애착이다. 영아기에 형성한 애착은 후기 사회성발달에도 지대한 영향을 미치며, 영아의 기질, 부모의 자녀양육 방식, 양육의 질이 애착 형성에 중요한 영향을 미치는 요인으로 밝혀지고 있다. 또 언어적 표현능력이 부족한 영아의 경우 정서는 내적 감정이나 욕구, 생리적 욕구를 표현하는 중요한 수단이 된다. 월령이 증가하면 영아의 정서는 점차 분화되고 타인의 정서를 이해하는 능력도 발달하게 된다(강문희, 정정옥, 김승경, 2006).

출생 후 1년 사이에 형성되는 중요한 발달 특성인 기질과 애착은 비록 생의 초기에 형성되기는 하지만, 전 생애발달에 결정적인 영향을 미치며, 아동기와 성인기 성격의 기초를 형성하기 때문에 특히 영아기에 매우 중요하다고 볼 수 있다.

이러한 특성을 가지고 있는 영아기 발달에는 결정적 시기가 있으며 영아기에 제공되는 적합한 교육과 놀이 활동은 영아가 다양한 경험을 할 수 있는 좋은 기회가 된다. 따라서 영아기는 전 생애에 걸쳐 발달 속도가 가장 빠른 시기로 이후 발달의 기초가 되며, 이 단계의 발달이 원만하게 이루어지는 것은 다음 단계의 발달에 영향을 미치기 때문에 영아보육 프로그램이 필요하다.

제2장

영아의 발달 특성과 놀이

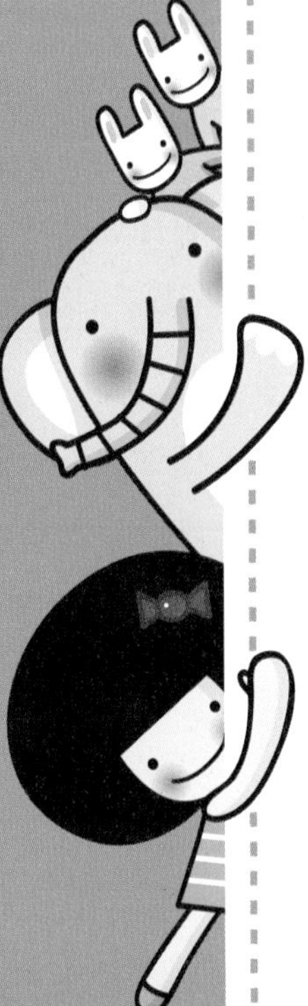

제2장

영아의 발달 특성과 놀이

1. 영아기의 발달

영아기는 태어나서 생후 2년까지의 시기를 말하며 출생 후 1년 사이에 신체와 뇌의 성장이 급속도로 이루어지기 때문에 영아기를 흔히 제1성장급등기라고 한다(강문희 외, 2006). 영아는 양육자에게 전적으로 의존하여 성장 발달하다가 스스로 걸을 수 있게 되고 언어를 습득하게 되어 의사소통이 가능해진다. 또한 영아기는 부모나 주 양육자에게 애착 및 신뢰감이 형성되고 자아개념이 획득되는 단계다.

연령별로 영아의 신체 · 운동발달, 사회성발달, 정서발달, 언어발달, 인지발달을 보다 자세히 알아보고 발달에 적합한 보육활동을 살펴보고자 한다.

1) 만 0세아 발달 특성

생후 1년간 영아의 신체적 발달은 급진적이어서 1년이 되면 몸무게는 출생 시의 3배가 되며 키는 2배가 된다. 사회적으로는 자신 및 타인의 존재를 인식하고 상호작용을 하게 되며 자신의 정서를 다양한 방법으로 표현하기도 한다. 초기에 울음으로 의사를 표현하던 것에서 목 울림, 옹알이를 거쳐 최초의 단어를 사용하는 등 급속한 언어발달을 이룬다. 인지적으로는 목적 지향적인 행동을 할 수 있을 만큼 성장한다. 이를 각 발달 영역별로 살펴보면 다음과 같다.

(1) 신체 · 운동발달

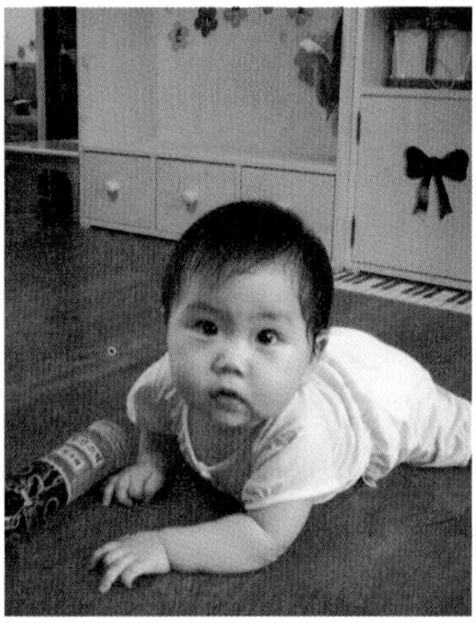

만 0세아의 신체 · 운동발달은 발달의 원리에 따라 중심부에서 주변부로, 신체의 상부에서 하부로, 대근육 운동에서 소근육으로 발달해 간다. 4개월이 되면 뒤집기를 시작하고 두 눈의 협응능력이 발달하여 양안으로 볼 수 있다. 6~7개월이 되면 배밀이가 가능하여 행동 반경이 넓어져 주변을 탐색하기 시작한다. 7~8개월이 되면 뒤집기와 기기가 가능하며 의자에 앉아 흔들리는 물건을 잡을 수 있고, 10개월이 되면 자유롭게 기어 다닐 수 있고 혼자 설 수도 있다(이기숙 외, 2002a).

(2) 사회성발달

6개월이 되면 영아는 자기와 친숙한 주 양육자에 대해 인식하게 되며 8~9개월이 되면 사회적인 상황과 관련된 정서를 표현하기 시작한다. 그러나 아직까지는 또래와의 상호작용보다는 성인과의 상호작용이 많으며, 까꿍놀이와 같은 단순한 사회적 놀이는 10개월경에 나타난다.

(3) 정서발달

0~6개월의 영아는 반사적인 미소에서 차츰 사회적인 미소를 짓는다. 4~8개

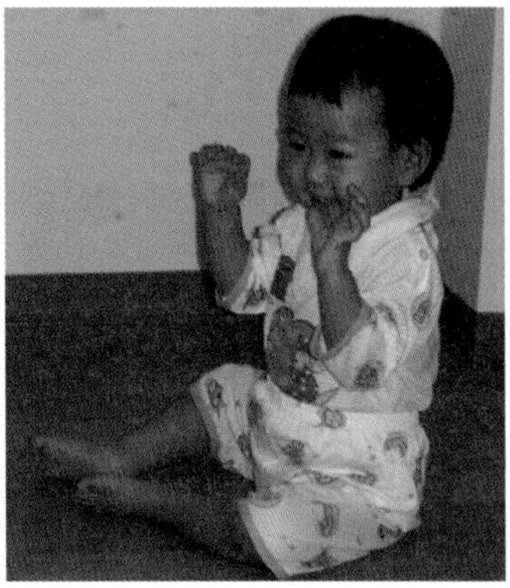

월의 영아는 기쁘고 즐거운 감정을 나타내며, 갑자기 큰 소리가 나면 공포감을 나타낸다.

보통 대부분의 영아는 8~9개월경 낯가림이 나타난다. 이때 영아들은 낯선 사람을 보면 불안해하며 울음을 터뜨린다. 특히 이 시기의 영아들에게는 격리불안이 나타나는데, 이는 애착 형성이 뚜렷해져 나타나는 현상이다.

12개월이 되면 영아는 성인과의 긍정적인 상호작용을 통하여 자신에 대한 긍정적 감정을 발달시켜 나간다.

(4) 언어발달

4개월이 되면 활발한 옹알이(babbling)를 하며 옹알이에 고저가 나타난다. 6개월이 되면 일련의 소리를 모방하고 자신의 이름을 인식하여, 부르면 쳐다본다. 10개월이 되면 간단한 명령이나 요청을 이해하기 시작하고, 12개월이 되면 '엄마' '까까' '맘마' 등 한 가지 이상의 단어를 말할 수 있다.

(5) 인지발달

6개월이 되면 사진에서 엄마의 얼굴을 구별할 수 있고, 10개월이 되면 타인을 모방하며 주변세계를 이해하게 된다. 6개월이 되면 대상영속성 개념이 생기기 시작하고 12개월이 되면 모양이나 색깔로 사물을 인지할 수 있다.

2) 만 1세아 발달 특성

생후 1년이 되면서 영아는 많은 변화와 성숙을 보인다. 운동능력 및 근육조절 능력의 발달과 함께 스스로 설 수 있고 걸을 수 있다. 또한 또래에게 관심을 보이며 모방하는 등 보다 능동적인 학습자로서 다양한 경험을 갖는다. 이 시기의 신체 · 운동발달, 사회성발달, 정서발달, 언어발달, 인지발달을 살펴보면 다음과 같다.

(1) 신체 · 운동발달

12~16개월이 된 영아는 걷기 시작하고 새로운 운동기술을 연습하며 주변 환경을 적극적으로 탐색한다. 20개월이 되면 보다 안정적으로 서거나 걸을 수 있으며 음악에 맞추어 움직일 수 있다. 또한 뛰기, 던지기, 굴리기, 오르기, 잡기 등을 통하여 대 · 소근육이 발달하며, 눈과 손의 협응능력이 발달하여 신문지를 찢어 보거나, 상자 속의 물건을 꺼내 볼 수 있다. 24개월이 되면 능숙하고 다양한 활동들을 시도할 수 있는데, 손과 눈의 협응능력이 더욱 발달하여 적극적으로 주변을 탐색한다(이기숙 외, 2002b).

(2) 사회성발달

12~16개월이 된 영아는 친근한 성인에게 관심과 애정을 표현하며 다른 사람에게 웃음과 미소로 반응한다. 또한 단독놀이가 나타나고, 거울에 비친 자기 모습을 보며 미소를 짓거나 입맞춤을 하기도 한다. 19~24개월이 된 영아는 타인의 감정을 인식하며 웃거나 편안해하고 타인의 행동을 모방하려고 한다. 다른 영아들과 함께 놀기는 하나 상호작용은 별로 없고 여전히 놀잇감이나 물건을 다른 영아들과 나누기도 힘들다(강문희 외, 2006).

(3) 정서발달

12~16개월이 된 영아는 규칙을 이해할 수 없지만 칭찬을 들으면 미소를 짓고 야단을 맞으면 울음으로 자신의 정서를 표현한다. 또한 독립적 욕구가 강해지면

서 자신에게 요구한 일을 마음대로 하려고 하며, "싫어."라는 말로 부정적인 감정을 자주 표현한다. 16~20개월 정도가 되면 만나거나 헤어질 때 손을 흔들며 친숙한 사람의 부재를 인식하는 등 상황에 따라 적절히 반응할 수 있으며 자신을 인식할 수 있다.

20~24개월이 되면 '내 것'이라는 말을 사용하며 소유개념이 발달하고, 해서는 안 되는 것이 무엇인지 파악하기 시작한다.

또한 외부세계에 관심을 보이며 산책하기를 좋아한다.

(4) 언어발달

12~16개월이 된 영아는 한두 단어를 사용하여 다양한 의도를 표현하고 반복적인 운율을 즐기며 그림책을 볼 수 있다. 20개월이 되면 사용 어휘가 점차 늘어나 10~20개의 단어를 말할 수 있으며, 두 단어를 조합하여 함축된 의미로 표현하거나 다른 사람의 요구나 지시에 적절히 반응한다. 24개월이 되면 그림책에 흥미를 가지며 선호하는 그림책을 즐겨 본다.

(5) 인지발달

12~16개월이 된 영아는 의도적 행위를 하거나 다양한 행동을 시도하고 그 변화를 관찰하며 사물을 숨기고 찾는 놀이를 즐긴다. 20개월이 되면 주변 사물을 탐색하고 모양을 변별하며 여러 가지 행동의 변화를 통해 나타나는 결과에 관심을 보인다. 24개월이 되면 여러 가지 모양을 변별할 수 있으며 익숙한 노래는 따라 부를 수 있고 노래 부르기를 좋아한다.

3) 만 2세아 발달 특성

급격한 변화를 보이는 출생 시와는 달리, 만 2세가 되면 완만한 신체발달을 보이게 된다. 대근육 활동을 통하여 신체가 안정되고 소근육 활동을 통하여 정교화가 더 이루어진다(이기숙 외, 2002c).

(1) 신체 · 운동발달

만 2세아는 이전보다 움직임이 더욱 유연하고 안정적이어서 걷고 구부리고 달리고 뛰어내릴 수 있다. 24~30개월이 되면 자연스럽게 걸을 수 있고 점프, 달리기, 기어오르기, 던지기, 옆 구르기 등 다양한 활동을 할 수 있다. 30~36개월이 되면 다양한 자세로 걸을 수 있고 몸의 균형 잡기 놀이와 공놀이를 즐기며, 눈과 손의 협응 또한 정확해져서 손을 뻗쳐 물건을 쥐는 것이 보다 안정적이 되고 두 발을 모아 점프를 할 수 있다.

(2) 사회성발달

만 2세아는 자기주장이 강하며, 자기 자신을 독립적인 존재로 인식하고 내 것과 남의 것을 구분할 수 있다. 그리고 타인에게 자신의 감정을 표현할 수 있고 친구와 손잡고 즐겁게 웃으며 산책하는 것을 좋아한다. 36개월이 되면 새로 습득한 기술을 연마하고 주변의 새로운 것을 발견하여 성취와 발견의 기쁨을 갖는다. 또래와 상호작용을 할 수 있으며, 일정한 영역에서 유사한 놀잇감을 가지고 병행놀이를 할 수 있다.

(3) 정서발달

만 2세아는 활동을 통해 정서적 안정감을 갖고 노래 부르기를 하면서 즐거워하고 자신이 좋아하는 활동을 통해 성취감을 느낀다. 자신의 요구와 양육자의 요구 사이에 균형을 이루는 것을 학습하며, 자신에 대한 긍정적인 느낌과 부정적인 느낌을 느끼면서 지속적으로 자아개념을 형성한다.

(4) 언어발달

30개월이 되면 "내 가방." "엄마 차." 등 두 단어로 된 문장으로 말할 수 있으며 비교적 정확한 발음을 할 수 있다. '예' '아니오' 의 의미를 구분할 수 있고, 간단한 질문에 대답할 수 있다. 36개월이 되면 사용 어휘 수는 지속적으로 늘어나고, 한 단어에 대한 과잉 일반화 현상도 여전히 보이나 두세 단어를 사용하여 완성된 문장을 구사한다. 간단한 존댓말을 할 수 있으며, 친숙한 성인의 행동을 모방하면서 그 성인의 언어를 구사한다.

(5) 인지발달

30개월이 된 영아는 두세 가지의 색깔을 구분할 수 있고 크고 작음을 이해하며, 사물의 가작화가 나타나 작은 블록으로 전화기 놀이를 하는 등의 행동을 보인다. 36개월이 되면 간단한 분류, 비교, 서열화를 할 수 있고 일대일 대응이 가능하다. 기계적인 수세기를 즐기며 단색과 친숙한 혼합색의 이름을 알고, 일과의 흐름을 이해한다.

2. 영아기의 놀이

영아기는 그 어떤 시기보다도 급속한 발달을 이루기 때문에 놀이를 통해 주변의 인적 · 물적 환경과 다양한 상호작용을 맺으며 세상과 자신에 대해 알아 간다. 따라서 놀이는 폭넓은 학습의 기회를 제공하며 영아의 흥미를 자극하고 지지하여 영아가 전인적인 인간으로 성장하는 데 중요한 매개가 된다.

영아기의 행동은 탐색과 놀이를 구분하기 어렵고, 영아는 탐색을 거쳐 환경이 익숙해진 후에 놀이를 하는데, 영아의 놀이는 자신의 신체가 할 수 있는 정도, 정신이 파악할 수 있는 것, 자기가 느끼는 방식에 따라 결정된다. 따라서 영아의 놀이는 발달 수준과 흥미에 따라 달라진다. 그러면 교사는 놀이를 통해 어떻게 영아의 발달을 최적으로 이끌 수 있는가? Gowen(1995)은 영아의 발달에 적합한 놀이 지도를 위해서 영아의 연령에 따른 놀이 특징을 파악해야 하며, 놀이발달 구조를 이해하여 다음의 발달 수준이 무엇인가를 알아야만 진정한 영아발달을 도울 수 있다고 하였다(김혜경 외, 2008).

영아는 탐색을 통해 환경에 익숙해지고 그 환경이 편안해진 후에 놀이를 한다. 영아의 놀이는 신체, 정서, 지적 발달과 상호 관련성을 가지며, 영아의 흥미와 발달 수준에 따라 놀이 유형이 달라진다. 또한 영아는 놀이를 통해 발달을 이루어 가고 교사의 상호작용은 영아의 발달을 최적으로 이끌 수 있는데, 교사는 영아기 놀이의 일반적 발달 단계와 영아의 발달적 개인차를 파악하여 상호작용을 적절하게 해 주어야 한다.

1) 놀이와 발달

영아들은 놀면서 배우며 신체, 언어, 정서, 사회성 등 전인적 발달을 이룬다. 놀이와 영아의 발달관계를 살펴보면 다음과 같다(이숙재, 이봉선, 1999).

(1) 신체발달과 놀이

영아가 놀이를 하려면 신체를 움직여야 한다. 공 던지기, 징검다리 건너뛰기와 같이 온몸을 움직이는 놀이, 그림 조각 맞추기처럼 소근육을 움직여서 하는 놀이 등 다양한 놀이를 하면서 영아의 신체가 성장하고 생리기능도 발달된다. 또한 영아기는 신체가 유연하여 새로운 기술을 잘 받아들일 뿐 아니라 다양한 놀이를 하면서 걷기, 뛰기, 구부리기 등과 같은 기본 운동기술을 익힐 수 있다. 그 밖에 놀이경험을 통해 영아가 일상생활에서 접하는 사고나 재해에서 스스로를 지키는 데 필요한 안전 능력을 증진시킬 수 있다.

(2) 사회성발달과 놀이

영아기는 놀이를 통해 사회적 존재로 성장한다. 출생 후 초기에는 가정에서 부모, 형제와 놀이를 하면서 긴밀한 상호작용을 한다. 예를 들어 부모와 잼잼놀이, 까꿍놀이를 하면서 부모와 친밀해지고 애착관계가 형성된다. 영아가 점차 성장하여 또래들과 놀이할 기회가 많아지면 사회적 능력이 더욱 발달된다. 놀이에는 새롭고 신기한 작은 세계가 펼쳐지며 영아는 그 속에서 풍부한 사회경험을 할 수 있다.

(3) 인지발달과 놀이

영아는 여러 가지 놀잇감이나 흙, 나무토막, 돌멩이, 나뭇잎 등을 가지고 놀이를 하면서 각 물체의 색깔이나 크기 등에 대해 자연스럽게 학습하며 수리적 지식을 습득한다. 또한 영아는 놀이 중에 새로운 물체를 접하면 그 사물의 속성을 탐색하고, 탐색이 끝나면 좀 더 적극적으로 놀이에 참여하며 주어진 문제를 효과적으로 해결할 수 있는 문제해결능력이 발달된다.

(4) 언어발달과 놀이

영아는 놀이를 하면서 끊임없이 언어능력을 습득한다. 놀이를 하면서 다양한 어휘를 배우고, 역할에 맞는 적절한 언어를 사용할 수 있게 된다. 또한 놀이친구들과 사회적 관계를 맺음으로써 점차 자기중심적 언어에서 탈피하여 남의 말에 귀 기울여 이해하고 자신의 의견을 교환하는 의사소통능력을 기르게 된다.

한편, 놀이 자체가 놀이의 대상이 되기도 한다. 생후 4개월경에는 가장 초보적 형태의 말놀이인 옹알이를 시작하며, 생후 1년이 되어 말을 배우기 시작하면 동일한 문장 구조에 다른 어휘를 넣어서 반복(예, “새는 어디서 살아?” “로봇은 어디서 살아?” 등)하거나 유행어를 장난스럽게 반복하는 말놀이를 즐긴다.

(5) 정서발달과 놀이

영아는 언어사용 능력이 제한되어 있기 때문에 놀이를 통해 자신의 감정이나 생각을 나타내는 경우가 많다. 특히 놀이에서는 어린이의 부정적인 정서가 정당한 구실로 표출될 수 있기 때문에 정신건강에 도움을 준다. 예를 들어 소꿉놀이에서 아기 인형을 때려 주거나 아파서 주사를 놓는 등의 적대적 행동을 자연스럽게 하면서 동생에 대한 질투심을 정화할 수 있다. 그 밖에 놀이경험은 영아에게 기쁨과 만족감을 주며, 영아는 이런 경험을 통하여 자아개념, 자율성, 인내심, 성취감 등 건전한 정서를 형성하게 된다. 또한 놀이를 하면서 영아는 자신의 감정을 통제하는 방법을 배워서 갈등상황을 잘 극복해 나갈 수 있게 될 뿐 아니라 친구들의 다양한 정서 표현 방법을 관찰하여 동일한 정서가 다르게 표현될 수 있음을 깨닫는다.

(6) 창의성 발달과 놀이

창의성 발달과 놀이의 관계는 다음 두 가지 관점에서 논의되고 있다. 첫 번째는 놀이행동의 특성에 초점을 맞추어 창의성 발달과의 관계를 지적하는 관점이다. 즉, 영아의 놀이에는 실험행동이 많이 내포된다는 것이다. 따라서 영아는 놀이를 하면서 다각적인 탐색을 하며, 이를 통해 다양한 기술과 융통성 있는 사고를 하게 되어 그 결과 창의성이 증진된다는 것이다. 두 번째로 일련의 학자들은 놀이가 영아의 구체적 사고력을 추상적 사고력으로 전환시키는 역할을 하기 때문에 창의성 발달과 깊은 관계가 있다고 주장한다. 예를 들어 Piaget는 영아가 장난감 강아지를 진짜 강아지처럼 생각하는 상징적 표상화가 일종의 추상적 사고라고 설명하면서, 이러한 과정을 통해 구체적인 사물 외의 것에도 주목하고 새로운 연상을 하게 되어 창의성이 발달된다고 보았다.

제3장

3차 표준보육과정

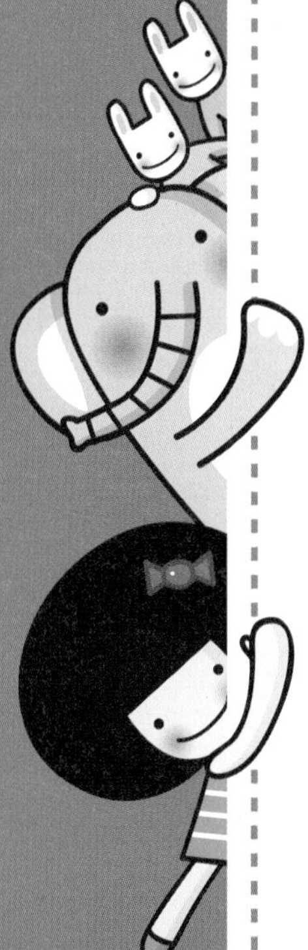

1. 0~1세 보육과정
2. 2세 보육과정

제3장

3차 표준보육과정

정부에서 2013년 개정 고시한 3차 표준보육과정(보건복지부 고시 제2013-8호)의 0~1세 보육과정과 2세 보육과정은 다음과 같다.

1. 0~1세 보육과정

1) 0~1세 보육과정의 영역별 목표

(1) 기본생활

건강하고 안전한 일상생활을 경험한다.

1. 건강하고 편안한 일상생활을 경험한다.
2. 안전한 생활을 경험한다.

(2) 신체운동

감각 및 기본 신체운동 능력을 기른다.

1. 감각기능을 발달시키고 자신의 신체를 탐색한다.
2. 대소근육을 조절하고 걷기 등의 능력을 기른다.
3. 규칙적으로 신체활동에 참여한다.

(3) 의사소통

말소리를 구분하고 의사소통의 기초를 마련한다.

1. 주변의 소리와 말소리 듣기에 관심을 보인다.
2. 표정, 소리, 몸짓으로 자신의 생각과 느낌을 표현한다.
3. 짧은 그림책이나 친숙한 환경 인쇄물에 관심을 가진다.
4. 끼적이기에 관심을 가진다.

(4) 사회관계

친숙한 사람과 관계를 형성한다.

1. 자신과 다른 사람을 구별된 존재로 인식한다.
2. 기본 정서를 표현하고 다른 사람의 감정에 주의를 기울인다.
3. 안정적인 애착을 형성하고 또래나 교사와 함께 지낸다.

(5) 예술경험

아름다움에 관심을 가진다.

1. 자신의 신체와 주변의 감각 자극에 호기심을 가지고 반응한다.
2. 소리와 움직임으로 반응하고, 단순한 미술을 경험하며, 모방 행동을 즐긴다.
3. 친근한 소리나 노래를 즐겨 듣고, 자연물, 사물, 주변 환경에 관심을 가진다.

(6) 자연탐구

보고, 듣고, 만지면서 주변 환경에 관심을 가진다.

1. 주변 사물에 대한 탐색을 시도한다.
2. 주변에서 일어나는 수학적 상황을 지각한다.
3. 감각과 조작을 통하여 주변 사물과 자연환경에 대해 지각한다.

2) 0~1세 보육과정의 영역별 내용

(1) 기본생활

● 내용체계

<table>
<tr><th>내용범주</th><th>내 용</th></tr>
<tr><td rowspan="3">건강하게 생활하기</td><td>몸을 깨끗이 하기</td></tr>
<tr><td>즐겁게 먹기</td></tr>
<tr><td>건강한 일상생활하기</td></tr>
<tr><td rowspan="2">안전하게 생활하기</td><td>안전하게 지내기</td></tr>
<tr><td>위험한 상황에 반응하기</td></tr>
</table>

● 세부내용

<table>
<tr><th>내용범주</th><th>내 용</th><th>1수준</th><th>2수준</th><th>3수준</th><th>4수준</th></tr>
<tr><td rowspan="10">건강하게 생활하기</td><td rowspan="3">몸을 깨끗이 하기</td><td colspan="4">몸이 깨끗해졌을 때 기분이 좋음을 안다.</td></tr>
<tr><td colspan="4">도움을 받아 손을 씻는다.</td></tr>
<tr><td></td><td colspan="3">도움을 받아 이를 닦는다.</td></tr>
<tr><td rowspan="3">즐겁게 먹기</td><td>편안하게 안겨서 우유(모유)를 먹는다.</td><td>이유식에 적응한다.</td><td>고형식에 적응한다.</td><td>다양한 음식을 먹어 본다.</td></tr>
<tr><td colspan="2"></td><td colspan="2">도구로 음식을 먹어 본다.</td></tr>
<tr><td colspan="4">즐겁게 먹는다.</td></tr>
<tr><td rowspan="4">건강한 일상생활하기</td><td colspan="4">수면을 충분히 취한다.</td></tr>
<tr><td colspan="4">편안하게 쉰다.</td></tr>
<tr><td colspan="4">하루 일과에 편안하게 참여한다.</td></tr>
<tr><td colspan="2"></td><td colspan="2">배변 의사를 표현한다.</td></tr>
</table>

안전하게 생활하기	안전하게 지내기	안전한 상황에서 놀이한다.			놀잇감을 안전하게 사용한다.
		안전한 장소에서 놀이한다.			
		차량 승하차 시 안전 장구를 착용한다.			
	위험한 상황에 반응하기		위험하다는 말에 반응을 보인다.	위험하다고 알려 주면 주의한다.	

(2) 신체운동

● 내용체계

내용범주	내 용
감각과 신체 인식하기	감각적 자극에 반응하기
	감각기관으로 탐색하기
	신체 탐색하기
신체조절과 기본운동하기	신체 균형 잡기
	대근육 조절하기
	소근육 조절하기
	기본운동하기
신체활동에 참여하기	몸 움직임 즐기기
	바깥에서 신체 움직이기
	기구를 이용하여 신체활동 시도하기

● 세부내용

내용범주	내 용	1수준	2수준	3수준	4수준
감각과 신체 인식하기	감각적 자극에 반응하기	시각, 청각, 촉각, 후각, 미각으로 자극을 느낀다.			
		시각, 청각, 촉각, 후각, 미각으로 자극에 반응한다.			
	감각기관으로 탐색하기	감각기관으로 주변 환경을 탐색한다.			
	신체 탐색하기	손과 발 등을 바라보며 탐색한다.	주요 신체 부분의 움직임을 탐색한다.		

<table>
<tr><td rowspan="5">신체조절과 기본운동하기</td><td>신체 균형 잡기</td><td>몸의 균형을 잡기 위한 자세를 시도한다.</td><td>붙잡고 서 있기 등의 자세를 취한다.</td><td>안정되게 서 있기 등의 자세를 시도한다.</td></tr>
<tr><td>대근육 조절하기</td><td>뒤집기 등 몸을 조절하여 위치를 바꾼다.</td><td colspan="2">누웠다 앉기 등 몸의 움직임을 조절한다.</td></tr>
<tr><td>소근육 조절하기</td><td>보이는 물체에 손을 뻗는다.</td><td colspan="2">눈과 손을 협응하여 소근육을 활용해 본다.</td></tr>
<tr><td rowspan="2">기본운동하기</td><td>배밀이 등 이동운동을 시도한다.</td><td>기기, 걷기 등 이동운동을 시도한다.</td><td>걷기 등 이동운동을 시도한다.</td></tr>
<tr><td colspan="2">팔 다리 뻗기, 흔들기 등 제자리 운동을 시도한다.</td><td>서 있기, 앉기 등 제자리 운동을 시도한다.</td></tr>
<tr><td rowspan="3">신체활동에 참여하기</td><td>몸 움직임 즐기기</td><td colspan="2">몸을 활발히 움직인다.</td><td>몸의 움직임을 다양하게 시도한다.</td></tr>
<tr><td>바깥에서 신체 움직이기</td><td colspan="2">규칙적으로 바깥환경을 경험한다.</td><td>규칙적으로 바깥에서 신체활동을 한다.</td></tr>
<tr><td>기구를 이용하여 신체활동 시도하기</td><td></td><td colspan="2">간단한 기구를 이용하여 신체활동을 시도한다.</td></tr>
</table>

(3) 의사소통

- **내용체계**

내용범주	내 용
듣기	주변의 소리와 말소리 구분하여 듣기
	경험과 관련된 말 듣고 알기
	운율이 있는 말 듣기
	말하는 사람을 보기
말하기	발성과 발음으로 소리내기
	표정, 몸짓, 말소리로 말하기
	말할 순서 구별하기
읽기	그림책과 환경 인쇄물에 관심 가지기
쓰기	끼적이기

● 세부내용

내용범주	내 용	1수준	2수준	3수준	4수준
듣기	주변의 소리와 말소리 구분하여 듣기	여러 가지 소리와 말소리 듣기에 흥미를 보인다.			친숙한 낱말의 발음에 흥미를 보인다.
		익숙한 목소리를 듣고 그것에 반응한다.			
				높낮이와 세기 등 말소리의 차이에 반응한다.	
	경험과 관련된 말 듣고 알기	눈 앞에 보이는 경험과 관련된 말에 반응한다.			
			자신의 이름이 불리면 듣고 반응한다.		
	운율이 있는 말 듣기	운율이 있는 짧은 말소리를 관심 있게 듣는다.			
	말하는 사람을 보기	말하는 사람의 눈을 마주 바라본다.		말하는 사람의 표정, 몸짓을 관심 있게 본다.	
말하기	발성과 발음으로 소리 내기	여러 가지 소리를 내고 옹알이를 한다.		여러 말소리를 즐겁게 내 본다.	
				의미 있는 음절을 내 본다.	
		옹알이와 말소리에 대해 말로 반응해 주면 모방하여 소리 낸다.		교사의 말을 모방하여 발음한다.	
	표정, 몸짓, 말소리로 말하기	표정과 소리로 의사표현을 한다.	표정, 몸짓, 소리로 의사표현을 한다.	표정, 몸짓, 말소리로 의사표현을 한다.	
	말할 순서 구별하기	말할 순서에 따라 표정, 몸짓, 말소리로 반응한다.			
읽기	그림책과 환경 인쇄물에 관심 가지기	다양한 감각 책을 탐색해 본다.			
				사물과 주변의 친숙한 환경 인쇄물에 관심을 가진다.	
		읽어 주는 짧은 그림책에 관심을 가진다.			
쓰기	끼적이기		끼적이기에 관심을 가진다.		

(4) 사회관계

● 내용체계

내용범주	내 용
나를 알고 존중하기	나를 구별하기
	나의 것 인식하기
나와 다른 사람의 감정 알기	나의 감정을 나타내기
	다른 사람에게 주의 기울이기
더불어 생활하기	안정적인 애착 형성하기
	또래에 관심 갖기
	자신이 속한 집단 알기
	사회적 가치를 알기

● 세부내용

<table>
<tr><th>내용범주</th><th>내 용</th><th>1수준</th><th>2수준</th><th>3수준</th><th>4수준</th></tr>
<tr><td rowspan="3">나를 알고 존중하기</td><td>나를 구별하기</td><td colspan="2">거울 속의 나에게 관심을 가진다.</td><td colspan="2">거울 속의 나를 알아본다.</td></tr>
<tr><td rowspan="2">나의 것 인식하기</td><td colspan="4">자기 이름을 부르는 소리에 반응한다.</td></tr>
<tr><td colspan="2"></td><td colspan="2">친숙한 자기 물건을 안다.</td></tr>
<tr><td rowspan="2">나와 다른 사람의 감정 알기</td><td>나의 감정을 나타내기</td><td colspan="4">나의 욕구와 감정을 나타낸다.</td></tr>
<tr><td>다른 사람에게 주의 기울이기</td><td colspan="2">다른 사람의 말과 표정, 몸짓에 주의를 기울인다.</td><td colspan="2">다른 사람이 나타내는 여러 가지 감정에 주의를 기울인다.</td></tr>
<tr><td rowspan="6">더불어 생활하기</td><td rowspan="2">안정적인 애착 형성하기</td><td>양육자와 시선을 맞춘다.</td><td colspan="3">양육자에게 적극적으로 관심과 욕구를 표현한다.</td></tr>
<tr><td colspan="2">주변의 친숙한 사람의 얼굴과 목소리를 인식한다.</td><td colspan="2">주변의 친숙한 사람에게 애정을 표현한다.</td></tr>
<tr><td>또래에 관심 갖기</td><td colspan="4">다른 영아와 함께 지내는 것을 경험한다.</td></tr>
<tr><td>자신이 속한 집단 알기</td><td colspan="2">담임교사를 구별한다.</td><td colspan="2">자기 반에서 지내며 안정감을 가진다.</td></tr>
<tr><td rowspan="2">사회적 가치를 알기</td><td colspan="2"></td><td colspan="2">친숙한 물건의 자리를 안다.</td></tr>
<tr><td colspan="4">만나고 헤어지는 인사를 해 본다.</td></tr>
</table>

(5) 예술경험

● 내용체계

<table>
<tr><th>내용범주</th><th>내 용</th></tr>
<tr><td>아름다움 찾아보기</td><td>예술적 요소에 호기심 가지기</td></tr>
<tr><td rowspan="4">예술적 표현하기</td><td>리듬 있는 소리로 반응하기</td></tr>
<tr><td>움직임으로 반응하기</td></tr>
<tr><td>단순한 미술 경험하기</td></tr>
<tr><td>모방행동 즐기기</td></tr>
<tr><td>예술 감상하기</td><td>아름다움 경험하기</td></tr>
</table>

● 세부내용

<table>
<tr><th>내용범주</th><th>내 용</th><th>1수준</th><th>2수준</th><th>3수준</th><th>4수준</th></tr>
<tr><td rowspan="2">아름다움 찾아보기</td><td rowspan="2">예술적 요소에 호기심 가지기</td><td colspan="4">주변의 소리와 움직임에 호기심을 가진다.</td></tr>
<tr><td colspan="4">주변 환경에서 색, 모양에 호기심을 가진다.</td></tr>
<tr><td rowspan="6">예술적 표현하기</td><td rowspan="2">리듬 있는 소리로 반응하기</td><td colspan="2">리듬 있는 소리에 관심을 가진다.</td><td colspan="2">노래를 부분적으로 따라 부른다.</td></tr>
<tr><td colspan="2">리듬과 노래에 소리로 반응한다.</td><td colspan="2">리듬과 음높이에 맞추어 소리를 낸다.</td></tr>
<tr><td rowspan="2">움직임으로 반응하기</td><td colspan="4">손발 흔들기와 몸 움직임으로 반응한다.</td></tr>
<tr><td colspan="2"></td><td colspan="2">간단한 도구를 활용하여 움직인다.</td></tr>
<tr><td>단순한 미술 경험하기</td><td colspan="2"></td><td colspan="2">감각적으로 단순한 미술경험을 한다.</td></tr>
<tr><td>모방행동 즐기기</td><td colspan="2">소리나 얼굴 표정, 몸 움직임 등을 모방한다.</td><td colspan="2">단순한 모방 행동을 놀이처럼 즐긴다.</td></tr>
<tr><td rowspan="2">예술 감상하기</td><td rowspan="2">아름다움 경험하기</td><td colspan="2">일상생활에서 반복되는 소리와 노래에 관심을 가진다.</td><td colspan="2">일상생활에서 리듬 있는 소리와 노래를 즐겨 듣는다.</td></tr>
<tr><td colspan="4">일상생활에서 자연이나 사물의 아름다움을 경험한다.</td></tr>
</table>

(6) 자연탐구

● 내용체계

내용범주	내 용
탐구하는 태도 기르기	사물에 관심 가지기
	탐색 시도하기
수학적 탐구하기	수량 지각하기
	주변 공간 탐색하기
	차이를 지각하기
	간단한 규칙성 지각하기
과학적 탐구하기	물체와 물질 탐색하기
	주변 동식물에 관심 가지기
	주변 자연에 관심 가지기
	생활도구 탐색하기

● 세부내용

내용범주	내 용	1수준	2수준	3수준	4수준
탐구하는 태도 기르기	사물에 관심 가지기		주변 사물에 관심을 가진다.		
	탐색 시도하기	나와 주변 사물을 감각으로 탐색한다.	주변의 사물에 대해 의도적인 탐색을 시도한다.		
수학적 탐구하기	수량 지각하기		있고 없는 상황을 지각한다.	'있다'와 '없다'를 구별한다.	'한 개'와 '여러 개'를 구별한다.
	주변 공간 탐색하기		도움을 받아 주변의 공간을 탐색한다.		
		주변 사물의 모양을 지각한다.			
	차이를 지각하기			주변 사물의 차이를 지각한다.	
	간단한 규칙성 지각하기			일상과 놀이에서 간단한 규칙성을 경험한다.	
과학적 탐구하기	물체와 물질 탐색하기	일상생활 주변의 몇 가지 친숙한 것들을 양육자와 함께 탐색한다.			
	주변 동식물에 관심 가지기			주변 동식물의 모양, 소리, 움직임에 관심을 가진다.	
	주변 자연에 관심 가지기		생활 주변의 자연물을 감각으로 느껴 본다.		
			바람, 햇빛, 비 등을 감각으로 느껴 본다.		
	생활도구 탐색하기			도움을 받아 생활도구를 탐색한다.	

2. 2세 보육과정

1) 2세 보육과정의 영역별 목표

(1) 기본생활

건강하고 안전한 생활습관의 기초를 마련한다.

1. 건강한 생활습관의 기초를 경험한다.
2. 안전한 생활습관의 기초를 경험한다.

(2) 신체운동

감각, 신체조절 및 기본운동능력을 기른다.

1. 감각능력을 기르고, 자신의 신체 움직임을 탐색한다.
2. 안정된 자세로 대소근육을 조절하고 기본운동능력을 기른다.
3. 규칙적으로 신체활동에 참여한다.

(3) 의사소통

의사소통 능력의 기초를 기른다.

1. 다른 사람의 말과 짧은 이야기 듣는 것을 즐긴다.
2. 자신의 생각과 느낌을 말로 주고받기를 즐긴다.
3. 그림책이나 환경 인쇄물에 관심을 가지며 글의 내용에 흥미를 가진다.
4. 글자 형태 끼적이기에 관심을 가진다.

(4) 사회관계

나를 인식하고 다른 사람과 더불어 생활하는 경험을 한다.

1. 자기 존중감을 형성한다.
2. 자신의 감정을 알고 다른 사람의 감정에 반응을 보인다.
3. 가족을 사랑하고 또래, 교사와 즐겁게 지내며 간단한 규칙 등을 지킨다.

(5) 예술경험

아름다움에 관심을 가지고 예술경험을 즐긴다.

1. 주변 생활에서 예술적 요소를 발견하고 흥미롭게 탐색한다.
2. 간단한 리듬이나 노래, 움직임, 자발적인 미술활동을 자유롭게 시도하고 모방이나 상상놀이로 표현한다.
3. 주변의 환경과 자연 및 다양한 표현에서 예술적 요소를 관심 있게 보고 즐긴다.

(6) 자연탐구

주변 환경에 호기심을 갖고 탐색하기를 즐긴다.

1. 호기심을 가지고 주변 세계에 대해 다양하게 탐색한다.
2. 주변에서 경험하는 수학적 상황을 인식한다.
3. 다양한 탐색을 통하여 주변 사물과 자연환경을 인식한다.

2) 2세 보육과정의 영역별 내용

(1) 기본생활

● 내용체계

내용범주	내 용
건강하게 생활하기	몸을 깨끗이 하기
	바르게 먹기
	건강한 일상생활하기
	질병에 대해 알기
안전하게 생활하기	안전하게 놀이하기
	교통안전 알기
	위험한 상황 알기

- **세부내용**

<table>
<tr><th>내용범주</th><th>내 용</th><th>1수준</th><th>2수준</th></tr>
<tr><td rowspan="10">건강하게 생활하기</td><td rowspan="2">몸을 깨끗이 하기</td><td colspan="2">스스로 손과 몸 씻기를 시도한다.</td></tr>
<tr><td colspan="2">스스로 이 닦기를 시도한다.</td></tr>
<tr><td rowspan="3">바르게 먹기</td><td colspan="2">음식을 골고루 먹는다.</td></tr>
<tr><td colspan="2">도구를 사용하여 스스로 먹는다.</td></tr>
<tr><td colspan="2">정해진 자리에서 먹는다.</td></tr>
<tr><td rowspan="4">건강한 일상생활하기</td><td colspan="2">일과에 따라 규칙적으로 잠을 잔다.</td></tr>
<tr><td colspan="2">정해진 시간에 알맞게 휴식한다.</td></tr>
<tr><td colspan="2">하루 일과에 즐겁게 참여한다.</td></tr>
<tr><td>정해진 곳에서 배변한다.</td><td>화장실에서 배변한다.</td></tr>
<tr><td>질병에 대해 알기</td><td colspan="2">질병의 위험을 안다.</td></tr>
<tr><td rowspan="5">안전하게 생활하기</td><td rowspan="2">안전하게 놀이하기</td><td colspan="2">놀이기구나 놀잇감을 안전하게 사용한다.</td></tr>
<tr><td colspan="2">안전한 장소에서 놀이한다.</td></tr>
<tr><td>교통안전 알기</td><td>교통수단의 위험을 안다.</td><td>교통수단의 위험을 알고 조심한다.</td></tr>
<tr><td rowspan="2">위험한 상황 알기</td><td>위험한 상황과 위험한 것을 안다.</td><td>위험한 상황과 위험한 것을 알고 조심한다.</td></tr>
<tr><td colspan="2">위험한 상황 시 어른의 지시에 따른다.</td></tr>
</table>

(2) 신체운동

- **내용체계**

내용범주	내 용
감각과 신체 인식하기	감각능력 기르기
	감각 기관 활용하기
	신체를 인식하고 움직이기
신체조절과 기본운동하기	신체 균형잡기
	대근육 조절하기
	소근육 조절하기
	기본운동하기
신체활동에 참여하기	신체활동에 참여하기
	바깥에서 신체활동하기
	기구를 이용하여 신체활동하기

● 세부내용

내용범주	내 용	1수준	2수준
감각과 신체 인식하기	감각능력 기르기	다양한 감각적 차이에 반응한다.	
	감각 기관 활용하기	감각기관으로 주변 환경을 탐색한다.	
	신체를 인식하고 움직이기	신체 각 부분의 명칭을 안다.	
		신체 각 부분의 움직임을 탐색한다.	
신체 조절과 기본 운동하기	신체 균형잡기	안정된 자세를 취하려고 시도한다.	
	대근육 조절하기	팔, 다리, 목, 허리 등 움직임을 조절한다.	
	소근육 조절하기	눈과 손을 협응하여 소근육을 조절해 본다.	
	기본운동하기	걷기, 계단 오르기 등 이동운동을 한다.	
		제자리에서 몸을 움직여 본다.	
신체 활동에 참여하기	신체활동에 참여하기	신체활동에 자발적으로 참여해 본다.	
	바깥에서 신체활동하기	규칙적으로 바깥에서 신체활동을 한다.	
	기구를 이용하여 신체활동하기	간단한 기구를 이용하여 신체활동을 한다.	

(3) 의사소통

● 내용체계

내용범주	내 용
듣기	말소리 구분하여 듣고 의미 알기
	짧은 문장 듣고 알기
	짧은 이야기 듣기
	말하는 사람을 주의 깊게 보기
말하기	낱말과 간단한 문장으로 말하기
	자신이 원하는 것을 말하기
	상대방을 바라보며 말하기
읽기	그림책과 환경 인쇄물에 흥미 가지기
쓰기	끼적이며 즐기기

- 세부내용

<table>
<tr><th>내용범주</th><th>내 용</th><th>1수준</th><th>2수준</th></tr>
<tr><td rowspan="6">듣기</td><td rowspan="2">말소리 구분하여 듣고 의미 알기</td><td>친숙한 낱말의 발음에 흥미를 보인다.</td><td>친숙한 낱말의 발음에 관심을 가지고 듣는다.</td></tr>
<tr><td colspan="2">다양한 말소리의 차이를 구분한다.</td></tr>
<tr><td rowspan="2">짧은 문장 듣고 알기</td><td>낱말을 듣고 친숙한 사물과 사람을 찾아본다.</td><td>일상생활과 관련된 친숙한 낱말을 듣고 뜻을 이해한다.</td></tr>
<tr><td colspan="2">친숙한 짧은 문장을 듣고 반응한다.</td></tr>
<tr><td>짧은 이야기 듣기</td><td colspan="2">짧은 이야기와 노랫말 등을 즐겁게 듣는다.</td></tr>
<tr><td>말하는 사람을 주의 깊게 보기</td><td colspan="2">말하는 사람의 표정, 몸짓, 억양 등을 주의 깊게 보고 듣는다.</td></tr>
<tr><td rowspan="6">말하기</td><td rowspan="3">낱말과 간단한 문장으로 말하기</td><td>눈앞에 보이는 친숙한 사물의 이름을 발음해 본다.</td><td>친숙한 낱말을 발음해 본다.</td></tr>
<tr><td colspan="2">일상생활에서 경험한 새로운 낱말에 관심을 가진다.</td></tr>
<tr><td colspan="2">일상생활의 반복적인 일이나 친숙한 상황을 한두 낱말이나 간단한 문장으로 말해 본다.</td></tr>
<tr><td rowspan="2">자신이 원하는 것을 말하기</td><td colspan="2">표정, 몸짓, 말소리로 의사표현을 한다.</td></tr>
<tr><td>자신이 원하는 것을 한두 낱말로 말해 본다.</td><td>자신이 원하는 것을 낱말이나 짧은 문장으로 말해 본다.</td></tr>
<tr><td>상대방을 바라보며 말하기</td><td colspan="2">말할 순서에 상대방을 바라보며 말을 주고받는다.</td></tr>
<tr><td rowspan="3">읽기</td><td rowspan="3">그림책과 환경 인쇄물에 흥미 가지기</td><td colspan="2">그림책과 환경 인쇄물에 있는 그림과 내용에 관심을 가진다.</td></tr>
<tr><td colspan="2">친숙한 그림과 환경 인쇄물을 보고 읽는 흉내를 내 본다.</td></tr>
<tr><td colspan="2">선호하는 그림책들을 읽어 주면 집중하여 듣는다.</td></tr>
<tr><td rowspan="2">쓰기</td><td rowspan="2">끼적이며 즐기기</td><td colspan="2">의도적으로 끼적인다.</td></tr>
<tr><td colspan="2">자기 이름 끼적이기에 관심을 가진다.</td></tr>
</table>

(4) 사회관계

● 내용체계

내용범주	내 용
나를 알고 존중하기	나를 구별하기
	좋아하는 것 해 보기
나와 다른 사람의 감정 알기	나의 감정을 나타내기
	다른 사람의 감정에 반응하기
더불어 생활하기	내 가족 알기
	또래와 관계하기
	자신이 속한 집단 알기
	사회적 가치를 알기

● 세부내용

내용범주	내 용	1수준	2수준
나를 알고 존중하기	나를 구별하기	나와 다른 사람의 모습을 구별한다.	
	좋아하는 것 해 보기	내가 좋아하는 것을 찾아본다.	
		좋아하는 놀이나 놀잇감을 선택해 본다.	스스로 선택한 놀이나 놀잇감을 즐긴다.
나와 다른 사람의 감정 알기	나의 감정을 나타내기	여러 가지 감정을 말과 행동으로 나타낸다.	
	다른 사람의 감정에 반응하기	다른 사람이 나타내는 여러 가지 감정에 반응을 보인다.	
더불어 생활하기	내 가족 알기	내 가족에게 애정을 표현한다.	내 가족에게 다른 사람과는 구별된 특별한 감정을 갖는다.
	또래와 관계하기	또래에게 관심을 보인다.	또래의 모습과 행동을 모방한다.
		또래의 이름을 안다.	또래가 있는 곳에서 놀이를 한다.
	자신이 속한 집단 알기	자신이 속한 반과 교사를 안다.	자신이 속한 반의 활동에 즐겁게 참여한다.
	사회적 가치를 알기	도움 받아 물건을 정리한다.	스스로 물건을 정리한다.
		자기 순서를 안다.	순서를 기다린다.
		바른 태도로 인사한다.	
		간단한 약속을 지킨다.	

(5) 예술경험

● 내용체계

내용범주	내 용
아름다움 찾아보기	예술적 요소 탐색하기
예술적 표현하기	리듬 있는 소리와 노래로 표현하기
	움직임으로 표현하기
	자발적으로 미술활동하기
	모방과 상상놀이하기
예술 감상하기	아름다움 즐기기

● 세부내용

내용범주	내 용	1수준	2수준
아름다움 찾아보기	예술적 요소 탐색하기	주변 환경에서 나는 다양한 소리와 움직임을 탐색한다.	
		주변 환경에서 색, 모양을 탐색한다.	
예술적 표현하기	리듬 있는 소리와 노래로 표현하기	친근한 노래를 따라 부른다.	
		신체, 사물, 리듬악기 등을 이용하여 간단한 리듬과 소리를 만든다.	
	움직임으로 표현하기	노래나 리듬에 맞춰 몸으로 표현한다.	
		간단한 도구를 활용하여 몸으로 표현한다.	
	자발적으로 미술활동하기	자발적으로 그리기, 만들기를 한다.	
		간단한 도구와 미술재료를 다룬다.	
	모방과 상상놀이하기	모방행동을 놀이처럼 즐긴다.	일상생활 경험을 상상놀이로 즐긴다.
예술 감상하기	아름다움 즐기기	자연이나 생활의 소리나 움직임, 친근한 음악과 춤을 관심 있게 듣거나 본다.	
		일상생활에서 자연과 사물의 아름다움에 관심을 가지고 즐긴다.	
		자신과 또래가 표현한 노래, 춤, 미술품 등에 관심을 가지고 즐긴다.	

(6) 자연탐구

● 내용체계

내용범주	내 용
탐구하는 태도 기르기	호기심 가지기
	반복적 탐색 즐기기
수학적 탐구하기	수량 인식하기
	공간과 도형에 관심 가지기
	차이에 관심 가지기
	단순한 규칙성에 관심 가지기
	구분하기
과학적 탐구하기	물체와 물질 탐색하기
	주변 동식물에 관심 가지기
	자연을 탐색하기
	생활도구 사용하기

● 세부내용

<table>
<tr><th>내용범주</th><th>내 용</th><th>1수준</th><th>2수준</th></tr>
<tr><td rowspan="2">탐구하는 태도 기르기</td><td>호기심 가지기</td><td colspan="2">주변 사물과 자연 세계에 호기심을 가진다.</td></tr>
<tr><td>반복적 탐색 즐기기</td><td colspan="2">관심 있는 사물을 반복하여 주도적으로 탐색하기를 즐긴다.</td></tr>
<tr><td rowspan="9">수학적 탐구하기</td><td rowspan="3">수량 인식하기</td><td colspan="2">많고 적음을 구별한다.</td></tr>
<tr><td>두 개가량의 수 이름을 말해 본다.</td><td>세 개가량의 구체물을 말하며 세어 본다.</td></tr>
<tr><td colspan="2">구체물을 일대일로 대응해 본다.</td></tr>
<tr><td rowspan="2">공간과 도형에 관심 가지기</td><td colspan="2">나를 중심으로 익숙한 위치, 장소를 인식한다.</td></tr>
<tr><td colspan="2">주변 사물의 모양에 관심을 가진다.</td></tr>
<tr><td>차이에 관심 가지기</td><td colspan="2">주변 사물의 크기(속성의 차이)에 관심을 가진다.</td></tr>
<tr><td>단순한 규칙성에 관심 가지기</td><td colspan="2">주변에서 단순하게 반복되는 규칙성에 관심을 가진다.</td></tr>
<tr><td>구분하기</td><td colspan="2">주변 사물의 같고 다름에 따라 구분한다.</td></tr>
<tr style="display:none"></tr>
<tr><td rowspan="6">과학적 탐구하기</td><td>물체와 물질 탐색하기</td><td colspan="2">친숙한 물체와 물질을 능동적으로 탐색한다.</td></tr>
<tr><td>주변 동식물에 관심 가지기</td><td colspan="2">주변 동식물의 모양, 소리, 움직임에 관심을 가진다.</td></tr>
<tr><td rowspan="2">자연을 탐색하기</td><td colspan="2">돌, 물, 모래 등의 자연물을 탐색한다.</td></tr>
<tr><td colspan="2">날씨를 감각으로 느낀다.</td></tr>
<tr><td rowspan="2">생활도구 사용하기</td><td colspan="2">생활 속에서 간단한 도구에 관심을 가진다.</td></tr>
<tr><td colspan="2">간단한 도구를 사용한다.</td></tr>
</table>

제4장

영아를 위한 실내·외 환경

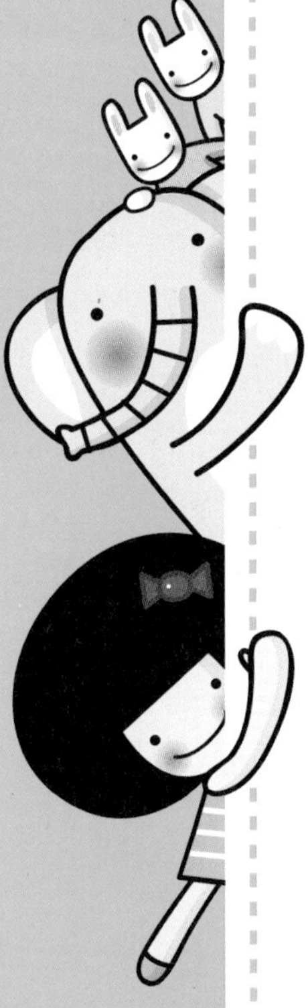

제4장

영아를 위한 실내·외 환경

1. 영아를 위한 실내환경 구성 원리

영아를 위한 환경은 무엇보다 안전을 가장 먼저 고려해야 한다. 영아마다 월령과 개인차에 따라 발달 수준에 차이가 있으므로 교사는 각각의 영아들이 어느 정도의 발달 수준에 차이가 있는지를 파악하고, 그에 따른 안전 문제를 고려해야 한다. 영아는 항상 입으로 탐색을 하기 때문에 모든 자료는 청결해야 하며, 작은 조각과 같이 삼킬 우려가 있는 물건을 영아 주변에 두어서는 안 된다. 또한 6개월 이전의 영아와 이동이 가능해진 6개월 이후의 영아는 운동능력의 차이에 따라 제공해야 할 자료에 차이가 있다(김영희, 송명숙, 최미숙, 2003).

0세아는 다양한 것을 좋아하지만 너무 많은 자료를 제공하면 영아를 위축시킬 수 있으며, 환경이 자주 바뀌는 것 또한 영아의 두려움이 커질 수 있다. 따라서 환경을 구성할 때는 개별 영아의 다양한 욕구에 따라 여러 개의 자료를 제시하지만 한꺼번에 너무 많은 자료를 제시해서는 안 되며, 주기적으로 자료를 바꾸어 주더라도 익숙한 것과 새로운 것을 적절히 배분하여야 한다(김영희 외, 2003). 걸음마가 시작되는 1세아들은 활동 범위가 보다 넓어지고 영아 스스로 해 보고자 하는 의도가 커진다. 2세경에는 영아가 다양하게 탐색하고 시도할 수 있도록 안전한 환경을 구성해 주면서 역할놀이 영역과 물 · 모래놀이 영역을 추가할 수 있다(이영, 이미화, 1999).

2. 영아를 위한 실내환경 흥미영역

영아를 위한 실내환경을 계획할 때 가장 먼저 흥미영역과 집단의 크기를 고려해야 하며, 영아를 위한 공간은 가능한 넓어야 한다. 영아의 흥미영역은 일상생활 영역과 놀이활동 영역으로 구분할 수 있다. 일상생활 영역은 영아들의 생리적 욕구를 반영해 주는 수유 및 이유, 기저귀갈이, 수면, 씻기 등이 이루어지는 영역을 말하며, 놀이활동 영역은 놀이활동이 주로 이루어지는 영역을 의미한다.

TIP

평가인증지표에서 제시하는 영아반 보육실 내 흥미영역 구성

- 만 0~1세반: 신체영역, 언어영역, 탐색영역, 일상생활 영역(수유영역, 기저귀갈이 영역 포함)
- 만 2세반: 신체영역, 언어영역, 탐색영역, 음률영역, 미술영역, 역할놀이 및 쌓기놀이 영역

다음은 Frost의 흥미영역 구성원리에 따라 만 0~1세반과 만 2세반 흥미영역 배치를 살펴보고 흥미영역별로 필요한 교재 교구에 대해 살펴보도록 한다.

활동적이며 건조한 영역 (신체영역, 역할놀이 영역)	활동적이며 물이 있는 영역 (수유영역, 기저귀갈이 영역)
조용하고 건조한 영역 (언어 및 휴식영역)	조용하고 물이 있는 영역 (탐색영역)

만 0~1세반

활동적이며 건조한 영역 (신체영역, 역할놀이 영역, 쌓기놀이 영역)	활동적이며 물이 있는 영역 (미술영역)
조용하고 건조한 영역 (도서 및 휴식영역)	조용하고 물이 있는 영역 (탐색영역)

만 2세반

[그림 4-1] Frost의 흥미영역 구성원리에 따른 만 0~1세반과 만 2세반 흥미영역 배치

[그림 4-2] 만 0~1세반 교실 흥미영역 배치도

[그림 4-3] 만 2세반 교실 흥미영역 배치도

TIP

평가인증관련지표(대1-1)(소1-2)

- 보육실의 공간 배치: 보육실의 공간이 영유아의 연령, 발달 특성을 고려하여 흥미영역으로 구성되어 있으며, 배치가 적절하다.

1) 일상생활 영역

(1) 개인보관 영역

0, 1, 2세 영아 모두에게 필요한 영역으로 개인 소유의 물건을 보관할 수 있는 개인 사물함이 구비되어 있어야 한다. 각 영아는 발달단계나 성별에 따라 다른 우유, 이유식, 기저귀, 옷, 식기 등을 사용해야 하며, 특히 음식과 기저귀는 가정에서 사용하던 것과 같은 종류의 것을 사용해야 하므로 개인 사물함이 필요하다.

각 영아의 개인 사물함은 겉옷, 신발, 여벌의 옷, 영아의 애착물, 기저귀, 실온에 보관해도 좋은 우유병, 이유식 등의 개인 소지품을 보관하는 것으로 활용된다. 12개월 미만의 영아에게 개인 사물함은 개인적 소유를 인식하게 하거나 물건을 정리하는 습관을 배우게 하는 학습 측면에서의 목적보다는 안전, 위생, 전염병 예방의 측면에서 활용되며, 12개월 미만 영아의 개인 사물함은 보육실 내에 설치하는 것이 바람직하다.

개인 사물함은 영아가 직접 자신의 사물함을 이용하지 않기 때문에 꼭 바닥에 설치할 필요는 없다. 오히려 이 시기는 무엇이든지 꺼내는 특성이 있으므로 영아의 손이 닿지 않도록 벽에 설치하는 것이 더 바람직하다. 또한 청결한 상태로 유지해야 하는 물품은 겉옷이나 신발 등과 따로 보관하도록 한다.

TIP

평가인증관련지표(소1-1)

- 영유아용 가구와 설비: 영유아용 가구나 설비가 갖추어져 있고, 개별 소지품 보관 공간이 영유아 수에 맞게 마련되어 있다.

(2) 기저귀갈이 · 화장실 영역

가능하면 이유식이나 식사 공간에서 멀리 떨어져 배치하고 교사들이 즉시 손을 씻을 수 있도록 냉 · 온수를 갖춘 싱크대, 뚜껑이 있는 휴지통과 인접해 있어야 한다. 눌러서 쓰는 비누, 종이타월(또는 수건), 기저귀갈이대에 까는 종이, 일회용 장갑, 소독제 등도 필요하므로 영아의 접근이 어려운 곳에 보관할 장소를 마련하고, 영아가 볼 수 있는 그림, 모빌, 놀잇감, 거울 등을 구비한다.

12개월 미만의 영아가 전용으로 사용하는 화장실이라면 특별히 변기가 필요하지 않다. 영아를 간단히 씻길 수 있는 설비가 있으면 충분하므로 별도의 화장실이나 세면실을 준비하지 않고, 기저귀갈이 영역에 손만 씻을 수 있는 세면대 대신 깊이가 있는 싱크대를 설치하여 함께 사용할 수 있도록 한다. 화장실은 보육실에서 직접 통할 수 있어야 하지만, 문이나 칸막이를 설치하여 영아들이 혼자서 들어갈 수 없게 안전조치를 해야 한다.

영아를 목욕시키기 위해서는 별도의 영아용 욕조가 필요하지만, 이를 위해 따로 욕실을 마련하는 것은 공간활용 측면에서 비효율적이다. 따라서 그 기관에서 월령이 높은 영아들과 함께 사용할 수 있는 화장실 겸용 세면실을 설치하여 목욕을 시키는 것이 더 효과적이다. 기저귀를 갈거나 용변을 보게 한 후 철저히 손을 씻어야 한다는 안내문을 부착하고 수도꼭지를 틀고 잠글 때 세균이 손에 접촉되지 않도록 싱크대는 발이나 팔꿈치 또는 손목으로 조정할 수 있도록 설치해야 한다. 핸드크림과 부드러운 일회용 수건은 교사가 손을 자주 씻을 수 있는 동기를 부여한다.

기저귀를 교환할 때 사용하는 모든 것은 탁자에서 손이 바로 닿을 수 있는 곳에 두고 영아를 혼자 두어서는 안 된다. 기저귀를 버리는 쓰레기통은 뚜껑이 있는 것을 사용하고 기저귀대에는 살균소독 스프레이를 비치한다. 변기는 즉각 비우고 영아가 변기에 배설을 하든 안 하든 매번 사용 후 살균할 수 있게 되어 있는 영아 변기를 사용하고, 쓰레기는 매일 여러 번 버린다.

〈자료〉

- 기저귀, 물휴지, 비누, 로션, 종이타월, 안전거울, 재미있는 사진이나 그림
- 부드러운 헝겊 인형, 모빌, 딸랑이, 영아용 침대나 매트, 가정에서 가져온 이불이나 베개, 자장가가 들어 있는 테이프와 레코더
- 냉장고, 음식을 데울 수 있는 기구, 흔들의자, 영아 개인용 우유통 및 우유병, 그릇

(3) 수유 · 이유영역

12개월 미만의 영아는 수유만 하거나 수유와 이유를 병행하는 단계다. 따라서 월령이 높은 영아들처럼 공식적인 급식영역이 꼭 필요하지는 않다. 그러나 이유식 제공에 필요한 간단한 시설과 설비(예: 냉 · 온수가 나오는 싱크대, 음식을 보관할 수 있는 작은 냉장고, 우유병 및 식기를 건조 · 소독 · 보관할 수 있는 설비)가 보육실 내에 있는 것이 편리하다.

수유를 위해 보육실 내에 특정한 장소를 마련할 필요는 없고 영아의 상태에 따라 적절한 장소에서 수유하면 된다. 이유는 영아의 식습관 형성을 위해서 간단한 설비를 갖추어 일정한 장소에서 실시한다. 이유를 위해서는 간편한 식탁(또는 밥상)과 의자(밥상을 활용한 경우는 필요 없음)가 필요한데, 이유식 제공에 필요한 시설 · 설비와 인접하면서도 환하고 통풍이 잘 되는 장소에서 이유식을 제공한다. 혼자 앉을 수 없는 영아를 위해 영아용 식탁의자를 준비하면 편리하다.

음식 보관 장소와 요리 장소를 구분하고 각 영아의 우유병과 그릇에 이름표를 붙인다. 음식을 먹이는 여러 정보를 교실에 붙인다. 각 교실마다 냉장고와 음식을 데울 조리기구를 비치하고 있어야 교사가 교실을 떠나지 않고 음식을 준비할 수 있다. 음식을 먹기 전 의자와 탁자의 높이를 적당히 맞추고 의자는 영아의 발이 바닥에 닿을 만큼 낮아야 한다. 의자와 탁자는 사용 후 소독한다. 우유병을 영아에게 기대어 놓거나 영아가 우유병을 들고 먹게 해서는 안 된다. 또한 팝콘, 견과류, 생당근, 사탕 같이 영아의 기도를 막을 수 있는 것은 주지 않아야 하며 매일의 음식 쓰레기는 바깥의 뚜껑이 있는 쓰레기통으로 옮겨서 버리도록 하고 영아의

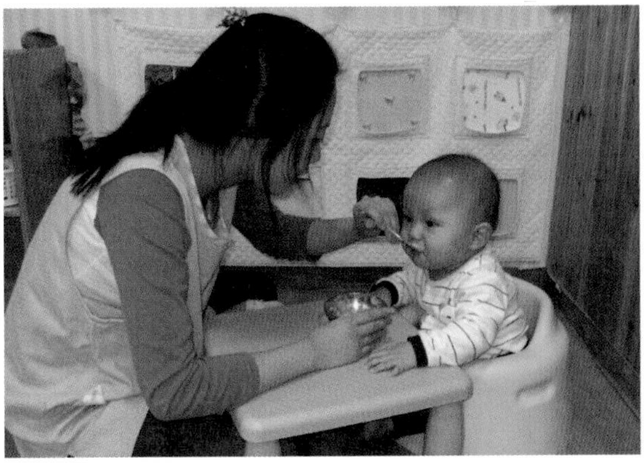

먹는 습관, 필요한 영양소, 선호하는 음식에 대해 부모에게 알린다.

(4) 수면영역

영아는 발달 특성상 낮잠과 휴식이 꼭 필요하고 수면시간이 길다. 그러므로 수면영역을 설치해야 하는데, 각각 자신의 침구를 이용할 수 있을 정도로 충분히 넓어야 한다. 수면용 가구는 영아의 월령에 따라 다르나 가장 작은 영아는 요람이나 아기 침대가 안전하며 좀 더 큰 영아는 창살이 있는 영아용 침대가 필요하다. 수면영역은 적절한 수준에서 환기와 채광이 이루어지고 소음이 차단되는 공간이어야 한다. 보육실 내에 수면영역을 둘 경우, 교사가 관찰하기는 쉬우나 활동하고 있는 영아의 소음, 빛 때문에 수면이 방해받을 수 있다. 따라서 보육실 안에 침구 이동이 편리하고 통풍이 잘 되며 소음이 적은 곳에 침대나 침구를 보관할 공간을 마련해야 한다.

보육실과 인접한 장소에 수면영역을 두고, 직접 또는 관찰창을 통해 관찰하는 형태로 운영할 수 있다. 일반적으로는 보육실과 수면영역이 분리되는 것이 더 바람직하다고 평가되고 있다. 보육실과 분리되어 있을 경우, 여러 가지 장점(예: 가정과 같은 안락한 분위기, 쾌적한 수면 환경, 수면 습관이나 수면 길이의 차이 수용, 수면에 필요한 도구정비의 용이성 등)이 있다. 그러나 교사의 수가 부족해서 수면영역에 교사가 상주할 수 없을 경우 신속히 개입하는 데는 불편이 있을 수 있으므로, 소리가 나는 모니터 등을 설치해서 영아가 잠에서 깨거나 문제가 있을 경우 신속히 대처할 수 있도록 해야 한다.

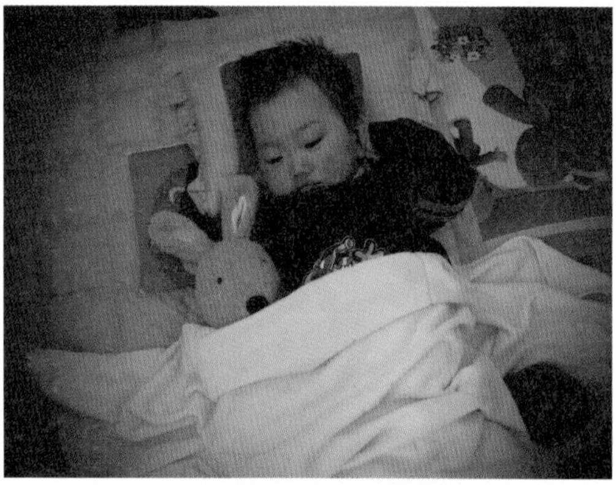

2) 놀이활동 영역

보육실 내에서 가장 중요하고 넓은 면적을 차지하고 있는 영역이다. 12개월 미만의 영아를 위한 보육실은 좀 더 월령이 높은 영아를 위한 보육실이나 유치원처럼 흥미영역 또는 활동영역으로 엄격히 구분할 필요는 없다. 또한 연령이 높은 유아를 위한 학급처럼 영역이 구별되도록 교구장이나 칸막이 등으로 구획을 정할 필요도 없다. 그러나 영아의 월령 및 목적에 맞게 몇 개의 영역으로 구분하고 각 영역의 목적을 달성할 수 있는 환경을 제공해야 하는데, 다음의 사항을 고려하도록 한다.

첫째, 공간배치 원리에 따라 정적이고 물기가 있는 활동공간, 정적이고 건조한 활동공간, 동적이고 물기가 있는 활동공간, 동적이고 건조한 활동공간으로 구분한다.

둘째, 일정 월령군의 영아에게 필요한 놀잇감을 인접한 곳에 놓아서 배치한다.

셋째, 영아의 안전을 고려하여 놀잇감을 배치한다. 예를 들면, 붙잡고 걸어 다니거나 영아용 자전거를 타는 영아들을 위한 영역과 누워서 지내는 영아들이 있는 영역은 멀리 배치한다.

(1) 탐색영역

다양한 월령의 영아에게 적절한 영역으로 오감각을 활용하여 놀이할 수 있는 다양한 종류의 놀잇감이나 소리가 나는 놀잇감을 제공하도록 한다. 0세아에게는 조작적 경험을 통해 흥미를 느낄 수 있도록 제작된 자료를 제공하고, 영아의 발달 수준에 맞게 조각의 수가 적고 모양이 단순하며 삼킬 염려가 없는 크기의 자료가 적절하다. 다양한 촉감의 자료들이면 더욱 좋다. 1세아에게는 손으로 조작해서 움직임을 관찰할 수 있는 자료, 기를 수 있는 동식물 등 여러 가지 자료로 구성해 준다. 2세아는 주변 사물에 대한 호기심을 충족하기 위해 적극적으로 탐색하고 조작하는 특성이 있으므로 탐색 · 조작영역으로 구성하여 조용하게 집중할 수 있도록 한다. 또한 바닥에 자료들을 쏟고 담는 일이 많으므로 바닥에는 카펫을 깔거나 낮은 책상을 비치한다.

TIP

평가인증관련지표

- 자연탐구활동 자료(대1-6): 자연탐구(수 · 과학)활동 자료가 다양하고, 대부분 실물자료로 구성되어 있다.
- 자연탐구활동과 자료(소2-9): 자연탐구(수 · 과학)활동 자료가 다양하고, 이를 활용한 활동을 자주 한다.

〈표 4-1〉 연령별 자료

0세아	1세아	2세아
• 천으로 만든 패드나 담요	• 키울 수 있는 간단한 동식물(어항과 물고기, 화분)	• 키울 수 있는 간단한 동식물(어항과 물고기, 화분, 고구마, 양파 등)
• 딸랑이, 꼭 쥘 수 있는 장난감, 마라카스	• 리듬막대, 마라카스, 트라이앵글, 북, 실로폰, 방울, 녹음기	• 자연현상에 대한 사진이나 그림자료, 관찰 가능한 실물(솔방울, 나뭇잎 등)
• 치아 발육기	• 테이블, 붓, 이젤, 풀, 종이, 크레파스, 핑거페인팅 자료, 밀가루 점초	• 감각놀이대와 재료(콩이나 마카로니, 물이나 모래)
• 부드러운 재질의 쌓기 자료	• 1~3조각 퍼즐, 나무 못과 못판, 크기가 다른 컵, 누르면 튀어나오는 장난감	• 냄새 맡기 병, 촉감자료, 맛볼 수 있는 음식, 소리 나는 놀잇감

• 1~2조각의 퍼즐, 모양 끼우기 상자, 겹겹이 넣는 컵 블록		• 모양 분류 상자, 조각이 큰 퍼즐, 큰 레고 블록
• 촉감이 다양한 인형들		• 포개어 넣을 수 있는 상자나 컵, 나무 못과 못 판, 구슬꿰기 자료
• 끈을 당기면 뚜껑이 열리는 등의 인과관계가 있는 놀잇감		

(2) 도서 및 휴식영역

0세아에게는 다양한 재질(예: 천, 비닐, 두꺼운 종이)의 그림이 매력적인 책을 준비하고 푹신한 쿠션이나 베개 등을 놓아 준다. 그림책은 책 표지의 그림이 전면에 보이도록 전시하고 책의 내용은 동물, 사람, 장난감 등 영아에게 친숙한 그림이 있는 것으로 선택한다.

1세아에게는 책이나 그림, 손인형을 구비하여 영아가 새로운 단어를 배우고 교사와의 언어적 상호작용이 많이 일어나도록 배려한다. 2세아에게도 가정과 같이 아늑한 공간이 좋은데 카펫에 작은 소파나 쿠션, 인형 등을 조용하고 밝은 곳에 비치해 영아가 혼자서 놀이에 몰두하거나 쉴 수 있게 해 주어야 한다. 천, 카드, 나무로 된 것 또는 찢어지지 않는 책이 영아에게 좋으며 녹음기, 녹음 테이프를 갖춰 놓는다. 단, TV는 필요하지 않을 뿐만 아니라 영아에게 알맞지 않다. 도서영역은 놀이활동 중 잠시 동안 휴식을 취하고 싶은 영아에게 휴식영역으로서 활용되기도 하지만, 도서영역 옆의 조용한 위치에 휴식영역을 만들어 주어 잠시 동안 휴식을 취하고 정서적으로 편안감을 갖게 한다.

TIP

평가인증관련지표

- 언어활동 자료(대1-5): 언어활동 자료가 듣기, 말하기, 읽기, 쓰기의 네 영역으로 마련되어 있고, 영유아 수에 따라 충분하다.
- 언어활동과 자료(소2-6): 듣기, 말하기, 읽기, 쓰기의 네 영역 모두 충분히 마련

되어 있고, 듣기와 말하기 기회를 다양하게 제공하며, 읽기와 쓰기에 관심을 갖도록 하는 활동을 자주 한다.

- 보육실 내 영유아의 휴식 공간(대1-2)(소1-3): 영유아가 혼자 활동하거나 휴식을 취할 공간이 있고, 이를 쉽게 이용할 수 있다.

〈표 4-2〉 연령별 자료

0세아	1세아	2세아
• 소파나 쿠션, 부분 카펫	• 안락한 쿠션이나 방석, 소파	• 카펫이나 푹신한 매트, 편안한 소파나 쿠션, 봉제인형
• 그림책, 촉감책, 헝겊책	• 다양한 그림카드와 그림책	• 책꽂이, 그림책, 그림이나 사진자료
• 다양한 종류의 그림이나 사진	• 손인형, 헝겊책	• 융판, 융판자료, 손인형, 막대자료
• 손인형, 봉제인형		

(3) 대근육 활동영역

혼자서 안정적으로 앉거나 길 수 있고, 붙잡고 일어서거나 걸을 수 있는 능력이 있는 월령이 높은 영아를 위한 영역이다. 침대를 사용하는 영아도 발달을 자극하는 자료를 침대에 달아 주어 대근육 활동이 활발하게 이루어지도록 한다. 오르기, 구르기, 기기, 뒤집기 같은 활동이 안전하고 자유롭게 일어날 수 있도록 충분한 공간을 제공한다.

기어오를 수 있는 계단은 영아가 기거나 오를 수 있을 때 적절하게 활용될 수 있다. 계단의 겉면은 세척이 가능한 천이나 비닐로 감싸고, 부드러운 솜이나 스펀지 같은 재료를 안에 넣고, 바닥은 충격을 흡수할 수 있도록 카펫이나 매트 등을 깔아 준다. 특히 2세아는 자신의 신체를 숙달시키기 위해 오르기나 내리기 등 움직이는 활동을 좋아하므로 실내용 놀이기구와 개방된 공간을 마련해 준다. 또한 활동적인 영아의 특성을 고려하여 보육실이 협소한 경우에는 별도의 공간을 마련해 줄 수 있다.

흔들 그네가 영아를 달래는 데 효과적이기는 하지만 교사가 직접 영아를 안고 심하게 흔들어 주는 것은 안 된다. 그네는 안전벨트가 있어야 하고 그네 가까이 교사가 있어야 한다. 밀면서 노는 장난감, 타는 장난감, 간단한 세발 자전거를 충분히 준비해서 자신의 차례를 많이 기다리지 않게 하고, 경사로나 뛸 수 있는 매트리스, 통이나 상자, 기어 들어가고 나올 수 있는 기구를 준비한다.

TIP

평가인증관련지표

- 신체활동 자료(대1-4): 발달 수준에 적합한 신체(대 · 소근육)활동 자료가 다양하고, 양이 충분하다.
- 신체활동과 자료(소2-5): 신체(대 · 소근육)활동 자료가 영유아 수에 따라 충분히 있고, 이를 활용한 활동을 매일 한다.

〈표 4-3〉 연령별 자료

0세아	1세아	2세아
• 흔들 그네	• 낮은 미끄럼틀, 낮은 계단	• 평균대, 미끄럼틀, 매트나 카펫, 낮은 계단
• 페달 없이 발로 밀고 가는 자전거나 차	• 탈것들(끌차, 붕붕차, 밀고 다니는 유모차)	• 붕붕차, 끌차, 인형 유모차, 흔들말, 시소
• 손으로 밀면서 걸을 수 있는 놀잇감	• 바퀴가 있는 장난감 자동차	• 터널
• 기어오를 수 있는 낮은 계단	• 큰 종이블록, 우레탄 블록, 나무블록	• 다양한 크기의 공
• 잡고 일어서거나 걸을 수 있는 낮은 가구나 봉	• 흔들말, 공, 터널	
• 터널		

(4) 역할놀이 영역

1세아는 과거 사건을 모방하고 내적 표상에 의해서 생각하고 행동을 재생산할 수 있다. 특히 아기 돌보기, 음식 만들기 등 가정에서 경험하고 본 적이 있는 행동들을 주로 흉내 낸다. 영아가 상상놀이를 활발히 할 수 있도록 가정과 같은 분위기와 자료로 환경을 구성해 주는 것이 좋고, 2세아는 역할놀이 영역에 자주 참여하며 움직임이 많고 활동이 다양하므로 충분한 공간을 확보해야 한다. 역할놀이 영역은 동적이면서 건조한 곳에 배치하고 쌓기영역과 가까이 배치하면 놀이가 확장될 수 있다.

TIP

평가인증지표

– 역할 및 쌓기 놀잇감이 다양하고, 영유아 수에 따라 충분히 있다.

〈표 4-4〉 연령별 자료

1세아	2세아
• 부엌가구(모형 싱크대, 냉장고), 음식 모형, 그릇	• 부엌가구(모형 싱크대, 냉장고)
• 인형, 인형 침대, 우유병	• 다양한 모형 주방용품(주전자, 컵, 그릇, 수저, 음식물 모형 등)
• 안전거울, 의상 소품(구두, 스카프, 모자, 핸드백), 빈 화장품 병	• 인형, 인형 침대, 유모차, 아기 업는 띠
• 장난감 전화기	• 전신거울, 화장대, 빈 화장품 병, 빗, 드라이기
	• 의상(엄마 아빠 옷, 드레스, 한복, 직업을 나타내는 옷)
	• 의상 소품(모자, 넥타이, 스카프, 구두, 핸드백 등)
	• 전화, 못 쓰는 가전제품(다리미, 토스터, 시계 등), 청소도구
	• 다양한 역할놀이 소품(미용실 놀이, 병원 놀이, 가게 놀이 등)

(5) 미술영역

미술영역은 조용하고 밝은 곳에 비치하는 것이 바람직하며, 자료 보관과 작품 전시를 위한 공간이 마련되어야 한다. 또한 다양한 작업이 이루어지고 물이 많이 사용되므로 바닥의 재질은 쉽게 닦을 수 있는 것이어야 한다. 영아가 자유롭게 끄적거리고, 오리고, 붙이고, 반죽하고, 그리는 다양한 활동을 할 수 있도록 미술 재료를 충분하고 다양하게 준비해 주어야 한다.

TIP

평가인증관련지표

– 예술활동 자료(대1–7): 예술(음악 · 동작, 미술)활동 자료가 다양하고, 양이 충분하다.
– 예술활동과 자료(소2–10): 다양한 예술(음악 · 동작, 미술)활동 자료가 충분하고, 이를 활용하여 창의적인 예술활동을 자주 한다.

〈표 4-5〉 연령별 자료

0, 1, 2세아
• 낮은 책상, 비닐 앞치마, 게시판
• 이젤, 그림물감, 붓, 크레파스
• 모양, 색, 질감, 크기, 두께 등이 다양한 종이류(도화지, 색종이, 시험지, 검은 종이, 셀로판지, 포장지 등)
• 폐품 자료(상자, 병, 병뚜껑, 깡통, 계란판, 솔방울, 잡지, 벽지, 헝겊 등)
• 다양한 쓰기 도구(크레파스, 색연필, 색분필, 사인펜, 매직펜, 연필 등)
• 풀, 가위, 접착용 테이프 등
• 손가락 그림자료(달력 종이, 색풀, 쟁반)와 밀가루 점토

(6) 쌓기영역

1, 2세아는 다양한 크기의 블록을 이용하여 간단한 쌓기놀이나 상상놀이를 즐긴다. 구조물은 단순하지만 반복적으로 블록을 쌓고 무너뜨리면서 공간 개념과 크기 개념을 형성하고 교육 주제나 영아의 흥미에 따라 다양한 소품(교통표지판, 자동차, 인형 등)을 추가해 주면 놀이가 확장될 수 있다.

TIP

평가인증관련지표

– 역할놀이 및 쌓기놀이 자료(대1-8): 역할놀이 및 쌓기놀이 자료가 다양하고 충분하다.

– 역할놀이 및 쌓기놀이와 자료(소2–11): 다양한 종류의 역할놀이 및 쌓기놀이 자료가 충분하고, 활동이 자주 이루어진다.

〈표 4-6〉 연령별 자료

1, 2세아
• 부분 카펫이나 영역을 구분하는 색테이프
• 스펀지 블록, 우레탄 블록, 공간 블록, 유니트 블록, 듀플러 블록
• 종이 벽돌, 신호등, 교통표지판, 밀거나 끌고 다닐 수 있는 바퀴 달린 놀잇감
• 동물 인형, 사람 인형 등

(7) 음률영역

영아는 다양한 악기를 탐색하고 음악에 맞추어 몸을 움직이는 것을 즐긴다. 음률영역은 소음이 많이 발생하므로 조용한 영역과는 떨어져서 배치하는 것이 바람직하며 다양한 소리를 낼 수 있는 악기들을 비치하고 신체표현을 위한 카세트, 음악테이프, 스카프 등을 준비한다.

TIP

평가인증관련지표

– 예술활동 자료(대1–7): 예술(음악 · 동작, 미술)활동 자료가 다양하고, 양이 충

분하다.
- 예술활동과 자료(소2-10): 다양한 예술(음악 · 동작, 미술)활동 자료가 충분하고, 이를 활용하여 창의적인 예술활동을 자주 한다.

〈표 4-7〉 연령별 자료

1, 2세아
• 여러 가지 악기의 사진이나 그림
• 카세트, 녹음기, 음악 테이프
• 다양한 악기(종, 방울, 마라카스, 북, 트라이앵글, 실로폰, 리듬막대, 귀로, 탬버린 등)
• 신체표현을 위한 소품(스카프, 리본테이프 막대, 꽃수술)

3. 영아를 위한 실외환경 흥미영역

1) 영아를 위한 실외환경 구성의 원칙

12개월 미만의 영아를 위한 실외환경을 별도로 구비하는 것은 매우 어려운 일이다. 12개월 미만의 영아에게 실외놀이 공간은 대근육 활동의 목적보다는 실외에서 햇빛, 적당한 바람, 기온을 느끼고 실외의 자연을 경험하게 하는 목적으로 더 유용하다. 그렇기 때문에 실외놀이 기구가 부적절하여 대근육 활동을 하지 못한다 할지라도 실외에서 있을 기회를 반드시 제공해야 한다.

영아를 위한 실외놀이 공간은 일반적으로 연령이 높은 유아의 공간과는 분리하고 영아의 발달 수준에 적합한 놀이기구를 배치하여 안전하게 구성하는 것이 좋다. 그리고 36개월 미만의 영아들이 함께 실외놀이터를 이용하는 경우, 월령이 높은 영아들이 실외놀이를 하지 않는 시간대를 활용하여 0세아가 실외에서 활동을 할 수 있도록 한다. 이동용 울타리를 활용하여 울타리로 둘러싸인 놀이공간을 구성하고 바닥은 모래밭보다는 잔디밭이나 고무·스펀지를 압축하여 만든 단단하면서도 딱딱하지 않은 바닥이 좋다. 또한 실내의 대근육 영역에서 사용하던 놀이기구 중 이동이 가능한 것(예, 작은 미끄럼틀, 발로 미는 자전거)을 실외로 옮겨서 활용하고, 실내에서 사용하는 다양한 놀잇감을 가지고 실외에서도 놀이를 할 수 있도록 배려한다(이기숙 외, 2002a).

실외놀이 공간의 환경 구성은 실내 공간의 연장으로 생각하고 대근육 활동을 위한 영역, 탐색영역, 작업영역, 모래영역 등의 흥미영역과 조용히 쉴 수 있는 영역으로 구분할 수 있다.

TIP

평가인증관련지표(대1-3)

- 옥외놀이터와 놀이기구: 옥외놀이터 또는 대체놀이터가 있고, 놀이기구가 3종 이상 있다.

(1) 대근육 활동영역

대근육 활동영역에는 그네, 낮은 미끄럼틀, 오르기망, 시소 등의 설비와 함께 자전거나 자동차를 탈 수 있는 개방된 공간이 필요하다. 그네나 시소, 미끄럼틀이 있는 공간의 바닥은 충격을 흡수할 수 있도록 잔디, 스펀지, 모래, 톱밥 등을 깔아주어야 하며 자전거나 자동차가 다니는 길은 보도블록이나 시멘트 등으로 길을 만들어 준다.

〈놀이기구〉

- 안전망이 되어 있는 그네, 낮은 미끄럼틀, 시소
- 작은 터널, 평균대, 흔들배, 흔들말, 여러 가지 공
- 자전거, 끌차, 큰 바퀴가 있는 자동차

(2) 탐색영역

실내에서 이루어지는 탐색활동이 실외에서 확장되어 이루어질 수 있다. 바람개비가 바람에 날리는 것을 관찰하거나, 비눗방울 놀이 등을 통해 공기의 힘에 의해 비눗방울이 날리는 것을 자유롭게 즐기며 탐색할 수 있다.

또한 동식물을 직접 재배함으로써 식물과 동물의 성장, 변화를 직접 관찰하고 생명체를 사랑하는 마음을 가질 수 있다. 화단은 햇빛이 잘 비치고 영아의 눈에

잘 띄는 장소에 배치하여 싹이 트는 과정, 나뭇잎의 변화 등을 볼 수 있도록 한다. 또한 동물 사육장은 바람이 잘 통하고 배수가 잘 되는 곳에 배치하고 먹이를 먹는 것을 관찰할 수 있게 한다.

(3) 미술영역

실외의 작업영역에서는 물이나 다양한 재료의 사용이 실내보다 자유롭다. 작업영역은 물과 가까이 배치하되, 바닥을 이용하여 그림을 그릴 수 있도록 흙과 시멘트 바닥이 모두 있는 공간이 적절하다(보건복지부, 1999).

〈자료〉

- 작업대, 비닐, 작품 건조대, 이젤, 비닐 가운
- 크레파스, 그림물감, 큰 붓, 분필, 종이

(4) 물 · 모래놀이 영역

물과 모래는 다양하게 시도하고 탐색할 수 있는 자료로 모든 영아가 좋아하는 자료다. 실외에서 풍부한 모래와 물을 이용하여 마음껏 놀이를 하면서 영아는 긴장감을 해소하고 편안한 마음을 가질 수 있다. 물과 모래는 얼마든지 변형이 가능하므로 영아가 자유롭게 탐색할 수 있도록 해야 하나, 모래나 물을 상대 영아에게 뿌리는 일이 없도록 지도해야 한다.

모래장은 5명 정도가 함께 놀 수 있을 정도의 크기에 충분한 양의 모래가 덮여 있어야 하며 배수가 잘 되고 청결이 유지되어야 한다. 또한 모래가 너무 적거나 건조하면 영아가 다루기 어려우므로 모래의 양이나 습도를 항상 점검해 주어야 한다. 모래놀이와 물놀이에 필요한 여러 가지 소품을 첨가해 주고 물과 모래놀이 영역을 가까이 배치하여 놀이가 확장되도록 해 준다.

〈자료〉

- 다양한 크기와 모양의 그릇
- 주전자, 물뿌리개, 뜨거나 가라앉는 사물(돌멩이, 스펀지, 탁구공), 구멍 뚫린 그릇
- 트럭, 깔때기, 삽, 모양틀

(5) 조용한 영역

영아가 실외놀이 중에 조용한 휴식을 취하며 개인적으로 시간을 보낼 수 있는 공간이 필요하다. 즉, 편안하게 쉴 수 있는 잔디와 나무 그늘, 긴 의자가 있는 휴식 영역과 놀이집이나 영아가 숨을 수 있는 작은 터널 등으로 구성된 개인적 공간이 준비되어야 한다.

(6) 전이영역과 창고

실내놀이를 실외로 확장시키고 햇빛, 눈과 비 등을 피할 수 있는 전이영역이 필요하다. 실내놀이 공간에서 바로 실외놀이 공간으로 통하는 문을 만들어 지붕만 가린 전이공간을 만들어 두면, 물놀이나 모래놀이, 물을 많이 사용하는 미술 작업 등이 쉽게 이루어질 수 있다. 실외놀이 기구와 놀잇감을 정리해 둘 창고가 있는 것이 바람직하다.

제 5 장

영아보육 프로그램 운영에 대한 평가

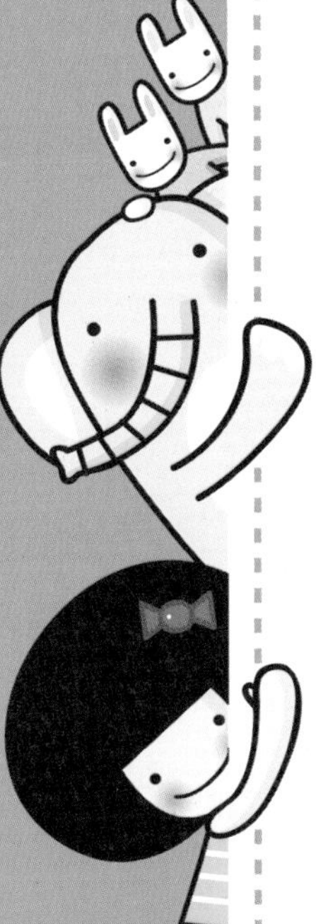

1. 영아보육 프로그램 평가의 목적
2. 영아보육 프로그램 평가의 내용
3. 교사 자기평가

제5장

영아보육 프로그램 운영에 대한 평가

1. 영아보육 프로그램 평가의 목적

평가는 전 교육과정의 설계 과정에 맞게 진행하는 과정으로서, 기본적으로 하려고 시도한 것을 얼마나 잘하고 있는지를 결정하는 과정이다. 평가는 명확하고 분명한 목적과 목표에 맞추어서 수행되어야 하는데, 객관적이고 종합적인 관찰을 사용하며 판단의 표준(standard)과 규준(norm)에 근거하여 수행되어야 한다(Beane, Toepfer, & Alessi, 1986). 영아에게 적절한 보육을 제공하기 위해 보육교사는 부모 및 관련된 사람들에게서 영아에 대한 정보를 얻어서 평가에 참고해야 한다. 영아의 발달, 습관, 일상을 포함한 영아의 건강력은 영아보육을 계획하고 영아의 능력과 요구를 이해하는 데 도움을 준다. 또한 영아에 대한 부모의 관심과 접근방식에 관한 정보는 영아의 안녕을 위해서 부모와 원활하게 협조할 수 있도록 한다.

또한 어린이집에서 영아가 적절한 보육을 받고 있고 전인적으로 성장·발달하고 있음을 객관적으로 파악하기 위하여 평가가 실시되어야 한다. 어린이집에서의 평가는 영아에게 적절한 보육목표를 설정하고, 설정된 목표를 달성하기 위한 보육내용을 선정, 조직하며 실제로 지도한 결과를 확인하는 것이다. 영아보육 프로그램 운영에 대한 평가는 영아보육과정에 대한 효율성을 판단하고 의사결정하는 가치 판단적 활동으로, 영아의 현재 발달단계를 이해하고 시간이 경과함에 따라 영아에게 일어난 변화와 진보한 영역을 알아보기 위하여 실시된다. 또 보육과정의 계획과 의사결정에 필요한 정보를 얻고 도움이 필요한 영아를 선별해 내기 위해 실시된다.

따라서 영아보육 프로그램 평가의 주된 목적은 영아의 현재 발달적 기능수준을 파악하고 구체적인 경험의 결과로서 영아가 습득하게 된 지식이나 기술이 무엇인지를 판단하기 위한 것이다. 그리고 그것에 근거하여 다음의 보육목적과 목표를 설정하고 구체적인 보육과정 경험의 결과로 영아의 기술과 지식이 어떻게 변화되었는지를 판단하여 그들을 도와주는 것이라고 할 수 있다.

2. 영아보육 프로그램 평가의 내용

영아보육 프로그램은 어린이집에서 영아를 어떻게 돌보며 어떤 경험을 제공할 것인가에 대한 보육내용이며, 그 목적은 영아의 신체 · 정서 · 언어 · 사회성 및 인지적 발달을 촉진하고 전인적 성장을 이루기 위함이다. 그러므로 영아를 위한 보육 프로그램은 영아의 발달적 특징과 사회문화적 환경을 잘 이해하고, 개별 영아의 특성과 요구, 교사의 자율성, 지역사회 및 개별 어린이집의 특성, 부모의 요구 등이 고려되어야 하며, 다양한 자료와 매체를 이용하여 영아들이 흥미와 관심을 가지고 자발적으로 참여할 수 있도록 운영되어야 한다.

영아를 위한 보육 프로그램은 영아의 기본적인 보호, 일상생활, 교수–학습 등이 균형 있게 계획되고 실행되어야 하며 보육교사는 영아의 흥미와 요구, 계절 등을 반영하고 다양한 자료와 매체를 이용하여 흥미 있게 놀이할 수 있도록 해야 한다. 또한 실행된 보육 프로그램은 세밀하게 평가하여 다음 보육 프로그램 수립에 반영해야 한다(김혜금, 조인숙, 박은희, 이은진, 2005). 어린이집에서 실시하고 있는 보육 프로그램에 대한 평가는 보육목표의 달성 정도, 보육내용과 교수학습 방법의 적절성 등에 대한 정보를 제공하며, 영유아의 발달 및 성취 정도를 알려 준다. 따라서 어린이집은 보육과정에 대한 정기적인 평가를 통해 보육의 질적 수준을 향상시키고 영유아의 전반적인 발달 수준을 파악하도록 한다. 영아보육 프로그램에 대한 평가는 영아 보육과정에 대한 평가와 영아 발달 평가로 이루어지며 보육과정의 목표와 내용을 준거로 한다(여성가족부, 2007).

1) 영아 보육과정에 대한 평가

영아 보육과정에 대한 평가는 그 보육과정이 영아의 전인적 성장과 발달을 돕기 위해 적절하게 구성되었는지, 또 본래 의도한 보육목표가 보육과정을 통해 어느 정도 실현되고 달성되었는지, 보육의 결과가 기대했던 수준에 도달하였는지의 여부를 분석 · 평가하여야 한다(최미현 외, 2000).

일반적으로 보육과정에 대한 평가는 보육과정의 질 관리를 위하여 각 어린이집에서 주기적으로 보육과정 구성과 운영에 관한 적절성과 실효성을 평가하고, 보육과정의 모든 내용을 포괄적으로 포함하여 평가해야 하며, 영아의 발달 수준, 흥미, 요구에 적합한 경험 및 학습을 촉진할 수 있는 다양한 활동과 교수-학습 방법이 계획되고 통합적으로 운영되는지를 평가하는 것이다. 평가 결과는 다음 연도의 효율적인 보육과정 수립 및 운영에 반영해야 한다(김지은 외, 2010). 그러므로 보육과정에 대한 평가는 어린이집에서 실시되고 있는 보육과정의 효과 및 목표 달성 정도에 대한 유용한 정보를 제공해 주며, 이에 의거한 효과적인 의사결정을 가능케 하므로 어린이집을 운영하는 데 많은 도움이 된다(이순형 외, 2005).

다음은 어린이집 평가인증에 기초하여 작성한 보육과정 평가표의 예시다(김혜금 외, 2005).

보육과정 평가표

________어린이집

반 명		평가자명	
평가일시	년 월 일		

평가항목	○	×
1. 연간, 월간 또는 주간보육계획안이 계절, 영유아의 연령, 흥미를 고려하여 구체적이고 연계성 있게 수립되어 있는가?		
2. 대집단활동과 소집단 · 개별 활동, 정적 활동과 동적 활동이 균형 있게 계획되어 있는가?		
3. 자유선택활동이 오전과 오후에 모두 이루어지며 총 2시간 30분 이상 이루어지도록 계획되어 있는가?		
4. 일과를 체육시간, 미술시간 등으로 구분하지 않으며 통합적으로 운영하고 있는가?		
5. 일상생활 관련 활동(예: 산책하기, 가게 가기 등)이 월 2회 이상 이루어지는가?		
6. 실외활동이 매일 1시간 이상이고, 날씨가 좋지 않을 경우 대체할 수 있는 활동이 있는가?		
7. 정기적으로 보육과정 평가가 이루어지고, 평가 결과가 운영에 반영되는가?		
8. 실외나 실내공간에서 대 · 소근육 활동을 매일 하는가?		
9. 듣기, 말하기의 기회가 다양하게 제공되고, 읽기, 쓰기(영아의 경우, 끄적거리기)에 관심을 갖도록 하는 활동을 자주 하는가?		
10. 나누기, 협동하기 등 친사회적 활동 기회를 제공하며, 일상적 상황을 자연스럽게 활용하는가?(예: 놀잇감 나누기 / 공동작업, 게임에서 협동하기 등)		
11. 예절과 질서 등의 기본생활습관에 관련된 활동을 자연스럽게 보육과정에서 경험되도록 하는가?		
12. 다양한 실물 자료나 자연을 이용한 수 · 과학 활동을 자주 하는가?(예: 모양, 색, 일대일 대응, 수 세기 / 동식물 관찰, 실험 등)		
13. 다양한 동작 및 음악 자료를 활용하여 창의적인 표현활동을 자주 하는가?		
14. 여러 자료를 활용하여 창의적인 미술활동을 자주 하는가?		
15. 다양한 종류의 역할 및 쌓기 놀이가 충분히 이루어지는가?		

다음은 제2차 표준보육과정의 구체적 보육내용 및 교사지침에 제시된 평가지침이다. 이는 평가인증문항을 준거로 어린이집에서 보육과정의 편성과 운영이 표준보육과정의 목표와 내용을 반영하는지 자체적으로 점검해 보도록 하고 있다.

평가지침

영 역	평가지침
보육 환경과 자료	보육실의 공간이 영유아의 연령, 발달 특성을 고려한 흥미영역으로 적절히 구성되어 있는가?
	보육실 내 영유아가 혼자 활동하거나 휴식을 취할 공간이 마련되어 있는가?
	영유아가 실외놀이를 할 수 있는 공간과 자료가 있는가?
	신체활동, 언어활동, 자연탐구활동, 예술활동, 역할놀이 및 쌓기놀이 자료가 다양하고 충분하게 갖추어져 있는가?
	자료실에 보육활동 자료가 사용하기 쉽도록 체계적으로 정리가 되어 있는가?
	보육교사를 위한 공간이 있고 교사를 위한 참고자료가 충분한가?
보육계획	보육과정의 목표는 표준보육과정 및 보육시설의 특징과 요구를 반영하여 구체적으로 진술되었는가?
	연간, 월간(또는 주간)보육계획안이 영유아의 연령, 흥미, 계절 등을 고려하여 연계성 있게 수립되었는가?
	보육활동이 균형 있게 계획되어 있는가?
일과운영 및 보육활동 구성	하루 일과 중 자유선택활동 시간을 충분히 주며 다양한 영역의 활동이 이루어지는가?
	하루 일과 중 실외활동 시간이 충분하고 실외에서 다양한 활동이 이루어지는가?
	하루 일과를 통합적으로 운영하는가?
	기본생활 관련 활동을 적절히 하는가?
	신체운동을 위한 신체활동을 적절히 하는가?
	의사소통을 위한 언어활동을 적절히 하는가?
	사회관계증진활동을 연령에 맞게 적절히 하는가?
	자연탐구를 위한 수 · 과학 활동을 적절히 하는가?
	예술경험을 위한 음악, 동작, 미술활동을 적절히 하는가?
상호작용 및 교수법	보육교사는 영유아를 존중하고, 평등하게 대하는가?
	보육교사는 영유아의 요구와 질문에 민감하게 반응하는가?
	보육교사는 영유아의 행동지도에 긍정적인 방법을 사용하는가?
	보육교사는 영유아 또래 간 긍정적 상호작용을 격려하는가?

	보육교사는 영유아의 놀이를 활성화하는가?
	보육교사는 영유아 간의 다툼이나 문제 상황에 적절히 개입하는가?
	보육교사는 교수법을 효과적으로 사용하는가?
	보육교사는 영유아의 동기유발과 호기심을 장려하는가?
평가	정기적인 보육과정의 평가가 이루어지는가?
	보육과정 평가를 위해 다양한 평가 방법 적용을 위해 노력하고 있는가?
	개별 영유아 관찰을 실시하는가?
	영유아의 발달 수준과 활동을 알아보기 위한 다양한 방법을 사용하는가?
	평가 결과를 다음 보육계획 수립에 반영하는가?

2) 영아의 발달에 대한 평가

평가의 내용과 방법에 따라 영아평가의 방법이 형식적인 평가와 비형식적인 평가로 구분될 수 있다. 표준화된 검사도구의 사용이 형식적인 평가의 보편적인 형태이며, 비형식적 평가는 관찰, 영아의 작품 등을 통해 수행의 과정을 평가하는 방법이라고 할 수 있다.

유아교육 현장에서 수업활동 과정 중에 빈번히 활용되는 평가방법 중에는 관찰방법(예: 일기법, 일화기록법, 시간표집법, 사건표집법, 평정척도법, 체크리스트, 행동목록법 등), 작품 분석법, 면접법, 비디오 · 오디오 · 컴퓨터 기록법, 일기 또는 저널, 포트폴리오 등이 있다. 이 중에서 포트폴리오는 유아교육의 특성에 가장 부합되는 평가체제로 인정받고 있다.

포트폴리오 평가는 영아가 무엇을 배웠는지, 어떻게 그 학습을 이루어 냈는지, 어떻게 생각하고 질문하고 분석하고 창조해 냈는지, 타인과의 인지적 · 정서적 · 사회적 상호작용은 어떠했는지 등 영아의 교수-학습 과정 전반에 관한 개별 교육목표에 관련된 기록이라고 할 수 있다(이영석, 추정희, 2001). 즉, 포트폴리오는 개별 영아의 성장, 발달, 능력, 성취, 노력을 증명해 보이고자 하는 목적으로 수집된 자료의 총체를 뜻한다.

황해익(2000)은 대표적인 프트폴리오의 종류로 ① 개인 포트폴리오, ② 학습 포트폴리오, ③ 회람/인수 포트폴리오 등을 들었다. 그리고 Wortham(2001)은 ① 작업 포트폴리오, ② 평가 포트폴리오, ③ 전시 포트폴리오, ④ 인계 포트폴리오를 들었다. 이를 구체적으로 살펴보면, 작업 포트폴리오는 영아가 수행한 각종 다양한 작품들을 장래의 평가를 위해 모으는 것을 말한다. 평가 포트폴리오는 가장 대표적인 포트폴리오 유형으로 교사가 영아의 학습 증진 정도를 평가하기 위한 형성평가 및 총괄평가를 수집하는 것을 말한다. 이는 부모에게 보고하거나 보육과정 및 교수계획을 위해 시행하는 평가다. 전시 포트폴리오는 유아의 작품들 중 가장 우수한 작품만 전시하는 것을 말하며 학부모에게 영아의 성취 수준이나 업적을 보여 주기 위함이다. 인계 포트폴리오는 현재의 포트폴리오 자료철이나 기록철들을 다음 해의 교사 또는 미래의 교사에게 전달하기 위한 목적으로 정리된 파일철을 말한다.

포트폴리오 실행 단계에서는 보관함을 마련하고 시간에 따른 개별 영아와 관련된 다양한 평가자료를 수집한다. 그리고 포트폴리오 내용 목차를 만들어서 포트폴리오에 자료가 첨가될 때마다 표시함으로써 포트폴리오의 내용을 쉽게 파악하도록 한다. 여기에 영아의 다양한 작업 표본을 수집하고 교사의 관찰 자료와 부모와의 상담 자료를 첨부한다. 수집된 자료를 바탕으로 포트폴리오 요약서를 준비하고 전시회를 열거나 포트폴리오 협의회를 개최한다. 마지막으로는 그해 동안의 영아의 발달을 요약하고 다음 해 담임이 유용하게 사용할 수 있는 인수 포트폴리오를 구성한다(황해익 외, 2001).

* 표준보육과정 관련 포트폴리오 내용 목차의 예

영역	내용	날짜(형태)	날짜(형태)	날짜(형태)	날짜(형태)
기본생활	건강하게 생활하기				
	안전하게 생활하기				
신체운동	감각과 신체인식하기	3/2(비디오테이프)			
	신체조절과 기본 운동하기				
	신체활동에 참여하기				
사회관계	나를 알고 존중하기				
	나와 다른 사람의 감정 알기				
	더불어 생활하기				

자연탐구	탐구하는 태도 기르기				
	수학적 탐구하기				
	과학적 탐구하기				
의사소통	듣기	4/2(비디오테이프)			
	말하기				
	읽기				
	쓰기				
예술경험	아름다움 찾아보기				
	예술적 표현하기	5/10(일화기록, 체크리스트)			
	예술 감상하기				
비고					

* 예술경험영역의 포트폴리오 평가 실제의 예

영아명	○○○	반	만 2세 반	평가일	5월 10일
생활주제	봄 나들이 가요	주제	꽃이 피었어요	활동명	개나리 꽃 핑거페인팅
평가내용	-주변에 피어 있는 개나리 꽃을 탐색한다. -핑거페인팅에 관심을 갖고 자발적으로 참여한다.				
평가상황	자유선택활동				
평가유형	체크리스트, 일화기록				

체크리스트

평가 내용	예	아니요	비고
1. 개나리 꽃에 호기심을 갖는가?			
2. 개나리 꽃 핑거페인팅에 자발적으로 참여하는가?			
3. 핑거페인팅 작업에 즐겁게 참여하는가?			

일화기록

관찰일:	관찰장면

표준보육과정 영역 및 수준		해석 및 보육 계획	

* 포트폴리오 요약서

포트폴리오 요약서		
유아명:	생년월일: 기록일:	성별: 남/여
전체 발달에 대한 요약		
* 표준보육과정 영역 기본생활영역 신체운동영역 사회관계영역 자연탐구영역 의사소통영역 예술경험영역		

3. 교사 자기평가

교사에 대한 평가는 교사가 하는 일의 가치를 판단하기 위해 교수활동에 관한 정보를 수집하고, 수집된 정보에 의해 해석해서 가치를 매기는 행위다(임승렬, 2001). 영아 교사평가는 원장이 제공되는 서비스의 개선이 필요한지, 영아교사가 책임을 다하고 있는지 등의 관리적인 결정을 하는 데 유용하며, 교사를 위해서도 필수적인 작업이다(홍혜경, 1996). 교사평가의 목적은 단지 행 · 재정적인 목적으로만 수행되는 것이 아니라, 오히려 교사 자신의 교수능력을 향상시키고 전문성을 신장시키는 데 보다 본질적인 목적이 있다.

황해익(2000)은 교사평가의 방법으로 교사의 자기평가, 상급자, 동료, 부모 또는 외부 관찰자 평가, 시험제도의 적용, 비반응적 측정 및 영아의 수행능력 평가 등을 제시하였다. 이 중 교사의 자기평가는 교사들이 가장 바람직한 평가방법으로 인식하는 것으로 일정한 평가양식에 따라 자신의 강약점을 인식하여 스스로의 수행을 발전시킬 수 있다. 그리고 교사평가는 원장이 빈번하게 실시하며 동료교사나 부모 및 외부 관찰자에 의한 평가는 기관 내외의 공개수업이나 시범수업 등을 통해 이루어질 수 있다.

특히 교사의 자기평가는 자신의 개선을 목적으로 지식, 수행, 신념 혹은 결과에 대한 적절성과 효과성을 자기 스스로 판단하는 과정이다. 즉, 자신이 선택한 방법으로 자기 검증을 행하는 과정이다. 자기평가는 자신의 수업 현장에 초점을 맞추어 교수경험을 개선하기 때문에 전문성 신장의 중심 역할을 한다(이종현, 2004). 또한 최근 교육의 전문성 신장과 자율성의 필요성에 관한 논의가 활발해지고 있는 분위기에서 교사의 수업활동 과정에 관한 자기평가는 수업의 개선은 물론이고 교육기관의 질 제고에 필수적인 요소라는 주장이 점자 증가하고 있다(원효현, 2000; 전제상, 2001).

Brighton(1965)은 성공적인 교사가 되기 위해 자기평가를 강조하는 이유를 다음의 세 가지로 요약하고 있다. 첫째, 교사평가에서 자기평가가 이용되었을 때 교사는 자신의 성취활동을 개선시킬 책임을 갖는다. 둘째, 특히 전문적인 지위를 증진하고자 하는 교사는 자기평가를 평가모델 중에서 가장 적합한 평가유형으로 간주한다. 마지막으로, 자기평가는 더 나은 수업을 조장하고 전문적인 지위를 신장시키려고 하는 것이 궁극적 목표이며, 다른 전문인들과 마찬가지로 가장 효과적인 변화를 위한 동기유발을 일으킨다고 제시하였다. 이와 같이 교사의 자기평가의 기회는 성공적인 교사역할 수행과 전문성 인식을 위해서 제공되어야 할 것이다(김승옥, 황윤세, 2006 재인용).

다음은 영아보육 교사 자기평가 도구의 예시다(Wilford, 2005).

영역	평가 내용	평점	비고
Ⅰ. 교실 환경	1. 흥미영역이 효율적으로 배치되어 있고 쉽게 구분되는가?	4 3 2 1	
	2. 모든 자료들은 잘 배열되어 있고 영아가 쉽게 이용할 수 있는가?	4 3 2 1	
	3. 그림이나 인형, 그림책의 교재, 교구 등이 반편견 가치를 담고 있는가?	4 3 2 1	
	4. 각 흥미영역은 영아들이 활동하기에 충분히 넓고 편안한가?	4 3 2 1	
	5. 영아의 작품을 게시판에 주기적으로 게시하는가?	4 3 2 1	
II. 보육 과정	6. 영아의 발달 수준에 적합한 주제와 경험을 제공하는가?	4 3 2 1	
	7. 영아에게 주제와 관련된 구체적인 경험을 제공하는가?	4 3 2 1	
	8. 영아가 듣고 말할 수 있는 다양한 언어 경험을 제공하는가? 의미 있는 글자와 그림 등을 제시하고 큰 책을 도서 영역에 제공하여 영아로 하여금 읽기와 쓰기에 관심을 갖게 하는가?	4 3 2 1	

II. 보육 과정	9. 그리거나 만들고, 색칠할 수 있는 다양한 미술활동을 제공하는가?	4 3 2 1	
	10. 신체표현이나 노래 부르기 등을 포함하는 음률활동을 제공하는가?	4 3 2 1	
	11. 영아에게 실내외에서 탐색을 할 수 있는 다양한 기회를 제공하는가?	4 3 2 1	
	12. 영아의 쌓기놀이나 역할놀이를 격려하는가?	4 3 2 1	
III. 하루 일과	13. 일상활동과 놀이활동 간 균형을 이루어 하루 일과가 영아의 발달 수준에 적합한가?	4 3 2 1	
	14. 정적인 활동과 동적인 활동이 균형을 이루는가?	4 3 2 1	
	15. 실내에 있는 시간과 실외에 있는 시간 간 균형을 이루는가?	4 3 2 1	
IV. 상호 작용	16. 영아와 개별적으로 충분한 상호작용을 하는가?	4 3 2 1	
	17. 개별 영아와 전체 영아를 위한 활동 모두를 계획하고 있는가?	4 3 2 1	
	18. 나의 학급 관리 능력에 만족하는가?	4 3 2 1	
V. 기록과 평가	19. 영아의 말을 잘 들어 주고 그들의 행동을 관찰하는가?	4 3 2 1	
	20. 일지, 포트폴리오, 영아의 작품, 그리고 비디오와 같은 다양한 방법을 영아의 진보를 기록하기 위해 이용하는가?	4 3 2 1 4 3 2 1	
	21. 부모와 영아에 대한 관찰 기록을 공유하는가?	4 3 2 1	
VI. 가족과의 관계	22. 정기적인 회의, 전화 연락, 연락장 등을 통한 다양한 방법으로 부모와 의사소통하는 체계를 가지고 있는가?	4 3 2 1	
	23. 나는 내 자신을 영아의 조력자뿐만 아니라 부모의 조력자로 간주하는가?	4 3 2 1	
VII. 전문성 함양	24. 나는 동료교사와 좋은 관계를 갖기 위해 노력하고 직원회의에 참여하는가?	4 3 2 1	
	25. 나는 보수교육에 참여하거나 다른 기관을 방문하여 그 기관의 프로그램이나 수업을 보는 것과 같은 나의 전문성 함양 노력에 만족하는가?	4 3 2 1	
종합 의견	합 계		
	좋은 점: 개선할 점: ※ 평점계: 100점 만점 ※ 자기평점 확인(예시): • 90~100점: 우수 • 80~90점 미만: 보통 이상 • 70~80점 미만: 보통 • 60~70점 미만: 개선 필요 • 60점 미만: 불만족		

활동편

만 0세아를 위한 활동

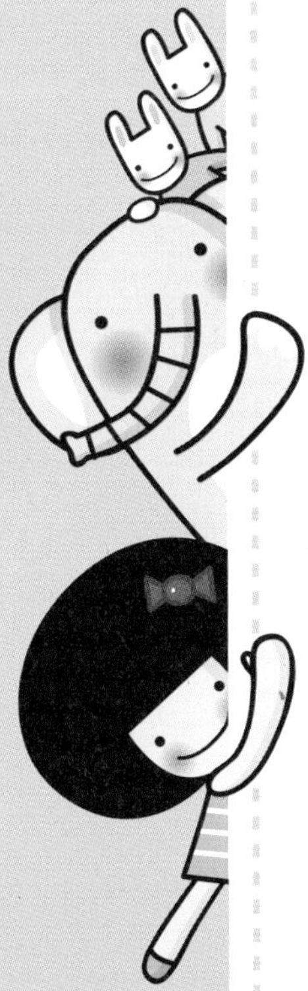

만 0세아를 위한 활동

만 0세 연간보육계획안

월	주제	주	소주제	월	주제	주	소주제
3	만나서 반가워요	1	새로운 곳이에요	9	밖에는 뭐가 있을까?	1	볼 것이 많아요
		2				2	
		3	선생님과 낯 익히기			3	재미있는 것이 많아요
		4				4	
4	선생님이 좋아요	1	선생님과 둘러보아요	10	안녕~ 넌 누구니?	1	찾아보아요
		2				2	
		3	선생님과 놀아요			3	신기한 것이 많아요
		4				4	
5	신기한 놀잇감	1	놀잇감이 있어요	11	표현할 수 있어요 (언어표현)	1	듣고 따라해 보아요
		2				2	
		3	놀잇감을 가지고 재미있게 놀아요			3	옹알옹알 말해요
		4				4	
6	보들보들 딸랑딸랑	1	다른 소리가 나요	12	흉내 내 보아요 (상징놀이)	1	인형을 업어 줘요
		2				2	
		3	느껴 보아요			3	몸으로 말해요
		4				4	
7	더워요	1	아이! 더워!	1	사이좋게 놀아요	1	친구를 알아요
		2				2	
		3	물이랑 놀아요			3	친구가 좋아요
		4				4	친구와 함께 놀아요
8	새콤달콤 알쏭달쏭	1	무슨 맛일까?	2	나도 할 수 있어요 (자조기술)	1	혼자 먹을 수 있어요
		2				2	
		3	어? 무엇일까요?			3	나도 걸을 수 있어요
		4				4	내 것을 찾아요

만 0세 (3월) 월간보육계획안

주제		만나서 반가워요			
주 / 활동		1주	2주	3주	4주
		새로운 곳이에요		선생님과 낯 익히기	
등원 및 맞이하기		선생님과 반갑게 인사하기 (영아의 건강 및 수유, 배변 등을 전달받기)		웃는 얼굴로 인사하며 엄마와 헤어지기 (영아의 건강 및 수유, 배변 등을 전달받기)	
일상생활	수유 및 이유식	기분 좋게 우유를 먹어요 (영아의 개별적인 차이를 고려하여 수유하기)		우유 먹고 트림하기 (영아의 먹는 속도 살펴보기)	
	낮잠	조용한 음악을 들으며 선생님 품에서 편안하게 잠들기		자장가를 들으며 안정된 분위기에서 낮잠 자기	
	기저귀 갈기	기저귀를 보송보송하게 갈아요		선생님과 눈 맞추며 기저귀 갈기	
자유놀이	신체	뒤집어 보기	배밀이를 해요	도움 받아 앉기	물체 쥐어 보기
	언어	옹알이로 말해요	'안녕' 하고 인사해요	나도 들어요 (음악소리 들어 보기)	입술이 움직여요 (선생님 입술 쳐다보기)
	감각 · 탐색	모빌 쳐다보기	손뼉 치며 소리내기	선생님 품에서 교실환경 둘러보기	느낌이 달라요 (촉감 매트)
사회관계증진활동		선생님과 친해져요	안아 주세요	선생님을 보고 웃기	까꿍! 선생님 어디 있나?
실외 및 산책활동		적응기간 (유모차 타고 어린이집 주변을 돌아보고 실외놀이터 가 보기)			

만 0세 (3월 1주) 주간보육계획안

소주제		새로운 곳이에요					
활동 \ 요일		월	화	수	목	금	토
등원 및 맞이하기		선생님과 반갑게 인사하기 (영아의 건강 및 수유, 배변 등을 전달받기)					
일상생활	수유 및 이유식	기분 좋게 우유를 먹어요 (영아의 개별적인 차이를 고려하여 수유하기)					
	낮잠	조용한 음악을 들으며 선생님 품에서 편안하게 잠들기					
	기저귀 갈기	기저귀를 보송보송하게 갈아요					
자유놀이	신체	뒤집어 보기					
	언어	옹알이로 말해요					
	감각 · 탐색	모빌 쳐다보기					
사회관계증진활동		선생님과 친해져요					
실외 및 산책활동		적응기간 (유모차 타고 어린이집 주변을 돌아보고 실외놀이터 가 보기)					
이번 주 주제는 이렇게 선정하게 되었어요~		'새로운 곳이에요'라는 주제는 영아가 낯선 교실 환경을 안정적이고 편안한 곳으로 느끼도록 하기 위해 선정되었습니다. 어린이집 적응 초기에 영아는 주 양육자와의 분리불안 때문에 심한 정서적 불안감을 느끼게 됩니다. 그러므로 교실은 영아가 편안함과 안정감을 느낄 수 있도록 아늑한 환경으로 꾸미고 다양한 놀이를 제공하여 어린이집 적응을 돕습니다.					

만 0세 (3월 2주) 주간보육계획안

<table>
<tr><td colspan="2">소주제</td><td colspan="6">새로운 곳이에요</td></tr>
<tr><td colspan="2">요일
활동</td><td>월</td><td>화</td><td>수</td><td>목</td><td>금</td><td>토</td></tr>
<tr><td colspan="2">등원 및 맞이하기</td><td colspan="6">선생님과 반갑게 인사하기
(영아의 건강 및 수유, 배변 등을 전달받기)</td></tr>
<tr><td rowspan="3">일상생활</td><td>수유 및 이유식</td><td colspan="6">기분 좋게 우유를 먹어요
(영아의 개별적인 차이를 고려하여 수유하기)</td></tr>
<tr><td>낮잠</td><td colspan="6">조용한 음악을 들으며 선생님 품에서 편안하게 잠들기</td></tr>
<tr><td>기저귀 갈기</td><td colspan="6">기저귀를 보송보송하게 갈아요</td></tr>
<tr><td rowspan="3">자유놀이</td><td>신체</td><td colspan="6">배밀이를 해요</td></tr>
<tr><td>언어</td><td colspan="6">'안녕' 하고 인사해요</td></tr>
<tr><td>감각 · 탐색</td><td colspan="6">손뼉 치며 소리 내기</td></tr>
<tr><td colspan="2">사회관계증진활동</td><td colspan="6">안아 주세요</td></tr>
<tr><td colspan="2">실외 및 산책활동</td><td colspan="6">적응기간
(유모차 타고 어린이집 주변을 돌아보고 실외놀이터 가 보기)</td></tr>
<tr><td colspan="2">이번 주 주제는 이렇게 선정하게 되었어요~</td><td colspan="6">'새로운 곳이에요'라는 주제는 영아가 낯선 교실 환경을 안정적이고 편안한 곳으로 느끼도록 하기 위해 선정되었습니다. 어린이집 적응 초기에 영아는 주 양육자와의 분리불안 때문에 심한 정서적 불안감을 느끼게 됩니다. 그러므로 교실은 영아가 편안함과 안정감을 느낄 수 있도록 아늑한 환경으로 꾸미고 다양한 놀이를 제공하여 어린이집 적응을 돕습니다.</td></tr>
</table>

만 0세 (3월 3주) 주간보육계획안

소주제		선생님과 낯 익히기					
활동 \ 요일		월	화	수	목	금	토
등원 및 맞이하기		웃는 얼굴로 인사하며 엄마와 헤어지기 (영아의 건강 및 수유, 배변 등을 전달받기)					
일상생활	수유 및 이유식	우유 먹고 트림하기 (영아의 먹는 속도 살펴보기)					
	낮잠	자장가를 들으며 안정된 분위기에서 낮잠 자기					
	기저귀 갈기	선생님과 눈 맞추며 기저귀 갈기					
자유놀이	신체	도움 받아 앉기					
	언어	나도 들어요 (음악소리 들어 보기)					
	감각 · 탐색	선생님 품에서 교실환경 둘러보기					
사회관계증진활동		선생님을 보고 웃기					
실외 및 산책활동		적응기간 (유모차 타고 어린이집 주변을 돌아보고 실외놀이터 가 보기)					
이번 주 주제는 이렇게 선정하게 되었어요~		'선생님과 낯 익히기' 주제는 영아가 새로운 교사와의 안정적인 애착을 형성하기 위해 선정되었습니다. 교사는 낯선 교실 환경을 안정적이고 편안한 곳으로 느낄 수 있도록 다양한 놀이를 제공하고, 부모와 협력하여 영아의 욕구를 잘 이해하고 민감하게 상호작용하여 영아와 신뢰감이 형성되도록 노력해야 합니다.					

만 0세 (3월 4주) 주간보육계획안

<table>
<tr><td colspan="2">소주제</td><td colspan="6">선생님과 낯 익히기</td></tr>
<tr><td colspan="2">요일
활동</td><td>월</td><td>화</td><td>수</td><td>목</td><td>금</td><td>토</td></tr>
<tr><td colspan="2">등원 및 맞이하기</td><td colspan="6">웃는 얼굴로 인사하며 엄마와 헤어지기
(영아의 건강 및 수유, 배변 등을 전달받기)</td></tr>
<tr><td rowspan="3">일상생활</td><td>수유 및 이유식</td><td colspan="6">우유 먹고 트림하기
(영아의 먹는 속도 살펴보기)</td></tr>
<tr><td>낮잠</td><td colspan="6">자장가를 들으며 안정된 분위기에서 낮잠 자기</td></tr>
<tr><td>기저귀 갈기</td><td colspan="6">선생님과 눈 맞추며 기저귀 갈기</td></tr>
<tr><td rowspan="3">자유놀이</td><td>신체</td><td colspan="6">물체 쥐어 보기</td></tr>
<tr><td>언어</td><td colspan="6">입술이 움직여요
(선생님 입술 쳐다보기)</td></tr>
<tr><td>감각 · 탐색</td><td colspan="6">느낌이 달라요
(촉감매트)</td></tr>
<tr><td colspan="2">사회관계증진활동</td><td colspan="6">까꿍! 선생님 어디 있나?</td></tr>
<tr><td colspan="2">실외 및 산책활동</td><td colspan="6">적응기간
(유모차 타고 어린이집 주변을 돌아보고 실외놀이터 가 보기)</td></tr>
<tr><td colspan="2">이번 주 주제는 이렇게 선정하게 되었어요~</td><td colspan="6">'선생님과 낯 익히기' 주제는 영아가 새로운 교사와의 안정적인 애착을 형성하기 위해 선정되었습니다. 교사는 낯선 교실 환경을 안정적이고 편안한 곳으로 느낄 수 있도록 다양한 놀이를 제공하고, 부모와 협력하여 영아의 욕구를 잘 이해하고 민감하게 상호작용하여 영아와 신뢰감이 형성되도록 노력해야 합니다.</td></tr>
</table>

활동명: 뒤집어 보기

활동목표: 교사의 도움을 받아 뒤집어 본다.

표준보육과정 영역 및 범주: 신체운동〉신체조절과 기본운동하기〉대근육 조절하기(1수준)

어린이집 평가인증지표: 신체활동

활동자료: 원색의 공(화려한 색감의 공)

활동방법

1. 영아가 누워서 교사를 바로 보게 한다.
   "○○아, 선생님 보고 누워 볼까? 재미있는 놀이하자."
2. 교사는 공을 꺼내서 영아가 공을 쳐다보도록 하고 영아가 공을 주목하고 있는지 확인한 후, 천천히 공을 영아의 왼쪽에서 오른쪽으로 이동해 본다.
   "이 공을 볼까? 움직이네. 어디로 갈까?"
3. 영아는 공의 움직임을 따라 몸을 움직이면서 뒤집기를 해 본다.
   "공이 움직이네. 와, 우리 ○○가 뒤집었네."
4. 영아가 흥미를 가지면 반복해서 해 보도록 한다.

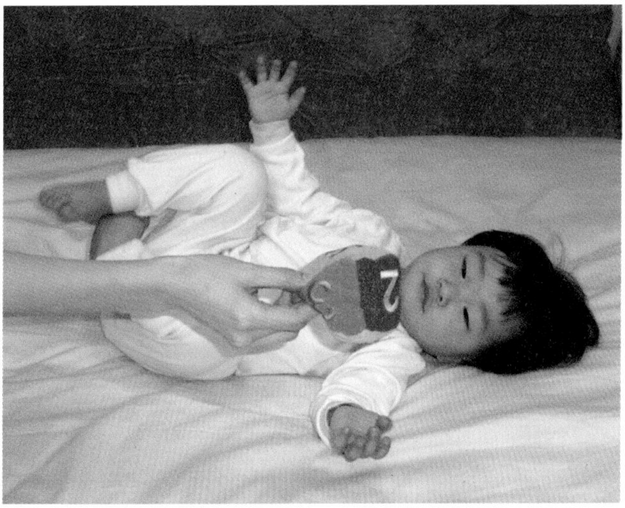

확장 및 참고사항

* 공을 대신해서 손가락 또는 영아가 좋아하는 인형을 이용하여 영아의 시선을 끈 후 뒤집어 보기를 할 수 있다.
* 활동 시에는 바닥에 매트를 깔아 주어 영아가 다치지 않도록 사전에 주의한다.

활동명: 모빌 쳐다보기

활동목표: 다양한 모양의 모빌에 관심을 가진다.
모빌의 움직임을 보고 시선 따라가기를 한다.
소리 나는 방향으로 시선을 옮겨 본다.

표준보육과정 영역 및 범주: 자연탐구〉과학적 탐구하기〉물체와 물질 탐색하기(1~3수준)
예술경험〉아름다움 찾아보기〉예술적 요소에 호기심 가지기(1~4수준)

어린이집 평가인증지표: 자연탐구활동, 예술활동

활동자료: 다양한 모양과 색감의 모빌

활동방법

1. 영아가 모빌을 볼 수 있도록 적당한 위치에 모빌을 달아 준다.
2. 모빌을 볼 수 있는 곳에서 교사는 영아가 모빌에 관심을 가질 수 있도록 한다.
   "○○아, 이것은 무엇일까?"
   "와, 나비가 날아다니네."
   "이건 또 무엇일까? 하늘에 있는 구름이네."
3. 모빌을 움직여서 영아가 모빌이 움직이는 방향대로 시선을 옮길 수 있도록 한다.
   "나비가 옆으로 훨훨 날아가고, 구름이 둥둥 떠다니네."
4. 교사는 다양한 모빌로 바꿔 줌으로써 영아가 흥미를 가질 수 있도록 해 준다.

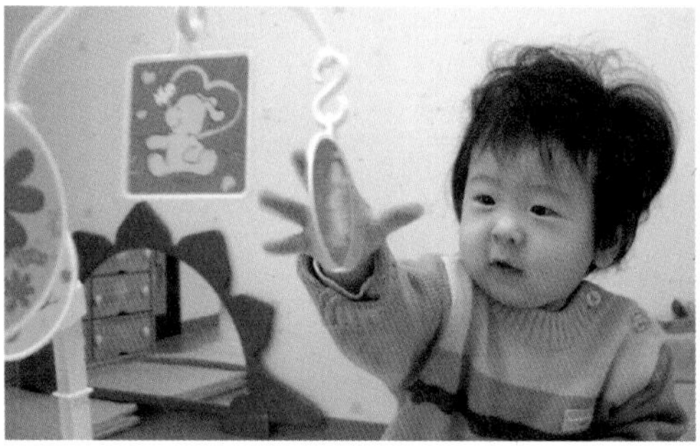

확장 및 참고사항

*안전하게 모빌을 설치한 후 항상 청결을 유지한다.
*연령과 주제에 맞는 모빌을 제시할 수 있다(흑백모빌 등).
*모빌에서 나오는 음악소리를 주의 깊게 듣고 관심을 가질 수 있다.

활동명: 안아 주세요

활동목표: 포옹을 하며 교사와 친밀감을 느끼고 안정된 애착관계를 형성할 수 있다.

표준보육과정 영역 및 범주: 사회관계〉더불어 생활하기〉안정적인 애착 형성하기 (1~4수준)

어린이집 평가인증지표: 사회관계증진활동

활동자료: 없음

활동방법

1. 교사와 영아가 눈을 맞춘다.
   "○○아, 선생님이 어디에 있지?"
2. 교사가 영아를 안아 준다.
   "○○아, 선생님이 안아 줄게."
   "(안아 주며) 사랑해요."
3. 영아가 교사를 따라서 안아 주는 활동을 해 볼 수 있도록 유도한다.
   "이번에는 ○○가 선생님을 안아 줄래?"
4. 반복적으로 해 봄으로써 교사와 영아가 애착 형성을 한다.

확장 및 참고사항

* 교사의 액세서리는 영아에게 상처를 줄 수 있으므로 착용하지 않는다.
* 영아가 다른 성인(부모님)과도 활동을 해 볼 수 있도록 한다.

활동명: 입술이 움직여요

활동목표: 영아는 교사가 말하는 입술을 보며 옹알이로 반응할 수 있다.

표준보육과정 영역 및 범주: 의사소통〉말하기〉발성과 발음으로 소리내기(1~2수준)
의사소통〉듣기〉주변의 소리와 말소리 구분하여 듣기(1~3수준)

어린이집 평가인증지표: 언어활동

활동자료: 없음

활동방법

1. 교사는 영아가 교사의 입술을 볼 수 있도록 눈높이를 맞추어 마주 보고 앉는다.
   "선생님이랑 재미있는 놀이를 해 볼까?"
2. 영아가 집중할 때까지 기다리고 집중하면 영아가 교사의 입술에 관심을 보일 수 있도록 입 모양을 만든다.
   "○○아, 선생님 입술이 움직여."
   "엄마, 맘마."
   "선생님이 말할 때마다 입술이 달라지네."
3. 교사는 영아와의 상호작용을 위하여 영아가 주로 내는 자음을 소리 내어 본다.
   "맘마, 맘마. 우리 ○○도 해 볼까?"
4. 영아가 교사의 입술을 만져 보고 소리를 낼 때 어떻게 변하는지 느껴 보게 하고, 흥미를 느낄 수 있도록 반복해 본다.

확장 및 참고사항

*교사가 입 모양을 만들며 소리를 낼 때 영아가 옹알이를 할 수 있도록 유도해 준다.
*교사는 활동을 하기 전, 입에서 구취가 나지 않는지 주의한다.

만 0세 (4월) 월간보육계획안

구분		1주	2주	3주	4주
주제		선생님이 좋아요			
활동 \ 주		선생님과 둘러보아요		선생님과 놀아요	
등원 및 맞이하기		기분 좋게 인사하기 (영아의 건강 및 수유, 배변 등을 전달받기)		선생님과 반갑게 인사하기 (영아의 건강 및 수유, 배변 등을 전달받기)	
일상생활	수유 및 이유식	편안히 누워 우유 먹기		숟가락을 사용하여 이유식 먹기	
	낮잠	내 이불에서 잠자기 (개인 침구 사용하기)		전래동요 들으며 낮잠 자기	
	기저귀 갈기	낮잠 자기 전에 기저귀를 확인하여 기저귀 갈기		엉덩이가 짓무르지 않도록 수시로 기저귀 갈기	
자유놀이	신체	손을 뻗어 만지기	걸음마 해 보기	움직이는 물체 따라가기	스카프 밀고 당기기
	언어	소리 내어 보기	잼잼, 곤지곤지	마라카스 소리 들어 보기	선생님과 책 보기
	감각 · 탐색	거울로 내 얼굴 보기	모빌을 잡아요	선생님 얼굴 만져 보기	물체 위치 기억해 보기
사회관계증진활동		선생님 찾아보기	기분이 나빠요	인형을 안아 주어요	친구 옆에 가 보기
실외 및 산책활동		유모차 타고 어린이집 텃밭 둘러보기 (실외놀이터 돌아보기)		햇볕 쪼이기 (돗자리 펴고 일광욕하기)	

만 0세 (4월 1주) 주간보육계획안

소주제		선생님과 둘러보아요					
요일 / 활동		월	화	수	목	금	토
등원 및 맞이하기		기분 좋게 인사하기 (영아의 건강 및 수유, 배변 등을 전달받기)					
일상생활	수유 및 이유식	편안히 누워 우유 먹기					
	낮잠	내 이불에서 잠자기 (개인 침구 사용하기)					
	기저귀 갈기	낮잠 자기 전에 기저귀를 확인하여 기저귀 갈기					
자유놀이	신체	손을 뻗어 만지기					
	언어	소리 내어 보기					
	감각 · 탐색	거울로 내 얼굴 보기					
사회관계증진활동		선생님 찾아보기					
실외 및 산책활동		유모차 타고 어린이집 텃밭 둘러보기 (실외놀이터 돌아보기)					
이번 주 주제는 이렇게 선정하게 되었어요~		낯설기만 한 교실 환경에 하루 빨리 적응하기 위해서는 어린이집에서 영아와 일차적인 애착을 형성하는 교사의 역할이 무척 중요합니다. 영아가 교사와 낯선 곳을 함께 탐색함으로써 교실 환경에 익숙해지고 안정감을 느끼며, 더불어 교사와의 긍정적인 애착 형성도 기대할 수 있기에 이 주제를 선정하게 되었습니다. 푹신하고 부드러운 감촉의 쿠션이나 밝은색의 벽지를 제공하여 영아가 교실 환경에 심리적 안정감과 아늑함을 느낄 수 있도록 배려합니다.					

만 0세 (4월 2주) 주간보육계획안

<table>
<tr><td colspan="2">소주제</td><td colspan="6">선생님과 둘러보아요</td></tr>
<tr><td colspan="2">요일 / 활동</td><td>월</td><td>화</td><td>수</td><td>목</td><td>금</td><td>토</td></tr>
<tr><td colspan="2">등원 및 맞이하기</td><td colspan="6">기분 좋게 인사하기
(영아의 건강 및 수유, 배변 등을 전달받기)</td></tr>
<tr><td rowspan="3">일상생활</td><td>수유 및 이유식</td><td colspan="6">편안히 누워 우유 먹기</td></tr>
<tr><td>낮잠</td><td colspan="6">내 이불에서 잠 자기
(개인침구 하기)</td></tr>
<tr><td>기저귀 갈기</td><td colspan="6">낮잠 자기 전에 기저귀를 확인하여 기저귀 갈기</td></tr>
<tr><td rowspan="3">자유놀이</td><td>신체</td><td colspan="6">걸음마 해 보기</td></tr>
<tr><td>언어</td><td colspan="6">잼잼, 곤지곤지</td></tr>
<tr><td>감각 · 탐색</td><td colspan="6">모빌을 잡아요</td></tr>
<tr><td colspan="2">사회관계증진활동</td><td colspan="6">기분이 나빠요</td></tr>
<tr><td colspan="2">실외 및 산책활동</td><td colspan="6">유모차 타고 어린이집 텃밭 둘러보기
(실외놀이터 돌아보기)</td></tr>
<tr><td colspan="2">이번 주 주제는 이렇게 선정하게 되었어요~</td><td colspan="6">낯설기만 한 교실 환경에 하루 빨리 적응하기 위해서는 어린이집에서 영아와 일차적인 애착을 형성하는 교사의 역할이 무척 중요합니다. 영아가 교사와 낯선 곳을 함께 탐색함으로써 교실 환경에 익숙해지고 안정감을 느끼며, 더불어 교사와의 긍정적인 애착 형성도 기대할 수 있기에 이 주제를 선정하게 되었습니다. 푹신하고 부드러운 감촉의 쿠션이나 밝은색의 벽지를 제공하여 영아가 교실 환경에 심리적 안정감과 아늑함을 느낄 수 있도록 배려합니다.</td></tr>
</table>

만 0세 (4월 3주) 주간보육계획안

<table>
<tr><td colspan="2">소주제</td><td colspan="6">선생님과 놀아요</td></tr>
<tr><td colspan="2">요일
활동</td><td>월</td><td>화</td><td>수</td><td>목</td><td>금</td><td>토</td></tr>
<tr><td colspan="2">등원 및 맞이하기</td><td colspan="6">선생님과 반갑게 인사하기
(영아의 건강 및 수유, 배변 등을 전달받기)</td></tr>
<tr><td rowspan="3">일상생활</td><td>수유 및 이유식</td><td colspan="6">숟가락을 사용하여 이유식 먹기</td></tr>
<tr><td>낮잠</td><td colspan="6">전래동요 들으며 낮잠 자기</td></tr>
<tr><td>기저귀 갈기</td><td colspan="6">엉덩이가 짓무르지 않도록 수시로 기저귀 갈기</td></tr>
<tr><td rowspan="3">자유놀이</td><td>신체</td><td colspan="6">움직이는 물체 따라가기</td></tr>
<tr><td>언어</td><td colspan="6">마라카스 소리 들어 보기</td></tr>
<tr><td>감각 · 탐색</td><td colspan="6">선생님 얼굴 만져 보기</td></tr>
<tr><td colspan="2">사회관계증진활동</td><td colspan="6">인형을 안아 주어요</td></tr>
<tr><td colspan="2">실외 및 산책활동</td><td colspan="6">햇볕 쪼이기
(돗자리 펴고 일광욕하기)</td></tr>
<tr><td colspan="2">이번 주 주제는 이렇게 선정하게 되었어요~</td><td colspan="6">어린이집에서 영아와 교사가 긍정적인 애착을 형성하고, 영아가 교사에게 정서적인 안정감을 느낄 수 있게 하기 위해 선정하였습니다. 교사와 영아의 긍정적인 애착 형성을 위해 교사와 함께할 수 있는 여러 가지 놀이를 계획하였으며, 놀이를 통해 교사와 긍정적인 애착을 형성한 영아는 좀 더 수월히 어린이집의 하루 일과에 적응하고, 또래와의 관계도 긍정적으로 형성할 수 있을 것입니다.</td></tr>
</table>

만 0세 (4월 4주) 주간보육계획안

소주제		선생님과 놀아요					
요일 / 활동		월	화	수	목	금	토
등원 및 맞이하기		선생님과 반갑게 인사하기 (영아의 건강 및 수유, 배변 등을 전달받기)					
일상생활	수유 및 이유식	숟가락을 사용하여 이유식 먹기					
	낮잠	전래동요 들으며 낮잠 자기					
	기저귀 갈기	엉덩이가 짓무르지 않도록 수시로 기저귀 갈기					
자유놀이	신체	스카프 밀고 당기기					
	언어	선생님과 책 보기					
	감각 · 탐색	물체 위치 기억해 보기					
사회관계증진활동		친구 옆에 가 보기					
실외 및 산책활동		햇볕 쪼이기 (돗자리 펴고 일광욕하기)					
이번 주 주제는 이렇게 선정하게 되었어요~		어린이집에서 영아와 교사가 긍정적인 애착을 형성하고, 영아가 교사에게 정서적인 안정감을 느낄 수 있게 하기 위해 선정하였습니다. 교사와 영아의 긍정적인 애착 형성을 위해 교사와 함께할 수 있는 여러 가지 놀이를 계획하였으며, 놀이를 통해 교사와 긍정적인 애착을 형성한 영아는 좀 더 수월히 어린이집의 하루 일과에 적응하고, 또래와의 관계도 긍정적으로 형성할 수 있을 것입니다.					

활동명: 거울로 내 얼굴 보기

활동목표: 내 얼굴에 관심을 가지며 자신에 대해 긍정적인 정서를 갖는다.

표준보육과정 영역 및 범주: 자연탐구〉탐구하는 태도 기르기〉탐색 시도하기(1수준)
사회관계〉나를 알고 존중하기〉나를 구별하기(1~2수준)

어린이집 평가인증지표: 자연탐구활동, 사회관계증진활동

활동자료: 안전 거울

활동방법

1. 영아와 함께 코코코 놀이를 해 보며 얼굴에 관심을 갖는다.
   "선생님 코는 어디 있을까? 여기 있지."
   "우리 ○○ 코는 어디 있을까? 여기 있네."
2. 교사는 거울을 자연스럽게 제시한다.
   "○○아, 이것은 거울이야."
   "거울 속에 ○○의 얼굴이 보이는구나."
3. 다양한 표정을 지으며 얼굴을 탐색할 수 있도록 교사가 유도해 본다.
   "○○ 눈은 어디에 있나? 거울로 볼까?"
   "○○아, 입은 삐쭉삐쭉해 볼까?"

확장 및 참고사항

* 영아가 거울에 친근하게 다가갈 수 있도록 한다.
* 거울은 안전 거울을 제시한다.
* 영아가 얼굴 명칭에 자연스럽게 관심을 가질 수 있도록 한다.

활동명: 걸음마 해 보기

활동목표: 성인의 도움을 받아 걸음마를 해 보며 신체 기술을 발달시키고, 자신감을 기른다.

표준보육과정 영역 및 범주: 신체운동〉신체조절과 기본 운동하기〉기본운동하기(2수준)

어린이집 평가인증지표: 신체활동

활동자료: 없음

활동방법

1. 교사는 영아가 설 수 있도록 도와준다.
   "○○아, 일어나 볼까?"
2. 교사는 영아의 손을 잡아 주어 앞으로 걸어갈 수 있도록 한다.
   "선생님 손을 잡고 앞으로 걸어가 볼까?"
   "하나, 둘, 하나, 둘."
   "저쪽에는 무엇이 있는지 가 볼까?"
3. 스스로 설 수 있는 영아에게는 재미있는 장난감을 제시하며 걷기를 유도한다.
4. 영아가 걸어오면 칭찬과 격려를 해 주어 걷기에 흥미를 갖도록 한다.

확장 및 참고사항

* 영아용 걸음마 지지대나 보행기 등으로 영아의 걸음마를 도와줄 수 있다.
* 음악을 들려주면 리듬에 맞춰 즐겁게 활동을 할 수 있다.
* 촉감판, 밀가루 풀 주머니 등의 길 위에서 걸음마를 해 볼 수 있다.

활동명: 마라카스 소리 들어 보기

활동목표: 다양한 소리를 통하여 소리에 관심을 갖는다.

표준보육과정 영역 및 범주: 의사소통〉듣기〉주변의 소리와 말소리 구분하여 듣기(1~3수준)
예술경험〉예술적 표현하기〉리듬 있는 소리로 반응하기(1~2수준)

어린이집 평가인증지표: 언어활동, 예술활동

활동자료: 작은 음료수병 또는 필름통을 재활용해서 만든 마라카스
(여러 가지 곡류를 넣어 소리를 냄)

활동방법

1. 영아와 교사가 마주 앉는다. 교사는 여러 종류의 마라카스를 들고 왼쪽에서 오른쪽으로 가볍게 흔든다.
   "○○아, 이건 마라카스야. 마라카스를 흔들어 볼까?"
2. 앞의 활동을 반복하여 영아가 흥미를 가질 수 있도록 한다.
   "마라카스를 흔드니 소리가 나네. 찰찰찰~"
   "○○아, 소리가 들리니?"
3. 영아가 마라카스를 잡으면 교사는 영아의 손을 잡고 함께 마라카스를 흔들어 본다.
   "우리 ○○가 마라카스를 잡고 흔들어 볼까?"
   "선생님이 ○○를 도와줄게."
4. 영아가 활동에 흥미를 느끼면 반복하여 영아 스스로 활동을 해 볼 수 있도록 한다.

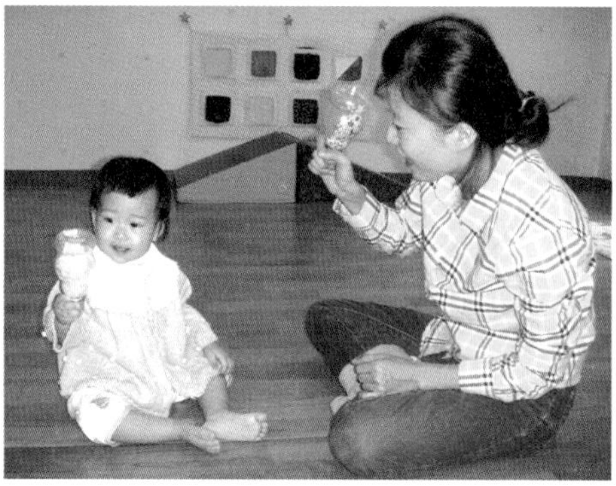

확장 및 참고사항

* 영아가 마라카스를 흔들 때 교사는 신나는 동요를 불러 주어 리듬감을 느낄 수 있도록 한다.
* 마라카스 이외에 다른 음률교구를 제시하여 영아가 다양한 소리를 들어 볼 수 있도록 한다.

활동명: 친구 옆에 가 보기

활동목표: 또래 영아에게 관심을 가지며 친사회성을 기른다.

표준보육과정 영역 및 범주: 사회관계〉더불어 생활하기〉또래에게 관심 갖기(1~4수준)

어린이집 평가인증지표: 사회관계증진활동

활동자료: 없음

활동방법

1. 영아들끼리 마주보고 앉게 한다.
   "○○와 △△야! 서로 인사해 보자~ 안녕?"
   "○○아, 만나서 반가워. 우리 친구하자."
2. 교사는 영아가 서로 손을 잡을 수 있도록 해 준다.
3. 친구의 신체 부위를 만져 볼 수 있도록 한다.
   "○○의 얼굴이네. 예쁘다~"
4. 영아들이 서로에게 관심을 가질 수 있도록 교사가 자극해 주고, 다른 친구들과도 해 볼 수 있도록 유도한다.

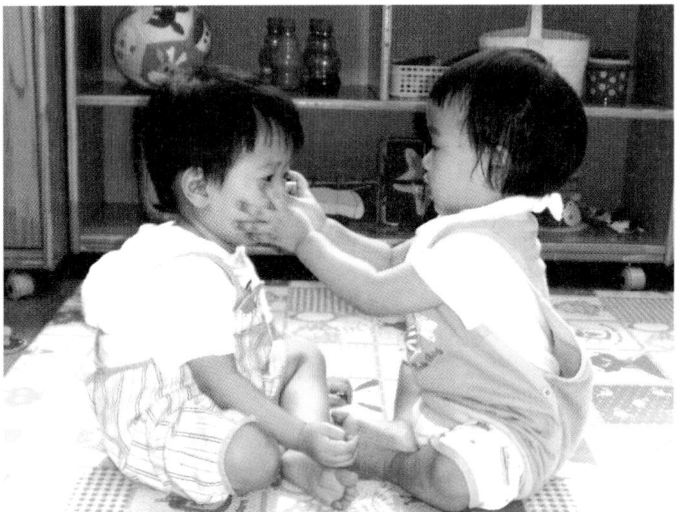

확장 및 참고사항

*활동 전 영아들의 손톱을 확인해 보고 영아들이 서로 만질 때 세게 잡거나 할퀴지 않도록 한다.

만 0세 (5월) 월간보육계획안

주제		신기한 놀잇감			
활동 \ 주		1주	2주	3주	4주
		놀잇감이 있어요		놀잇감을 가지고 재미있게 놀아요	
등원 및 맞이하기		즐거운 마음으로 어린이집에 등원하기		부모님과 헤어지며 인사하기	
일상생활	수유 및 이유식	선생님 도움 받아 이유식 먹기 전에 손 씻기		기분 좋게 앉아서 이유식 먹기	
	낮잠	낮잠 자고 일어나서 선생님과 포옹하기		낮잠을 자고 난 후 기지개 켜기	
	기저귀 갈기	기저귀 갈며 다리 쭉쭉이 해 보기		대변 보고 물로 깨끗하게 엉덩이 닦기	
자유놀이	신체	삼각매트 오르기	소리 나는 공 굴리기	자동차 끌기	쭉쭉쭉 다리 마사지
	언어	동물 손인형과 인사해요	〈그림책〉 까꿍!	놀잇감의 이름을 들어 보아요	〈그림책〉 스팟과 동물친구들
	감각 · 탐색	늘어나라 쭉쭉이	냄비 뚜껑을 맞추어요	컵 블록 쌓기	둥둥둥 북을 쳐요
사회관계증진활동		선생님과 손바닥 마주쳐 보기	내가 어디 있지? (까꿍 인형)	악수놀이	쭉쭉쭉 뽀뽀해요
실외 및 산책활동		유모차 타고 꽃밭에 가 보기		어린이집 텃밭 둘러보기	

만 0세 (5월 1주) 주간보육계획안

소주제		놀잇감이 있어요					
요일 활동		월	화	수	목	금	토
등원 및 맞이하기		즐거운 마음으로 어린이집에 등원하기					
일상생활	수유 및 이유식	선생님 도움 받아 이유식 먹기 전에 손 씻기					
	낮잠	낮잠 자고 일어나서 선생님과 포옹하기					
	기저귀 갈기	기저귀 갈며 다리 쭉쭉이 해 보기					
자유놀이	신체	삼각매트 오르기					
	언어	동물 손인형과 인사해요					
	감각 · 탐색	늘어나라 쭉쭉이					
사회관계증진활동		선생님과 손바닥 마주쳐 보기					
실외 및 산책활동		유모차 타고 꽃밭에 가 보기					
이번 주 주제는 이렇게 선정하게 되었어요~		이 시기에는 물건을 잡고 일어서기와 같은 탐색활동들이 매우 활발하게 일어나는 시기이므로 놀잇감을 이용한 활동이 발달과 함께 이루어질 수 있도록 내용을 선별하였습니다. 다양한 재질의 놀잇감과 신체 · 조작 · 감각 등을 발달시킬 수 있게 놀잇감을 충분히 제공하여, 영아가 주변의 놀잇감에 관심을 가지고 탐색해 보기 위해 이 주제를 선정하였습니다.					

만 0세 (5월 2주) 주간보육계획안

소주제		놀잇감이 있어요					
활동 \ 요일		월	화	수	목	금	토
등원 및 맞이하기		즐거운 마음으로 어린이집에 등원하기					
일상생활	수유 및 이유식	선생님 도움 받아 이유식 먹기 전에 손 씻기					
	낮잠	낮잠 자고 일어나서 선생님과 포옹하기					
	기저귀 갈기	기저귀 갈며 다리 쭉쭉이 해 보기					
자유놀이	신체	소리 나는 공 굴리기					
	언어	〈그림책〉 까꿍!					
	감각 · 탐색	냄비 뚜껑을 맞추어요					
사회관계증진활동		내가 어디 있지? (까꿍 인형)					
실외 및 산책활동		유모차 타고 꽃밭에 가 보기					
이번 주 주제는 이렇게 선정하게 되었어요~		이 시기에는 물건을 잡고 일어서기와 같은 탐색활동들이 매우 활발하게 일어나는 시기이므로 놀잇감을 이용한 활동이 발달과 함께 이루어질 수 있도록 내용을 선별하였습니다. 다양한 재질의 놀잇감과 신체 · 조작 · 감각 등을 발달시킬 수 있게 놀잇감을 충분히 제공하여, 영아가 주변의 놀잇감에 관심을 가지고 탐색해 보기 위해 이 주제를 선정하였습니다.					

만 0세 (5월 3주) 주간보육계획안

소주제		놀잇감을 가지고 재미있게 놀아요					
활동 \ 요일		월	화	수	목	금	토
등원 및 맞이하기		부모님과 헤어지며 인사하기					
일상생활	수유 및 이유식	기분 좋게 앉아서 이유식 먹기					
	낮잠	낮잠을 자고 난 후 기지개 켜기					
	기저귀 갈기	대변 보고 물로 깨끗하게 엉덩이 닦기					
자유놀이	신체	자동차 끌기					
	언어	놀잇감의 이름을 들어 보아요					
	감각 · 탐색	컵 블록 쌓기					
사회관계증진활동		악수놀이					
실외 및 산책활동		어린이집 텃밭 둘러보기					
이번 주 주제는 이렇게 선정하게 되었어요~		놀잇감에 관심을 가지고 탐색한 것을 놀이를 통해 즐겁게 놀이하도록 내용을 전개하였습니다. 영아는 만지고 흔들고 붙이고 떼었다 등을 반복하면서 다양한 시도를 하게 되고, 탐색을 지나 여러 가지 방면으로 확장시키면서 놀이를 경험해 보기 위해 이번 주제로 선정하게 되었습니다.					

만 0세 (5월 4주) 주간보육계획안

소주제		놀잇감을 가지고 재미있게 놀아요					
활동 \ 요일		월	화	수	목	금	토
등원 및 맞이하기		부모님과 헤어지며 인사하기					
일상생활	수유 및 이유식	기분 좋게 앉아서 이유식 먹기					
	낮잠	낮잠을 자고 난 후 기지개 켜기					
	기저귀 갈기	대변 보고 물로 깨끗하게 엉덩이 닦기					
자유놀이	신체	쭉쭉쭉 다리 마사지					
	언어	〈그림책〉 스팟과 동물친구들					
	감각 · 탐색	둥둥둥 북을 쳐요					
사회관계증진활동		쪽쪽쪽 뽀뽀해요					
실외 및 산책활동		어린이집 텃밭 둘러보기					
이번 주 주제는 이렇게 선정하게 되었어요~		놀잇감에 관심을 가지고 탐색한 것을 놀이를 통해 즐겁게 놀이하도록 내용을 전개하였습니다. 영아는 만지고 흔들고 붙이고 떼었다 등을 반복하면서 다양한 시도를 하게 되고, 탐색을 지나 여러 가지 방면으로 확장시키면서 놀이를 경험해 보기 위해 이번 주제로 선정하게 되었습니다.					

활동명: 동물 손인형과 인사해요

활동목표: 간단한 몸짓이나 말로 의사표현을 해 본다.

표준보육과정 영역 및 범주: 의사소통〉말하기〉표정, 몸짓, 말소리로 말하기(1~2수준)

어린이집 평가인증지표: 언어활동

활동자료: 다양한 동물 손인형

활동방법

1. 영아에게 손인형을 보여 주고 탐색할 수 있도록 한다.
   "○○아, 꿀꿀 돼지가 놀러 왔네. 우리 만져 볼까?"
   "코와 귀는 어떤 모양일까?"
2. 교사가 손인형을 끼고 영아에게 동물 손인형과 인사할 수 있도록 이야기해 본다.
   "○○아, 안녕?"
   "○○도 돼지에게 인사해 보자."
3. 영아의 손에 인형을 끼워 주어 영아가 스스로 해 볼 수 있도록 유도해 준다.
   "○○아, 이번에는 ○○가 돼지인형을 손에 끼고 인사해 볼까?"

확장 및 참고사항

* 발달에 적합한 다양한 손인형을 제시해 준다.
* 영아들이 손인형을 입에 넣을 수 있으므로 반드시 세탁한 후에 제시하도록 한다.

활동명: 삼각매트 오르기

활동목표: 기거나 걸어서 삼각매트를 올라가 본다.
활동을 통해 성취감을 느낄 수 있고 대근육 발달을 돕는다.

표준보육과정 영역 및 범주: 신체운동〉신체조절과 기본운동하기〉기본운동하기(2수준)

어린이집 평가인증지표: 신체활동, 사회관계증진활동

활동자료: 삼각 오르기 매트

활동방법

1. 영아가 삼각매트에 관심을 보일 수 있도록 유도한다.
   "○○아, 이건 삼각매트야."
   "알록달록 여러 가지 색으로 되어 있네."
2. 영아가 삼각매트에 관심을 보일 경우 활동을 진행한다.
   "우리 ○○가 삼각매트를 좋아하는구나."
   "(교사가 영아에게 시범을 보이며) 영차영차, 올라가 볼까?"
3. 영아가 교사의 모습에 흥미를 보이면 영아가 삼각매트를 오를 수 있도록 돕는다.
   "선생님이 도와줄게. 한 번 삼각매트를 올라 볼까?"
   "하나, 둘, 셋. 영차영차~ 삼각매트 꼭대기에 도착했어."
   "자, 이제는 내려가 볼까? 조심조심 내려가 보자."

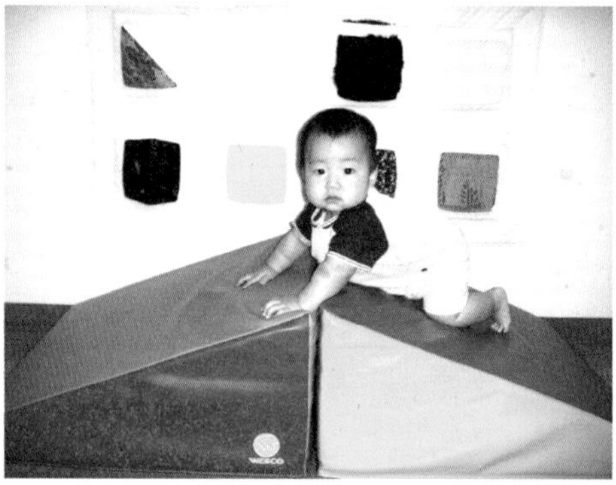

확장 및 참고사항

* 영아가 삼각매트에 관심을 지속적으로 보일 경우에는 영아 자신이 오르기뿐 아니라 놀잇감을 경사면 위에서 굴려 보는 활동으로 확장할 수 있다.
* 매트에 경사가 있어 영아가 위험할 수 있으므로 주의한다.

활동명: 선생님과 손바닥 마주쳐 보기

활동목표: 긍정적인 사회성을 기르고, 정서적 즐거움을 느낀다.
손의 힘을 기르고 신체발달을 돕는다.

표준보육과정 영역 및 범주: 사회관계〉사회적 관계〉다른 사람에게 관심 갖기(1~4수준)
신체운동〉신체조절과 기본운동하기〉기본운동하기(1~2수준)

어린이집 평가인증지표: 사회관계증진활동, 신체활동

활동자료: 없음

활동방법

1. 영아와 교사가 마주 보고 앉는다.
   "○○아~ 선생님을 보고 앉아 보자!"
2. 영아의 손을 만지며 이야기한다.
   "우리 ○○의 예쁜 손이구나~ 우와~ 손가락도 있네!!"
3. 영아에게 언어적 자극을 통해 흥미를 유발하며 손뼉을 쳐 보도록 유도한다.
   "우리 ○○ 손과 손이 만나면. 짝짝짝 소리가 나네~"
4. 교사와 영아가 손바닥을 마주쳐 본다.
   "○○아! 이번엔 선생님하고 손바닥을 마주쳐 볼까?"
   "○○ 손바닥이랑 선생님 손바닥이 만나도 소리가 나네. 짝짝짝~"
   "우리 ○○~ 정말 잘하네~"

확장 및 참고사항

*친구와 손바닥 마주치기를 해 본다.

*교사와 함께 발바닥 마주치기 활동을 해 본다.

활동명: 컵 블록 쌓기

활동목표: 컵 블록을 쌓고 무너뜨리기를 반복한다.
컵 블록을 쌓으며 눈과 손의 협응력을 기른다.

표준보육과정 영역 및 범주: 자연탐구〉과학적 탐구하기〉물체와 물질 탐색하기(1~4수준)
신체운동〉신체조절과 기본운동하기〉소근육 조절하기(2~4수준)

어린이집 평가인증지표: 자연탐구활동, 신체활동

활동자료: 컵 블록

활동방법

1. 다양한 크기의 컵을 제시하여 영아가 탐색해 볼 수 있도록 한다.
   "○○아, 여러 가지 컵이 있네. 우리 어떤 컵인지 볼까?"
2. 교사와 마주 앉아 컵 블록을 쌓아 본다.
   "선생님과 함께 컵 블록을 쌓아 보자!!"
   "선생님 하나~, ○○ 하나~ 컵이 높아졌다~"
3. 영아와 함께 쌓은 컵 블록을 무너뜨려 본다.
   "○○가 무너뜨려 볼까?"
   "와르르르~쿵!! ○○가 컵 블록이 무너졌네~"
   "이번엔 ○○가 컵 블록을 쌓아 볼까?"

확장 및 참고사항

* 쌓은 컵의 모양을 순서대로 만져 보며 크기의 변화를 느껴 본다.
* 컵 블록을 쌓을 때 교사는 영아와 함께 상호작용해 주면서 언어를 자극해 준다.
* 컵 블록뿐만 아니라 여러 물체를 이용하여 쌓을 수 있도록 해 본다.

만 0세 (6월) 월간보육계획안

주제		보들보들 딸랑딸랑			
활동 \ 주		1주	2주	3주	4주
		다른 소리가 나요		느껴 보아요	
등원 및 맞이하기		"안녕" 하고 인사하며 등원하기		이름에 반응하며 등원하기	
일상생활	수유 및 이유식	분유 먹고 거즈손수건으로 입 닦기		새로운 이유식 맛을 느껴 보기	
	낮잠	클래식 음악을 들으며 쉬다가 낮잠 자기		낮잠 후 교실 창 밖 풍경 보기	
	기저귀 갈기	인형을 안고 기저귀 갈기		새 기저귀 감촉을 느껴 본 후 기저귀 갈기	
자유놀이	신체	동요를 들으며 흔들어요	짝짜꿍 짝짜꿍	동글동글 볼풀놀이	쭉~ 잡았다 늘어났다
	언어	소리 나는 주사위	여러 가지 자동차 소리를 들어요	골판지로 소리 내기	선생님 목소리 녹음테이프 듣기
	감각 · 탐색	바스락 바스락 봉지 소리	똑똑똑 두드리기	색깔풀 그림	미끌미끌 맛있는 과일
사회관계증진활동		내 몸은 악기에요	손인형은 내 친구	모자 까꿍 놀이	그림자 놀이
실외 및 산책활동		밖에서는 여러 가지 소리가 나요		비눗방울 놀이	

만 0세 (6월 1주) 주간보육계획안

소주제		다른 소리가 나요					
활동 \ 요일		월	화	수	목	금	토
등원 및 맞이하기		"안녕" 하고 인사하며 등원하기					
일상생활	수유 및 이유식	분유 먹고 거즈손수건으로 입 닦기					
	낮잠	클래식 음악을 들으며 쉬다가 낮잠 자기					
	기저귀 갈기	인형을 안고 기저귀 갈기					
자유놀이	신체	동요를 들으며 흔들어요					
	언어	소리 나는 주사위					
	감각 · 탐색	바스락 바스락 봉지 소리					
사회관계증진활동		내 몸은 악기에요					
실외 및 산책활동		밖에서는 여러 가지 소리가 나요					
이번 주 주제는 이렇게 선정하게 되었어요~		'다른 소리가 나요' 의 주제에서는 영아의 가까운 주변세계에서 조금 더 넓은 범위의 소리를 탐색함으로써 실내외의 다양한 환경을 경험하며 소리, 움직임, 시각적 자료에 흥미를 가지며 주변의 사물을 지각하기 위한 활동입니다.					

만 0세 (6월 2주) 주간보육계획안

<table>
<tr><td colspan="2">소주제</td><td colspan="6">다른 소리가 나요</td></tr>
<tr><td colspan="2">요일
활동</td><td>월</td><td>화</td><td>수</td><td>목</td><td>금</td><td>토</td></tr>
<tr><td colspan="2">등원 및 맞이하기</td><td colspan="6">"안녕" 하고 인사하며 등원하기</td></tr>
<tr><td rowspan="3">일상생활</td><td>수유 및 이유식</td><td colspan="6">분유 먹고 거즈손수건으로 입 닦기</td></tr>
<tr><td>낮잠</td><td colspan="6">클래식 음악을 들으며 쉬다가 낮잠 자기</td></tr>
<tr><td>기저귀 갈기</td><td colspan="6">인형을 안고 기저귀 갈기</td></tr>
<tr><td rowspan="3">자유놀이</td><td>신체</td><td colspan="6">짝짜꿍 짝짜꿍</td></tr>
<tr><td>언어</td><td colspan="6">여러 가지 자동차 소리를 들어요</td></tr>
<tr><td>감각 · 탐색</td><td colspan="6">똑똑똑 두드리기</td></tr>
<tr><td colspan="2">사회관계증진활동</td><td colspan="6">손인형은 내 친구</td></tr>
<tr><td colspan="2">실외 및 산책활동</td><td colspan="6">밖에서는 여러 가지 소리가 나요</td></tr>
<tr><td colspan="2">이번 주 주제는 이렇게 선정하게 되었어요~</td><td colspan="6">'다른 소리가 나요' 의 주제에서는 영아의 가까운 주변세계에서 조금 더 넓은 범위의 소리를 탐색함으로써 실내외의 다양한 환경을 경험하며 소리, 움직임, 시각적 자료에 흥미를 가지며 주변의 사물을 지각하기 위한 활동입니다.</td></tr>
</table>

만 0세 (6월 3주) 주간보육계획안

소주제		느껴 보아요					
요일 / 활동		월	화	수	목	금	토
등원 및 맞이하기		이름에 반응하며 등원하기					
일상생활	수유 및 이유식	새로운 이유식 맛을 느껴 보기					
	낮잠	낮잠 후 교실 창 밖 풍경 보기					
	기저귀 갈기	새 기저귀 감촉을 느껴 본 후 기저귀 갈기					
자유놀이	신체	동글동글 볼풀놀이					
	언어	골판지로 소리 내기					
	감각 · 탐색	색깔풀 그림					
사회관계증진활동		모자 까꿍 놀이					
실외 및 산책활동		비눗방울 놀이					
이번 주 주제는 이렇게 선정하게 되었어요~		'느껴 보아요' 의 주제에서는 다양한 사물에 흥미를 갖고 감각적 자극에 반응하여 능동적인 놀이와 자발적인 탐색활동이 좀 더 활발해지며 대 · 소근육을 사용해 볼 수 있는 활동이 주로 이루어집니다. 또한 다양한 사물에 대한 탐구적인 태도를 기를 수 있습니다.					

만 0세 (6월 4주) 주간보육계획안

소주제		느껴 보아요					
활동 \ 요일		월	화	수	목	금	토
등원 및 맞이하기		이름에 반응하며 등원하기					
일상생활	수유 및 이유식	새로운 이유식 맛을 느껴 보기					
	낮잠	낮잠 후 교실 창 밖 풍경 보기					
	기저귀 갈기	새 기저귀 감촉을 느껴 본 후 기저귀 갈기					
자유놀이	신체	쭉~ 잡았다 늘어났다					
	언어	선생님 목소리 녹음테이프 듣기					
	감각 · 탐색	미끌미끌 맛있는 과일					
사회관계증진활동		그림자 놀이					
실외 및 산책활동		비눗방울 놀이					
이번 주 주제는 이렇게 선정하게 되었어요~		'느껴 보아요' 의 주제에서는 다양한 사물에 흥미를 갖고 감각적 자극에 반응하여 능동적인 놀이와 자발적인 탐색활동이 좀 더 활발해지며 대 · 소근육을 사용해 볼 수 있는 활동이 주로 이루어집니다. 또한 다양한 사물에 대한 탐구적인 태도를 기를 수 있습니다.					

활동명: 짝짜꿍 짝짜꿍

활동목표: 손을 움직여 본다.
손을 이용한 모방놀이를 할 수 있다.

표준보육과정 영역 및 범주: 신체운동〉신체조절과 기본운동하기〉기본운동하기(1~2수준)
예술경험〉예술적 표현하기〉모방행동 즐기기(1~2수준)

어린이집 평가인증지표: 신체활동, 예술활동

활동자료: 없음

활동방법

1. 교사가 영아와 마주 앉아 박수 소리를 들려준다.
   "짝짜꿍~ 짝짜꿍~ 이게 무슨 소리지?"
   "어디서 나는 소리일까?"
   "선생님 손에서 나는 소리구나~"
2. 교사가 박수를 칠 때 강약을 조절하여 다른 소리가 나도록 한다.
   "짝짜꿍~ 짝짜꿍~ 손에서도 다른 소리가 나네."
3. 영아도 손뼉을 치도록 유도한다.
   "○○도 짝짜꿍 해 볼까?"
   "○○도 잘하네."
   "짝짜꿍~ 짝짜꿍, ○○ 손에서도 소리가 나는구나!"

확장 및 참고사항

* 음악을 틀어 주고 다양한 놀잇감을 제시하여 영아가 두드려 봄으로써 리듬감을 느껴 볼 수 있도록 한다.
* 영아가 짝짜꿍 짝짜꿍에 익숙해지면 도리도리, 잼잼잼 활동까지 해 본다.

활동명: 골판지로 소리내기

활동목표: 다양한 물체에서도 소리가 난다는 것을 안다.
골판지를 탐색한다.

표준보육과정 영역 및 범주: 의사소통〉듣기〉주변의 소리와 말소리 구분하여 듣기(1~3수준)
자연탐구〉탐구하는 태도 기르기〉탐색 시도하기(2~4수준)

어린이집 평가인증지표: 언어활동, 자연탐구활동

활동자료: 골판지

활동방법

1. 영아와 교사가 마주 앉아 골판지에 흥미를 가질 수 있도록 한다.
   "○○아, 이게 뭘까?
   "○○가 만져 볼까? 어떤 느낌이니?"
2. 교사가 골판지를 손으로 긁적여서 소리를 내어 영아가 소리를 들어 볼 수 있도록 한다.
   "어떤 소리가 나지?"
3. 영아가 골판지를 긁어서 소리가 날 수 있게 교사는 도와준다.
   "○○가 소리를 내어 볼까?"
   "어? 골판지에서 소리가 나네."

확장 및 참고사항

*골판지 외에 다양한 물체를 이용하여 소리를 낼 수 있도록 한다.
*골판지를 입에 넣지 않도록 주의한다.

활동명: 모자 까꿍 놀이

활동목표: 교사와 까꿍 놀이를 통해 친밀감을 형성할 수 있다.
대상영속성을 발달시킬 수 있다.

표준보육과정 영역 및 범주: 사회관계〉더불어 생활하기〉안정적인 애착 형성하기(1~2수준)
자연탐구〉수학적 탐구하기〉수량 지각하기(2수준)

어린이집 평가인증지표: 사회관계증진활동, 자연탐구활동

활동자료: 모자

활동방법

1. 영아 앞에 모자를 제시하여 흥미를 갖고 탐색해 보도록 한다.
   "○○아, 이것은 무엇일까?"
   "모자로 까꿍 놀이를 해 볼까?"
2. 교사가 모자로 얼굴을 가리고 까꿍 놀이를 해 본다.
   "○○아, 선생님은 어디 있을까? 까꿍~"
3. 영아가 까꿍 놀이를 할 수 있도록 돕는다.
   "이번에는 ○○가 해 볼까?"
   "○○가 어디 있지? 여기 있네. 까꿍~"

확장 및 참고사항

*다양한 종류의 모자를 제시해 줄 수 있다.
*다양한 종류의 천을 이용하여 까꿍 놀이를 할 수 있다.
*교사는 다양한 표정을 지어 변화를 인식할 수 있도록 한다.

활동명: 미끌미끌 맛있는 과일

활동목표: 다양한 과일을 보고, 만지며, 맛보고 탐색하며, 감각적 자극을 느낀다.

표준보육과정 영역 및 범주: 자연탐구〉탐구하는 태도 기르기〉탐색 시도하기(2~4수준)
신체운동〉감각과 신체 인식하기〉감각적 자극에 반응하기(1~4수준)

어린이집 평가인증지표: 자연탐구활동, 신체활동

활동자료: 다양한 제철 과일

활동방법

1. 영아와 함께 다양한 과일을 만져 본다.
   "○○아, 여기 맛있는 과일들이 있네. 어떤 과일들이 있나 만져 볼까?"
   "느낌이 어때?"
2. 다양한 과일을 살펴보고 맛을 본다.
   "이것은 사과라고 해."
   "사과 속은 어떻게 생겼을까? 맛은 어떨까?"
   "우리 한번 먹어 보자. 어떤 맛이 나니?"
   "이 과일은 배야."
   "맛은 어떨까? 먹어 보자."

확장 및 참고사항

* 활동 후 영아들이 먹을 수 있는 크기로 잘라 개인 접시에 담아 준다.
* 월령이 높은 영아는 스스로 포크로 과일을 먹을 수 있도록 돕는다.

만 0세 (7월) 월간보육계획안

주제		더워요			
활동 \ 주		1주	2주	3주	4주
		아이! 더워!		물이랑 놀아요	
등원 및 맞이하기		선생님과 반갑게 포옹하며 등원하기		교실에 들어와 먼저 온 친구와 인사하기	
일상생활	수유 및 이유식	빨대를 사용하여 우유 먹기		이유식 다 먹은 후 "만세" 하기	
	낮잠	포근한 내 이불에 누워 보기		안정된 분위기에서 낮잠 자기	
	기저귀 갈기	기저귀 갈고 난 후 마사지하기		낮잠 자기 전 새 기저귀로 갈기	
자유놀이	신체	낚시놀이	물 위에 배 띄우기	첨벙첨벙 물놀이	맨발로 물 느끼기
	언어	아이! 더워요	그대로 멈춰라	물소리 들어 보기	내 입은 마술사
	감각 · 탐색	얼음 만져 보기	색 얼음 그림	'수박' 노래 들으며 춤추기	종이 비가 내려요
사회관계증진활동		친구에게 과자 먹여 주기	친구에게 부채질하기	아기 인형 목욕시키기	물수건으로 친구 얼굴 닦아 주기
실외 및 산책활동		뜨거운 햇볕을 느껴요		신나는 물놀이	

만 0세 (7월 1주) 주간보육계획안

소주제		아이! 더워!					
활동 \ 요일		월	화	수	목	금	토
등원 및 맞이하기		선생님과 반갑게 포옹하며 등원하기					
일상생활	수유 및 이유식	빨대를 사용하여 우유 먹기					
	낮잠	포근한 내 이불에 누워 보기					
	기저귀 갈기	기저귀 갈고 난 후 마사지하기					
자유놀이	신체	낚시놀이					
	언어	아이! 더워요					
	감각 · 탐색	얼음 만져 보기					
사회관계증진활동		친구에게 과자 먹여 주기					
실외 및 산책활동		뜨거운 햇볕을 느껴요					
이번 주 주제는 이렇게 선정하게 되었어요~		여름이 되어 영아는 날씨가 더워짐을 느끼고 날씨의 변화에 적응하게 됩니다. 영아가 더운 날씨를 경험함과 동시에 시원하게 지낼 수 있는 다양한 활동을 제공하여 건강하게 여름을 지낼 수 있도록 돕기 위해 이 주제를 선정하였습니다.					

만 0세 (7월 2주) 주간보육계획안

소주제		아이! 더워!					
요일 / 활동		월	화	수	목	금	토
등원 및 맞이하기		선생님과 반갑게 포옹하며 등원하기					
일상생활	수유 및 이유식	빨대를 사용하여 우유 먹기					
	낮잠	포근한 내 이불에 누워 보기					
	기저귀 갈기	기저귀 갈고 난 후 마사지하기					
자유놀이	신체	물 위에 배 띄우기					
	언어	그대로 멈춰라					
	감각 · 탐색	색 얼음 그림					
사회관계증진활동		친구에게 부채질하기					
실외 및 산책활동		뜨거운 햇볕을 느껴요					
이번 주 주제는 이렇게 선정하게 되었어요~		여름이 되어 영아는 날씨가 더워짐을 느끼고 날씨의 변화에 적응하게 됩니다. 영아가 더운 날씨를 경험함과 동시에 시원하게 지낼 수 있는 다양한 활동을 제공하여 건강하게 여름을 지낼 수 있도록 돕기 위해 이 주제를 선정하였습니다.					

만 0세 (7월 3주) 주간보육계획안

소주제		물이랑 놀아요					
요일 활동		월	화	수	목	금	토
등원 및 맞이하기		교실에 들어와 먼저 온 친구와 인사하기					
일상생활	수유 및 이유식	이유식 다 먹은 후 "만세" 하기					
	낮잠	안정된 분위기에서 낮잠 자기					
	기저귀 갈기	낮잠 자기 전 새 기저귀로 갈기					
자유놀이	신체	첨벙첨벙 물놀이					
	언어	물소리 들어 보기					
	감각 · 탐색	'수박' 노래 들으며 춤추기					
사회관계증진활동		아기 인형 목욕시키기					
실외 및 산책활동		신나는 물놀이					
이번 주 주제는 이렇게 선정하게 되었어요~		날씨가 더워지면서 실내외에서 간단한 물놀이가 가능해지고 영아가 물의 속성을 이해함과 동시에 친근감을 느낄 수 있으며, 더운 날씨에 시원하게 지낼 수 있는 다양한 활동들을 제공하여 건강하게 여름을 지낼 수 있도록 돕기 위해 이 주제를 선정하였습니다.					

만 0세 (7월 4주) 주간보육계획안

<table>
<tr><td colspan="2">소주제</td><td colspan="6">물이랑 놀아요</td></tr>
<tr><td colspan="2">요일 / 활동</td><td>월</td><td>화</td><td>수</td><td>목</td><td>금</td><td>토</td></tr>
<tr><td colspan="2">등원 및 맞이하기</td><td colspan="6">교실에 들어와 먼저 온 친구와 인사하기</td></tr>
<tr><td rowspan="3">일상생활</td><td>수유 및 이유식</td><td colspan="6">이유식 다 먹은 후 "만세" 하기</td></tr>
<tr><td>낮잠</td><td colspan="6">안정된 분위기에서 낮잠 자기</td></tr>
<tr><td>기저귀 갈기</td><td colspan="6">낮잠 자기 전 새 기저귀로 갈기</td></tr>
<tr><td rowspan="3">자유놀이</td><td>신체</td><td colspan="6">맨발로 물 느끼기</td></tr>
<tr><td>언어</td><td colspan="6">내 입은 마술사</td></tr>
<tr><td>감각 · 탐색</td><td colspan="6">종이 비가 내려요</td></tr>
<tr><td colspan="2">사회관계증진활동</td><td colspan="6">물수건으로 친구 얼굴 닦아 주기</td></tr>
<tr><td colspan="2">실외 및 산책활동</td><td colspan="6">신나는 물놀이</td></tr>
<tr><td colspan="2">이번 주 주제는 이렇게 선정하게 되었어요~</td><td colspan="6">날씨가 더워지면서 실내외에서 간단한 물놀이가 가능해지고 영아가 물의 속성을 이해함과 동시에 친근감을 느낄 수 있으며, 더운 날씨에 시원하게 지낼 수 있는 다양한 활동들을 제공하여 건강하게 여름을 지낼 수 있도록 돕기 위해 이 주제를 선정하였습니다.</td></tr>
</table>

활동명: 친구에게 과자 먹여 주기

활동목표: 친구에게 관심을 표현한다.
눈과 손의 협응력을 기른다.

표준보육과정 영역 및 범주: 사회관계〉더불어 생활하기〉또래에게 관심 갖기(1~4수준)

어린이집 평가인증지표: 사회관계증진활동

활동자료: 과자, 그릇

활동방법

1. 과자를 그릇에 준비하여 영아가 탐색한 후 과자를 손으로 집어 스스로 먹어 볼 수 있게 한다. (활동 전에 반드시 영아의 손을 씻어 주어야 한다.)
"여기 그릇 안에 과자가 있네."
"맛있는 과자를 한번 먹어 볼까? 손으로 과자를 집어 보자."
"과자가 내 입 속으로 쏙~!"
"냠냠, 맛있다."
2. 영아가 친구에게 과자를 먹여 줄 수 있도록 격려해 준다.
"○○아, △△에게 맛있는 과자를 입 속에 쏙~ 넣어 줄까?"
"○○가 과자를 친구 입 속에 넣어 주니, 방긋 웃네."

확장 및 참고사항

＊수유 · 식사시간에 해가 되지 않도록 과자의 양을 적절히 조절하여 활동한다.
＊영아에 월령에 맞는 과자를 선택하여 준비해 준다.
＊영아가 친구에게 과자를 서로 먹여 줄 때, 서로 물지 않도록 주의해 준다.

활동명: 그대로 멈춰라

활동목표: 신나는 동요를 들으며 행동과 말소리를 연결하여 들을 수 있다.

표준보육과정 영역 및 범주: 의사소통〉듣기〉경험과 관련된 말 듣고 알기(1~4수준)
예술경험〉예술 감상하기〉아름다움 경험하기(1~2수준)

어린이집 평가인증지표: 언어활동, 예술활동

활동자료: 카세트, 동요 CD

활동방법

1. 영아와 교사가 마주보고 앉아 활동을 한다.
   "○○아, 선생님과 신나는 동요를 들어 볼까?"
   ♬ 즐겁게 춤을 추다가 그대로 멈춰라! ♬
2. 동요 〈그대로 멈춰라〉를 듣고 영아와 함께 신체표현을 한다.
3. 영아가 노래에 반응하여 활동에 흥미를 보이면 '그대로 멈춰라' 부분에서 교사가 의도적으로 동작을 멈춘다.
4. 영아가 교사의 행동에 관심을 보이면 영아도 교사와 같이 '그대로 멈춰라' 소절에서 멈춰 볼 수 있도록 돕는다.
   "그대로 멈춰라! ○○도 멈췄구나."
5. 영아가 흥미를 가질 수 있도록 활동을 여러 번 반복한다.
   "○○아, 한 번 더 해 볼까?"

확장 및 참고사항

* 영아가 서지 못할 경우에는 앉아서 활동을 하고, 혼자 일어설 수 있을 경우에는 서 있는 자세로 활동한다.
* 영아가 활동에 계속적인 관심을 보일 경우에는 '그대로 멈춰라' 소절에서 멈춰 있는 동작을 다양하게 바꾸어 볼 수 있다.

활동명: 색 얼음 그림

활동목표: 얼음의 특성을 알 수 있다.
재료를 탐색하고 창의적인 미술활동을 할 수 있다.

표준보육과정 영역 및 범주: 자연탐구〉과학적 탐구하기〉물체와 물질 탐색하기(1~4수준)
예술경험〉예술적 표현하기〉단순한 미술 경험하기(3~4수준)

어린이집 평가인증지표: 자연탐구활동, 예술활동

활동자료: 색 얼음, 도화지, 여벌옷

활동방법

1. 활동을 하기 전에 영아가 색 얼음을 눈과 손으로 탐색할 수 있도록 제시한다.
   "○○아, 이건 색 얼음이라는 거야. 만져 볼까?"
   "아이 차가워, 색이 있는 얼음이네."
2. 교사는 영아에게 색 얼음은 먹을 수 없음을 이야기해 준다.
   "이 얼음은 먹을 수 없는 거야."
   "색 얼음은 도화지에 그림을 그리는 거야."
3. 영아가 색 얼음으로 도화지에 그림을 그릴 수 있도록 돕는다.
   "○○아, 색 얼음을 도화지 위에 문질렀더니 예쁜 색이 도화지 위에 그려지네."
   "다른 색 얼음으로도 그림을 그려 볼까?"
   "차가웠던 얼음이 녹아서 이렇게 작아졌네."

확장 및 참고사항

* 얼음을 얼릴 때 영아가 다양한 색(식용색소)을 경험할 수 있도록 한다.
* 영아가 색 얼음을 입에 넣거나 먹지 않도록 교사가 세심하게 주의해 주고 지켜본다.
* 활동 후에는 손을 깨끗이 씻을 수 있도록 한다.

활동명: 첨벙 첨벙 물놀이

활동목표: 물 속에서 균형 있게 이동하며 신체발달을 돕는다.
물놀이를 통해 물과 친숙해진다.

표준보육과정 영역 및 범주: 신체운동〉신체활동에 참여하기〉몸 움직임 즐기기(1~2수준)
자연탐구〉과학적 탐구하기〉주변 자연에 관심 가지기(2~4수준)

어린이집 평가인증지표: 신체활동, 자연탐구활동

활동자료: 영아용 풀장, 수영복, 수영모

활동방법

1. 수영장의 물에 발을 살짝 담그고 물을 느껴 본다.
   "우리 수영장에 발을 담가 볼까?"
2. 교사의 손을 잡고 천천히 수영장을 걸어 보며 물과 익숙해진다.
   "선생님하고 저기까지 걸어 보자."
3. 갑작스럽게 물에 들어가 놀라지 않도록 영아와 함께 몸에 물을 묻히고 물에 앉아 본다.
   "우리 ○○랑 선생님이랑 같이 물을 만져 볼까?"
   "선생님 몸에도 물을 묻혀 보고, 우리 ○○ 몸에도 물을 묻혀 보자."
   "이제 물에 앉아 볼까?"

확장 및 참고사항

* 수영장의 물이 너무 깊지 않도록 한다.
* 영아들이 미끄러지거나 하는 등의 안전사고에 주의한다.
* 물이 너무 차갑지 않도록 온도를 조절한다.
* 물놀이 후 충분한 휴식을 취한다.
* 물놀이를 하기 전에 영아들이 신체운동을 할 수 있도록 한다.

만 0세 (8월) 월간보육계획안

<table>
<tr><td colspan="2">주제</td><td colspan="4">새콤달콤 알쏭달쏭</td></tr>
<tr><td colspan="2" rowspan="2">주
활동</td><td>1주</td><td>2주</td><td>3주</td><td>4주</td></tr>
<tr><td colspan="2">무슨 맛일까?</td><td colspan="2">어? 무엇일까요?</td></tr>
<tr><td colspan="2">등원 및 맞이하기</td><td colspan="2">웃으면서 인사하기
(영아의 건강 및 위생 상태 살피기)</td><td colspan="2">즐거운 모습으로 등원하여
선생님과 반갑게 인사하기</td></tr>
<tr><td rowspan="3">일상생활</td><td>수유 및 이유식</td><td colspan="2">숟가락으로 이유식 떠먹어 보기</td><td colspan="2">선생님과 함께 깨끗이 손 씻기</td></tr>
<tr><td>낮잠</td><td colspan="2">내 이불이 너무 좋아요
(침구류 청결 상태 확인하기)</td><td colspan="2">시원한 공기를 마셔요
(낮잠 전후로 교실 환기시키기)</td></tr>
<tr><td>기저귀 갈기</td><td colspan="2">내 기저귀 만져 보기
(기저귀 청결 상태 확인하기)</td><td colspan="2">보송보송 내 엉덩이
(기저귀 발진, 땀띠 예방을 위해
물로 엉덩이 깨끗이 씻기)</td></tr>
<tr><td rowspan="3">자유놀이</td><td>신체</td><td>과자 따먹기</td><td>시원한 물놀이</td><td>상자
자동차 타기</td><td>소리를 듣고
찾아가요</td></tr>
<tr><td>언어</td><td>'맘마' 라고
말해 보기</td><td>〈그림책〉
사과가 쿵!</td><td>자연의
소리 듣기</td><td>소리 상자
탐색하기</td></tr>
<tr><td>감각 · 탐색</td><td>과일 속에는
뭐가 있을까?</td><td>바나나
으깨 보기</td><td>딱딱딱~
악기로
연주해요</td><td>밀가루풀
주머니</td></tr>
<tr><td colspan="2">사회관계증진활동</td><td>선생님과
과자 찾기 놀이</td><td>선생님
팔 그네 타기</td><td>어디에 숨었나?
(선생님 찾기)</td><td>올라간 눈,
내려온 눈</td></tr>
<tr><td colspan="2">실외 및 산책활동</td><td colspan="2">어린이집 주변을 산책해요</td><td colspan="2">첨벙첨벙 물놀이</td></tr>
</table>

만 0세 (8월 1주) 주간보육계획안

소주제		무슨 맛일까?					
요일 / 활동		월	화	수	목	금	토
등원 및 맞이하기		웃으면서 인사하기(영아의 건강 및 위생 상태 살피기)					
일상생활	수유 및 이유식	숟가락으로 이유식 떠먹어 보기					
	낮잠	내 이불이 너무 좋아요(침구류 청결 상태 확인하기)					
	기저귀 갈기	내 기저귀 만져 보기(기저귀 청결 상태 확인하기)					
자유놀이	신체	과자 따먹기					
	언어	'맘마' 라고 말해 보기					
	감각 · 탐색	과일 속에는 뭐가 있을까?					
사회관계증진활동		선생님과 과자 찾기 놀이					
실외 및 산책활동		어린이집 주변을 산책해요					
이번 주 주제는 이렇게 선정하게 되었어요~		오감 중 하나인 미각과 관련한 다양한 활동을 통해 영아들이 다양한 맛을 여러 가지 질감으로 느껴 보고, 스스로 탐색할 수 있도록 하기 위해 이 주제를 선정하였습니다. 또한 미각의 자극 및 발달과 동시에 시각 · 후각적인 요소도 배제하지 않고 함께 자극시킬 수 있도록 활동을 계획하였습니다.					

만 0세 (8월 2주) 주간보육계획안

소주제		무슨 맛일까?					
요일 / 활동		월	화	수	목	금	토
등원 및 맞이하기		웃으면서 인사하기(영아의 건강 및 위생 상태 살피기)					
일상생활	수유 및 이유식	숟가락으로 이유식 떠먹어 보기					
	낮잠	내 이불이 너무 좋아요(침구류 청결 상태 확인하기)					
	기저귀 갈기	내 기저귀 만져 보기(기저귀 청결 상태 확인하기)					
자유놀이	신체	시원한 물놀이					
	언어	〈그림책〉 사과가 쿵!					
	감각 · 탐색	바나나 으깨 보기					
사회관계증진활동		선생님 팔 그네 타기					
실외 및 산책활동		어린이집 주변을 산책해요					
이번 주 주제는 이렇게 선정하게 되었어요~		오감 중 하나인 미각과 관련한 다양한 활동을 통해 영아들이 다양한 맛을 여러 가지 질감으로 느껴 보고, 스스로 탐색할 수 있도록 하기 위해 이 주제를 선정하였습니다. 또한 미각의 자극 및 발달과 동시에 시각 · 후각적인 요소도 배제하지 않고 함께 자극시킬 수 있도록 활동을 계획하였습니다.					

만 0세 (8월 3주) 주간보육계획안

소주제		어? 무엇일까요?					
활동 \ 요일		월	화	수	목	금	토
등원 및 맞이하기		즐거운 모습으로 등원하여 선생님과 반갑게 인사하기					
일상생활	수유 및 이유식	선생님과 함께 깨끗이 손 씻기					
	낮잠	시원한 공기를 마셔요(낮잠 전후로 교실 환기시키기)					
	기저귀 갈기	보송보송 내 엉덩이 (기저귀 발진, 땀띠 예방을 위해 물로 엉덩이 깨끗이 씻기)					
자유놀이	신체	상자 자동차 타기					
	언어	자연의 소리 듣기					
	감각 · 탐색	딱딱딱~ 악기로 연주해요					
사회관계증진활동		어디에 숨었나?(선생님 찾기)					
실외 및 산책활동		첨벙첨벙 물놀이					
이번 주 주제는 이렇게 선정하게 되었어요~		'어? 무엇일까요?'라는 주제는 영아들이 오감을 통하여 다양한 감각적인 자극을 해 볼 수 있도록 선정되었습니다. 영아들이 보고, 듣고, 만지고, 냄새를 맡는 등의 감각적 경험을 통해 주변 세계에 관심을 가지고 알아 갈 수 있습니다.					

만 0세 (8월 4주) 주간보육계획안

소주제		어? 무엇일까요?					
활동 \ 요일		월	화	수	목	금	토
등원 및 맞이하기		즐거운 모습으로 등원하여 선생님과 반갑게 인사하기					
일상생활	수유 및 이유식	선생님과 함께 깨끗이 손 씻기					
	낮잠	시원한 공기를 마셔요(낮잠 전후로 교실 환기시키기)					
	기저귀 갈기	보송보송 내 엉덩이 (기저귀 발진, 땀띠 예방을 위해 물로 엉덩이 깨끗이 씻기)					
자유놀이	신체	소리를 듣고 찾아가요					
	언어	소리 상자 탐색하기					
	감각 · 탐색	밀가루풀 주머니					
사회관계증진활동		올라간 눈, 내려온 눈					
실외 및 산책활동		첨벙첨벙 물놀이					
이번 주 주제는 이렇게 선정하게 되었어요~		'어? 무엇일까요?'라는 주제는 영아들이 오감을 통하여 다양한 감각적인 자극을 해 볼 수 있도록 선정되었습니다. 영아들이 보고, 듣고, 만지고, 냄새를 맡는 등의 감각적 경험을 통해 주변 세계에 관심을 가지고 알아 갈 수 있습니다.					

활동명: 과자 따먹기

활동목표: 눈과 손을 협응하여 물체를 잡을 수 있다.

표준보육과정 영역 및 범주: 신체운동〉신체조절과 기본운동하기〉소근육 조절하기(1~4수준)

어린이집 평가인증지표: 신체활동

활동자료: 줄, 과자

활동방법

1. 줄에 과자를 매달아, 영아들이 과자에 관심을 갖도록 한다.
   "어? 저게 뭐지?"
   "와, 맛있는 과자네. 과자가 줄에 주렁주렁 매달려 있구나."
2. 줄에 매달린 과자를 영아가 손으로 잡아 따먹어 보도록 격려한다.
   "줄에 매달린 과자를 따먹어 볼까?"
3. 영아들이 과자를 딴 후에는 먹어 볼 수 있도록 한다.
   "○○가 정말 잘했네."
   "먹어 볼까? 입속으로 쏘옥~"

확장 및 참고사항

* 활동 전에 손을 깨끗이 씻을 수 있도록 한다.
* 영아들의 키에 따라 줄을 유동적으로 움직여 준다.
* 활동을 할 때 영아에게 칭찬과 격려를 하며, 성취감을 느낄 수 있도록 한다.

활동명: 바나나 으깨 보기

활동목표: 바나나를 탐색하고 활동을 통해 변화하는 모양을 본다.

표준보육과정 영역 및 범주: 자연탐구〉과학적 탐구〉물체와 물질 탐색하기(1~4수준)

어린이집 평가인증지표: 자연탐구활동

활동자료: 바나나, 그릇, 숟가락

활동방법

1. 바나나를 제시해 주어 탐색해 볼 수 있도록 한다.
   "○○아, 이건 바나나야."
   " 바나나의 껍질을 벗기면 어떻게 생겼을까?"
2. 껍질을 벗긴 바나나를 오목한 그릇에 조금씩 잘라 담고 영아가 으깨어 볼 수 있도록 한다.
   "우리 ○○가 이 바나나를 으깨 볼까?"
   "(교사가 영아의 손을 함께 잡고 도와주며) 꾹꾹~ 이렇게 바나나를 숟가락으로 눌렀더니 바나나가 으깨졌네."
3. 으깨진 바나나를 식기에 옮겨 담고 영아가 맛을 본다.
   "○○가 만든 바나나를 먹어 볼까?"

확장 및 참고사항

* 영아가 바나나를 탐색할 때 향과 맛을 느껴 볼 수 있도록 충분히 배려한다.
* 숟가락으로 바나나를 으깨기 어려운 영아는 손으로 바나나를 으깨 볼 수 있도록 한다.
* 활동 전후에는 손을 깨끗하게 씻는다.

활동명: 〈그림책〉 사과가 쿵!

활동목표: 그림책에 관심을 보인다.
이야기를 들을 때 그림책의 그림을 알아볼 수 있다.

표준보육과정 영역 및 범주: 의사소통〉읽기〉그림책과 환경 인쇄물에 관심 가지기(1~2수준)
의사소통〉듣기〉주변의 소리와 말소리 구분하여 듣기(1~4수준)

어린이집 평가인증지표: 언어활동

활동자료: 〈그림책〉 사과가 쿵!

활동방법

1. 교사의 무릎 위에 영아를 앉히고 책을 탐색해 보게 한다.
   "○○아, 선생님하고 그림책을 읽어 볼까?"
   커다란 커어다란 사과가 쿵!
   사각 사각 아, 싱싱해~.
2. 교사는 그림책을 천천히 읽어 준다.
3. 그림책을 다 읽고 난 후 영아가 다시 한 번 그림책의 그림을 볼 수 있도록 반복한다.
   "○○아, 그림을 한 번 더 볼까?"
4. 활동을 마친 후에 영아가 항상 볼 수 있는 자리에 책을 꽂아 두어 영아가 관심을 가지고 그림책을 볼 수 있도록 한다.
   "○○아, 선생님이 책을 여기에 꽂아 둘게.
   우리 ○○가 보고 싶을 때 꺼내서 보자."

확장 및 참고사항

* 영아가 책의 내용에 흥미를 가질 수 있도록 다양한 언어 기술을 사용하여 책을 읽는다.
* 영아가 활동 중에 그림책에 흥미를 잃게 될 경우에는 흥미를 나타내는 다른 활동으로 자연스럽게 전환하고, 영아가 그림책에 먼저 흥미를 보일 때 활동을 다시 한다.

활동명: 선생님 팔 그네 타기

활동목표: 영아가 선생님의 팔 그네를 타면서 양육자와의 안정적인 애착을 형성할 수 있다.

표준보육과정 영역 및 범주: 사회관계〉더불어 생활하기〉안정적인 애착 형성하기(1~4수준)

어린이집 평가인증지표: 사회관계증진활동

활동자료: 없음

활동방법

1. 영아의 머리를 한쪽 팔로 받치고, 다른 팔로는 영아를 안정감 있게 감싸 안는다.
   "이렇게 ○○를 안고 어디를 가 볼까?"
   "(영아와 눈을 맞추며) 선생님이 안아 주니 친구들도 다 보이지?"
2. 영아가 안아 주는 자세에 익숙해지면 천천히 그네처럼 좌우로 흔들어 준다.
   "○○아, 선생님이 신나는 그네 태워 줄게."
   "슝~ 이렇게 움직이니까 우리 ○○가 기분이 좋은가 보구나."
3. 영아가 활동에 거부감을 느끼지 않고 즐거워하면 팔 그네를 태우며 이곳저곳을 돌아다닌다.
   "우리 ○○가 그네를 타고 날아갑니다."
   "(그네를 천천히 멈추면서) 선생님 팔 그네가 멈췄네."

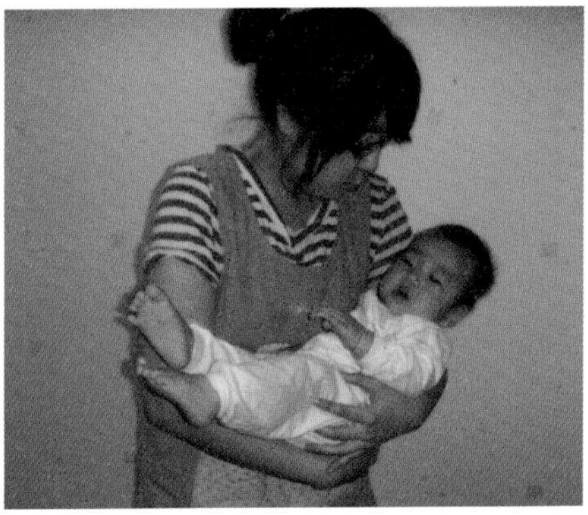

확장 및 참고사항

* 영아가 높은 곳에 떠 있는 것에 대해 불안감을 느끼지 않도록 교사가 안정감 있게 영아를 안아 준다.
* 팔 그네를 태우며 장소를 이동할 때마다 있는 곳이 어디인지, 무엇이 있는지 언어적인 상호작용을 한다.
* 영아가 활동에 익숙해지면 다른 여러 자세로 영아를 안아 줄 수 있다.

만 0세 (9월) 월간보육계획안

주제		밖에는 뭐가 있을까?			
활동 \ 주		1주	2주	3주	4주
		볼 것이 많아요		재미있는 것이 많아요	
등원 및 맞이하기		등원 시 오늘의 날씨에 대해 이야기해 주기		선생님과 눈 맞추며 인사하기	
일상생활	수유 및 이유식	꼭꼭 씹어 삼키기		안 먹어 본 음식 먹어 보기	
	낮잠	일찍 일어난 영아들은 선생님과 책 보기		편안한 옷 입고 잠자기	
	기저귀 갈기	기저귀 갈이 시 엉덩이 상태 확인하기		기저귀 갈며 선생님과 이야기하기	
자유놀이	신체	신발 신고 걸어 보기	이불 속으로 쏙~	선생님과 시소 타기	흔들말 타기
	언어	실외에서 책 보기	〈그림책〉 기저귀 갈자	흙 위에 끄적이기	밖에는 재미있는 소리가 많아요
	감각 · 탐색	햇볕과 그늘 느끼기	작은 별 노래 듣고 표현하기	나뭇잎을 띄워요	난타놀이
사회관계증진활동		친구들과 유모차 타고 나들이	선생님과 함께 물고기에게 먹이 주기	선생님 무릎 비행기 타기	선생님과 누워서 하늘 보기
실외 및 산책활동		시원한 바람 느껴 보기		내 그림자 밟아 보기	

만 0세 (9월 1주) 주간보육계획안

<table>
<tr><td colspan="2">소주제</td><td colspan="6">볼 것이 많아요</td></tr>
<tr><td colspan="2">요일 / 활동</td><td>월</td><td>화</td><td>수</td><td>목</td><td>금</td><td>토</td></tr>
<tr><td colspan="2">등원 및 맞이하기</td><td colspan="6">등원 시 오늘의 날씨에 대해 이야기해 주기</td></tr>
<tr><td rowspan="3">일상생활</td><td>수유 및 이유식</td><td colspan="6">꼭꼭 씹어 삼키기</td></tr>
<tr><td>낮잠</td><td colspan="6">일찍 일어난 영아들은 선생님과 책 보기</td></tr>
<tr><td>기저귀 갈기</td><td colspan="6">기저귀 갈이 시 엉덩이 상태 확인하기</td></tr>
<tr><td rowspan="3">자유놀이</td><td>신체</td><td colspan="6">신발 신고 걸어 보기</td></tr>
<tr><td>언어</td><td colspan="6">실외에서 책 보기</td></tr>
<tr><td>감각 · 탐색</td><td colspan="6">햇볕과 그늘 느끼기</td></tr>
<tr><td colspan="2">사회관계증진활동</td><td colspan="6">친구들과 유모차 타고 나들이</td></tr>
<tr><td colspan="2">실외 및 산책활동</td><td colspan="6">시원한 바람 느껴 보기</td></tr>
<tr><td colspan="2">이번 주 주제는 이렇게 선정하게 되었어요~</td><td colspan="6">다양한 실외활동을 하며 영아들은 자신을 둘러싸고 있는 주변을 탐색하고 시시각각 변화하는 주변 환경을 관찰하며 구체적인 감각적 경험을 통해 왕성한 호기심을 충족시켜 영아가 더 넓은 세계를 알아 갈 수 있습니다.</td></tr>
</table>

만 0세 (9월 2주) 주간보육계획안

소주제		볼 것이 많아요					
요일 / 활동		월	화	수	목	금	토
등원 및 맞이하기		등원 시 오늘의 날씨에 대해 이야기해 주기					
일상생활	수유 및 이유식	꼭꼭 씹어 삼키기					
	낮잠	일찍 일어난 영아들은 선생님과 책 보기					
	기저귀 갈기	기저귀 갈이 시 엉덩이 상태 확인하기					
자유놀이	신체	이불 속으로 쏙~					
	언어	〈그림책〉 기저귀 갈자					
	감각 · 탐색	작은 별 노래 듣고 표현하기					
사회관계증진활동		선생님과 함께 물고기에게 먹이 주기					
실외 및 산책활동		시원한 바람 느껴 보기					
이번 주 주제는 이렇게 선정하게 되었어요~		다양한 실외활동을 하며 영아들은 자신을 둘러싸고 있는 주변을 탐색하고 시시각각 변화하는 주변 환경을 관찰하며 구체적인 감각적 경험을 통해 왕성한 호기심을 충족시켜 영아가 더 넓은 세계를 알아 갈 수 있습니다.					

만 0세 (9월 3주) 주간보육계획안

소주제		재미있는 것이 많아요					
활동 \ 요일		월	화	수	목	금	토
등원 및 맞이하기		선생님과 눈 맞추며 인사하기					
일상생활	수유 및 이유식	안 먹어 본 음식 먹어 보기					
	낮잠	편안한 옷 입고 잠자기					
	기저귀 갈기	기저귀 갈며 선생님과 이야기하기					
자유놀이	신체	선생님과 시소 타기					
	언어	흙 위에 끄적이기					
	감각 · 탐색	나뭇잎을 띄워요					
사회관계증진활동		선생님 무릎 비행기 타기					
실외 및 산책활동		내 그림자 밟아 보기					
이번 주 주제는 이렇게 선정하게 되었어요~		다양한 실외활동을 통해 바깥 사물이나 풍경을 탐색하고 감상하는 데 그치지 않고, 실외활동에서 얻을 수 있는 다양한 재료로 계획한 수업을 통해 영아들의 경험의 깊이와 폭을 넓힐 수 있게 하기 위하여 선정하였습니다.					

만 0세 (9월 4주) 주간보육계획안

<table>
<tr><td colspan="2">소주제</td><td colspan="6">재미있는 것이 많아요</td></tr>
<tr><td colspan="2">요일 / 활동</td><td>월</td><td>화</td><td>수</td><td>목</td><td>금</td><td>토</td></tr>
<tr><td colspan="2">등원 및 맞이하기</td><td colspan="6">선생님과 눈 맞추며 인사하기</td></tr>
<tr><td rowspan="3">일상생활</td><td>수유 및 이유식</td><td colspan="6">안 먹어 본 음식 먹어 보기</td></tr>
<tr><td>낮잠</td><td colspan="6">편안한 옷 입고 잠자기</td></tr>
<tr><td>기저귀 갈기</td><td colspan="6">기저귀 갈며 선생님과 이야기하기</td></tr>
<tr><td rowspan="3">자유놀이</td><td>신체</td><td colspan="6">흔들말 타기</td></tr>
<tr><td>언어</td><td colspan="6">밖에는 재미있는 소리가 많아요</td></tr>
<tr><td>감각 · 탐색</td><td colspan="6">난타놀이</td></tr>
<tr><td colspan="2">사회관계증진활동</td><td colspan="6">선생님과 누워서 하늘 보기</td></tr>
<tr><td colspan="2">실외 및 산책활동</td><td colspan="6">내 그림자 밟아 보기</td></tr>
<tr><td colspan="2">이번 주 주제는 이렇게 선정하게 되었어요~</td><td colspan="6">다양한 실외활동을 통해 바깥 사물이나 풍경을 탐색하고 감상하는 데 그치지 않고, 실외활동에서 얻을 수 있는 다양한 재료로 계획한 수업을 통해 영아들의 경험의 깊이와 폭을 넓힐 수 있게 하기 위하여 선정하였습니다.</td></tr>
</table>

활동명: 실외에서 책 보기

활동목표: 실외에서 책 읽기를 즐긴다.
날씨를 느껴 본다.

표준보육과정 영역 및 범주: 의사소통〉읽기〉그림책과 환경 인쇄물에 관심 가지기(1~4수준)
자연탐구〉과학적 탐구하기〉주변 자연에 관심 가지기(2~4수준)

어린이집 평가인증지표: 언어활동, 자연탐구활동

활동자료: 다양한 그림책, 돗자리

활동방법

1. 실외활동을 나가 그늘에 돗자리를 펴고 앉아 날씨를 느껴 본다.
   "오늘은 날씨가 따뜻하네."
2. 영아를 무릎에 앉히거나 옆에 앉혀 동화책을 읽어 준다.
   "○○가 고른 동화책을 선생님하고 같이 볼까?"
3. 자유롭게 그림책을 보며 탐색해 본다.
   "○○도 책을 읽어 보자."
   "이번에는 ○○가 이 책을 골랐구나."
   "△△가 보는 책에는 예쁜 꽃이 있네."
   "○○아, 밖에서 책을 보니까 재미있지?"

확장 및 참고사항

*책에서 보았던 것들을 실제로 찾아보는 활동을 할 수 있다.

활동명: 친구들과 유모차 타고 나들이

활동목표: 친구에게 관심을 갖고 사회성을 기른다.

표준보육과정 영역 및 범주: 사회관계〉더불어 생활하기〉또래에 관심 갖기(1~4수준)

어린이집 평가인증지표: 사회관계증진활동

활동자료: 다인용 유모차

활동방법

1. 교사는 날씨를 살펴본 후 나들이 갈 준비를 한다.
   "○○아, 오늘 우리 유모차 타고 나들이 나가 보자."
2. 영아들이 유모차에 안전하게 탈 수 있도록 한다.
   "○○아, 안전벨트를 매고 바깥으로 나가자."
3. 영아들이 친구들과 눈을 맞추며 즐거운 바깥놀이가 될 수 있도록 한다.
   "○○ 앞에는 어떤 친구가 있나 볼까?"
   "○○아, △△에게 안녕 하고 인사해 보자."
   "□□는 어디에 있니?"

확장 및 참고사항

*바깥놀이 전 친구 찾기 활동을 하여 친구에게 관심을 가질 수 있도록 한다.

*짝을 맞추어 유모차에 태워 주고 혼자 타는 영아가 없도록 한다.

활동명: 나뭇잎을 띄워요

활동목표: 나뭇잎의 생김새를 탐색한다.
물 위에서 나뭇잎의 움직임에 관심을 가진다.

표준보육과정 영역 및 범주: 자연탐구〉탐구하는 태도 기르기〉탐색 시도하기(1~4수준)
자연탐구〉과학적 탐구하기〉주변 자연에 관심 가지기(1~4수준)

어린이집 평가인증지표: 자연탐구활동

활동자료: 물, 넓은 대야, 여러 종류의 나뭇잎

활동방법

1. 나뭇잎을 탐색한다.
   "○○아, 여기 나뭇잎이 있네. 어떻게 생겼는지 볼까?"
2. 물을 담은 대야에 나뭇잎을 띄워 본다.
   "나뭇잎을 물 위에 둥둥 띄워 볼까?"
3. 나뭇잎을 입으로 후~ 불어 보고, 움직임을 관찰한다.
   "선생님과 함께 나뭇잎을 후~ 불어 보자."
   "나뭇잎이 살랑살랑 움직이네."

확장 및 참고사항

* 실외 및 바깥놀이 활동 시 영아와 함께 나뭇잎을 가져와 탐색해 볼 수 있다.
* 영아가 나뭇잎을 입에 넣지 않도록 주의한다.

활동명: 선생님과 시소 타기

활동목표: 시소를 타며 움직임을 경험한다.
주변 사물에 관심을 가진다.

표준보육과정 영역 및 범주: 신체운동〉신체활동에 참여하기〉기구를 이용하여 신체활동 시도하기 (2~4수준)
자연탐구〉탐구하는 태도 기르기〉사물에 관심 가지기(2~4수준)

어린이집 평가인증지표: 신체활동, 자연탐구활동

활동자료: 시소

활동방법

1. 놀이터에 가서 시소를 보여 주며 소개해 준다.
   "놀이터에 와 보니 올라갔다, 내려갔다 움직이는 시소가 있네."
2. 선생님과 함께 시소를 타 본다.
   "○○아, 선생님과 함께 시소를 타 볼까?"
   "(교사가 영아를 앞에 안고) 시소를 타니 시소가 올라갔다, 내려갔다 움직이네."
3. 영아가 즐거워하면 반복적으로 타면서 언어적 자극을 준다.

확장 및 참고사항

* 새로운 사물에 거부반응을 보이며 시소 타기를 싫어하면 자유롭게 탐색해 볼 수 있도록 한다.
* 시소를 탈 때는 교사가 반드시 영아를 안고 탈 수 있도록 하고 상대편 의자에는 다른 교사가 앉아서 함께 활동할 수 있도록 한다.

만 0세 (10월) 월간보육계획안

주제		안녕~ 넌 누구니?			
활동 \ 주		1주	2주	3주	4주
		찾아보아요		신기한 것이 많아요	
등원 및 맞이하기		영아의 옷차림 변화에 관심을 가지고 맞이하기		영아의 기분 살펴 이야기하기	
일상생활	수유 및 이유식	이유식 앞치마 입고 먹어 보기		이유식을 골고루 먹기 (편식하지 않기)	
	낮잠	선생님이 들려주는 동화 들으며 꿈나라로~		낮잠 자기 전 양치하기	
	기저귀 갈기	기저귀 가는 내 모습 거울로 보기		모빌 쳐다보며 기저귀 갈기	
자유놀이	신체	비눗방울이 송송	오뚝이 밀어 보기	떼굴떼굴 자동차 굴리기	돗자리 위에서 놀아요
	언어	안녕~ 넌 누구니? (놀잇감 명칭 들어 보기)	따르릉~ 여보세요	코코코~ (눈코입 찾기)	〈그림책〉 안녕하세요
	감각 · 탐색	소리상자에 블록 집어넣기	밀가루 반죽 놀이	모양 도장 쾅!	솔방울 만져 보기
사회관계증진활동		유모차에 인형 태우기	종이벽돌 쌓기	동물로 변해라	생일축하놀이
실외 및 산책활동		가을에 볼 수 있는 자연물 찾아보기		낙엽 위 밟아 보기	

만 0세 (10월 1주) 주간보육계획안

소주제		찾아보아요					
요일 / 활동		월	화	수	목	금	토
등원 및 맞이하기		영아의 옷차림 변화에 관심을 가지고 맞이하기					
일상생활	수유 및 이유식	이유식 앞치마 입고 먹어 보기					
	낮잠	선생님이 들려주는 동화 들으며 꿈나라로~					
	기저귀 갈기	기저귀 가는 내 모습 거울로 보기					
자유놀이	신체	비눗방울이 송송					
	언어	안녕~ 넌 누구니? (놀잇감 명칭 들어 보기)					
	감각 · 탐색	소리상자에 블록 집어넣기					
사회관계증진활동		유모차에 인형 태우기					
실외 및 산책활동		가을에 볼 수 있는 자연물 찾아보기					
이번 주 주제는 이렇게 선정하게 되었어요~		'안녕~ 넌 누구니? – 찾아보아요' 주제에서는 영아 주변의 사물과 환경, 그중에서 영아들이 놀이를 할 수 있는 다양한 놀잇감에 대해 적극적으로 탐색할 수 있는 내용을 다루며, 이를 통해 영아가 즐거운 경험을 할 수 있도록 유도합니다.					

만 0세 (10월 2주) 주간보육계획안

소주제		찾아보아요					
활동 \ 요일		월	화	수	목	금	토
등원 및 맞이하기		영아의 옷차림 변화에 관심을 가지고 맞이하기					
일상생활	수유 및 이유식	이유식 앞치마 입고 먹어 보기					
	낮잠	선생님이 들려주는 동화 들으며 꿈나라로~					
	기저귀 갈기	기저귀 가는 내 모습 거울로 보기					
자유놀이	신체	오뚝이 밀어 보기					
	언어	따르릉~ 여보세요					
	감각 · 탐색	밀가루 반죽놀이					
사회관계증진활동		종이벽돌 쌓기					
실외 및 산책활동		가을에 볼 수 있는 자연물 찾아보기					
이번 주 주제는 이렇게 선정하게 되었어요~		'안녕~ 넌 누구니? – 찾아보아요' 주제에서는 영아 주변의 사물과 환경, 그중에서 영아들이 놀이를 할 수 있는 다양한 놀잇감에 대해 적극적으로 탐색할 수 있는 내용을 다루며, 이를 통해 영아가 즐거운 경험을 할 수 있도록 유도합니다.					

만 0세 (10월 3주) 주간보육계획안

소주제		신기한 것이 많아요					
활동 \ 요일		월	화	수	목	금	토
등원 및 맞이하기		영아의 기분 살펴 이야기하기					
일상생활	수유 및 이유식	이유식을 골고루 먹기(편식하지 않기)					
	낮잠	낮잠 자기 전 양치하기					
	기저귀 갈기	모빌 쳐다보며 기저귀 갈기					
자유놀이	신체	떼굴떼굴 자동차 굴리기					
	언어	코코코~ (눈코입 찾기)					
	감각 · 탐색	모양 도장 쾅!					
사회관계증진활동		동물로 변해라					
실외 및 산책활동		낙엽 위 밟아 보기					
이번 주 주제는 이렇게 선정하게 되었어요~		'안녕~ 넌 누구니? – 신기한 것이 많아요' 주제에서는 영아 주변의 실내외에서 볼 수 있는 다양한 놀잇감에 대해 적극적으로 탐색할 수 있는 내용을 다루며, 이를 통해 영아가 즐겁고 다양한 경험을 해 볼 수 있습니다.					

만 0세 (10월 4주) 주간보육계획안

소주제		신기한 것이 많아요					
요일 / 활동		월	화	수	목	금	토
등원 및 맞이하기		영아의 기분 살펴 이야기하기					
일상생활	수유 및 이유식	이유식을 골고루 먹기(편식하지 않기)					
	낮잠	낮잠 자기 전 양치하기					
	기저귀 갈기	모빌 쳐다보며 기저귀 갈기					
자유놀이	신체	돗자리 위에서 놀아요					
	언어	〈그림책〉 안녕하세요					
	감각 · 탐색	솔방울 만져 보기					
사회관계증진활동		생일축하놀이					
실외 및 산책활동		낙엽 위 밟아 보기					
이번 주 주제는 이렇게 선정하게 되었어요~		‘안녕~ 넌 누구니? – 신기한 것이 많아요’ 주제에서는 영아 주변의 실내외에서 볼 수 있는 다양한 놀잇감에 대해 적극적으로 탐색할 수 있는 내용을 다루며, 이를 통해 영아가 즐겁고 다양한 경험을 해 볼 수 있습니다.					

활동명: 따르릉~ 여보세요

활동목표: 다양한 옹알이와 말소리를 내 본다.

표준보육과정 영역 및 범주: 의사소통〉말하기〉발성과 발음으로 소리내기(1~2수준)

어린이집 평가인증지표: 언어활동, 사회관계증진활동

활동자료: 소리 나는 전화기

활동방법

1. 누르면 소리가 나는 전화기의 소리를 들려주며 영아가 홍미를 갖도록 한다.
   "무슨 소리지?"
   "누르니까 소리가 나지?"
   "따르릉, 따르릉."
2. 영아가 수화기를 들고 교사의 말소리를 듣도록 한다.
   "(전화 받는 모습을 보이며) 여보세요."
   "○○아, 전화 받아 볼까?"
   "여보세요. ○○입니다."
3. 교사는 수화기를 귓가에 대고 영아와 마주 앉아 통화하듯이 영아의 말소리에 반응해 준다.
   "여보세요. ○○아, 안녕하세요."
   "○○가 '안녕' 하고 인사했어?"

확장 및 참고사항

*모형 휴대폰을 제시해 주고 활동해 볼 수 있도록 한다.

*활동 전 전화기 놀잇감을 깨끗이 세척, 소독한 후 제시한다.

활동명: 밀가루 반죽 놀이

활동목표: 밀가루를 보고 만지며 질감을 느껴 본다.

표준보육과정 영역 및 범주: 자연탐구〉탐구하는 태도 기르기〉탐색 시도하기(1~4수준)

어린이집 평가인증지표: 자연탐구활동

활동자료: 밀가루 반죽, 개인 접시

활동방법

1. 밀가루 반죽을 제시해 주고 탐색하도록 한다.
   "희고 말랑말랑한 이것은 밀가루 반죽이야."
2. 밀가루 반죽을 주물러 본다.
   "밀가루 반죽을 주물럭주물럭 주물러 보자."
   "손가락으로 콕콕 누르니깐 손가락이 들어가네."
3. 밀가루 반죽으로 여러 가지 모양을 만들어 본다.
   "동글동글 굴려서 공을 만들어 보자."
   "길쭉길쭉 뱀을 만들어 볼까?"

확장 및 참고사항

* 밀가루 반죽이 영아의 손에 달라붙지 않도록 반죽할 때 식용유를 섞는다.
* 영아가 밀가루 반죽을 입에 넣거나 먹지 않도록 유의한다.

활동명: 떼굴떼굴 자동차 굴리기

활동목표: 신체를 조절하여 자동차를 굴려 본다.
자동차를 굴리며 이동할 수 있다.

표준보육과정 영역 및 범주: 신체운동〉신체조절과 기본운동하기〉소근육 조절하기(1~4수준)
신체운동〉신체활동에 참여하기〉기구를 이용하여 신체활동 시도하기(2~4수준)

어린이집 평가인증지표: 신체활동

활동자료: 자동차

활동방법

1. 크기가 큰 트럭을 제시해 주어 흥미를 유도한다.
   "뛰뛰 빵빵~ 짐을 싣는 커다란 트럭이 있네."
   "떼굴떼굴 굴러갈 수 있게 도와주는 바퀴도 있네."
2. 자동차를 손으로 밀며 움직여 본다.
   "손잡이가 있네. 여기 손잡이를 잡아 볼까?"
   "손잡이를 잡고 앞으로 밀어 볼까?"
   "자동차 타고 ○○한테까지 가 보자. 출발~"

확장 및 참고사항

* 트럭 자동차 외에도 다양한 자동차를 준비하여 굴리기를 해 본다.
* 교통기관에 관련된 노래를 부르며 놀이의 흥을 더한다.

활동명: 생일축하놀이

활동목표: 생일축하놀이를 하며 타인과 상호작용을 할 수 있다.
축하 노래를 듣고 즐기며 축하의 표현을 할 수 있다.

표준보육과정 영역 및 범주: 사회관계〉더불어 생활하기〉또래에 관심 갖기(1~4수준)
예술경험〉예술적 표현하기〉모방행동 즐기기(1~2수준)

어린이집 평가인증지표: 사회관계증진활동, 예술활동

활동자료: 케이크 모형

활동방법

1. 케이크 모형을 탐색하여 영아가 흥미를 가질 수 있도록 한다.
"○○아, 이건 케이크 모형이야."
"케이크가 어떻게 생겼는지 볼까?"
2. 영아가 케이크 모형에 관심을 보일 경우, 생일축하놀이를 한다.
♬ 생일 축하합니다~ 생일 축하합니다~ 사랑하는 우리 ○○, 생일 축하합니다. ♬
"오늘이 우리 ○○의 생일이라고 하고 생일축하놀이를 해 볼까?"
"박수! 짝짝짝~"
"후~ 하고 촛불도 꺼 볼까?"
3. 다른 영아와 함께 활동을 해 볼 수 있도록 한다.
"○○아, 이번에는 △△에게 축하해 줄까?"
"생일 축하합니다."
"축하해! 박수~ 짝짝짝!"

확장 및 참고사항

* 활동을 마친 후 영아가 케이크 모형에 계속 관심을 보이면 케이크로 소꿉놀이(역할놀이)를 해 본다.
* 실제로 생일을 맞은 영아가 있을 경우에 활동을 할 수 있다.

만 0세 (11월) 월간보육계획안

<table>
<tr><td colspan="2">주제</td><td colspan="4">표현할 수 있어요(언어표현)</td></tr>
<tr><td colspan="2" rowspan="2">주
활동</td><td>1주</td><td>2주</td><td>3주</td><td>4주</td></tr>
<tr><td colspan="2">듣고 따라 해 보아요</td><td colspan="2">옹알옹알 말해요</td></tr>
<tr><td colspan="2">등원 및 맞이하기</td><td colspan="2">영아의 이름 불러 주며
반갑게 맞이하기</td><td colspan="2">엄마, 아빠에게 "안녕" 이라고
말하며 헤어지기</td></tr>
<tr><td rowspan="3">일상생활</td><td>수유 및 이유식</td><td colspan="2">식사노래 부르며
즐거운 마음으로 먹어 보기</td><td colspan="2">음식 이름 들으며 맛있게 먹어 보기</td></tr>
<tr><td>낮잠</td><td colspan="2">낮잠 후 내 이불 정리하기</td><td colspan="2">누워서 조용한 음악 감상하기</td></tr>
<tr><td>기저귀 갈기</td><td colspan="2">기저귀 감촉에 대해 표현하기</td><td colspan="2">내 기저귀 찾아오기</td></tr>
<tr><td rowspan="3">자유놀이</td><td>신체</td><td>매달린
풍선 치기</td><td>움직이는
놀잇감 따라
엉금엉금</td><td>선생님 손잡고
삼각매트 넘기</td><td><베이비마사지>
가슴 마사지</td></tr>
<tr><td>언어</td><td>엄마, 아빠
말해 보기</td><td>동물소리
흉내 내기</td><td><그림책>
얼룩소랑 놀자</td><td>끄덕끄덕,
네!</td></tr>
<tr><td>감각 · 탐색</td><td>낙엽을
만져 보아요</td><td>수수깡
부러뜨리기</td><td>아~
인디언 놀이</td><td>고리 끼우기</td></tr>
<tr><td colspan="2">사회관계증진활동</td><td>선생님과
안마해요</td><td>호~ 해 주기</td><td>선생님 따라
이렇게!</td><td>아니요,
도리도리</td></tr>
<tr><td colspan="2">실외 및 산책활동</td><td colspan="2">계절에 맞는 옷차림을 하고
나들이 가기</td><td colspan="2">선생님과 그네 타기</td></tr>
</table>

만 0세 (11월 1주) 주간보육계획안

소주제		듣고 따라 해 보아요					
활동 \ 요일		월	화	수	목	금	토
등원 및 맞이하기		영아의 이름 불러 주며 반갑게 맞이하기					
일상생활	수유 및 이유식	식사노래 부르며 즐거운 마음으로 먹어 보기					
	낮잠	낮잠 후 내 이불 정리하기					
	기저귀 갈기	기저귀 감촉에 대해 표현하기					
자유놀이	신체	매달린 풍선 치기					
	언어	엄마, 아빠 말해 보기					
	감각 · 탐색	낙엽을 만져 보아요					
사회관계증진활동		선생님과 안마해요					
실외 및 산책활동		계절에 맞는 옷차림을 하고 나들이 가기					
이번 주 주제는 이렇게 선정하게 되었어요~		'표현할 수 있어요(언어표현)–듣고 따라 해 보아요.' 주제에서는 언어적 상호작용을 통해 다양한 소리를 들어 보고 영아가 직접 말해 보고, 주변에 있는 사물의 이름을 청각을 이용해서 탐색해 보는 기회를 제공합니다.					

만 0세 (11월 2주) 주간보육계획안

소주제		듣고 따라 해 보아요					
활동 \ 요일		월	화	수	목	금	토
등원 및 맞이하기		영아의 이름 불러 주며 반갑게 맞이하기					
일상생활	수유 및 이유식	식사노래 부르며 즐거운 마음으로 먹어 보기					
	낮잠	낮잠 후 내 이불 정리하기					
	기저귀 갈기	기저귀 감촉에 대해 표현하기					
자유놀이	신체	움직이는 놀잇감 따라 엉금엉금					
	언어	동물소리 흉내 내기					
	감각 · 탐색	수수깡 부러뜨리기					
사회관계증진활동		호~ 해 주기					
실외 및 산책활동		계절에 맞는 옷차림을 하고 나들이 가기					
이번 주 주제는 이렇게 선정하게 되었어요~		'표현할 수 있어요(언어표현)–듣고 따라 해 보아요.' 주제에서는 언어적 상호작용을 통해 다양한 소리를 들어 보고 영아가 직접 말해 보고, 주변에 있는 사물의 이름을 청각을 이용해서 탐색해 보는 기회를 제공합니다.					

만 0세 (11월 3주) 주간보육계획안

소주제		옹알옹알 말해요					
활동 \ 요일		월	화	수	목	금	토
등원 및 맞이하기		엄마, 아빠에게 "안녕" 이라고 말하며 헤어지기					
일상생활	수유 및 이유식	음식 이름 들으며 맛있게 먹어 보기					
	낮잠	누워서 조용한 음악 감상하기					
	기저귀 갈기	내 기저귀 찾아오기					
자유놀이	신체	선생님 손잡고 삼각매트 넘기					
	언어	〈그림책〉 얼룩소랑 놀자					
	감각 · 탐색	아~ 인디언 놀이					
사회관계증진활동		선생님 따라 이렇게!					
실외 및 산책활동		선생님과 그네 타기					
이번 주 주제는 이렇게 선정하게 되었어요~		옹알이가 절정에 이른 영아들은 스스로 소리 내는 것을 즐기며, 성인이 내는 소리를 모방하려 합니다. '표현할 수 있어요(언어표현)-옹알옹알 말해요.' 주제에서는 자신의 입을 통해 나오는 여러 가지 소리에 교사가 반응을 하고, 즐거운 놀이로 연결시켜 언어발달을 도모할 수 있습니다.					

만 0세 (11월 4주) 주간보육계획안

<table>
<tr><td colspan="2">소주제</td><td colspan="6">옹알옹알 말해요</td></tr>
<tr><td colspan="2">요일 / 활동</td><td>월</td><td>화</td><td>수</td><td>목</td><td>금</td><td>토</td></tr>
<tr><td colspan="2">등원 및 맞이하기</td><td colspan="6">엄마, 아빠에게 “안녕”이라고 말하며 헤어지기</td></tr>
<tr><td rowspan="3">일상생활</td><td>수유 및 이유식</td><td colspan="6">음식 이름 들으며 맛있게 먹어 보기</td></tr>
<tr><td>낮잠</td><td colspan="6">누워서 조용한 음악 감상하기</td></tr>
<tr><td>기저귀 갈기</td><td colspan="6">내 기저귀 찾아오기</td></tr>
<tr><td rowspan="3">자유놀이</td><td>신체</td><td colspan="6">〈베이비마사지〉 가슴 마사지</td></tr>
<tr><td>언어</td><td colspan="6">끄덕끄덕, 네!</td></tr>
<tr><td>감각 · 탐색</td><td colspan="6">고리 끼우기</td></tr>
<tr><td colspan="2">사회관계증진활동</td><td colspan="6">아니요, 도리도리</td></tr>
<tr><td colspan="2">실외 및 산책활동</td><td colspan="6">선생님과 그네 타기</td></tr>
<tr><td colspan="2">이번 주 주제는 이렇게 선정하게 되었어요~</td><td colspan="6">옹알이가 절정에 이른 영아들은 스스로 소리 내는 것을 즐기며, 성인이 내는 소리를 모방하려 합니다. ‘표현할 수 있어요(언어표현)−옹알옹알 말해요.’ 주제에서는 자신의 입을 통해 나오는 여러 가지 소리에 교사가 반응을 하고, 즐거운 놀이로 연결시켜 언어발달을 도모할 수 있습니다.</td></tr>
</table>

활동명: 낙엽을 만져 보아요

활동목표: 낙엽에 대해 관심을 갖는다.

표준보육과정 영역 및 범주: 자연탐구〉과학적 탐구하기〉주변 자연에 관심 가지기(2~4수준)

어린이집 평가인증지표: 자연탐구활동

활동자료: 낙엽

활동방법

1. 교사는 다양한 낙엽을 준비하여 영아에게 제시한다.
   "○○아, 이것은 낙엽이라고 해."
   "○○도 함께 볼까?"
   "낙엽이 어떻게 생겼는지 볼까?"
2. 영아가 자유롭게 낙엽을 만져 보며 느낄 수 있도록 한다.
   "○○가 낙엽을 손으로 만져 보자."
   "부드럽고, 푹신푹신하네."
   "어떤 소리가 나는지 들어 보자."
   "○○가 낙엽을 조금 세게 만져 볼까? 어떻게 변했나?"

확장 및 참고사항

＊다양한 색깔과 다양한 종류의 낙엽을 제시해 준다.

＊영아가 낙엽을 입으로 탐색할 수 있으므로 깨끗하게 세척한 후 활동한다.

활동명: 매달린 풍선 치기

활동목표: 팔을 뻗어 천장에 매달린 풍선을 친다.
양손으로 풍선을 잡거나 놓아 보며 소근육 발달을 도울 수 있다.

표준보육과정 영역 및 범주: 신체운동〉신체활동에 참여하기〉몸 움직임 즐기기(1~2수준)
신체운동〉신체조절과 기본운동하기〉소근육 조절하기(1~4수준)

어린이집 평가인증지표: 신체활동

활동자료: 풍선, 풍선을 매달 수 있는 끈, 접착제(테이프)

활동방법

1. 영아와 교사가 마주 앉아 풍선을 탐색한다.
   "○○아, 이건 풍선이야."
   "풍선을 만져 보니 어떤 느낌이 드니?"
   "말랑말랑하고, 색깔도 예쁘지?"
2. 영아가 팔을 뻗어 풍선을 만질 수 있는 높이로 천장에 매단다.
   "풍선이 둥둥 매달려 있네. ○○가 풍선을 손으로 쳐 볼까?"
   "통! 통! ○○가 손으로 풍선을 쳤더니 풍선이 저기 멀리까지 날아가네."
   "다시 한번 풍선을 쳐 볼까? 통~"
3. 풍선을 치는 방향을 바꾸어 활동을 해 본다.
   "○○아, 이번에는 여기에서 풍선을 쳐 볼까?"

확장 및 참고사항

* 영아가 매달린 풍선 치기에 흥미를 보이면 살살 치기, 세게 치기 등 풍선을 쳐 보는 세기를 다르게 해 볼 수 있다.
* 영아가 하는 활동이므로 쉽게 터지지 않는 풍선을 준비하여 활동 시 풍선이 터지는 일이 없도록 한다.
* 풍선 속에 다양한 물건을 넣어 풍선 치기 시 흥미를 끌 수 있다.

활동명: 엄마, 아빠 말해 보기

활동목표: 엄마, 아빠란 말소리를 듣고 따라 말해 본다.

표준보육과정 영역 및 범주: 의사소통〉듣기〉주변의 소리와 말소리 구분하여 듣기(1~4수준)
의사소통〉말하기〉발성과 발음으로 소리내기(1~2수준)

어린이집 평가인증지표: 언어활동

활동자료: 영아의 엄마, 아빠 사진

활동방법

1. 교사는 영아와 마주 앉은 후, 영아의 엄마, 아빠 사진을 보여 준다.
   "여기 사진이 있네. 사진 속에는 누가 있을까?"
   "와~ ○○의 엄마네."
2. 가족 사진을 보며 영아와 함께 엄마, 아빠라고 말해 본다.
   "곱슬곱슬 기다란 머리는 ○○의 엄마네. 엄마!"
   "○○도 한번 해 볼까? (교사가 정확한 발음과 입모양을 보여 주며) 엄마!"
   "우와, 엄마라고 너무 잘 이야기하네."
   "우리 ○○가 한번 해 보자. 엄마!"

확장 및 참고사항

* 영아와 눈을 맞추고 이야기해 준다.
* 의사소통 영역이나 까꿍놀이판에 엄마, 아빠 사진을 놓아 주어 영아가 관심을 갖고 반복적으로 엄마, 아빠를 말해 볼 수 있도록 한다.

활동명: 선생님 따라 이렇게!

활동목표: 교사의 간단한 몸동작을 따라 한다.

표준보육과정 영역 및 범주: 사회관계〉더불어 생활하기〉안정적인 애착 형성하기(1~4수준)

어린이집 평가인증지표: 사회관계증진활동

활동자료: 카세트, 동요 CD

활동방법

1. 〈나처럼 해 봐라〉 노래를 들어본다.
   "어, 무슨 노래 소리가 들리지?"
   ♬ 나처럼 해봐라 이렇게, 요렇게. 아이 참 재미있다. ♬
2. 영아가 노래에 관심을 보이면 교사는 다양한 움직임을 보여 주어 영아가 따라 해 볼 수 있도록 격려한다.
   "선생님이 어떻게 하고 있니? 선생님처럼 해 볼래?"
   "그래, 이렇게 팔을 올렸어."
   "이번엔 선생님이 어떻게 하고 있을까?"
   "그래, 고개를 끄떡끄떡하고 있어. ○○가 선생님이랑 똑같이 하네."
3. 반복하여 노래를 들으면서 영아들과 함께 움직여 본다.

확장 및 참고사항

* 교사는 영아가 따라 하기 쉬운 동작으로 선별한다.
* 영아가 마음껏 몸을 움직일 수 있도록 주위의 위험한 물건들을 치워 둔다.
* 영아의 행동을 교사가 따라 하기로 바꿔 활동해 보기도 한다.

만 0세 (12월) 월간보육계획안

<table>
<tr><td colspan="2">주제</td><td colspan="4">흉내 내 보아요(상징놀이)</td></tr>
<tr><td colspan="2" rowspan="2">주
활동</td><td>1주</td><td>2주</td><td>3주</td><td>4주</td></tr>
<tr><td colspan="2">인형을 업어 줘요</td><td colspan="2">몸으로 말해요</td></tr>
<tr><td colspan="2">등원 및 맞이하기</td><td colspan="2">차가워진 손을 만져 주며 맞이하기</td><td colspan="2">날씨에 맞는 옷차림으로 등원하기</td></tr>
<tr><td rowspan="3">일상생활</td><td>수유 및 이유식</td><td colspan="2">따뜻한 우유 마셔 보기</td><td colspan="2">더 먹고 싶은 음식 표현하기</td></tr>
<tr><td>낮잠</td><td colspan="2">이불에서 편히 쉬며 잠들기</td><td colspan="2">인형 토닥이며 낮잠 자기</td></tr>
<tr><td>기저귀 갈기</td><td colspan="2">배변 후 따뜻한 물로 엉덩이 닦기</td><td colspan="2">기저귀 갈고 보습로션 바르기</td></tr>
<tr><td rowspan="3">자유놀이</td><td>신체</td><td>바구니에
공 집어넣기</td><td>종이벽돌
다리 건너기</td><td>찰흙 위에
발자국 찍기</td><td>사각블록 쌓기</td></tr>
<tr><td>언어</td><td>인형과
뽀뽀하기</td><td>동화 들으며
꿈나라로~</td><td>여기 저기
(신체 명칭)</td><td>푸~ 푸~
입술놀이</td></tr>
<tr><td>감각 · 탐색</td><td>예쁜 아기 곰
들어 보기
(새노래)</td><td>뿡뿡이 그림</td><td>어느 손에
있을까?</td><td>머리 어깨
무릎 발</td></tr>
<tr><td colspan="2">사회관계증진활동</td><td>인형을
업어 줘요</td><td>인형 맘마놀이</td><td>선생님과
떼굴떼굴</td><td>간지러워요</td></tr>
<tr><td colspan="2">실외 및 산책활동</td><td colspan="2">차가워진 바람 느껴 보기</td><td colspan="2">하얀 눈 위 걸어 보기</td></tr>
</table>

만 0세 (12월 1주) 주간보육계획안

<table>
<tr><td colspan="2">소주제</td><td colspan="6">인형을 업어 줘요</td></tr>
<tr><td colspan="2">요일
활동</td><td>월</td><td>화</td><td>수</td><td>목</td><td>금</td><td>토</td></tr>
<tr><td colspan="2">등원 및 맞이하기</td><td colspan="6">차가워진 손을 만져 주며 맞이하기</td></tr>
<tr><td rowspan="3">일상생활</td><td>수유 및 이유식</td><td colspan="6">따뜻한 우유 마셔 보기</td></tr>
<tr><td>낮잠</td><td colspan="6">이불에서 편히 쉬며 잠들기</td></tr>
<tr><td>기저귀 갈기</td><td colspan="6">배변 후 따뜻한 물로 엉덩이 닦기</td></tr>
<tr><td rowspan="3">자유놀이</td><td>신체</td><td colspan="6">바구니에 공 집어넣기</td></tr>
<tr><td>언어</td><td colspan="6">인형과 뽀뽀하기</td></tr>
<tr><td>감각 · 탐색</td><td colspan="6">예쁜 아기 곰 들어 보기(새노래)</td></tr>
<tr><td colspan="2">사회관계증진활동</td><td colspan="6">인형을 업어 줘요</td></tr>
<tr><td colspan="2">실외 및 산책활동</td><td colspan="6">차가워진 바람 느껴 보기</td></tr>
<tr><td colspan="2">이번 주 주제는 이렇게 선정하게 되었어요~</td><td colspan="6">'인형을 업어 줘요' 주제에서는 모방을 즐기는 영아들에게 다양한 대상과 물체에 대해 탐색해 본 후, 흉내 내 보기를 통해 더 자세히 관찰해 보며 모방함으로써 영아들의 호기심을 충족시켜 줄 수 있습니다.</td></tr>
</table>

만 0세 (12월 2주) 주간보육계획안

소주제		인형을 업어 줘요					
요일 / 활동		월	화	수	목	금	토
등원 및 맞이하기		차가워진 손을 만져 주며 맞이하기					
일상생활	수유 및 이유식	따뜻한 우유 마셔 보기					
	낮잠	이불에서 편히 쉬며 잠들기					
	기저귀 갈기	배변 후 따뜻한 물로 엉덩이 닦기					
자유놀이	신체	종이벽돌 다리 건너기					
	언어	동화 들으며 꿈나라로~					
	감각 · 탐색	뽕뽕이 그림					
사회관계증진활동		인형 맘마놀이					
실외 및 산책활동		차가워진 바람 느껴 보기					
이번 주 주제는 이렇게 선정하게 되었어요~		'인형을 업어 줘요' 주제에서는 모방을 즐기는 영아들에게 다양한 대상과 물체에 대해 탐색해 본 후, 흉내 내 보기를 통해 더 자세히 관찰해 보며 모방함으로써 영아들의 호기심을 충족시켜 줄 수 있습니다.					

만 0세 (12월 3주) 주간보육계획안

<table>
<tr><td colspan="2">소주제</td><td colspan="6">몸으로 말해요</td></tr>
<tr><td colspan="2">요일 / 활동</td><td>월</td><td>화</td><td>수</td><td>목</td><td>금</td><td>토</td></tr>
<tr><td colspan="2">등원 및 맞이하기</td><td colspan="6">날씨에 맞는 옷차림으로 등원하기</td></tr>
<tr><td rowspan="3">일상생활</td><td>수유 및 이유식</td><td colspan="6">더 먹고 싶은 음식 표현하기</td></tr>
<tr><td>낮잠</td><td colspan="6">인형 토닥이며 낮잠 자기</td></tr>
<tr><td>기저귀 갈기</td><td colspan="6">기저귀 갈고 보습로션 바르기</td></tr>
<tr><td rowspan="3">자유놀이</td><td>신체</td><td colspan="6">찰흙 위에 발자국 찍기</td></tr>
<tr><td>언어</td><td colspan="6">여기 저기(신체 명칭)</td></tr>
<tr><td>감각 · 탐색</td><td colspan="6">어느 손에 있을까?</td></tr>
<tr><td colspan="2">사회관계증진활동</td><td colspan="6">선생님과 떼굴떼굴</td></tr>
<tr><td colspan="2">실외 및 산책활동</td><td colspan="6">하얀 눈 위 걸어 보기</td></tr>
<tr><td colspan="2">이번 주 주제는 이렇게 선정하게 되었어요~</td><td colspan="6">'몸으로 말해요' 주제에서는 자신의 신체, 움직임을 탐색하고 다양한 대상과 사물의 움직임을 탐색하여 흉내 내 봄으로써 여러 대상과 사물에 관심을 가지며 놀이를 통해 주변 세계에 관심 가지기 등을 충족시키며, 나의 신체에 대해 즐거움을 느낄 수 있습니다.</td></tr>
</table>

만 0세 (12월 4주) 주간보육계획안

소주제		몸으로 말해요					
활동 \ 요일		월	화	수	목	금	토
등원 및 맞이하기		날씨에 맞는 옷차림으로 등원하기					
일상생활	수유 및 이유식	더 먹고 싶은 음식 표현하기					
	낮잠	인형 토닥이며 낮잠 자기					
	기저귀 갈기	기저귀 갈고 보습로션 바르기					
자유놀이	신체	사각블록 쌓기					
	언어	푸~ 푸~ 입술놀이					
	감각 · 탐색	머리 어깨 무릎 발					
사회관계증진활동		간지러워요					
실외 및 산책활동		하얀 눈 위 걸어 보기					
이번 주 주제는 이렇게 선정하게 되었어요~		'몸으로 말해요' 주제에서는 자신의 신체,움직임을 탐색하고 다양한 대상과 사물의 움직임을 탐색하여 흉내 내 봄으로써 여러 대상과 사물에 관심을 가지며 놀이를 통해 주변 세계에 관심 가지기 등을 충족시키며, 나의 신체에 대해 즐거움을 느낄 수 있습니다.					

활동명: 뿅뿅이 그림

활동목표: 다양한 기구로 창의적인 미술활동을 할 수 있다.

표준보육과정 영역 및 범주: 예술경험〉예술적 표현하기〉단순한 미술 경험하기(3~4수준)

어린이집 평가인증지표: 예술활동

활동자료: 뿅뿅이 막대, 물감, 종이

활동방법

1. 뿅뿅이 막대를 탐색해 본다.
   "○○아, 만져 보니 어때?"
   "뽀송뽀송하고 폭신폭신하기도 하지?"
2. 오늘의 활동 소개를 한다.
   "오늘은 이 뿅뿅이로 그림을 그려 볼 거야."
3. 교사가 시범을 보인다.
   "여러 가지 물감을 찍어서 쓱쓱 싹싹 그려 볼 거야."
   "○○도 멋진 그림을 그려 볼까?"
4. 영아가 활동을 해 본다.
   "○○가 빨간색 물감을 묻혀서 그리네."

확장 및 참고사항

* 영아가 뿅뿅이 막대를 입으로 가져가지 않도록 한다.
* 스펀지를 알맞은 크기로 잘라 막대를 끼워 사용할 수도 있다.

활동명: 인형 맘마놀이

활동목표: 교사의 행동을 보고 따라 하며 즐거움을 느낀다.

표준보육과정 영역 및 범주: 사회관계〉나와 다른 사람의 감정 알기〉다른 사람에게 주의 기울이기(1~2수준)

어린이집 평가인증지표: 역할놀이, 사회관계증진활동

활동자료: 아기 인형, 젖병

활동방법

1. 영아가 인형을 자유롭게 탐색할 수 있도록 한다.
   "○○아, 매트 위에 아기 인형이 있네."
   "(젖병을 가리키며) 이건 무엇일까?"
   "그래, 이건 젖병이야."
2. 교사는 아기 인형을 안아 우유를 먹이는 흉내를 내어 본다.
   "아기 인형이 배고프다고 하네."
   "○○아, 아기 인형에게 우유를 줄까?"
   "○○가 아기 인형에 우유를 잘 주는구나."
   "아기 인형도 우유를 잘 먹네."

확장 및 참고사항

* 인형은 영아가 좋아하고 친숙한 것으로 준비한다.
* 영아가 아직 활동하기에 어려움이 있을 경우에는 교사가 함께 역할놀이를 해 볼 수 있도록 도와준다.

활동명: 인형과 뽀뽀하기

활동목표: '뽀뽀'라는 말을 듣고 행동으로 표현한다.

표준보육과정 영역 및 범주: 의사소통〉듣기〉경험과 관련된 말 듣고 알기(1~4수준)

어린이집 평가인증지표: 언어활동, 사회관계증진활동

활동자료: 인형

활동방법

1. 영아가 인형을 탐색해 볼 수 있도록 한다.
   "여기 커다란 인형이 있네."
   "뿔이 달렸고 몸에는 검정 점박이도 있네. 음머~ 소 인형이구나."
   "몸을 눌러 보니 푹~ 하고 손이 들어가네."
2. 영아가 인형에 익숙해지면 교사가 먼저 인형에게 뽀뽀를 해 보이며 흥미를 유발한다.
   "음머~ 소 인형이 참 예쁘네."
   "선생님은 인형이 예쁘니깐 인형 볼에 뽀뽀해 줘야겠다. 뽀뽀~ 쪽!"
3. 영아가 인형에게 뽀뽀해 주면서 뽀뽀라고 말해 볼 수 있도록 유도한다.
   "○○아, 인형에게 선생님처럼 뽀뽀해 볼까?"
   "○○가 인형에게 뽀뽀해 주니 인형이 좋아하네."
   "○○도 뽀뽀라고 이야기해 볼까?"

확장 및 참고사항

* 영아가 친숙해하거나 좋아하는 인형을 제시한다.
* 영아에게 인형을 제시해 줄 경우에는 꼭 세탁하여 준다.

활동명: 찰흙 위에 발자국 찍기

활동목표: 찰흙 위에서 다양한 몸의 움직임을 시도한다.
찰흙의 질감을 발로 느껴 본다.

표준보육과정 영역 및 범주: 신체운동〉신체활동에 참여하기〉몸 움직임 즐기기(1~2수준)
자연탐구〉탐구하는 태도 기르기〉탐색 시도하기(1~4수준)

어린이집평가인증지표: 신체활동, 자연탐구활동

활동자료: 찰흙, 비닐

활동방법

1. 비닐 위에 찰흙을 놓고 탐색해 본다.
"○○아, 이건 뭘까?"
"찰흙을 손으로 만져 보자. 말랑말랑하네."
2. 영아가 찰흙 위에 발자국을 찍을 수 있도록 돕는다.
"이번엔 ○○의 발자국을 꾹~ 찍어 보자."
"우와, ○○의 발자국이 찍혔네."
3. 영아들의 발자국이 찍힌 찰흙을 서로 비교해 본다.
"○○의 발자국이 찍혀 있네."
"이번에는 △△의 발자국도 찍어 볼까?"

확장 및 참고사항

* 활동 후 발을 깨끗이 씻을 수 있도록 한다.
* 찰흙의 느낌이 익숙하지 않아 활동을 겁낼 수 있으니 도입부분에서 충분히 찰흙과 친해질 수 있도록 돕는다.
* 활동 후 발자국이 찍힌 찰흙을 건조하여 전시해 본다.

만 0세 (1월) 월간보육계획안

<table>
<tr><td colspan="2">주제</td><td colspan="4">사이좋게 놀아요</td></tr>
<tr><td colspan="2" rowspan="2">주
활동</td><td>1주</td><td>2주</td><td>3주</td><td>4주</td></tr>
<tr><td colspan="2">친구를 알아요</td><td>친구가 좋아요</td><td>친구와 함께
놀아요</td></tr>
<tr><td colspan="2">등원 및 맞이하기</td><td colspan="2">친구와 손 흔들며 인사하기</td><td colspan="2">등원하여 스스로 양말 벗기</td></tr>
<tr><td rowspan="3">일상생활</td><td>수유 및 이유식</td><td colspan="2">이유식 흘리지 않고 먹기</td><td colspan="2">스스로 숟가락을 사용해
이유식 먹기</td></tr>
<tr><td>낮잠</td><td colspan="2">친구에게 “잘 자” 표현하기</td><td colspan="2">편한 옷 입고 자기</td></tr>
<tr><td>기저귀 갈기</td><td colspan="2">내 기저귀 휴지통에 버리기</td><td colspan="2">기저귀 갈이 후 교사와 손 씻기</td></tr>
<tr><td rowspan="4">자유놀이</td><td>신체</td><td>이불 위에서
떼구르르</td><td>딸랑딸랑 걸음마
(발목에
딸랑이 하고 걷기)</td><td>칙칙폭폭
기차놀이</td><td>둥글게 둥글게</td></tr>
<tr><td>언어</td><td>친구 이름
들어 보기</td><td>만세놀이</td><td>〈그림책〉
맘마 먹자, 맘마</td><td>촉감책 보기</td></tr>
<tr><td>감각 · 탐색</td><td>냄비뚜껑
심벌즈</td><td>종이에
끼적이기</td><td>딸랑딸랑
방울장갑</td><td>털실공 굴리기</td></tr>
<tr><td>사회관계증진활동</td><td>까꿍!
친구 사진 보기</td><td>친구와 손발
대 보기</td><td>친구와 블록
놀이하기</td><td>꼭꼭 숨어라</td></tr>
<tr><td colspan="2">실외 및 산책활동</td><td colspan="2">밖에 나가 입김 불어 보기</td><td colspan="2">선생님이 끄는 자동차 타고 슝~</td></tr>
</table>

만 0세 (1월 1주) 주간보육계획안

<table>
<tr><td colspan="2">소주제</td><td colspan="6">친구를 알아요</td></tr>
<tr><td colspan="2">요일 / 활동</td><td>월</td><td>화</td><td>수</td><td>목</td><td>금</td><td>토</td></tr>
<tr><td colspan="2">등원 및 맞이하기</td><td colspan="6">친구와 손 흔들며 인사하기</td></tr>
<tr><td rowspan="3">일상생활</td><td>수유 및 이유식</td><td colspan="6">이유식 흘리지 않고 먹기</td></tr>
<tr><td>낮잠</td><td colspan="6">친구에게 “잘 자” 표현하기</td></tr>
<tr><td>기저귀 갈기</td><td colspan="6">내 기저귀 휴지통에 버리기</td></tr>
<tr><td rowspan="3">자유놀이</td><td>신체</td><td colspan="6">이불 위에서 떼구르르</td></tr>
<tr><td>언어</td><td colspan="6">친구 이름 들어 보기</td></tr>
<tr><td>감각 · 탐색</td><td colspan="6">냄비뚜껑 심벌즈</td></tr>
<tr><td colspan="2">사회관계증진활동</td><td colspan="6">까꿍! 친구 사진 보기</td></tr>
<tr><td colspan="2">실외 및 산책활동</td><td colspan="6">밖에 나가 입김 불어 보기</td></tr>
<tr><td colspan="2">이번 주 주제는 이렇게 선정하게 되었어요~</td><td colspan="6">‘친구를 알아요’ 에서는 친구와 관련된 활동들로 전개하였습니다. 내가 아닌 다른 타인에게 관심을 가지고 친구에 대해 긍정적인 경험이 생길 수 있도록 하기 위해 이 주제로 선정하게 되었습니다.</td></tr>
</table>

만 0세 (1월 2주) 주간보육계획안

소주제		친구를 알아요					
활동 \ 요일		월	화	수	목	금	토
등원 및 맞이하기		친구와 손 흔들며 인사하기					
일상생활	수유 및 이유식	이유식 흘리지 않고 먹기					
	낮잠	친구에게 "잘 자" 표현하기					
	기저귀 갈기	내 기저귀 휴지통에 버리기					
자유놀이	신체	딸랑딸랑 걸음마(발목에 딸랑이 하고 걷기)					
	언어	만세놀이					
	감각 · 탐색	종이에 끼적이기					
사회관계증진활동		친구와 손발 대 보기					
실외 및 산책활동		밖에 나가 입김 불어 보기					
이번 주 주제는 이렇게 선정하게 되었어요~		'친구를 알아요' 에서는 친구와 관련된 활동들로 전개하였습니다. 내가 아닌 다른 타인에게 관심을 가지고 친구에 대해 긍정적인 경험이 생길 수 있도록 하기 위해 이 주제로 선정하게 되었습니다.					

만 0세 (1월 3주) 주간보육계획안

<table>
<tr><td colspan="2">소주제</td><td colspan="6">친구가 좋아요</td></tr>
<tr><td colspan="2">요일 / 활동</td><td>월</td><td>화</td><td>수</td><td>목</td><td>금</td><td>토</td></tr>
<tr><td colspan="2">등원 및 맞이하기</td><td colspan="6">등원하여 스스로 양말 벗기</td></tr>
<tr><td rowspan="3">일상생활</td><td>수유 및 이유식</td><td colspan="6">스스로 숟가락을 사용해 이유식 먹기</td></tr>
<tr><td>낮잠</td><td colspan="6">편한 옷 입고 자기</td></tr>
<tr><td>기저귀 갈기</td><td colspan="6">기저귀 갈이 후 교사와 손 씻기</td></tr>
<tr><td rowspan="3">자유놀이</td><td>신체</td><td colspan="6">칙칙폭폭 기차놀이</td></tr>
<tr><td>언어</td><td colspan="6">〈그림책〉 맘마 먹자, 맘마</td></tr>
<tr><td>감각 · 탐색</td><td colspan="6">딸랑딸랑 방울장갑</td></tr>
<tr><td colspan="2">사회관계증진활동</td><td colspan="6">친구와 블록 놀이하기</td></tr>
<tr><td colspan="2">실외 및 산책활동</td><td colspan="6">선생님이 끄는 자동차 타고 슝~</td></tr>
<tr><td colspan="2">이번 주 주제는 이렇게 선정하게 되었어요~</td><td colspan="6">'친구가 좋아요' 에서는 친구와 함께할 수 있는 활동들로 전개하였습니다. 친구에게 관심을 가지고 나아가 친근한 사람에게 애정을 표현하는 단계이므로 친구와 놀이하여 사회적 관계를 형성할 수 있도록 이 주제를 선정하게 되었습니다.</td></tr>
</table>

만 0세 (1월 4주) 주간보육계획안

소주제		친구와 함께 놀아요					
요일 / 활동		월	화	수	목	금	토
등원 및 맞이하기		등원하여 스스로 양말 벗기					
일상생활	수유 및 이유식	스스로 숟가락을 사용해 이유식 먹기					
	낮잠	편한 옷 입고 자기					
	기저귀 갈기	기저귀 갈이 후 교사와 손 씻기					
자유놀이	신체	둥글게 둥글게					
	언어	촉감책 보기					
	감각 · 탐색	털실공 굴리기					
사회관계증진활동		꼭꼭 숨어라					
실외 및 산책활동		선생님이 끄는 자동차 타고 슝~					
이번 주 주제는 이렇게 선정하게 되었어요~		'친구와 함께 놀아요' 에서는 친구와 함께할 수 있는 활동들을 계획하였습니다. 친구에게 관심을 가지고 나아가 친근한 사람에게 애정을 표현하는 단계이므로 친구와 놀이하며 사회적 관계를 형성하여 긍정적인 사회성 발달을 기대할 수 있습니다.					

활동명: 종이에 끼적이기

활동목표: 끼적이기를 하며 즐거움을 느낀다.
끼적이기에 관심을 가진다.

표준보육과정 영역 및 범주: 예술경험〉예술적 표현〉단순한 미술경험 시도하기(2~4수준)
의사소통〉쓰기〉끼적이기(2~4수준)

어린이집 평가인증지표: 예술활동, 언어활동

활동자료: 영아용 크레파스

활동방법

1. 손에 묻지 않는 크레파스를 제시하여 주고 탐색해 보게 한다.
   "이건 뭘까? 이건 그림을 그릴 수 있는 크레파스야."
   "한번 만져 볼까?"
2. 바닥에 전지를 깔아 놓고 영아가 따라 해 볼 수 있도록 큰 동작으로 끼적거리기를 해 본다.
   "여기 커다란 종이가 있네. 종이에 무엇을 그려 볼까?"
   "선생님이 크레파스로 쭉~"
   "이번엔 동글동글 동그라미~"
3. 영아가 종이에 마음껏 끼적여 볼 수 있도록 하고 영아가 그린 것에 적절히 반응해 준다.
   "○○가 끼적이는구나."
   "다시 한 번 그려 볼까?"

확장 및 참고사항

* 영아가 크레파스를 입에 넣지 않도록 주의한다.
* 다양한 질감의 종이에 끼적이기를 해 보는 활동으로 확장한다.

활동명: 까꿍! 친구 사진 보기

활동목표: 나와 다른 내 친구에 관심을 갖는다.
까꿍놀이를 통해 대상영속성을 발달시킨다.

표준보육과정 영역 및 범주: 사회관계〉더불어 생활하기〉또래에 관심 갖기(1~4수준)
자연탐구〉탐구하는 태도 기르기〉탐색 시도하기(2~4수준)

어린이집 평가인증지표: 사회관계증진활동, 자연탐구활동

활동자료: 영아들 사진이 있는 까꿍놀이판

활동방법

1. 영아가 까꿍놀이판을 탐색해 볼 수 있도록 한다.
   "여기에 열어 볼 수 있는 덮개가 있네."
   "여기를 열면 어떤 것이 있을까?"
2. 덮개를 열어 친구의 얼굴 사진을 보고 까꿍놀이를 해 본다.
   "여기에는 뭐가 있을까?"
   "까꿍! 예쁜 ○○의 얼굴이 숨어 있네."
   "△△가 열어 볼까? 이번엔 누가 숨어 있을까?"
   "까꿍! 멋진 □□가 있었네. 와~ 친구들 얼굴이 숨어 있었구나."
3. 영아가 반복적으로 까꿍놀이를 해 보도록 격려한다.

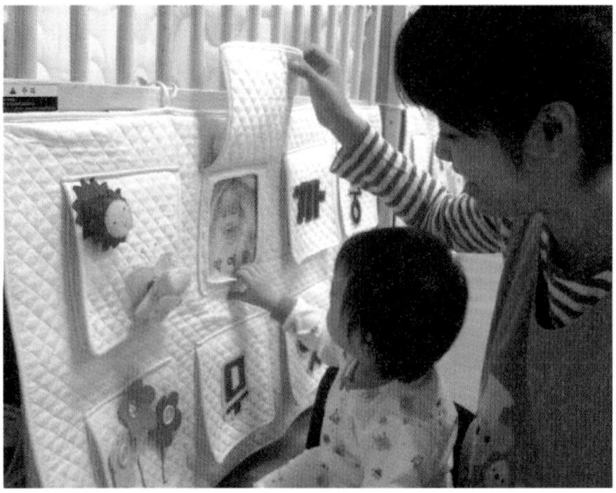

확장 및 참고사항

* 영아가 스스로 까꿍판을 열어 볼 수 있도록 영아의 눈높이에 맞게 까꿍놀이판을 달아 준다.

활동명: 딸랑딸랑 걸음마

활동목표: 걸음마를 할 때 딸랑이에서 나는 소리를 듣고 움직임에 대해 흥미를 느낀다.

표준보육과정 영역 및 범주: 신체운동〉신체조절과 기본운동하기〉기본운동하기(2수준)
자연탐구〉탐구하는 태도 기르기〉탐색 시도하기(2~4수준)

어린이집 평가인증지표: 신체활동, 자연탐구활동

활동자료: 발목에 달 수 있는 딸랑이

활동방법

1. 딸랑이를 제시하여 영아가 탐색할 수 있도록 한다.
   "○○아, 선생님이 여러 가지 동물 모양의 딸랑이를 가져왔어."
   "돼지 꿀꿀이와 곰돌이 모양의 딸랑이네."
   "손으로 흔들어 볼까?"
   "딸랑딸랑 소리가 나네."
2. 교사의 도움을 받아 영아가 딸랑이를 다리에 달고 걸음마를 해 본다.
   "○○의 다리에 딸랑이가 달렸네."
   "그럼 선생님하고 걸어 볼까?"
   "○○가 걸으니 딸랑딸랑 소리가 나는구나."

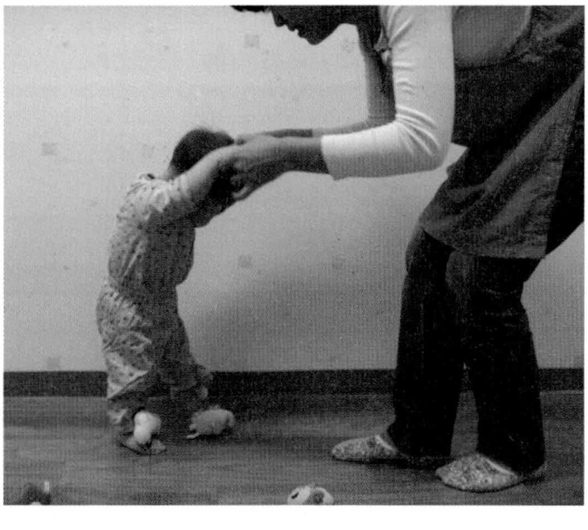

확장 및 참고사항

* 걸음마가 미숙한 영아일 경우 딸랑이에 걸려 넘어질 수 있으므로 교사의 세심한 관찰이 필요하다.
* 음악에 맞추어 딸랑이를 흔들어 본다.

활동명: 〈그림책〉 맘마 먹자, 맘마

활동목표: 그림책에 흥미를 갖고 본다.

표준보육과정 영역 및 범주: 의사소통〉읽기〉그림책과 환경 인쇄물에 관심 가지기(1~4수준)

어린이집 평가인증지표: 언어활동

활동자료: 〈그림책〉 맘마 먹자, 맘마

활동방법

1. 교사는 영아를 무릎 위에 앉힌다.
   "선생님이 『맘마 먹자, 맘마』라는 책을 읽어 줄게."
2. 『맘마 먹자, 맘마』 책을 리듬감 있게 읽어 준다.
   "우리 아기 맘마 먹자, 맘마. 입으로 쏙~"
3. 동화를 읽으며 교사는 맘마 먹는 행동을 모델링해 주며 영아가 따라 해 볼 수 있도록 한다.
   "맛있겠다. ○○ 입에 쏘옥~"
   "○○가 선생님에게도 줄래?"
   "냠냠, 아~ 맛있다."

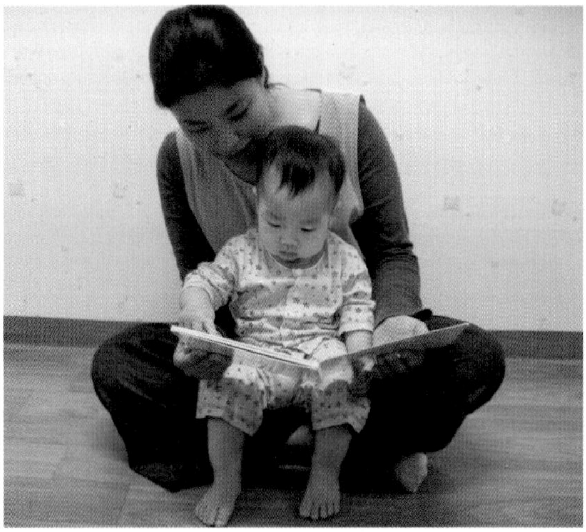

확장 및 참고사항

*동화를 읽어 줄 때 다양한 음색으로 읽어 주어 흥미를 유발할 수 있도록 한다.

*동화를 녹음하여 들려주어 영아와 함께 동화 내용에 맞는 활동을 해 볼 수 있도록 한다.

만 0세 (2월) 월간보육계획안

주제		나도 할 수 있어요(자조기술)			
활동 \ 주		1주	2주	3주	4주
		혼자 먹을 수 있어요		나도 걸을 수 있어요	내 것을 찾아요
등원 및 맞이하기		선생님과 개인 사물함에 소지품 정리해 보기		선생님과 손잡고 교실에 들어가기	
일상생활	수유 및 이유식	컵 사용하기		포크를 이용해 간식 먹기	
	낮잠	내 베개 찾아보기		포근한 매트 위에 누워 보기	
	기저귀 갈기	"쉬" "응가" 표현에 교사가 반응하기		변기와 친해지기 (변기에 앉아 보기)	
자유놀이	신체	혼자서 양치질하기	줄 밑으로 기어가요	발자국 따라 걷기	이만큼 자랐어요
	언어	〈그림책〉 응가하자, 끙끙	소리 내어 웃어요	〈그림책〉 사랑해 사랑해 사랑해	내 거예요
	감각 · 탐색	케첩 그림	리본 막대 흔들기	움직이는 불빛	손바닥 찍기
사회관계증진활동		선생님과 양말 벗기	숟가락으로 냠냠 (소꿉놀이)	비닐 커튼 (아세테이트지 사이에 두고 놀기)	형님반에 가 보기
실외 및 산책활동		신발 신고 바깥 나들이 나가기		동네에서 만난 어른들께 인사하기	

만 0세 (2월 1주) 주간보육계획안

<table>
<tr><td colspan="2">소주제</td><td colspan="6">혼자 먹을 수 있어요</td></tr>
<tr><td colspan="2">요일 / 활동</td><td>월</td><td>화</td><td>수</td><td>목</td><td>금</td><td>토</td></tr>
<tr><td colspan="2">등원 및 맞이하기</td><td colspan="6">선생님과 개인 사물함에 소지품 정리해 보기</td></tr>
<tr><td rowspan="3">일상생활</td><td>수유 및 이유식</td><td colspan="6">컵 사용하기</td></tr>
<tr><td>낮잠</td><td colspan="6">내 베개 찾아보기</td></tr>
<tr><td>기저귀 갈기</td><td colspan="6">“쉬” “응가” 표현에 교사가 반응하기</td></tr>
<tr><td rowspan="3">자유놀이</td><td>신체</td><td colspan="6">혼자서 양치질하기</td></tr>
<tr><td>언어</td><td colspan="6">〈그림책〉 응가하자, 끙끙</td></tr>
<tr><td>감각 · 탐색</td><td colspan="6">케첩 그림</td></tr>
<tr><td colspan="2">사회관계증진활동</td><td colspan="6">선생님과 양말 벗기</td></tr>
<tr><td colspan="2">실외 및 산책활동</td><td colspan="6">신발 신고 바깥 나들이 나가기</td></tr>
<tr><td colspan="2">이번 주 주제는 이렇게 선정하게 되었어요~</td><td colspan="6">‘혼자 먹을 수 있어요’ 주제는 영아들이 점차 스스로 해 볼 수 있는 것들이 다양해지면서, 그것들을 스스로 시도해 보며 만족감을 경험할 뿐 아니라 자신에 대한 긍정적 자아를 형성할 수 있도록 하기 위하여 선정하였습니다.</td></tr>
</table>

만 0세 (2월 2주) 주간보육계획안

<table>
<tr><td colspan="2">소주제</td><td colspan="6">혼자 먹을 수 있어요</td></tr>
<tr><td colspan="2">요일 / 활동</td><td>월</td><td>화</td><td>수</td><td>목</td><td>금</td><td>토</td></tr>
<tr><td colspan="2">등원 및 맞이하기</td><td colspan="6">선생님과 개인 사물함에 소지품 정리해 보기</td></tr>
<tr><td rowspan="3">일상생활</td><td>수유 및 이유식</td><td colspan="6">컵 사용하기</td></tr>
<tr><td>낮잠</td><td colspan="6">내 베개 찾아보기</td></tr>
<tr><td>기저귀 갈기</td><td colspan="6">“쉬” “응가” 표현에 교사가 반응하기</td></tr>
<tr><td rowspan="3">자유놀이</td><td>신체</td><td colspan="6">줄 밑으로 기어가요</td></tr>
<tr><td>언어</td><td colspan="6">소리 내어 웃어요</td></tr>
<tr><td>감각 · 탐색</td><td colspan="6">리본 막대 흔들기</td></tr>
<tr><td colspan="2">사회관계증진활동</td><td colspan="6">숟가락으로 냠냠(소꿉놀이)</td></tr>
<tr><td colspan="2">실외 및 산책활동</td><td colspan="6">신발 신고 바깥 나들이 나가기</td></tr>
<tr><td colspan="2">이번 주 주제는 이렇게 선정하게 되었어요~</td><td colspan="6">‘혼자 먹을 수 있어요’ 주제는 영아들이 점차 스스로 해 볼 수 있는 것들이 다양해지면서, 그것들을 스스로 시도해 보며 만족감을 경험할 뿐 아니라 자신에 대한 긍정적 자아를 형성할 수 있도록 하기 위하여 선정하였습니다.</td></tr>
</table>

만 0세 (2월 3주) 주간보육계획안

소주제		나도 걸을 수 있어요					
요일 / 활동		월	화	수	목	금	토
등원 및 맞이하기		선생님과 손잡고 교실에 들어가기					
일상생활	수유 및 이유식	포크를 이용해 간식 먹기					
	낮잠	포근한 매트 위에 누워 보기					
	기저귀 갈기	변기와 친해지기(변기에 앉아 보기)					
자유놀이	신체	발자국 따라 걷기					
	언어	〈그림책〉 사랑해 사랑해 사랑해					
	감각 · 탐색	움직이는 불빛					
사회관계증진활동		비닐 커튼(아세테이트지 사이에 두고 놀기)					
실외 및 산책활동		동네에서 만난 어른들께 인사하기					
이번 주 주제는 이렇게 선정하게 되었어요~		영아들이 점차 성장함에 따라 영아 스스로 많은 것을 시도해 볼 수 있도록 적절한 환경과 활동들을 제공해야 합니다. 영아가 경험을 바탕으로 새로운 말이나 단어를 습득할 수 있도록 그림책 또는 손인형 등을 다양하게 제시해 주고, 소근육을 이용하는 놀잇감을 제시해 주는 것이 좋습니다. 이런 놀잇감이나 활동들을 해 나가며 스스로 만족감을 느끼고 자율성과 독립심을 키워 나가도록 합니다.					

만 0세 (2월 4주) 주간보육계획안

<table>
<tr><td colspan="2">소주제</td><td colspan="6">내 것을 찾아요</td></tr>
<tr><td colspan="2">요일 / 활동</td><td>월</td><td>화</td><td>수</td><td>목</td><td>금</td><td>토</td></tr>
<tr><td colspan="2">등원 및 맞이하기</td><td colspan="6">선생님과 손잡고 교실에 들어가기</td></tr>
<tr><td rowspan="3">일상생활</td><td>수유 및 이유식</td><td colspan="6">포크를 이용해 간식 먹기</td></tr>
<tr><td>낮잠</td><td colspan="6">포근한 매트 위에 누워 보기</td></tr>
<tr><td>기저귀 갈기</td><td colspan="6">변기와 친해지기(변기에 앉아 보기)</td></tr>
<tr><td rowspan="3">자유놀이</td><td>신체</td><td colspan="6">이만큼 자랐어요</td></tr>
<tr><td>언어</td><td colspan="6">내 거예요</td></tr>
<tr><td>감각 · 탐색</td><td colspan="6">손바닥 찍기</td></tr>
<tr><td colspan="2">사회관계증진활동</td><td colspan="6">형님반에 가 보기</td></tr>
<tr><td colspan="2">실외 및 산책활동</td><td colspan="6">동네에서 만난 어른들께 인사하기</td></tr>
<tr><td colspan="2">이번 주 주제는 이렇게 선정하게 되었어요~</td><td colspan="6">영아들이 점차 성장함에 따라 영아 스스로 많은 것을 시도해 볼 수 있도록 적절한 환경과 활동들을 제공해야 합니다. 영아가 경험을 바탕으로 새로운 말이나 단어를 습득할 수 있도록 그림책 또는 손인형 등을 다양하게 제시해 주고, 소근육을 이용하는 놀잇감을 제시해 주는 것이 좋습니다. 이런 놀잇감이나 활동들을 해 나가며 스스로 만족감을 느끼고 자율성과 독립심을 키워 나가도록 합니다. 영아 자신의 소유물에 대해 알고 찾아보는 활동을 하며 인지발달을 도모할 수 있습니다.</td></tr>
</table>

활동명: 선생님과 양말 벗기

활동목표: 교사를 모방하여 스스로 양말을 벗어 볼 수 있다.
손과 눈의 협응력과 소근육을 기른다.

표준보육과정 영역 및 범주: 사회관계〉나와 다른 사람의 감정 알기〉나와 다른 사람에게 주의 기울이기(1~2수준)
신체운동〉신체조절과 기본운동하기〉소근육 조절하기(2~4수준)

어린이집 평가인증지표: 사회관계증진활동, 신체활동

활동자료: 양말

활동방법

1. 교사의 발에 있는 양말을 보여 주며, 영아와 상호작용을 한다.
   "어? 선생님 발에 있는 게 뭐지?"
   "양말이야~ 양말은 우리 발을 따뜻하게 해 준대."
2. 양말을 영아의 발에 신겨 주고, 양말을 탐색해 보도록 한다.
   "○○의 발에 양말이 쏘옥~"
   "○○아, 양말을 신어 보니 어때?"
3. 양말을 벗는 모습을 교사가 모델링한 후 영아가 따라 해 볼 수 있도록 한다.
   "선생님 양말을 벗어 볼게."
   "양말을 잡아당기니 벗겨졌네."
   "○○도 양말을 벗어 볼까?"
   "(교사가 영아의 뒤에 앉아) 양말을 쭉~ 잡아당겨 보니 양말이 쏙~ 하고 벗겨졌네."
   "○○가 다시 한 번 해 볼까?"

확장 및 참고사항

* 양말은 신축성이 있는 것으로 준비한다.
* 영아가 쉽게 양말을 벗을 수 있도록, 양말의 뒤축을 반쯤 벗겨 주어 활동한다.
* 등원 후 영아가 양말을 스스로 벗을 수 있도록 한다.

활동명: 손바닥 찍기

활동목표: 손에 물감을 묻혀 촉감을 느끼며 찍어 본다.
종이에 찍힌 손바닥을 탐색해 본다.

표준보육과정 영역 및 범주: 예술경험〉예술적 표현〉단순한 미술 경험 시도하기(2~4수준)
자연탐구〉과학적 탐구〉주변의 사물 지각하기(2~3수준)

어린이집 평가인증지표: 예술활동, 자연탐구활동

활동자료: 도화지, 물감, 미술용 앞치마, 수건

활동방법

1. 영아는 미술활동을 위해 간편한 옷차림 또는 앞치마를 입고 활동한다.
   "○○아, 이건 물감이야. 오늘은 물감놀이를 할 거야."
   "물감이 우리 ○○의 옷에 묻지 않게 앞치마를 입자."
2. 활동에 쓰이는 물감을 탐색한다.
   "선생님이 접시에 물감을 짜 놓았어." "어떤 색이 있는지 볼까?"
   "노란색 물감도 있고, 초록색 물감도 있네." "○○가 손으로 물감을 만져 볼까?"
   "손이 노란색으로 변했네."
3. 영아가 손으로 물감을 탐색한 후 손바닥에 묻은 물감을 도화지에 찍어 본다.
   "손바닥에 묻은 물감을 도화지에 찍어 볼까?"
   "(영아가 손바닥을 도화지에 찍는 것을 도우며)
   우리 ○○의 손바닥이 콕~ 찍혔네."
   "○○의 손바닥은 이렇게 생겼구나.
   이번에는 다른 물감을 묻혀서 찍어 볼까?"

확장 및 참고사항

* 영아가 새로운 사물에 거부감을 보일 수 있으므로 물감을 충분히 탐색할 시간을 갖는다. 영아가 물감에 거부감을 느끼면 활동을 강요하지 않고, 교사의 손바닥을 찍어 영아가 관찰해 볼 수 있도록 한다.
* 활동이 끝난 후 활동의 결과물을 교실 벽면에 전시하여 영아들이 자신의 손바닥을 찾아볼 수 있도록 한다.

활동명: 〈그림책〉 응가하자, 끙끙

활동목표: 그림책에 흥미를 가진다.

표준보육과정 영역 및 범주: 의사소통〉읽기〉그림책과 환경 인쇄물에 관심 가지기(1~4수준)

어린이집 평가인증지표: 언어활동, 기본생활 관련 활동

활동자료: 〈그림책〉 응가하자, 끙끙

활동방법

1. 교사는 영아를 무릎에 앉히고 책을 읽어 준다.
   "선생님하고 재미있는 책을 볼까?"
2. '응가하자, 끙끙' 책을 리듬감 있게 읽어 준다.
   "응가하자. 끙끙, 끙끙, 끄응끙. 이야, 나왔다. 야호!"
3. '응가하자. 끙끙'을 읽은 후 교사가 응가하는 모습을 흉내 내어 모델링해 준 후 영아가 따라 해 볼 수 있도록 격려한다.
   "선생님처럼 응가하자. ○○도 응가해 볼까? 끙끙~"
   "우리 ○○도 잘하네."

확장 및 참고사항

* 영아가 배변훈련에 관심을 보이고 신체발달이 충분히 이루어지면 영아의 흥미를 이끄는 활동으로 그림책을 제시할 수 있다.
* 영아가 배변활동이 즐겁고 건강한 일임을 알 수 있도록 돕는다.

활동명: 줄 밑으로 기어가요

활동목표: 줄을 이용하여 즐거운 신체활동을 할 수 있다.

표준보육과정 영역 및 범주: 신체운동〉신체활동에 참여하기〉몸 움직임 즐기기(1~2수준)

어린이집 평가인증지표: 신체활동

활동자료: 줄

활동방법

1. 줄을 제시하여 탐색하며 활동을 소개한다.
   "○○아, 이것은 무엇일까?"
   "쭉쭉 잡아 보자."
   "이 줄로 선생님과 어떤 활동을 할까?"
2. 줄을 양쪽에 매달고 교사가 시범을 보인다.
   "선생님이 이 줄 밑으로 엉금엉금 기어갈게."
   "엉금엉금~"
3. 영아도 함께 활동에 참여할 수 있도록 한다.
   "○○도 선생님처럼 엉금엉금 기어가 볼까?"
   "영차영차."

확장 및 참고사항

* 영아가 줄에 걸리지 않도록 주의한다.
* 다양한 색과 굵기의 줄을 준비한다.

활동편

만 1세아를 위한 활동

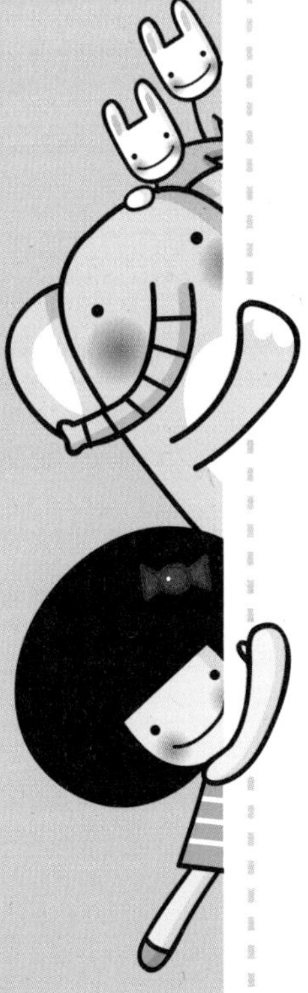

만 1세아를 위한 활동

만 1세 연간보육계획안

월	대주제	소주제	월	대주제	소주제
3월	행복한 어린이집	어린이집에 왔어요	9월	사랑하는 우리 가족	엄마, 아빠가 좋아요
		엄마와 기분좋게 헤어져요			우리 가족이에요
		선생님 품은 따뜻해요			엄마, 아빠 사랑해요
		우리 반이 좋아요			엄마처럼, 아빠처럼
4월	놀잇감이 많아요	어떤 놀잇감이 있을까요?	10월	여기저기 둘러보아요	산책을 나가요
		놀잇감은 어디에 있을까요?			알록달록 나뭇잎
		놀잇감을 제자리에 놓아요			주렁주렁 열렸어요
		놀잇감을 바르게 사용해요			자연 놀이터
5월	나는 예뻐요 /배변훈련	예쁜 내 얼굴	11월	뛰뛰빵빵 자동차 /그림책	바퀴가 굴러가요
		내 몸을 살펴보아요			자동차가 있어요
		내 몸을 재미있게 움직여요			재미있는 그림책
		쉬, 응가를 하고 싶어요			그림책을 따라 해 봐요
6월	움직이는 동물들	동물이 있어요	12월	추워요 /배변	추워졌어요
		동물과 친해져요			옷을 따뜻하게 입어요
		동물 소리를 들어 보아요			눈이 와요
		동물처럼 움직여 봐요			혼자 할 수 있어요
7월	신나는 여름	날씨가 더워요	1월	친구야 놀자	친구가 있어요
		신나는 물놀이			친구와 함께해요
		시원한 음식이 있어요			친구와 나누어요
		깨끗하게 씻어요			사이좋게 놀아요
8월	궁금해요 (오감각)	맛이 있어요	2월	이만큼 자랐어요	쑥쑥 자랐어요
		소리가 들려요			혼자 할 수 있어요
		냄새가 나요/눈으로 보아요			도울 수 있어요
		만져 보아요			선생님 고맙습니다

만 1세 (3월) 월간보육계획안

주 제: 행복한 어린이집

다룰 내용: 새로운 반의 선생님과 친구들 및 새로운 놀이실을 경험해 보고 친숙함을 갖는다.
어린이집 실내외 환경을 둘러보고 다양한 환경에서의 놀이를 통해 즐거움을 갖는다.

활동 \ 주		1주	2주	3주	4주
		어린이집에 왔어요	엄마와 기분 좋게 헤어져요	선생님 품은 따뜻해요	우리 반이 좋아요
등원 및 맞이하기		• 선생님께 인사해요		• 엄마와 인사하고 교실에 들어와요	
일상생활 (기본생활)	간식 및 점심	• 선생님과 함께 손을 씻어요		• 식사시간에 돌아다니지 않아요	
	낮잠 및 휴식	• 낮잠을 잘 수 있어요		• 내 자리에 누워요	
	배변훈련	• 배변영역의 기저귀 갈이 매트가 있어요		• 내 기저귀를 선생님께 드려요	
	기본생활습관	• 인사를 잘해요		• 친구와 사이좋게 지내요	
자유놀이	신체	• 교실 문 열고 닫아 보기 • 악어떼 놀이	• 선생님과 손잡고 다녀요 • 터널 지나기	• 벽돌블록 밟고 올라서기 • 발자국 모양 따라 걷기	• 줄 따라 걷기 • 공을 굴려 보아요
	쌓기 · 역할	• 친구야, 반가워 • 엄마와 함께 블록 놀이해요	• 아기 인형 재우기 • 엄마가 되어 우유 먹이기	• 내 키만큼 쌓아요 • 선생님 안아 주세요	• 무엇이 더 높을까? • 장난감 쏟고 담기
	언어	• 우리 반에는 무엇이 있을까요? • 내 이름은 ○○이에요	• 엄마 다녀오세요 • 자기 이름에 반응하기	• 선생님과 그림책 보기 • '선생님' 하고 불러 보아요	• 하루일과 사진 보기 • 친구 이름을 불러 보아요
	창의적 표현	• 선생님과 잼잼, 곤지곤지, 짝짜꿍 해보아요 • 음악에 맞춰 스카프 흔들기	• 큰 종이에 끄적거려요 • 거울 보고 표정 짓기	• 퍼펫 인형으로 인사해요 • 선생님과 손을 잡고 춤을 춰요	• 친구들과 음악에 맞춰 몸을 흔들어 보아요 • 따따따 어린음악대
	감각 · 탐색	• 교실 둘러보기 • 놀잇감을 탐색해요	• 얼굴 보고 서랍장 찾기 • 밀가루 반죽을 느껴 보아요	• 선생님과 끼우기 블록 맞춰 보기 • 종이를 구겨 보아요	• 내 옷을 찾아보아요 • 종이를 찢어 보아요
실외 및 산책		• 내 신발을 찾을 수 있어요 • 혼자서 걸을 수 있어요		• 선생님과 함께 다녀요 • 산책길에는 무엇이 있나요?	
전이활동		• 언어리듬-안녕하세요, 자기소개 • 게임-솜 공 불어 보기, 유니바 점프 • 이야기 나누기-손을 씻기 위해서는? • 선생님이 들려주시는 재미있는 그림책 이야기			

활동명: 음악에 맞춰 스카프 흔들기

활동목표: 즐거운 음악에 맞춰 스카프를 흔들어 본다.
스카프를 흔들며 다양한 동작으로 표현해 본다.

표준보육과정 영역 및 범주: 예술경험〉예술적 표현하기〉움직임으로 반응하기(3~4수준)

어린이집 평가인증지표: 예술활동

활동자료: 카세트, 동요 CD, 스카프

활동방법

1. 영아에게 스카프를 제시하고 탐색하는 시간을 갖는다.
   "이것이 무엇일까? 이것은 스카프라고 한단다."
   "만져 보니까 느낌이 어때? ○○는 부드럽다고 하네."
   "이 스카프를 가지고 무엇을 해 볼까?"
   "선생님처럼 음악에 맞춰 스카프를 흔들어 볼까?"
2. 스카프를 가지고 음악에 맞춰 흔들어 본다.
   "○○가 팔을 흔드니까 스카프도 흔들리네!"
   "음악에 맞춰 스카프를 흔드니까 나비가 날아가는 것 같다."
3. 다양한 동작으로 표현해 본다.
   "선생님 스카프는 위에서 아래로 떨어지네."
   "스카프 날개를 만들어서 나비처럼 날아가 볼까?"

확장 및 참고사항

* 영아들이 친구의 스카프 흔드는 모습을 따라 해 본다.
* 활동 시 바닥에 떨어진 스카프에 영아들이 미끄러지지 않게 유의한다.

활동명: 우리 반에는 무엇이 있을까요?

활동목표: 우리 반에 대해 관심을 갖는다.
우리 반에 있는 다양한 놀잇감과 환경 구성물이 어떤 것이 있는지 살펴보고 언어로 표현해 본다.

표준보육과정 영역 및 범주: 의사소통〉듣기〉경험과 관련된 말 듣고 알기(1~4수준)
자연탐구〉수학적 탐구하기〉주변 공간 탐색하기(2~4수준)

어린이집 평가인증지표: 언어활동

활동자료: 교실의 다양한 놀잇감

활동방법

1. 선생님과 영아가 보육실을 둘러본다.
   "○○ 반에는 무엇이 있을까?"
2. 보육실의 놀잇감과 환경 구성에 대해 이야기해 본다.
   "이건 무엇일까? 컵이 있네."
   "○○가 좋아하는 자동차가 여기 있네!"
   "벽에는 무엇이 있을까? 시계도 있고 선풍기도 있구나."
3. 영아가 모르는 놀잇감의 이름과 환경 구성물을 알려 준다.
   "이건 종이벽돌 블록이라고 한단다."
   "선생님이 사용하는 컴퓨터란다."
4. 영아가 흥미를 보이는 놀잇감으로 놀이를 해 본다.
   "○○야, 종이 블록으로 무엇을 만들면 좋을까?"
   "와! ○○ 키만큼 쌓았구나!"

확장 및 참고사항

* 영아가 사물의 이름을 맞춰 이야기했을 때 칭찬해 주고, 말하지 못할 경우 격려하고 반복해서 이름을 알려 준다.

활동명: 터널 지나기

활동목표: 즐거운 음악에 맞춰 스카프를 흔들어 본다.

표준보육과정 영역 및 범주: 신체운동〉신체활동에 참여하기〉몸 움직임 즐기기(3~4수준)

어린이집 평가인증지표: 신체활동

활동자료: 헝겊 터널

활동방법

1. 영아에게 터널 사진 자료를 보여 주며 이야기를 나눈다.
   "이 사진에 있는 것이 무엇일까?"
   "이건 터널이라고 한단다."
   "터널 속으로 차도 지나가고 사람도 지나다닐 수 있어."
2. 헝겊 터널을 탐색해 본다.
   "여기 헝겊으로 만든 터널이 있네!"
   "터널 속은 어떠니? 기어서 들어갈 수도 있네."
3. 터널을 지나가 본다.
   "선생님은 터널 속으로 들어간다! 안녕~"
   "좁은 곳을 지나가니 저쪽에 친구들이 보이네."

확장 및 참고사항

* 영아들이 한 방향으로 터널을 지날 수 있게 이야기해 준다.
* 〈악어떼〉 노래를 불러 주어 활동을 더욱 흥미롭게 진행한다.

활동명: 아기 인형 재우기

활동목표: 아기 인형을 재워 보는 경험을 해 본다.

표준보육과정 영역 및 범주: 사회관계〉나와 다른 사람의 감정 알기〉다른 사람에게 주의 기울이기(2~3수준)

어린이집 평가인증지표: 역할놀이

활동자료: 아기 인형

활동방법

1. 아기 인형에 흥미를 보이는 영아와 탐색한다.
   "여기 아기 인형이 있네!"
   "아가야, 안녕?"
2. 아기 인형을 재워 본다.
   "아기 인형이 하품을 하네. 졸린가 보구나."
   "○○가 코~ 재워 볼까?"
   "자장자장~ 이불도 덮어 주자."
   "토닥여 주면 잠을 잘 잘 것 같아."
3. 영아가 다른 놀이에 흥미를 가지면 아기 인형을 정리한다.
   "아기 인형도 인형집에 가서 '코 자'라고 하자."
   "아기 인형 안녕! 다음에 또 만나."

확장 및 참고사항

*포대기와 우유병을 역할영역에 배치하여 활동이 확장될 수 있게 한다.

활동명: 퍼핏 인형으로 인사해요

활동목표: 퍼핏 인형으로 인사를 해 봄으로써 바르게 인사하는 법을 익힌다.

표준보육과정 영역 및 범주: 사회관계〉나와 다른 사람의 감정 알기〉다른 사람에게 주의 기울이기(1~2수준)

어린이집 평가인증지표: 사회관계증진활동, 친사회적 활동

활동자료: 퍼핏 인형

활동방법

1. 영아들과 퍼핏 인형을 탐색한다.
   "○○야, 예쁜 인형이 있네."
   "손이 쑤욱 들어가네."
   "만져 보니까 느낌이 어때?"
   "보들보들하고 색깔도 예쁘구나."
2. 〈안녕〉 노래를 불러 본 후 퍼핏 인형으로 인사해 본다.
   "○○야, 선생님과 인사해 볼까?"
   "친구들 안녕."
   "그래, 이번에는 인형이 인사를 하고 싶어 하네!"
   "○○가 예쁜 인형으로 친구들에게 인사해 보자."

확장 및 참고사항

*퍼핏 인형을 가지고 영아들이 인사하는 활동이 활발해지면 선생님과 어른들께 인사하는 법을 가르친다.

활동명: 발자국 모양 따라 걷기

활동목표: 발 모양에 맞추어 걸어 본다.

표준보육과정 영역 및 범주: 신체운동〉신체조절과 기본운동하기〉기본운동하기(3~4수준)

어린이집 평가인증지표: 신체활동

활동자료: 발 모양 색 시트지

활동방법

1. 교사가 미리 붙여 놓은 발자국 모양을 보며 영아와 탐색을 한다.
   "바닥에 붙어 있는 모양이 무엇을 닮았지?"
   "그래, 꼭 발 모양 같구나."
2. 교사가 발자국 모양을 따라 걷는 것을 보여 준다.
   "선생님은 발자국을 밟고 걸어가고 있어."
3. 영아가 발자국 모양을 따라 걸어 볼 수 있도록 도와준다.
   "○○도 발자국을 따라 걸어 볼까?"
   "○○ 발이 발자국 모양에 쏙 들어갔네!"
   "○○ 끝까지 잘 걸었구나!"

확장 및 참고사항

* 발바닥 모양을 직선이 아닌 곡선이나 동그라미 등 모양이 있게 붙여 준다.
* 영아의 발 크기보다 크게 모양을 붙여 주고, 눈에 띄는 색으로 한다.

활동명: 산책길에는 무엇이 있나요?

활동목표: 산책길을 살펴보고 자연물에 관심을 가져 본다.

표준보육과정 영역 및 범주: 자연탐구〉과학적 탐구하기〉주변의 동식물에 관심 가지기(3~4수준)

어린이집 평가인증지표: 자연탐구활동

활동자료: 나무와 꽃의 사진

활동방법

1. 영아와 산책길에 있는 나무나 꽃의 사진자료를 보며 이야기를 나눈다.
   "선생님이 산책길에 있는 나무와 꽃, 돌멩이 사진을 찍어 왔어."
   "오늘은 이 사진 속의 꽃을 찾아보자."
2. 교사와 손을 잡고 산책을 나가며 사진에서 본 자연물을 찾아본다.
   "나무는 어디 있지? 손으로 가리켜 볼까?"
   "꽃은 어디 있을까?"
   "돌멩이는 어디 있지?"
   "그래 여기 있구나. 우리 비닐에 담아 가져갈까?"
3. 산책 후 비닐에 담아온 돌과 나뭇잎 등을 깨끗이 닦아 보육실에 전시해 준다.

확장 및 참고사항

*수집하는 자연물을 영아의 입속에 넣지 않도록 주의한다.

만 1세 (4월) 월간보육계획안

주 제: 놀잇감이 많아요

다룰 내용: 다양한 놀잇감을 접해 보고 놀이방법을 알아본다.

활동 \ 주		1주	2주	3주	4주
		어떤 놀잇감이 있을까요?	놀잇감은 어디에 있을까요?	놀잇감을 제자리에 놓아요	놀잇감을 바르게 사용해요
등원 및 맞이하기		• 선생님과 손잡고 교실에 들어오기		• 친구들과 인사해요	
일상생활 (기본생활)	간식 및 점심	• 자리에 앉아 먹어요		• 숟가락 포크를 사용해요	
	낮잠 및 휴식	• 내 베개와 이불을 알아요		• 자장가 들으며 잠자요	
	배변훈련	• 배변 후 물로 씻어요		• 엉덩이에 로션 바르기	
	기본생활습관	• 놀잇감을 정리해요		• 놀잇감을 던지지 않아요	
자유놀이	신체	• 영아 미끄럼틀에 올라가요 • 훌라후프를 통과해요	• 이 거리 저 거리 각 거리 • 자동차 놀잇감 밀고 가기	• 블록을 제자리에 놓아요 • 공을 따라가요	• 머리 어깨 무릎 발 • 그대로 멈춰라
	쌓기 · 역할	• 스펀지 블록을 쌓아요 • 가방을 메요	• 우레탄 블록 끼우기 • 전화놀이	• 놀잇감 바구니에 담아요 • 인형 안아 주어요	• 블록 위를 걸어요 • 컵, 주전자(소꿉놀잇감)를 사용해요
	언어	• 사진의 놀잇감 찾기 • 놀잇감 이름을 알아요	• 내가 찾았어요 • 놀잇감 찾기	• 그림책–장난감 행진 • 책을 정리해요	• 놀이방법을 알아보아요 • 우리 반 친구 사진을 보아요
	창의적 표현	• 마음껏 그려요 • 밀가루 반죽에 놀잇감 찍기	• 우드락 부러뜨리기 • 음악에 맞춰 움직여 봐요	• 마라카스를 흔들어요 • 모두 제자리	• 풍선을 흔들어요 • 탬버린을 두드려요
	감각 · 탐색	• 촉감책 탐색하기 • 스카프 탐색놀이	• 소리 나는 야채모형 살펴보기 • 놀잇감 스티커 붙이기	• 꼭지 퍼즐 맞추기 • 통에 물건 하나씩 넣어요	• 내 옷 탐색하기 • 소리 나는 놀잇감을 탐색해요
실외 및 산책		• 어린이집 주변을 둘러봐요 • 따뜻한 햇볕이에요		• 나무 안아 주기 • 새싹이 났어요	
전이활동		• 이야기 나누기–친구와 사이좋게 지내요, 놀잇감 사용 약속 • 손유희–꼭꼭 약속해, 이것이 무엇일까요?			

활동명: 훌라후프를 통과해요

활동목표: 훌라후프를 통과하며 신체조절능력을 기른다.

표준보육과정 영역 및 범주: 신체운동〉신체조절과 기본운동하기〉기본운동하기(3~4수준)

어린이집 평가인증지표: 신체활동

활동자료: 훌라후프, 안전매트

활동방법

1. 영아들에게 훌라후프를 제시하고 탐색할 수 있게 한다.
   "이게 뭘까? 훌라후프야. 손이 쏙 들어간다."
2. 훌라후프를 세워 놓고 교사가 몸을 넣어 통과하는 모습을 보여 준다.
   "선생님 몸이 훌라후프를 통과했네."
3. 영아가 기어서 훌라후프를 통과해 볼 수 있게 한다.
   "선생님이 훌라후프를 잡고 있을게. ○○가 지나가 보자."
   "○○가 훌라후프를 잘 통과했네."
4. 한 개의 훌라후프를 기어서 통과하기에 익숙해지면 연속된 동작을 할 수 있게 1~3개까지 훌라후프를 세워 놓는다.

확장 및 참고사항

*훌라후프를 기어서 통과하기가 익숙해지면 걸어서 통과하기를 경험할 수 있도록 돕는다.

활동명: 스펀지 블록을 쌓아요

활동목표: 스펀지 블록을 쌓으며 눈과 손의 협응력을 기른다.

표준보육과정 영역 및 범주: 신체운동〉신체조절과 기본운동하기〉소근육 조절하기(2~4수준)

어린이집 평가인증지표: 쌓기놀이

활동자료: 스펀지 블록

활동방법

1. 스펀지 블록을 제시하고 탐색할 수 있게 한다.
   "○○야 느낌이 어떠니?" (푹신하다.)
   "스펀지 블록은 무슨 모양이니?" (네모/세모 모양이다.)
2. 교사가 스펀지 블록을 쌓는 모습을 보여 준 뒤 영아가 블록을 올려 쌓을 수 있도록 한다.
   "선생님은 네모난 블록을 쌓아 봐야지."
   "○○도 스펀지 블록을 쌓아 볼까?"
3. 쌓기를 하는 영아에게 격려의 말을 해 준다.
   "○○가 높이 쌓았네."

확장 및 참고사항

*다양한 모양의 블록을 제시하여 쌓는 경험을 할 수 있도록 한다.

활동명: 전화놀이

활동목표: 전화놀이를 하며 자신의 감정을 표현해 본다.

표준보육과정 영역 및 범주: 사회관계〉나와 다른 사람의 감정 알기〉나의 감정을 나타내기(1~4수준)

어린이집 평가인증지표: 역할놀이

활동자료: 전화기

활동방법

1. 전화기를 제시하고 탐색할 수 있게 한다.
   "이게 뭘까? 전화기구나."
   "따르르릉, 여보세요."
2. 전화기 버튼을 누르는 영아 행동에 교사가 소리로 반응해 흥미를 높인다.
   "띠. 띠. 띠. 띠. 따르르릉~"
3. 수화기를 들고 있는 교사와 영아가 통화하듯 전화놀이를 한다.
   "여보세요. ○○이 있나요? ○○이 바꿔 주세요."
   "○○야, 안녕. 선생님이야. 우리 어린이집에서 자동차놀이 하자."
4. 다양한 의사소통을 할 수 있게 언어적 모델링을 해 준다.

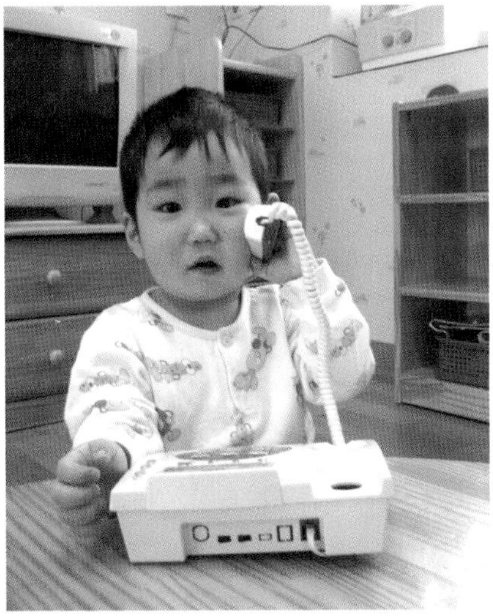

확장 및 참고사항

* 전화놀이에 흥미를 보이지만 소극적인 모습을 하는 영아에게 교사가 전화를 걸어 받을 수 있게 하여 놀이에 참여할 수 있도록 한다.

활동명: 우드락 부러뜨리기

활동목표: 손과 눈의 협응력을 기른다.
우드락 부러지는 소리를 들어보고 표현해 본다.

표준보육과정 영역 및 범주: 예술경험〉아름다움 찾아보기〉예술적 요소에 호기심 가지기(1~4수준)
신체운동〉신체조절과 기본운동하기〉소근육 조절하기(2~4수준)

어린이집 평가인증지표: 예술활동

활동자료: 다양한 크기의 우드락

활동방법

1. 우드락을 제시하고 탐색해 본다.
"○○야 이게 뭘까? 우드락이라고 하는 거야."
(긴 우드락을 보여 주며) "긴 우드락이구나."
2. 우드락을 교사가 양손으로 잡고 부러뜨려 본다.
"어! 부러졌네. 소리도 난다. 들어보자." (다시 부러뜨려 본다)
"○○도 한번 해 볼까? (뚜욱) 어, 부러졌다. 소리도 나네."
3. 영아의 행동을 격려하고 우드락을 부러뜨릴 때 느낌이나 소리에 대해 이야기 나눈다.
"뚜욱~ 뚜욱 부러지는 소리가 재미있다."
"○○가 우드락을 부러뜨렸더니 길었던 우드락이 짧아졌다네." (길이를 비교하여 보여 준다)

확장 및 참고사항

* 작아진 우드락 조각을 뿌리며 눈 또는 비가 내리는 모습을 표현해 본다.
* 우드락 놀이를 할 때 입이나 귀 또는 콧구멍에 넣지 않도록 유의한다.

활동명: 공을 따라가요

활동목표: 움직이는 공에 관심을 갖는다.
움직이는 공을 따라가 보며 대근육 발달을 돕는다.

표준보육과정 영역 및 범주: 신체운동〉신체활동에 참여하기〉기구를 이용하여 신체활동 시도하기(2~4수준)
신체운동〉신체조절과 기본운동하기〉대근육 조절하기(2~4수준)

어린이집 평가인증지표: 신체활동

활동자료: 공

활동방법

1. 공을 제시하고 영아가 탐색해 보도록 한다.
   "○○야, 여기 공이 있네."
   "손으로 만져 보니 느낌이 어떠니?"
   "동글동글, 매끈매끈하구나."
   "(공을 바닥에 튀긴 후) 이렇게 바닥에 치니 위로 슈웅~ 하고 올라가네."
2. 공을 충분히 탐색한 후 공을 굴려 보도록 한다.
   "(공을 굴린 후) 어? 공이 데굴데굴 굴러가는구나."
   "○○도 한번 공을 굴려 보겠니?"
3. 굴리가는 공을 따라가 본다.
   "○○공이 어디까지 가는지 우리 기어서 따라가 보자."
   "○○가 공을 잡아왔구나. 우리 다시 한 번 해 볼까?"

확장 및 참고사항

*활동에 흥미를 더하도록 재질과 소리가 다른 다양한 종류의 공을 제시하여 탐색해 본다.

활동명: 〈그림책〉 장난감 행진

활동목표: 교사와 함께 그림책을 보며 흥미를 갖는다.
그림책 속 물건을 알아보고 말로 표현해 본다.

표준보육과정 영역 및 범주: 의사소통〉읽기〉그림책과 환경 인쇄물에 관심 가지기(1~4수준)
의사소통〉말하기〉발성과 발음으로 소리내기(3~4수준)

어린이집 평가인증지표: 언어활동

활동자료: 〈그림책〉 장난감 행진

활동방법

1. 책보기 영역에서 영아와 함께 책을 살펴본다.
   "○○야, 여기 그림책이 있네."
2. 표지의 제목을 읽으며 내용에 대해 이야기 나눈다.
   "(제목 글자를 손으로 가리키며) 장난감 행진."
   "(표지의 그림을 보며) 여기 오리도 있고 곰인형도 있네."
   "선생님과 함께 읽어 보자."
4. 다 읽은 후 그림책 속 물건을 알아보고 영아와 함께 말로 표현해 본다.
   "책 속에 있는 이건 뭘까? 그래, 자동차구나."

확장 및 참고사항

*그림책에 나온 장난감이 교실에 있는지 찾아보는 활동을 한다.

활동명: 친구와 사이좋게 지내요

활동목표: 친구와 사이좋게 지내는 방법을 안다.
놀잇감을 던졌을 때의 위험성에 대해 안다.

표준보육과정 영역 및 범주: 사회관계〉더불어 생활하기〉또래에 관심 갖기(1~4수준)

어린이집 평가인증지표: 사회관계증진활동

활동자료: 그림 자료(친구와 사이좋게 놀이하는 그림)

활동방법

1. 그림 자료를 제시하고 영아들과 함께 그림의 상황에 대해 이야기 나눈다.
   "여기 그림 속에 민수와 나영이가 있구나."
   "(사이좋게 놀이하는 그림을 제시하며) 민수와 나영이는 무얼 하고 있니?"
   "그래, 블록을 가지고 놀이하고 있구나."
   "(싸우는 그림을 제시하며) 여기 민수와 나영이는 무얼 하고 있니?"
   "그래, 블록을 가지고 싸움을 하고 있구나."
2. 안전하게 놀이하려면 어떻게 해야 하는지에 대해 이야기 나눈다.
   "친구와 놀이할 때는 어떻게 하면 좋을까?"
   "친구가 가지고 있는 놀잇감을 가지고 놀이하고 싶을 때는 뭐라고 말하면 좋을까?"
   "그래, '빌려 줘.'라고 해야지."
3. 놀이 시 안전하게 놀이함을 약속한다.
   "(사이좋게 놀이하는 그림을 제시하며) 우리 친구들도 그림 속 민수와 나영이처럼 친구의 놀잇감을 가지고 놀이하고 싶을 때는 '나 좀 빌려 줘.' 하고 말로 표현하고 서로 사이좋게 놀이하도록 해요."

확장 및 참고사항

*그림 자료를 교실에 게시해 두어 영아가 수시로 볼 수 있도록 한다.

활동명: 블록 위를 걸어요

활동목표: 블록을 길게 이어 본다.
블록 위를 걸으며 균형감을 기른다.

표준보육과정 영역 및 범주: 신체운동〉신체조절과 기본운동하기〉신체 균형 잡기(3~4수준)
신체운동〉신체조절과 기본운동하기〉기본운동하기(3~4수준)

어린이집 평가인증지표: 신체활동

활동자료: 종이 블록

활동방법

1. 블록을 영아와 함께 탐색해 본다.
"○○가 종이 블록으로 놀이하고 있구나."
2. 교사가 영아와 함께 블록을 길게 이어 본다.
"(교사가 시범을 보이며) 선생님이 하나 놓고 ○○이가 블록을 길게 이어 볼까?"
"○○가 블록을 놓으니 기다란 블록 길이 되었네."
3. 길게 연결된 블록 위를 영아가 걸어 볼 수 있게 한다.
"○○야, 여기 블록 위를 한번 걸어 보겠니?"
"○○이는 블록 위에서도 잘 걸어가네."

확장 및 참고사항

* 영아가 중심을 잘 잡을 수 있도록 교사가 손을 잡아 주어 안정감 있게 걷도록 한다.
* 블록 위를 걷는 것에 두려움이 있는 영아에게는 무리하게 강요하지 않도록 한다.

만 1세 (5월) 월간보육계획안

주 제: 나는 예뻐요 / 배변훈련

다룰 내용: 자신의 신체를 인식함으로써 자아존중감을 갖는다.
배변훈련을 하며 올바른 기본생활습관을 형성한다.

활동 \ 주		1주	2주	3주	4주
		예쁜 내 얼굴	내 몸을 살펴보아요	내 몸을 재미있게 움직여요	쉬, 응가를 하고 싶어요
등원 및 맞이하기		• 친구들에게 밝은 미소로 인사해요		• 안녕~ 하고 손 흔들며 인사해요	
일상생활 (기본생활)	간식 및 점심	• 숟가락과 포크로 먹을 수 있어요		• 꼭꼭 씹어 먹어요	
	낮잠 및 휴식	• 내 이불을 찾아 누워요		• 친구의 이불을 밟지 않아요	
	배변훈련	• 응가하고 로션 바르기		• 변기 물 내리기	
	기본생활습관	• 놀잇감을 제자리에		• 혼자서 바지를 내려요	
자유놀이	신체	• (얼굴) ○○는 어디 있나? 여기! • 바구니에 쏙~	• 손바닥으로 점토 눌러 보기 • 음악에 맞춰 움직이기(그대로 멈춰라)	• 다양한 모양의 길을 걸어요 • 머리 어깨 무릎 발	• 터널을 지나요
	쌓기 · 역할	• 나는 동화 속 주인공	• 키만큼 블록 쌓기	• 기차에 동물인형 태워 주기 • 재미난 포즈로 찰칵	• 인형 친구도 응가하고 싶대요! • 블록으로 변기를 만들어요
	언어	• 사진에 내 얼굴이 있어요 • 나와라 까꿍!	• 몸으로 말해 보아요 • 내 모습 말하기	• 손 인형을 끼고 말해요 • 친구 몸 말해 보기	• 그림책-어디에 응가 할래? • '쉬, 응가'라고 말해요
	창의적 표현	• 얼굴 모양 종이에 스티커 붙이기 • 연지곤지 스티커 붙이기	• 손바닥, 발바닥 찍기 • 몸에 있어요	• 몸에서 딸랑딸랑 소리가 나요 • 손가락으로 그려요	• 신문지 구겨 응가 만들기 • 뿡뿡 방귀 뀌는 흉내 내요
	감각 · 탐색	• 거울 보고 로션 바르기 • 밀가루 풀을 탐색해요	• 손, 발 찾아보기 • 발로 느껴요	• 촉감 징검다리를 건너요 • 몸으로 소리를 낼 수 있어요	• 밀가루 반죽으로 응가를 만들어요 • 변기에 앉아 보아요
실외 및 산책		• 따뜻한 햇볕 쬐기	• 나무 뒤에 꼭꼭 숨어요	• 나뭇가지를 만져 보고 그림을 그려요	• 강아지풀이 간질간질
전이활동		• 비눗방울이 동동동	• 그림책-손이 나왔네	• 손유희-멋쟁이 토마토	• 비닐봉지 풍선

활동명: ○○는 어디 있나? 여기!

활동목표: 얼굴에 있는 눈, 코, 입, 귀를 찾아본다.

표준보육과정 영역 및 범주: 신체운동〉감각과 신체 인식하기〉신체 탐색하기(2~4수준)
의사소통〉듣기〉주변의 소리와 말소리 구분하여 듣기(4수준)

어린이집 평가인증지표: 신체활동

활동자료: 거울

활동방법

1. 교사는 영아에게 거울을 보여 주어 영아가 자신의 얼굴을 탐색할 수 있도록 한다.
   "어? 거울 속에 누가 있지? 거울 속에 ○○ 얼굴이 보이는구나."
2. 교사는 영아와 함께 눈, 코, 입, 귀의 위치를 가리켜 본다.
   "선생님 눈은 여기 있네. ○○ 눈은 어디 있지?"
   "선생님 코는 여기 있네. ○○ 코는 어디 있지?"
3. 교사의 질문에 영아가 스스로 눈, 코, 입을 손으로 가리켜 볼 수 있도록 한다.
   "○○의 코는 어디 있지? ○○가 손으로 짚어 볼까?"

확장 및 참고사항

*얼굴 외에 신체 부위를 알아보고 찾아본다.

활동명: 바구니에 쏙~

활동목표: 얼굴 사진이 붙어 있는 개인장을 찾을 수 있다.
옷, 양말 등을 정리하여 넣을 수 있다.

표준보육과정 영역 및 범주: 자연탐구〉과학적 탐구하기〉물체와 물질 탐색하기(1~4수준)

어린이집 평가인증지표: 자연탐구활동

활동자료: 영아 개인장, 옷, 모자 등

활동방법

1. 영아는 양말(옷, 모자 등)을 스스로 벗을 수 있도록 한다. 혼자 할 수 없는 영아의 경우 교사가 도움을 준다.
   "○○야, 모자 벗어 볼까? 양말도 벗어 볼까?"
   "혼자도 잘할 수 있구나."
   "(혼자 하지 못하는 영아의 경우) 혼자 하기 어렵구나, 선생님이 도와줄게."
2. 영아 사진이 붙어 있는 사물함을 찾는다.
   "이 양말이랑 모자는 어디에 쏙~ 넣어야 할까? 어디에 넣어야 하는지 찾아보자."
3. 사물함에 양말(옷, 모자 등)을 정리한다. 스스로 넣을 수 없는 영아의 경우 교사가 도움을 주어 함께 넣어 본다.
   "○○가 잘 찾았구나? 쏙~ 넣어 정리해 볼까?"

확장 및 참고사항

*도움이 필요한 영아라도 스스로 해 볼 수 있는 기회를 제공한다.

활동명: 음악에 맞춰 움직이기

활동목표: 음악에 맞춰 신체를 자유롭게 움직여 본다.

표준보육과정 영역 및 범주: 예술경험〉예술적 표현하기〉움직임으로 반응하기(3~4수준)

어린이집 평가인증지표: 예술활동

활동자료: 〈그대로 멈춰라〉 노래 CD

활동방법

1. 영아들에게 음악을 들려준다.
   "어? 노래가 나오네."
   "어떤 노래인지 잘 들어 보자."
   ♬ 즐겁게 춤을 추다가 그대로 멈춰라!
   즐겁게 춤을 추다가 그대로 멈춰라! ♬
2. 음악에 맞춰 교사와 함께 몸을 움직여 본다.
   "선생님은 엉덩이도 흔들고 나비처럼 팔도 흔들어 볼 거야."
3. 영아 혼자서 음악에 맞춰 움직여 볼 수 있게 한다.
   "○○이가 엉덩이를 흔들고 있구나."

확장 및 참고사항

*몸을 움직일 때 마라카스, 스카프 등 도구를 이용하여 활동을 확장할 수 있다.

활동명: 키만큼 블록 쌓기

활동목표: 키만큼 블록을 높이 쌓을 수 있다.
블록을 쌓으며 눈과 손의 협응력 발달을 돕는다.

표준보육과정 영역 및 범주: 신체운동〉신체조절과 기본운동하기〉소근육 조절하기(2~4수준)

어린이집 평가인증지표: 쌓기놀이

활동자료: 종이 블록

활동방법

1. 영아에게 종이 블록을 제시한다.
   "종이 블록이 많이 있네. 블록을 두드리니 소리도 나고 예쁜 그림도 그려져 있네."
2. 영아와 함께 블록을 쌓아 본다.
   "블록을 높이 ○○ 키만큼 쌓아 볼까?"
   "우와, 정말 높이 쌓았구나."
   "이번엔 △△ 키만큼 쌓아 보자."
   "와~ △△ 키만큼 쌓았네."
3. 블록을 무너뜨리며 놀이로 연계한다.
   "어? 블록이 무너졌네, 와르르르르."

확장 및 참고사항

*혼자 하는 활동에서 다른 영아와 함께 쌓아 보는 활동으로 확장할 수 있다.
*블록이 무너졌을 때 영아가 속상해하지 않게 놀이로 연계하여 흥미를 유발시킨다.

활동명: 내 모습 말하기

활동목표: 거울에 비친 자신의 모습을 인식한다.
거울에 비친 신체를 말로 표현해 본다.

표준보육과정 영역 및 범주: 자연탐구〉탐구하는 태도 기르기〉탐색 시도하기(1수준)
의사소통〉말하기〉표정, 몸짓, 말소리로 말하기(3~4수준)

어린이집 평가인증지표: 언어활동

활동자료: 안전거울

활동방법

1. 영아와 함께 거울에 비친 교사와 영아의 모습을 탐색한다.
"○○야, 거울에 누가 보이지?"
"○○랑 선생님이 보이는구나."
2. 영아와 교사의 거울에 비친 신체 모습을 말로 표현해 본다.
"팔랑팔랑 뭐가 움직이네. 이게 뭘까?"
"그래, 손이구나. 또 움직이네. 이번엔 뭘까?"
"그래, 발이지. ○○도 머리를 움직여 볼까?"
"○○가 어깨를 으쓱으쓱하는구나."

확장 및 참고사항

* 친구의 모습을 따라해 보며 확장 활동을 해 본다.

활동명: 촉감 징검다리를 건너요

활동목표: 촉감 징검다리를 건너며 다양한 촉감을 느낀다.
촉감 징검다리를 건너며 다양한 움직임을 시도한다.

표준보육과정 영역 및 범주: 자연탐구〉탐구하는 태도 기르기〉탐색 시도하기(2~4수준)
신체운동〉신체활동에 참여하기〉몸 움직임 즐기기(3~4수준)

어린이집 평가인증지표: 자연탐구활동

활동자료: 촉감판(밀가루 풀이 담긴 비닐 팩, 골판지, 쌀과 콩을 30×30cm 크기의 시트지에 싼다)

활동방법

1. 바닥에 고정된 촉감 징검다리를 영아들이 자유롭게 탐색할 수 있도록 한다.
   "선생님이 밀가루, 쌀, 콩으로 만든 촉감판을 만들어 왔어."
2. 영아와 함께 촉감 징검다리에 대해 이야기 나눈다.
   "만져 보니 느낌이 어때?"
   "물컹물컹 ○○가 만지니까 모양이 변했네. 이건 풀이라고 하는 거야."
3. 영아가 징검다리 위를 자유롭게 기고 밟을 수 있도록 한다.
   "○○야, 선생님과 함께 징검다리를 건너 볼까?"
   "와~ 여기를 밟아 보니 느낌이 어떻니?"
   "콩이 있는 곳은 오돌토돌 발이 간지럽다."
   "우리 거북이처럼 기어가 볼까?"

확장 및 참고사항

*손, 발, 뺨 등 신체를 이용하여 다양한 촉감을 느껴 본다.

활동명: 기차에 동물인형 태워 주기

활동목표: 영아들이 탈것에 대한 관심을 갖고 구성해 볼 수 있도록 한다.
기차놀이를 통하여 또래와의 관계 형성을 돕는다.

표준보육과정 영역 및 범주: 신체운동〉신체조절과 기본운동하기〉소근육 조절하기(2~4수준)
사회관계〉더불어 생활하기〉또래에 관심 갖기(1~4수준)

어린이집 평가인증지표: 역할놀이

활동자료: 종이 블록, 동물 인형

활동방법

1. 영아가 종이 블록을 길게 연결을 하며 놀이한다.
   "○○가 블록을 길게 연결했구나. 무엇을 만들었니?"
   "기차를 만들었네."
2. 영아가 만든 기차에 교사와 다른 영아가 함께 타 본다.
   "△△도 함께 타 볼까?"
   "기차를 타고 어디에 갈까?"
   "그래. ○○와 △△가 좋아하는 동물원에 가 보자. 출발!"
   기차를 타고 밖으로 나가 볼까요~ 칙폭칙폭 칙칙폭폭~
4. 영아가 만든 기차에 인형을 가져와 태워 볼 수 있도록 한다.
   "인형과 함께 어디로 가 볼까?"

확장 및 참고사항

*블록으로 기찻길을 만들어 놀이할 때 다른 탈것들을 제시하여 활동해 본다.

활동명: 변기에 앉아 보아요

활동목표: 변기를 탐색하며 배변에 대한 친숙함을 갖는다.
변기를 사용하는 방법을 알아본다.

표준보육과정 영역 및 범주: 기본생활〉건강하게 생활하기〉건강한 일상생활하기(3~4수준)

어린이집 평가인증지표: 기본생활 관련 활동

활동자료: 영아용 변기

활동방법

1. 탐색영역에 변기를 비치해 두고 영아가 관심을 보이면 영아와 함께 탐색한다.
   "○○이가 이것이 궁금하구나. 이것은 변기라고 해."
   "여기는 쉬~도 하고 끙끙 응가도 하는 곳이야."
2. 영아에게 앉아 볼 것을 제안한다.
   "꼭 의자같이 생겼지? ○○야, 한번 앉아 볼래?"
   "낯설어서 어렵구나. 그럼 곰돌이 인형을 먼저 앉아 보라고 할까?"
   "곰돌아~ 변기에 앉아서 쉬~~ 해 보자."
   "와~ 곰돌이가 변기에 앉았네. 우리 ○○도 곰돌이처럼 앉아 볼까?"
   "와~ 우리 ○○도 변기에 앉아 보았구나. 잘했어."

확장 및 참고사항

* 탐색영역에 변기를 두고 영아들의 반응을 관찰한다.
* 처음 영아가 앉는 것이 어려워 거부할 경우 인형이나 대체물로 먼저 시범을 보인 뒤 영아에게 권유한다.

만 1세 (6월) 월간보육계획안

주 제: 움직이는 동물들

다룰 내용: 영아들이 다양한 활동을 통해서 동물소리와 움직임을 흉내 내 보고 친숙하게 동물을 경험해 보도록 한다.

활동 \ 주		1주	2주	3주	4주
		동물이 있어요	동물과 친해져요	동물 소리를 들어 보아요	동물처럼 움직여 봐요
등원 및 맞이하기		• 영아의 몸 상태를 살피기		• 영아의 이름을 불러 주며 반갑게 맞이하기	
일상생활 (기본생활)	간식 및 점심	• 새로운 음식 먹어 보기		• 반찬 골고루 먹기	
	낮잠 및 휴식	• 자장가 들어 보며 내 자리 찾아보기		• 그림책 보며 잠자기	
	배변훈련	• 선생님과 함께 화장실 살펴보기		• 변기 탐색해 보기	
	기본생활습관	• 사진 보고 내 옷장 찾아보기		• 양말 벗어 옷장에 넣어 보기	
자유 놀이	신체	• 토끼처럼 뛰어 보기 • 돼지 흉내 내 보기	• 악어떼 놀이 • 오리처럼 앉아서 걸어 보기	• 거북이처럼 기어 보기 • 동물 신발 신고 움직여 보기	• 〈코끼리 아저씨〉 노래에 맞춰 온몸 움직여 보기 • 나비처럼 훨훨
	쌓기 · 역할	• 동물 집 만들기 • 동물원 소풍 가기	• 동물인형 목욕시키기 • 좋아하는 동물 먹이 주기	• 징검다리 만들어 건너 보기 • 내 키만큼 블록 쌓아 보기	• 블록으로 동물원 꾸미기 • 동물 손가락 인형 움직여 보기
	언어	• 그림자료 보고 동물 이름 말해 보기 • '아기돼지삼형제'	• 좋아하는 동물 이름 말해 보기 • 동물울음 소리 흉내 내 보기	• 동물소리 듣고 따라 하기 • 동물소리 들어 보기	• 동물 그림 보고 이야기하기 • '사랑해, 고마워' 표현해 보기
	창의적 표현	• 동물 마라카스 흔들어 보기 • '아기돼지삼형제' 노래 불러 보기	• 밀가루 반죽으로 돼지코 만들기 • 동물 모양 종이에 끄적거리기	• 〈작은 동물원〉노래에 맞춰 동물 흉내 내 보기 • 종이에 동물 스티커 붙여 보기	• 밀가루 반죽으로 돼지 꼬리 만들어 보기 • 동물 모자 쓰고 흉내 내 보기
	감각 · 탐색	• 어떤 동물이 있을까요? • 색 밀가루 반죽 탐색해 보기	• 동물퍼즐 맞춰 보기 • 동물 털 만져 보기	• 동물모자 탐색해 보기 • 동물 까꿍 퍼즐	• 〈동물원에 갔더니〉 노래에 맞춰 동물 찾아보기
실외 및 산책		• 풍선 날려 보기	• 개미 찾아보기	• 강아지풀 찾아보기	• 나무 꼭 안아 주기
전이활동		• 오리는 꽥꽥: 신체 활동	• 우리 모두 다같이 손뼉을	• 〈산중호걸〉 노래 부르기	• 손뼉치고 손뼉치고 짝짝짝: 손유희

활동명: 토끼처럼 뛰어 보기

활동목표: 토끼처럼 깡충깡충 뛰어 보며 대근육 발달을 돕는다.
친구들과 함께 동물 흉내를 내며 신체활동을 한다.

표준보육과정 영역 및 범주: 신체운동〉신체조절과 기본운동하기〉대근육 조절하기(2~4수준)
신체운동〉신체활동에 참여하기〉몸 움직임 즐기기(3~4수준)

어린이집 평가인증지표: 신체활동

활동자료: 카세트, CD, 놀이매트, 토끼 그림자료 등

활동방법

1. 영아들과 토끼 그림자료를 보며 이야기를 나눈다.
   "얘들아, 이 동물의 이름은 무엇일까?"
   "맞아, 토끼야. 토끼는 어떻게 뛰지? 그래, 깡충깡충 뛰지."
2. 영아가 토끼에게 관심을 보이면 신체활동을 한다.
   "토끼는 어떻게 생겼지? 귀가 크고 하얀 털이 있네."
   "그럼 토끼처럼 깡충깡충 뛰어 볼까?"
3. 〈산토끼〉 노래를 들려주어 토끼처럼 뛰어 보는 활동을 해 본다.

확장 및 참고사항

*토끼 머리띠나 동물가면을 준비해 영아의 흥미를 더해 준다.

활동명: 동물 집 만들기

활동목표: 종이벽돌로 동물의 집을 만들어 보고, 무너뜨려 본다.

표준보육과정 영역 및 범주: 신체운동〉신체조절과 기본운동하기〉소근육 조절하기(2~4수준)

어린이집 평가인증지표: 쌓기놀이

활동자료: 동물집 그림자료, 각종 다양한 블록 등

활동방법

1. 동물집 그림자료를 보며 이야기를 나누어 보고 블록을 탐색해 본다.
   "애들아, 선생님이 친구들에게 보여 줄 게 있어. 그림자료에 강아지 집 그림이 있네."
   "종이블록도 있구나."
2. 동물집 그림자료를 보며 이야기해 본다.
   "(강아지 집을 보여 주며) 누가 사는 집이지?"
   "멍멍멍, 강아지가 살고 있는 집이구나."
3. 친구들과 함께 동물집을 만들어 본다.
   "선생님은 꿀꿀 돼지 집을 만들어야지."
   "○○이는 누구의 집을 만들어 볼래?"
   "그래, 강아지 집을 만들겠다구."

확장 및 참고사항

* 영아가 만든 동물집에 동물인형을 제시해 동물인형 놀이 활동으로 확장해 본다.

활동명: 개미 찾아보기

활동목표: 가까운 산책로에 개미를 찾아보고 돋보기를 통해 관찰해 보는 경험을 해 본다.

표준보육과정 영역 및 범주: 자연탐구〉과학적 탐구하기〉주변 동식물의 모양, 소리, 움직임에 관심을 가지기(3~4수준)

어린이집 평가인증지표: 자연탐구활동

활동자료: 개미 그림자료, 돋보기, 물티슈 등

활동방법

1. 개미 그림자료를 살펴보고 이야기를 나눠 본다.
   "이것은 무엇일까? 맞아, 개미야."
   "오늘 산책 가서 선생님과 개미 찾아볼까?"
2. 영아와 함께 개미를 찾아보고 개미의 움직임을 살펴본다.
   "(개미를 가리키며) 어, 개미가 있네. 빠르게 기어가는구나."
   "개미가 어디에 가는 걸까?"
3. 개미의 움직임에 따라 영아도 몸을 움직여 볼 수 있게 한다.
   "개미가 어디로 가는지 따라가 보자."
   "개미집 속으로 쏙 들어갔구나."

확장 및 참고사항

*스스로 개미를 찾아 돋보기로 관찰할 수 있게 교사가 도와준다.

활동명: 동물병원놀이

활동목표: 친구와 병원놀이를 하며 또래 친구에게 관심을 가진다.

표준보육과정 영역 및 범주: 사회관계〉더불어 생활하기〉또래에 관심 갖기(1~4수준)

어린이집 평가인증지표: 역할놀이

활동자료: 병원놀이 세트, 동물인형

활동방법

1. 병원놀이 놀잇감과 동물인형을 영아들에게 제시하여 자유롭게 탐색할 수 있도록 한다.
   "이건 뭘까?"
   "병원에서 의사선생님이 하신 걸 본 것 같은데 소리도 나네."
   "아, 청진기라는 거구나."
   "어, 이건 뭐지? 친구들이 싫어하는 주사기구나."
2. 교사가 영아와 함께 동물병원놀이를 한다.
   "의사 선생님, 곰이 배가 아프대요."
   "전 주사가 무서워요. 아프지 않게 주사 놓아 주세요."
   "네, 살살 놓아 줄게요."
3. 교사는 다른 영아들과 병원놀이가 진행될 수 있도록 병원놀이 도구를 설명해 주고 모델링을 보여 준다.

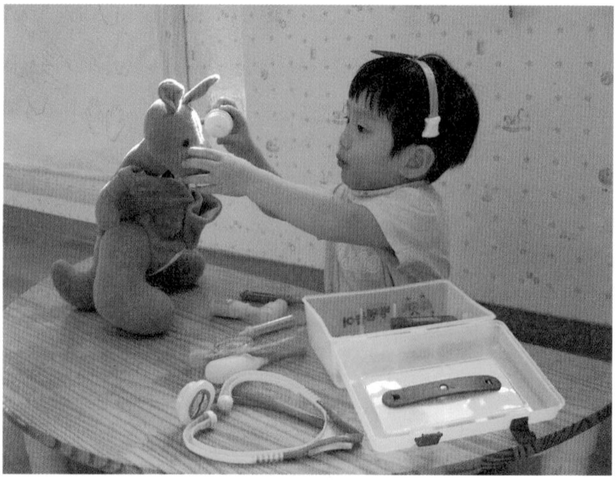

확장 및 참고사항

* 친구들과 의사와 환자와 간호사가 되어 병원놀이를 해 본다.

활동명: 동물 그림 보고 이야기하기

활동목표: 동물 그림자료를 보며 동물의 이름을 말해 본다.

표준보육과정 영역 및 범주: 의사소통〉말하기〉발성과 발음으로 소리내기(3~4수준)

어린이집 평가인증지표: 언어활동

활동자료: 여러 동물 그림자료

활동방법

1. 그림자료를 제시하여 영아가 탐색할 수 있도록 한다.
   "여기에 동물들이 많이 있다."
   "이건 무슨 동물이지?"
2. 그림자료를 보며 여러 동물의 이름을 말해 보도록 한다.
   "(호랑이의 울음소리를 내며) 이 동물의 이름은 뭘까?" " 아~ 호랑이구나."
   "(강아지의 울음소리를 내며) 이 동물의 이름은 뭘까?" "강아지구나."
   "(고양이의 울음소리를 내며) 이 동물의 이름은 뭘까?" "고양이구나."
3. 동물 노래를 부르며 동물 울음소리를 내 본다.
   "야옹야옹, 내가 누구게?"
   "어흥어흥, 내가 누구게?"
   "멍멍, 내가 누구게?"
   "꼬끼오, 내가 누구게?"

확장 및 참고사항

*동물 그림을 보고 동물의 울음소리와 움직임을 표현해 보며 영아들의 흥미를 더해 준다.

활동명: '사랑해, 고마워' 표현해 보기

활동목표: 또래와의 활동을 통해 친밀감을 형성하고 긍정적인 정서를 표현해 본다.

표준보육과정 영역 및 범주: 의사소통〉말하기〉표정, 몸짓, 말소리로 말하기(3~4수준)

어린이집 평가인증지표: 언어활동

활동자료: 긍정적 언어를 사용할 수 있는 그림자료 및 그림동화 등

활동방법

1. 긍정적 언어를 이야기할 수 있는 간단한 그림동화나 그림자료를 보며 이야기를 나눈다.
   "○○야, 이 그림은 옆에 친구가 놀이감을 나눠 주고 있는 모습이네! 뭐라고 인사를 해야 하지?"
   "그래, '고마워' 하고 해야지."
2. '선생님은 친구들을 사랑해' 노래를 불러 보며, 친구를 안아 주며, '사랑해'라고 표현해 본다.
   "선생님은 ○○도 사랑하고 ○○도 사랑해. 옆에 친구를 안아 보며 '사랑해'라고 말해 보자."

확장 및 참고사항

*하트 모양을 가슴에 붙여 '사랑해'라고 표현해 보며 놀이와 흥미를 더해 준다.

활동명: 바람에 신문지 찢어 날려 보기

활동목표: 손가락을 이용하여 신문지를 찢어 보는 경험을 해 본다.
바람을 이용하여 날려 본다.

표준보육과정 영역 및 범주: 예술경험〉예술적 표현하기〉움직임으로 표현하기(3~4수준)
자연탐구〉과학적 탐구하기〉주변 자연에 관심 가지기(1~3수준)

어린이집 평가인증지표: 예술활동

활동자료: 신문지, 선풍기

활동방법

1. 영아들에게 신문지를 제시하고, 충분히 탐색할 수 있도록 한다.
   "이건 어른들이 보시는 '신문'이라고 해."
   "신문에는 어떤 그림이 있을까?"
   "기차, 비행기, 책 등 그림이 있네."
2. 교사의 모델링을 통해 활동을 할 수 있도록 격려해 준다.
   "○○야, 선생님처럼 이렇게 찢어 볼까?"
   "와! 잘했어. 위에서 아래로 잡아당기니 찢어지는구나."
3. 찢은 신문지는 입으로 또는 선풍기를 이동하여 날려 본다.
   "○○야, 신문지를 입으로 날려 보자."
   "신문지가 팔랑팔랑 움직이네."

확장 및 참고사항

*신문지를 구겨 공 만들기나 웅가 만들기 활동으로 확장해 본다.
*활동 후 신문지를 영아와 함께 놀이로 유도하여 정리한다.

활동명: 음식을 남기지 않아요

활동목표: 음식을 남기지 않는 바른 식습관을 기른다.

표준보육과정 영역 및 범주: 기본생활〉건강하게 생활하기〉즐겁게 먹기(4수준)

어린이집 평가인증지표: 간식 및 식사

활동자료: 간식, 접시, 포크

활동방법

1. 간식시간 전에 영아와 착한 어린이 노래를 부른다.
   ♬ 밥도 냠냠 김치도 냠냠~ 시금치! 콩나물! 모두모두 냠냠냠냠~
   "○○반 친구들은 음식을 골고루 먹지?"
   "음식을 골고루 먹고 남기지 않아야 키도 크고 얼굴도 멋져진단다."
2. 간식을 나누어 주고 다 먹을 수 있도록 격려한다.
   "와! ○○반 친구들은 간식을 잘 먹는구나!"
   "남기지 않고 다 먹을 수 있니?"
   "그래, 선생님처럼 키가 많이 자라겠구나!"

확장 및 참고사항

* 교사가 간식을 함께 먹고 남기지 않는 모습을 보여 주며 바른 모델링을 보인다.

만 1세 (7월) 월간보육계획안

주 제: 신나는 여름

다룰 내용: 여름 날씨를 느껴보고 선생님과 즐거운 물놀이를 통해 물과 친해지는 경험을 갖는다.

활동 \ 주		1주	2주	3주	4주
		날씨가 더워요	신나는 물놀이	시원한 음식이 있어요	깨끗하게 씻어요
등원 및 맞이하기		• 오늘의 날씨는 더워요		• 시원하게 입고 왔어요	
일상생활 (기본생활)	간식 및 점심	• 음식을 남기지 않아요		• 내가 먹은 그릇을 정리해요	
	낮잠 및 휴식	• 내 이불을 찾을 수 있어요		• 기분 좋게 일어났어요	
	배변훈련	• 쉬, 응가했어요		• 내 기저귀 가져오기	
	기본생활습관	• 내 옷을 내 장에 넣어요		• 손을 깨끗이 씻어요	
자유놀이	신체	• 공 굴려 보기 • 풍선을 팡팡	• 물풍선 굴려 보기 • 선생님과 물놀이 해요	• 장애물 건너가기 • 공 넣어 보기	• 점프해 보기 • 분무기 비놀이
	쌓기 · 역할	• 빨래하고 널어 보기 • 블록으로 아이스크림 가게 만들기	• 아기 인형 목욕시키기 • 블록으로 수영장 만들기	• 놀잇감으로 빙수 만들기 • 내 키만큼 블록 쌓아 보기	• 아기욕조 만들기 • 음식 모형 씻어 보기
	언어	• '더워요' 말해 보기 • 여름풍경 사진 보고 이야기하기	• 물이 차가워요 • 바다에는 무엇이 있을까?	• 과일그림책 보기 • 맛있는 음식이 있어요	• 씻은 후 느낌 이야기해 보기 • 매미가 우는 소리는?
	창의적 표현	• 신문지 찢어 바람에 날려 보기 • 막대로 그려 보기	• 페트병 분수 만들기 • 거울 보고 스카프 춤추기	• 밀가루 반죽으로 아이스크림 만들기 • 비닐에 매직으로 끄적거리기	• 장구를 두드려 보아요 • 거품 찍어 보기
	감각 · 탐색	• 풍선 탐색하기 • 얼음을 만져 보아요	• 풍선에 물 넣어 보기 • 바다소리 들어 보기	• 미숫가루 타서 먹어 보기 • 여러 가지 과일을 먹어 보아요	• 우산을 탐색해요 • 조개껍데기 탐색하기
실외 및 산책		• 그늘에 앉아 그림책 보기 • 물그림 그려요		• 비눗방울 놀이해요 • 우산 쓰고 빗소리 들어요	
전이활동		• 언어리듬-달팽이 집을 지읍시다 • 게임-미니카 경주놀이 • 이야기 나누기-더울때는 이렇게 해요			

활동명: 빨래하고 널어 보기

활동목표: 엄마의 모습을 생각하며 따라 해 본다.

표준보육과정 영역 및 범주: 사회관계〉나와 다른 사람의 감정 알기〉다른 사람에게 주의 기울이기(3~4수준)

어린이집 평가인증지표: 역할놀이

활동자료: 스카프, 앞치마, 대야, 비눗갑

활동방법

1. 소꿉놀이 영역에 스카프, 앞치마 등을 준비한다.
2. 영아가 놀잇감을 탐색한다.
   "○○야, 앞치마를 입고 있구나."
   "어! 그런데 앞치마에 얼룩이 묻었네."
   "선생님하고 같이 빨래해 볼까?"
   "스카프도 빨아 보자."
   "주물주물~ 비벼서 물에 헹구고 널어 보자."
3. 널어 본 빨래를 교사와 함께 접어 바구니에 정리한다.
   "빨래가 다 말랐네. 예쁘게 접어서 정리해 보자."
   "○○가 예쁘게 잘 정리하는구나. 잘했어."

확장 및 참고사항

* 걸레로 교실을 청소해 보고, 선생님과 같이 걸레를 빨아 보는 경험을 갖게 하여 활동으로 확장시킨다.

활동명: 여름풍경 사진 보고 이야기하기

활동목표: 여름에 관련된 언어를 사용해 본다.

표준보육과정 영역 및 범주: 예술경험〉예술감상하기〉아름다움 경험하기(1~4수준)
의사소통〉읽기〉그림책과 환경 인쇄물에 관심 가지기(3~4수준)

어린이집 평가인증지표: 언어활동

활동자료: 여름 관련 사진

활동방법

1. 책보기 영역에 여름과 관련된 사신을 비치해 준다.
2. 영아가 사진에 관심을 보일 때 교사가 다가가 함께 본다.
   "(그림을 가리키며) 이 그림 속에 무엇이 있니?"
   "시원한 바닷가와 수박 사진이 있네."
   "커다란 수박이 참 맛있겠다."
   "(영아가 입은 수영복을 가리키며) 친구가 무얼 입고 있니?"
   "시원하게 수영복을 입고 있네."
3. 사진 속 그림을 보며 관련된 용어가 들어가는 동요를 불러 준다.
   수박~ 수박이 나왔어요~♬
   고기를 잡으러 바다로 갈까요~♪

확장 및 참고사항

* 여름 관련 실물 자료를 제시하여 영아의 이해를 돕는다.

활동명: 물풍선 굴려 보기

활동목표: 손목의 힘을 조절하여 굴려 본다.
풍선에 물이 들어가며 변하는 모습을 볼 수 있다.

표준보육과정 영역 및 범주: 신체운동〉신체조절과 기본운동하기〉소근육 조절하기(2~4수준)
자연탐구〉수학적 탐구하기〉차이를 지각하기(3~4수준)

어린이집 평가인증지표: 신체활동

활동자료: 물풍선

활동방법

1. 영아에게 다양한 색의 물풍선을 제시하여 탐색할 수 있도록 한다.
   "○○야, 이것이 무엇일까?"
   "그래, 풍선이야."
   "물을 넣을 수도 있어. 만져 보니까 느낌이 어때?"
   "후~ 하고 불어 주면 공같이 둥글게 되네."
2. 풍선 속에 물을 넣고 물풍선을 탐색한다.
   "물을 넣어 보면 어떻게 될까?"
   "말랑말랑하고 출렁출렁하구나."
3. 교사가 모델링을 보여 준 후 영아가 물풍선을 굴려 본다.
   "○○야, 선생님처럼 이렇게 굴려 볼까?"
   "와! 잘 굴러가는구나."
   "선생님하고 같이 굴려 볼까? 누구 풍선이 멀리 갔나 보자."

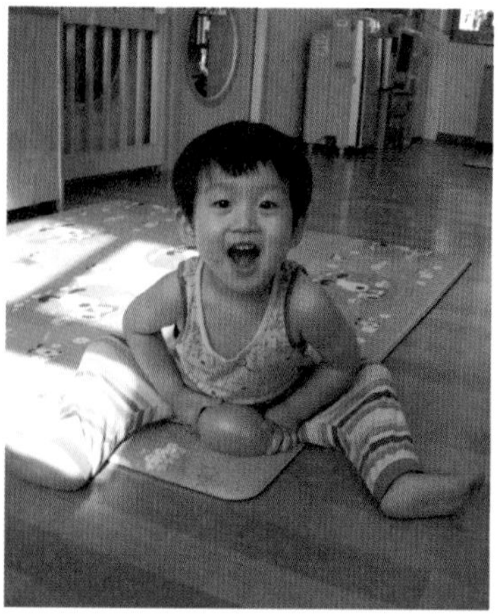

확장 및 참고사항

*물풍선을 던지면 터지므로 던지지 않고 굴리기로 약속을 하고, 마른걸레를 비치해 둔다.

활동명: 블록으로 수영장 만들기

활동목표: 블록을 쌓아 수영장을 만들어 본다.

표준보육과정 영역 및 범주: 신체운동〉신체조절과 기본운동하기〉소근육 조절하기(2~4수준)

어린이집 평가인증지표: 쌓기놀이

활동자료: 블록

활동방법

1. 다양한 블록을 제시하고 영아가 탐색할 수 있게 한다.
   "여기에 네모로 된 종이블록이 있구나."
   "와플 모양의 와플블록도 있네."
2. 수영장에 관한 이야기를 하며 블록을 이용하여 만들어 보도록 유도하고 격려한다.
   "○○야, 아빠, 엄마와 지난번에 수영장 다녀왔다고 했지?"
   "정말 재미있었겠구나. 선생님과 블록으로 수영장 만들어 볼까?"
   "와! 우리 ○○가 멋진 수영장을 만들었네."
3. 영아가 수영했던 경험을 되살려 수영하는 흉내를 내 본다.
   "○○가 만든 멋진 수영장에서 수영해 볼까?"
   "○○이는 팔을 저으며 수영하는구나."
   "선생님은 두 팔을 저으면서 수영해야지."

확장 및 참고사항

* 영아가 만든 수영장에서 교사가 수영하는 모습을 보이며 영아의 활동을 칭찬하고 격려한다.

활동명: 밀가루 반죽으로 아이스크림 만들기

활동목표: 밀가루 반죽으로 아이스크림을 만들어 보고 소근육 발달을 돕는다.

표준보육과정 영역 및 범주: 예술경험〉예술적 표현하기〉단순한 미술 경험하기(3~4수준)

어린이집 평가인증지표: 예술활동

활동자료: 밀가루 반죽

활동방법

1. 밀가루 반죽을 영아들에게 나누어 주고 탐색한다.
   "이것이 무엇일까?"
   "밀가루에 물을 넣어 반죽한 밀가루 반죽이야. 느낌이 어때?"
   "말랑말랑하고 차갑구나."
2. 밀가루 반죽으로 아이스크림 만들어 본다.
   "선생님은 밀가루 반죽으로 맛있는 음식을 만들어 볼래."
   "○○는 어떤 음식을 만들어 볼까?"
   "선생님하고 시원한 아이스크림 만들어 볼까?"
   "와~ 맛있는 아이스크림이네. 냠냠, 아이 시원하다."
3. 만든 아이스크림을 접시에 담아 친구들에게 나누어 준다.

확장 및 참고사항

*밀가루 반죽 놀이를 하고 나서는 비닐에 넣어 냉장고에 넣어 둔다.

활동명: 공 넣어 보기

활동목표: 공을 골대에 넣어 보며 눈과 발의 협응력 발달을 돕는다.
대근육 발달을 돕는다.

표준보육과정 영역 및 범주: 신체운동〉신체 활동에 참여하기〉몸 움직임 즐기기(3~4수준)

어린이집 평가인증지표: 신체활동

활동자료: 공

활동방법

1. 영아들이 충분하게 공을 탐색할 수 있게 한다.
"여기 공이 있네. 공이 어떤 모양이니?"
"공이 둥근 모양이라서 이렇게 굴러가는구나."
2. 교사가 공을 골대에 넣어 보는 모델링을 보인다.
"선생님이 여기 있는 공을 골대에 넣어 볼 거야."
"와! 공을 높이 던지니까 골대에 들어가는구나."
"○○반 친구들도 한 명씩 해 볼까?
3. 영아들이 공을 넣어 본다.
"와! ○○가 던진 공이 공이 높이 올라가네."
4. 활동을 마치며 공을 바구니에 넣어 정리해 본다.
"공을 던져서 골대에 넣어 보니까 어땠어?
"재미있었니? 이제 공을 바구니에 정리해 볼까?"

확장 및 참고사항

* 친구와 함께 공을 주고받는 놀이로 확장해 본다.

활동명: 우산을 탐색해요

활동목표: 우산을 탐색해 보고 혼자 써 보는 경험을 가져 본다.

표준보육과정 영역 및 범주: 자연탐구〉과학적 탐구하기〉생활도구 탐색하기(3~4수준)

어린이집 평가인증지표: 자연탐구활동

활동자료: 우산

활동방법

1. 영아에게 우산을 제시하고 탐색하게 한다.
   "비오는 날엔 무엇을 쓰지? 그래. 우산을 쓴단다."
   "분홍색 우산이 있네."
   "손잡이도 있고 기다랗구나."
2. 우산을 펼쳐서 영아가 써 보게 한다.
   "우산을 펴 볼까?" "손잡이에 버튼을 누르니 활짝 펴지는구나."
   "우산을 혼자 들 수 있겠니?"
   "○○이가 혼자서 우산을 잘 잡는구나."
   "우산을 쓰고 교실 한 바퀴 돌아 보자."

확장 및 참고사항

*우산을 혼자 쓰지 못하는 영아는 교사와 함께 쓰며, 혼자 쓸 수 있도록 도와준다.
*비가 조금 내리는 날 산책길에서 우산을 써 보는 활동을 도입해 본다.

활동명: 분무기 비놀이

활동목표: 분무기에서 나오는 물줄기를 탐색한다.
분무기에서 나오는 물을 비처럼 맞아 본다.

표준보육과정 영역 및 범주: 자연탐구〉과학적 탐구하기〉주변 자연에 관심 가지기(2~4수준)

어린이집 평가인증지표: 자연탐구활동

활동자료: 분무기, 우산, 큰 타올

활동방법

1. 분무기를 제시하고 탐색할 수 있게 한다.
   "이것이 무엇일까?"
   "이건 분무기라고 하는 거야. 언제 사용할까? 선생님이 여자 친구들 머리 묶어 줄 때 사용하는 것 보았지?"
   "여기를 앞으로 당기면 물이 나온단다. ○○가 당겨 볼까?"
2. 교사가 분무기를 뿌려 준다.
   "분무기 비가 내리네~ 와! 시원하다."
   "비가 내리니까 우산을 써 볼까?"
   "우산 위에서 톡톡톡 빗소리가 나네."

확장 및 참고사항

*적당히 젖은 큰 타올을 바닥에 깔아 주어 영아들이 미끄러지지 않게 한다.

만 1세 (8월) 월간보육계획안

주 제: 궁금해요(오감각)

다룰 내용: 영아가 생활 속에서 접할 수 있는 과일, 동물, 다양한 소리 등을 탐색하며 영아들의 흥미를 높인다.

활동 \ 주		1주	2주	3주	4주
		맛이 있어요	소리가 들려요	냄새가 나요 눈으로 보아요	만져 보아요
등원 및 맞이하기		• 선생님과 마주 보며 바르게 인사하기		• 어떤 신발 신고 왔는지 살펴보기	
일상생활(기본생활)	간식 및 점심	• 점심 먹은 후 이 닦기		• 자기 칫솔, 컵 찾기	
	낮잠 및 휴식	• 인형과 함께 매트에서 쉬어요		• 잠들기 전 인사해요	
	배변훈련	• 다른 친구 화장실 사용에 관심 가지기		• 응가하고 싶을 때 선생님에게 이야기하기	
	기본생활습관	• 바깥놀이 후 손 씻기		• 손 씻은 후 수건에 닦기	
자유놀이	신체	• 농구공 골대에 넣어 보기 • 풍선 높이 떠어 쳐 보기	• 유니바 건너가기 • 마카로니 쏟고 담기	• 파라슈트 흔들기 • 꿈틀꿈틀 기어요	• 에어캡 위에서 걸어요 • 물 풍선 주고받기
	쌓기 · 역할	• 과일 간식을 먹어요 • 식당 만들기	• 달그락달그락 설거지해요 • 쓱싹쓱싹 과일을 잘라요	• 바구니에 과일 담아 소풍 가요 • 종이블록 연결하기	• 밀가루 점토로 과일 만들어 상 차리기 • 하나, 둘, 셋 찰칵
	언어	• 과일 이름 알아보기 • 그림책–과일 그림책	• 소리 듣고 동물이름 알아보기 • 그림책–사과가 쿵	• 야채 먹을 때 나는 소리 흉내 내기 • 그림책–배고픈 애벌레	• 만져 본 느낌 말해보기 • 그림책–느껴 보아요
	창의적 표현	• 음률–멋쟁이 토마토 • 쿠킹호일에 끄적거리기	• 음률–동물농장 • 피아노 쳐 보기	• 과일모양 종이에 끄적이기 • 향기 나는 싸인펜 그림	• 밀가루 반죽에 손도장 찍기 • 풀 그림을 그려요
	감각 · 탐색	• 바나나 껍질 벗겨 보기 • 요리–수박화채	• 누구의 소리일까요? • 부채 부쳐 보기	• 과일향기 맡아요 • 냄새로 물건 찾기	• 미끌미끌해요 • 만져 봐요
실외 및 산책		• 맴맴맴 매미 소리를 들어요 • 비둘기를 흉내 내요 나무껍질을 만져 봐요		• 나무 의자에 앉아요 • 좁은 길로 걸어요	
전이활동		• 이야기 나누기–맛있는 과일, 시원해요, 여행 다녀온 이야기 • 손유희–멋쟁이 토마토, 수박, 개구리, 동물농장			

활동명: 과일 간식을 먹어요

활동목표: 과일 모형으로 간식 먹는 흉내를 내 본다.
과일의 이름을 알아본다.

표준보육과정 영역 및 범주: 사회관계〉나와 다른 사람의 감정 알기〉나의 감정을 나타내기(1~4수준)
의사소통〉듣기〉경험과 관련된 말 듣고 알기(1~4수준)

어린이집 평가인증지표: 역할놀이, 언어활동

활동자료: 과일 모형

활동방법

1. 소꿉놀이를 하는 영아에게 과일 모형을 제시하고 탐색할 수 있게 한다.
   "이게 뭐지? 보라색 포도다." "이건 빨간 사과, 이건 노란 바나나구나."
   "우리 접시에 과일을 담아 보자."
2. 그릇에 담긴 과일을 먹어 보는 흉내를 낸다.
   "○○는 어떤 과일을 좋아하니?"
   "○○는 노란 바나나를 좋아하는구나. 그럼 냠냠냠 먹어 보자."
   "선생님은 빨간 사과를 좋아해. ○○이가 접시에 사과를 담아 줄래?"
   "잘 먹겠습니다."

확장 및 참고사항

*과일을 먹는 흉내를 내며 의성어로 영아의 어휘력을 길러 준다.

활동명: 쿠킹호일에 끄적거리기

활동목표: 쿠킹호일을 탐색한다.
유성펜으로 끄적거리기를 해 본다.

표준보육과정 영역 및 범주: 자연탐구〉탐구하는 태도 기르기〉탐색 시도하기(2~4수준)
예술경험〉예술적 표현하기〉단순한 미술경험하기(3~4수준)

어린이집 평가인증지표: 자연탐구활동, 예술활동

활동자료: 쿠킹호일로 싼 두꺼운 도화지, 유성펜

활동방법

1. 쿠킹호일을 제시하고 탐색할 수 있게 한다.
"이게 뭐지? 반짝반짝하네. 흔들어 보니 소리도 난다."
"이건 쿠킹호일이야."
2. 쿠킹호일을 탐색한 후 유성펜으로 끄적거리기를 할 수 있게 도와준다.
"쿠킹호일에 펜으로 그림을 그리면 예쁜 색으로 그림이 그려진단다."
"○○가 빨간색으로 했네. 예쁘다."
"또 다른 색으로 해 보자."
3. 완성된 것을 영아와 함께 감상하고 칭찬해 준다.

확장 및 참고사항

* 유성펜을 영아가 입에 넣지 않도록 한다.
* 유성펜의 뚜껑을 열 수 있게 도와준다.

활동명: 누구의 소리일까요?

활동목표: 여러 가지 소리를 듣고 관심을 갖는다.
누구 소리인지 알아본다.

표준보육과정 영역 및 범주: 의사소통〉듣기〉주변의 소리와 말소리 구분하여 듣기(3~4수준)
자연탐구〉과학적 탐구하기〉동식물에 관심 가지기(3~4수준)

어린이집 평가인증지표: 자연탐구활동

활동자료: 카세트, CD, 동물모형 카드

활동방법

1. 영아와 카세트에서 나오는 소리를 들으며 이야기를 나눈다.
"○○야, 무슨 소리지?"
"멍멍 멍멍. 아~ 강아지 소리구나."
"강아지(카드)를 만져 볼까? 털이 부드럽다."
"삐약. 삐약. 누구 소리지?"
"소리가 작다. 다시 들어 보자. 아~ 병아리 소리구나."
2. 들어 본 소리에 대해 이야기 나누고 흉내 내 본다.
"강아지는 어떻게 소리를 냈지?"
"그래, 멍멍멍 했구나."

확장 및 참고사항

* 영아가 쉽게 구별할 수 있는 소리를 준비한다.
* 소리를 구별한 영아에게 칭찬해 주어 자신감을 갖게 한다.

활동명: 점심 먹은 후 이 닦기

활동목표: 이 닦는 경험을 통해 청결습관을 기른다.

표준보육과정 영역 및 범주: 기본생활〉건강하게 생활하기〉몸을 깨끗이 하기(2~4수준)

어린이집 평가인증지표: 기본생활 관련 활동

활동자료: 칫솔, 치약, 컵

활동방법

1. 영아의 점심식사 마무리를 도와준다.
   "○○이가 골고루 잘 먹었구나. 반찬을 남김 없이 먹었네."
2. 점심시간이 끝났음을 알려 주고 양치 준비를 한다.
   "점심 맛있게 먹은 후 무엇을 하지?"
   "그래. 이를 닦아야지."
   "치카치카 깨끗하게 이 닦자."
3. 양치 준비 후 영아 이 닦기를 도와준다.
   " 치카치카 아랫니, 윗니 이번엔 아~ 하고 어금니도 닦자."
   "이를 잘 닦아야 입안도 깨끗하고 이가 아프지 않아."
   "이를 닦았지. 이젠 물로 헹구자."
4. 이 닦기가 끝나면 칭찬으로 마무리한다.
   "○○이가 혼자서도 이를 잘 닦는구나."

확장 및 참고사항

*이 닦기와 관련된 그림책을 자주 읽어 주어 청결한 습관을 기를 수 있게 한다.

활동명: 파라슈트 흔들기

활동목표: 대근육 조절 능력을 기른다.
친구와 협동하여 파라슈트를 움직여 본다.

표준보육과정 영역 및 범주: 신체운동〉신체활동에 참여하기〉기구를 이용하여 신체활동 시도하기(2~4수준)

어린이집 평가인증지표: 신체활동

활동자료: 파라슈트

활동방법

1. 파라슈트를 제시하고 영아가 자유롭게 탐색해 보도록 한다.
   "○○야, 이게 뭘까?"
2. 파라슈트에 대해 소개하는 시간을 갖는다.
   "이건 파라슈트라고 한단다."
   "알록달록 여러 색깔이 있네."
   "이 파라슈트는 커서 친구들과 함께 붙잡아야 돼."
3. 파라슈트를 위로 아래로 자유롭게 흔들어 본다.
   "파라슈트 한쪽을 잡고 위아래로 흔들어 볼까?"
   "(파라슈트를 함께 움직이며) 파라슈트가 어떻게 됐니?"
   "친구들이 위아래로 움직이니 파라슈트가 춤을 추네."

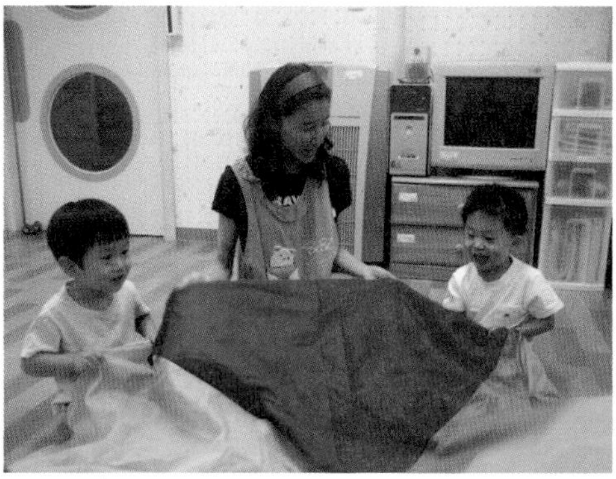

확장 및 참고사항

*친구와 함께하는 활동 시 영아가 다치지 않도록 주의한다.
*풍선을 올려 놓고 움직여 보는 활동을 해 본다.

활동명: 종이블록 연결하기

활동목표: 종이블록을 이용하여 길게 연결해 본다.

표준보육과정 영역 및 범주: 신체운동〉신체조절과 기본운동하기〉소근육 조절하기(2~4수준)

어린이집 평가인증지표: 쌓기놀이

활동자료: 종이블록

활동방법

1. 블록을 제시하고 영아가 자유롭게 탐색해 보도록 한다.
   "○○야, 여기 교구장에 있는 게 뭘까? ○○가 살펴보겠니?"
2. 블록의 이름을 알려 주고 교사와 함께 살펴본다.
   "이건 종이블록이라고 한단다."
   "종이로 만들어진 네모 모양 블록이란다."
3. 블록을 길게 이어 보기를 제안한다.
   "선생님과 함께 블록을 길게 이어 볼까?"
4. 교사가 시범을 보이고 영아가 참여할 수 있도록 유도한다.
   "(교사가 시범을 보이며) ○○도 블록을 놓아 보겠니?"
5. 가로, 세로로 길게 영아가 스스로 놓아 볼 수 있도록 한다.
   "와~○○가 블록을 놓으니 블록이 더 길어졌다."

확장 및 참고사항

* 길게 이은 블록 위를 걸어 본다.

활동명: 야채 먹을 때 나는 소리 흉내 내기

활동목표: 야채를 먹을 때 나는 다양한 소리를 흉내 내어 본다.

표준보육과정 영역 및 범주: 의사소통〉말하기〉발성과 발음으로 소리내기(3~4수준)

어린이집 평가인증지표: 언어활동

활동자료: 야채모형

활동방법

1. 야채모형을 제시하고 영아가 탐색해 보도록 한다.
   "○○야, 이게 뭘까?"
2. 영아가 관심을 보이면 교사가 다가가 야채의 이름을 함께 알아본다.
   "(오이를 잡으며) 여기 초록색의 기다란 야채의 이름은 뭘까?"
   "그래, 오이구나. ○○는 오이를 먹어 본 적이 있니?"
3. 야채를 먹을 때 났던 다양한 소리에 대해 이야기 나눈다.
   "오이를 먹을 때 어떤 소리가 났니?"
   "사각사각, 소리가 났구나."
4. 영아가 야채모형으로 먹는 흉내를 내며 소리를 내 보도록 한다.
   "○○가 오이를 먹으면서 소리를 내 볼까?"
   "사각사각, 아이~ 맛있어."

확장 및 참고사항

*간식, 점심식사 시 나오는 야채를 먹어 보면서 소리를 들어 보도록 한다.

활동명: 과일 모양 종이에 끄적이기

활동목표: 소근육을 이용하여 끄적여 본다.

표준보육과정 영역 및 범주: 신체운동〉신체조절과 기본운동하기〉소근육 조절하기(3~4수준)

어린이집 평가인증지표: 예술활동, 신체활동

활동자료: 과일모양 종이, 무독성 크레파스

활동방법

1. 크레파스를 영아에게 제시하고 영아가 만져 보도록 한다.
   "○○야, 이게 뭘까?"
   "이건 크레파스라고 한단다."
   "○○가 크레파스를 만져 볼까? 느낌이 어떻니? 딱딱하구나."
2. 도화지를 제시하고 영아가 끄적여 보도록 한다.
   "여기 종이 위에 크레파스로 그려 볼까?"
3. 영아의 표현에 대해 반응해 주면서 격려해 준다.
   "○○가 크레파스를 움직이니 멋진 그림이 되었네."

확장 및 참고사항

* 영아가 크레파스를 입에 넣지 않도록 유의한다.

만 1세 (9월) 월간보육계획안

주 제: 사랑하는 우리 가족

다룰 내용: 다양한 활동을 통하여 가족 간의 사랑을 확인하고 상징놀이를 통하여 사랑받고자 하는 욕구를 충족시킨다.

활동 \ 주		1주	2주	3주	4주
		엄마, 아빠가 좋아요	우리 가족이에요	엄마, 아빠 사랑해요	엄마처럼, 아빠처럼
등원 및 맞이하기		• 엄마, 아빠께 배꼽 인사하기		• 엄마, 아빠 볼에 뽀뽀해요	
일상생활 (기본생활)	간식 및 점심	• 바닥에 흘린 음식을 먹지 않아요		• 바닥에 흘린 음식 정리하기	
	낮잠 및 휴식	• 스스로 잠들기		• 친구의 이불을 밟지 않기	
	배변훈련	• 거울 보고 로션 바르기		• 변기에 혼자서 앉을 수 있어요	
	기본생활습관	• 인사를 잘해요		• 엄마, 아빠 어깨를 토닥토닥	
자유놀이	신체	• 엄마 차, 아빠 차 • 엄마 아빠 신발 신고 걸어 보기	• 손가락 인형 가족 • 곰 세 마리 노래에 맞춰 움직이기	• 사랑을 몸으로 표현해요 • 터널을 지나 아기 인형을 가져오기	• 엄마, 아빠, 아기 동물 움직임을 표현해요 • 엄마, 아빠처럼 걷기
	쌓기 · 역할	• 아기 인형 어부바 • 가족 블록 놀이	• 블록으로 우리 집 만들기 • 아기가 울어요	• 아기 인형도 가족이 있어요 • 블록으로 화장실 꾸미기	• 엄마, 아빠 물건을 착용해 봐요(옷, 액세서리류) • 블록으로 침대를 만들었어요
	언어	• 엄마에게 전화하기 • 그림책-우리 아빠가 최고야	• 우리 가족 말해 보기 • 가족 웃음소리 흉내 내기	• 엄마, 아빠에게 '사랑해요' 말해 보기 • 전화기 속 엄마 목소리를 들어요	• 누구의 물건인지 말해요 • 그림책-엄마랑 나랑
	창의적 표현	• 입술 찍기 놀이 • 아빠 머리카락 꾸미기	• 가족 사진 꾸미기 • 주방 물품 콜라주	• 엄마는 ○○를 사랑해(영상편지) • 스탬프 도장 찍기	• 밀가루 반죽으로 음식 만들기 • 넥타이 꾸미기
	감각 · 탐색	• 엄마, 아빠 물건 찾아보기 • 누구의 소리일까요	• 가족 사진 찾아보기 • 집에서 쓰는 그릇 두드려 보기	• 비밀주머니 • 마카로니 놀이	• 스펀지 찍기 놀이 • 쉐이핑 크림을 탐색해요
실외 및 산책		• 비 오는 날 우산 쓰고 걸어 봐요	• 색안경 끼고 산책 가요	• 흙으로 만든 음식	• 유모차 끌고 다녀요
전이활동		• 아빠 힘내세요	• 즐거운 우리집	• 닮은 곳이 있대요	• 내가 커서

활동명: 아기 인형 어부바

활동목표: 엄마가 아기를 업어 주는 모습을 흉내 내 본다.
포대기로 아기 인형을 어부바 한다.

표준보육과정 영역 및 범주: 사회관계〉나와 다른 사람의 감정 알기〉다른 사람에게 주의 기울이기(1~2수준)

어린이집 평가인증지표: 역할놀이

활동자료: 아기 인형, 포대기

활동방법

1. 영아와 함께 아기 인형으로 역할놀이를 한다.
   "○○야, 아기 인형이 울고 있네."
   "○○가 아기 인형을 달래 줄까?"
   "어떻게 달래 주면 좋을까?"
2. 영아가 포대기로 아기 인형을 업어 주도록 한다.
   "여기 포대기가 있네."
   "○○가 포대기로 아기 인형을 어부바해 줄래?"
   "(영아가 포대기로 아기 인형을 업은 뒤) ○○가 업어 줘서 아기 인형이 기분이 좋아졌대!"
   "○○가 아기 인형의 엄마 같구나."

확장 및 참고사항

* 영아가 아기 인형으로 '기저귀 갈아 주기' '업어서 재우기' 등의 활동을 한다.

활동명: 입술 찍기 놀이

활동목표: 엄마 화장품을 사용해 본다.
종이에 립스틱 바른 입술을 자유롭게 찍어 본다.

표준보육과정 영역 및 범주: 예술경험〉예술적 표현하기〉단순한 미술경험하기(3~4수준)
자연탐구〉탐구하는 태도 기르기〉사물에 관심 가지기(2~4수준)

어린이집 평가인증지표: 예술활동

활동자료: 엄마 립스틱, 작은 도화지

활동방법

1. 교사와 영아가 함께 립스틱을 탐색한다.
   "이건 누가 사용하는 걸까?"
   "(교사가 립스틱 바르는 흉내를 내며) 엄마가 거울을 보고 입술에 바르시는 거구나."
2. 교사는 영아 앞에서 립스틱을 바른 뒤 종이에 찍어 보여 준다.
   "(교사가 립스틱을 바르며) ○○야, 선생님도 엄마처럼 쓰윽쓰윽 립스틱을 발랐네."
   "선생님이 종이에 뽀뽀해 볼게."
   "(종이에 찍힌 입술 모양을 보며) 종이에 선생님 입술 모양이 찍혔네."
3. 영아의 입술에 립스틱을 발라 주고 종이에 찍어 보게 한다.
   "(영아 입술에 립스틱을 발라 준 뒤) ○○가 엄마처럼 립스틱을 발랐네."
   "○○도 선생님처럼 종이에 입술 찍기 해 볼까?"
   "(입술 찍힌 종이를 보며) 종이에 ○○입술이 찍혔다."
   "아, ○○ 입술 모양은 이렇게 생겼구나."

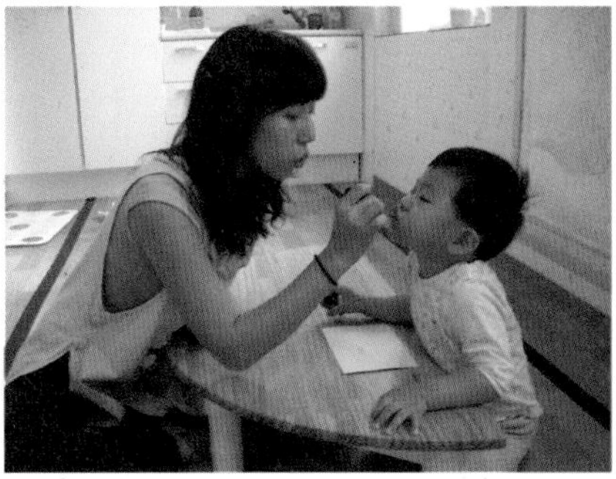

확장 및 참고사항

*찍힌 입술 모양으로 얼굴 꾸미기를 한다.

활동명: 가족 웃음소리 흉내 내기

활동목표: 가족 그림카드를 본다.
엄마, 아빠의 웃음소리를 흉내 낸다.

표준보육과정 영역 및 범주: 의사소통〉읽기〉그림책과 환경 인쇄물에 관심 가지기(3~4수준)
의사소통〉말하기〉발성과 발음으로 소리내기(3~4수준)

어린이집 평가인증지표: 언어활동

활동자료: 가족 그림카드

활동방법

1. 영아와 함께 가족 그림카드를 본다.
   "누구 얼굴일까?"
   "아빠가 웃고 있는 그림이구나."
2. 가족 구성원 그림카드 속 웃는 모습을 목소리를 다르게 하여 흉내를 내 본다.
   "○○야, 아빠처럼 굵은 목소리로 하하하 웃어 볼까?"
   "이번에는 엄마처럼 호호호 웃어 보자."
   "○○는 어떻게 웃을까?"
   "히히히, 웃어 보자."
   "○○가 웃는 얼굴이 예쁘구나."

확장 및 참고사항

*녹음된 아빠 엄마, 웃는 소리를 듣고 표현해 본다.

활동명: 가족 사진 찾아보기

활동목표: 가족의 얼굴을 찾을 수 있다.
사진에 누가 있는지 말할 수 있다.

표준보육과정 영역 및 범주: 자연탐구〉탐구하는 태도 기르기〉탐색 시도하기(2~4수준)

어린이집 평가인증지표: 자연탐구활동

활동자료: 가족 사진

활동방법

1. 교사는 영아와 함께 교실에 게시된 가족 사진을 본다.
"우와, 여기 사진이 많네?"
"그래, □□도 있고 △△도 있구나."
"그런데 ○○ 사진은 어디에 있지? 아! 여기 있네?"
2. 교사는 영아와 가족 사진에 누가 있는지 말해 본다.
"○○야, 사진에 누가 있어?"
"아, 엄마도 있고 아빠도 있구나. 이 사람은 누구야?"
"아, 오빠구나. ○○는 오빠가 있어서 좋겠네."
3. 교사는 영아와 다른 가족의 사진도 볼 수 있도록 한다.

확장 및 참고사항

*사진을 준비할 때 영아의 모습도 함께 있는 가족 사진을 준비한다.

활동명: 터널을 지나 아기 인형 가져오기

활동목표: 손과 발을 사용하여 터널을 기어서 통과해 본다.

표준보육과정 영역 및 범주: 신체운동〉신체조절과 기본운동하기〉기본운동하기(3~4수준)

어린이집 평가인증지표: 신체활동

활동자료: 상자 및 터널, 아기 인형

활동방법

1. 터널교구를 제시하고 영아가 자유롭게 기어다니며 놀이할 수 있도록 한다.
   "어? ○○가 어디 갔지?"
   "까꿍~ 터널 속에 숨어 있었구나."
2. 바구니에 인형을 넣은 뒤 영아에게 터널을 통과하여 인형을 가져올 수 있도록 한다.
   "○○야, 아가가 저기 바구니에서 선생님에게 오고 싶다고 울고 있어. 어떻게 하지?"
   "○○가 터널이 지나서 가지고 올 수 있겠니?"
   "터널을 지나서 인형을 만나면 뛰어와도 괜찮아."
3. 인형을 가져온 영아를 칭찬하여 준다.
   "우리 ○○가 인형을 가지고 왔구나, 잘했어."

확장 및 참고사항

*상자로 터널을 만들 경우 고정될 수 있도록 상자 윗부분을 초배지로 여러 번 붙여 주어 쓰러지지 않게 한다.

활동명: 마카로니 놀이

활동목표: 마카로니를 탐색한다.

표준보육과정 영역 및 범주: 자연탐구〉탐구하는 태도 기르기〉사물에 관심 가지기(2~4수준)

어린이집 평가인증지표: 자연탐구활동

활동자료: 마카로니, 삽

활동방법

1. 먼저 마카로니를 영아들에게 제시하여 충분히 탐색하게 하고 입에 넣지 않도록 이야기 나눈다.
   "이것은 마카로니라는 거야. 그런데 이 마카로니의 집은 여기 큰 통이야."
   "너희가 입으로 냠냠 하면 어떻게 될까?"
   "그래, 아야 아야 배가 아프겠지?"
2. 마카로니 담은 통에 마카로니를 반 정도 부어 영아들이 자유롭게 탐색할 수 있도록 한다.
   "마카로니를 만져 보니까 기분이 어때?"
   "마카로니가 어떻게 생겼어?" "꼬불꼬불하고 딱딱하구나."
3. 플라스틱 모종삽을 제공하여 영아들이 자유롭게 놀이할 수 있도록 한다.
   "이것이 무엇일까? 이건 삽이야."
   "삽으로 마카로니를 쑤욱~ 이렇게 풀 수 있단다."

확장 및 참고사항

*바닥에 흘린 것을 주워 입으로 가져갈 수 있으므로 주의한다.

활동명: 엄마, 아빠처럼 해 보기

활동목표: 영아들이 엄마, 아빠의 물품을 착용하고 상징놀이를 경험한다.

표준보육과정 영역 및 범주: 사회관계〉나와 다른 사람의 감정 알기〉다른 사람에게 주의 기울이기(1~2수준)

어린이집 평가인증지표: 사회관계증진활동

활동자료: 엄마, 아빠 물품

활동방법

1. 영아가 엄마, 아빠 물품으로 놀이하고 있을 때 반응하여 준다.
   "어? 우리 ○○가 가방을 매니 엄마처럼 되었구나."
   "와~ 우리 ○○가 넥타이를 매니 꼭 아빠 같구나."
2. 교사는 영아가 하고 싶어 하는 역할에 따라 상호작용하여 준다.
   "○○ 엄마, 가방 들고 어디 가세요?"
   "네~ 시장 가요." (영아의 반응)
   "아~ ○○ 엄마는 시장 가세요?"
3. 영아가 맡은 역할에 따라 걸어 보도록 한다.
   "○○가 엄마가 되어 사과 사러 가 볼까? 엄마는 어떻게 걸으면 좋을까?"
   "○○는 엄마처럼 사뿐사뿐 걷는구나."
   "선생님도 ○○처럼 엄마가 되어 사뿐사뿐 걸어야지."

확장 및 참고사항

*높은 구두나 넥타이 등은 영아 혼자 놀이할 경우 위험할 수 있으므로 교사와 같이 활동한다.

만 1세 (10월) 월간보육계획안

주 제: 여기저기 둘러보아요

다룰 내용: 영아가 실외놀이, 산책 나들이를 통해 가을의 아름다움을 느끼고 자연현상에 관심을 갖도록 한다.

활동 \ 주		1주	2주	3주	4주
		산책을 나가요	알록달록 나뭇잎	주렁주렁 열렸어요	자연 놀이터
등원 및 맞이하기		• 오늘의 날씨는 어떤지 이야기 나누기		• 스스로 양말 벗어 개인 사물함에 넣어 보기	
일상생활 (기본생활)	간식 및 점심	• 컵 사용하여 스스로 물 마셔 보기		• 손 씻은 후 수건에 닦아 보기	
	낮잠 및 휴식	• 잠자는 친구 건드리지 않기		• 낮잠 후 베게 이불 선생님께 갖다 드리기	
	배변훈련	• 쉬, 응가 말해 보기		• 쉬, 응가 후 물 내려 보기	
	기본생활습관	• 휴지 쓰레기통에 버리기		• 신발장에 내 신발 꺼내 보기	
자유놀이	신체	• 모래를 담았다 부어 보기 • 신나게 달려 보아요	• 계단을 오르내려 보아요 • 나뭇잎 주워 보기	• 네모 모양 길을 걸어 보아요 • 열매를 주워 봐요	• 놀이터 다녀오기 • 바람개비 돌려 보기
	쌓기 · 역할	• 동물 모자를 쓰고 춤을 춰요	• 블록으로 우리집 만들어 보기 • 나뭇잎 소꿉놀이	• 종이블록으로 길을 만들어요 • 열매 소꿉놀이	• 종이블록으로 놀이터를 만들어요 • 친구랑 놀이터에 가요
	언어	• 산책길에는 무엇이 있을까?	• 벤치에 앉아 동화 듣기	• 할아버지 할머니께 인사하기 • 이건 무슨 열매일까?	• 놀이터에는 무엇이 있을까? • 그림카드 보고 놀이기구 이름 알아
	창의적 표현	• 나뭇가지로 그림 그려 보기 • 야채 모양 찍기	• 나뭇잎 꾸미기 • 나뭇잎 왕관 만들기	• 열매 목걸이 만들기 • 열매로 마라카스를 만들어요	• 밀가루 반죽으로 좋아하는 놀잇감 만들어 보기
	감각 · 탐색	• 하늘을 바라봐요 • 가을바람을 느껴 보아요	• 나뭇잎 탐색하기 • 나뭇잎 흔들어 보기	• 열매 탐색하기 • 열매가 굴러가요	• 숨은 놀잇감 찾아보기
실외 및 산책		• 도토리를 찾아보아요	• 나뭇잎을 밟아요	• 손가락으로 모래그림 그려 보기	• 비눗방울 따라잡아 보기
전이활동		• 반디야 반디야	• 여우야 여우야	• 초록 초록 나무에	• 동네 한 바퀴

활동명: 쉬, 응가 말해 보기

활동목표: 배변할 때 사용하는 단어를 말해 본다.

표준보육과정 영역 및 범주: 기본생활〉건강하게 생활하기〉건강한 일상생활하기(3~4수준)

어린이집 평가인증지표: 기본생활 관련 활동

활동자료: 배변훈련 책

활동방법

1. 배변훈련에 관련된 책을 읽는다.
   "○○야, 여기 책에서 친구가 무엇을 하고 있니?"
   "쉬를 하고 있구나."
   "그럼, 이 친구는 무얼 하고 있는 걸까?"
   "응가를 하고 있구나."
2. 책을 보며 영아와 함께 쉬, 응가 소리를 따라 해 본다.
   "이 친구는 '쉬'라고 말하고 쉬를 하고 있구나."
   "○○도 쉬라고 말해 볼까?"
   "참, 잘하는구나."
   "쉬가 마려울 때 선생님한테 쉬라고 말해 주는 거야."

확장 및 참고사항

*배변하고 있는 모습의 사진자료를 보여 주며 활동해 본다.

활동명: 야채 모양 찍기

활동목표: 반으로 자른 야채 모양을 관찰해 보고 모양을 찍어 본다.

표준보육과정 영역 및 범주: 예술경험〉예술적 표현하기〉단순한 미술경험하기(3~4수준)

어린이집 평가인증지표: 예술활동

활동자료: 야채, 물감, 종이, 접시, 플라스틱 칼

활동방법

1. 교사는 야채를 제시하여 영아가 자유롭게 탐색할 수 있도록 한다.
   "여기에 무엇이 있을까?"
   "맞아, 당근이지. ○○가 알고 있구나."
   "기다랗고 주황색이네."
2. 교사와 함께 야채를 반으로 잘라 탐색해 본다.
   "선생님이 칼로 당근을 반으로 잘라 볼게."
   "여기엔 씨가 하나도 없네."
3. 야채를 물감에 묻혀 종이에 찍어 본다.
   "우리 이제 당근에 물감 옷을 입혀 보자."
   "노란색 당근이 되었네."
   "종이에 ○○가 찍어 볼까?"
   "종이에 노란색 당근 모양이 찍혔네. 예쁘지?"

확장 및 참고사항

*야채로 여러 가지 모양을 만들어 찍기를 해 본다.
*플라스틱 칼을 제시하여 영아들이 다치지 않게 한다.

활동명: 계단을 오르내려 보아요

활동목표: 계단을 오르내릴 때 몸의 균형을 잘 잡아 본다.

표준보육과정 영역 및 범주: 신체운동〉신체조절과 기본운동하기〉기본운동하기(3~4수준)

어린이집 평가인증지표: 신체활동

활동자료: 없음

활동방법

1. 계단을 살펴보고 교사가 오르내리는 모습을 보여 준다.
   "○○야, 여기에 계단이 있네."
   "선생님이 계단을 올라갔다 내려와 볼게."
   "이제 ○○와 함께 올라가 보자."
2. 교사와 함께 계단을 올라가 본다.
   "○○야~ 선생님과 함께 계단에 올라가 볼까?"
   "하나, 둘, 하나, 둘."
   "○○가 계단을 잘 올라가는구나."
3. 계단을 능숙하게 오르면 내려가는 것도 연습해 본다.
   "와~ ○○가 잘 올라왔네."
   "○○야, 우리 계단을 내려가 볼까?" "내려갈 때는 조금 더 조심해야 돼."
   "하나, 둘, 하나, 둘."

확장 및 참고사항

*낮은 월령의 영아는 스펀지 매트 계단을 활용하여 활동해 본다.

활동명: 나뭇잎 소꿉놀이

활동목표: 나뭇잎으로 음식을 만들어 먹는 흉내를 내 본다.

표준보육과정 영역 및 범주: 예술경험〉예술적 표현하기〉모방행동 즐기기(3~4수준)

어린이집 평가인증지표: 역할놀이

활동자료: 순가락, 포크, 나뭇잎, 조리도구 등

활동방법

1. 나뭇잎과 소꿉놀이용 도구들을 탐색해 본다.
   "○○야, 이건 뭘까? 나뭇잎이구나."
   "나뭇잎으로 맛있는 점심을 만들어 보자."
2. 나뭇잎을 이용해 음식을 만들어 먹는 놀이를 해 본다.
   "밥도 만들고 반찬도 만들어 보자."
   "생선반찬, 나물반찬도 만들어 주세요."
   "와~ 다 만들었다."
   "친구들과 선생님이 다같이 먹어 보자."
3. 소꿉놀이용 도구를 입에 넣지 않고 먹는 흉내를 내 본다.
   "○○야, 맛있겠다."
   "선생님도 한 입 먹어도 되겠니?"
   "잘 먹겠습니다."

확장 및 참고사항

*소꿉놀이 나뭇잎은 깨끗이 씻어 말린 것을 사용하고 만지고 나서는 손을 깨끗이 씻는다.
*소꿉놀잇감은 자주 세척해 준다.

활동명: 네모 모양 길을 걸어 보아요

활동목표: 네모 모양 길을 걸으며 신체조절능력을 기른다.

표준보육과정 영역 및 범주: 신체운동〉신체조절과 기본운동하기〉기본운동하기(3~4수준)

어린이집 평가인증지표: 신체활동

활동자료: 교실 바닥에 네모 모양 길을 붙인다.

활동방법

1. 교실 바닥에 시트지로 네모 모양 길을 만든다.
   "초록색 네모 모양 길이 붙여져 있네."
2. 영아들에게 활동을 소개한 후 네모 모양 길 위를 걸어 보도록 한다.
   "커다란 네모 모양 길이구나?"
   "천천히 한 발씩 걸어 보자."
   "이번에는 자동차처럼 빠르게 걸어 보자."
   "거북이처럼 느릿느릿 걸어 보자."

확장 및 참고사항

* 영아들에게 동그라미 모양, 세모 모양을 붙여 주어 걸어 보는 놀이로 확장해 본다.
* 신나는 음악에 맞춰 교사의 지시에 따라 모양 안에 들어가 보는 놀이로 확장해 본다.

활동명: 놀이터 다녀오기

활동목표: 놀이터에 무엇이 있는지 살펴본다.

표준보육과정 영역 및 범주: 신체운동〉신체활동에 참여하기〉기구를 이용하여 신체활동 시도하기(2~4수준)

어린이집 평가인증지표: 신체활동

활동자료: 놀이터에 관한 그림자료, 그림책 등

활동방법

1. 놀이터에 관한 그림책을 읽어 주고 놀이터에서 활동 시 안전사항과 주의사항을 알려 준다.
   "선생님이 동화를 들려줄 거야. 토끼 친구가 놀이터에 놀러가서 무엇을 보았는지 잘 듣고 선생님한테 알려 줘."
2. 영아와 놀이터로 나와 놀이기구를 탐색해 본다.
   "얘들아, 아까 교실에서 보았던 그림책 속에 놀이기구들이 여기에 다 있다."
   "미끄럼틀, 그네, 시소, 오름틀 등 재미있는 놀이기구가 많이 있네."
   "내가 타고 싶은 놀이기구를 만져 보고 타 보자."
   "차례를 지키고 친구를 밀지 않아."
3. 교사와 함께 돌아다니며 놀이기구의 이름을 말해 본다.
   "얘들아, 이 놀이기구 이름이 뭘까? 시소야. 맞아."
   "이건 그네구나."

확장 및 참고사항

* 영아가 타 보았던 놀이기구와 그림카드를 찾아 이름을 말해 본다.

활동명: 비눗방울 따라잡아 보기

활동목표: 비눗방울을 보고 비눗방울의 움직임을 따라잡아 본다.

표준보육과정 영역 및 범주: 자연탐구〉탐구하는 태도 기르기〉탐색 시도하기(2~4수준)

어린이집 평가인증지표: 자연탐구활동

활동자료: 비눗방울, 비눗방울 막대 등

활동방법

1. 비눗방울을 불기 전 비눗방울과 준비물을 간단하게 소개하고 안전사항을 이야기해 준다.
   "얘들아, 선생님이 무엇을 가지고 왔을까?"
   "맞았어. 친구들에게 후~ 하고 불어 주려고 비눗방울을 가지고 왔어."
   "옆에 친구랑 부딪히지 않게 비눗방울을 따라잡아 보자."
2. 비눗방울을 불어 움직임을 살펴보고 영아들이 잡아 볼 수 있게 한다.
   "(비눗방울을 불어 주며) 비눗방울이 날아가네."
   "와, 비눗방울이 우리 친구들 머리 위로 날아가고 있구나."
3. 비눗방울이 바닥에 터지거나 손에 닿았을 때 터진 모습을 관찰해 본다.
   "어, 선생님 손가락에 비눗방울이 없어졌네. 어디로 갔을까?"

확장 및 참고사항

* 영아가 비눗방울을 불기 어려우므로 교사가 불어 주어 영아가 잡아 보도록 한다.

만 1세 (11월) 월간보육계획안

주 제: 뛰뛰빵빵 자동차 / 그림책

다룰 내용: 자동차의 바퀴에 대해 탐색해 보고, 자동차에 관해 알아보며 다양한 놀이를 접해 본다.
선생님, 친구와 즐겁게 그림책을 본다.

활동 \ 주		1주	2주	3주	4주
		바퀴가 굴러가요	자동차가 있어요	재미있는 그림책	그림책을 따라 해 봐요
등원 및 맞이하기		• 어린이집에 어떻게 왔는지 말해 보기		• 선생님, 친구와 반갑게 인사해요	
일상생활 (기본생활)	간식 및 점심	• 흘리지 않고 먹어요		• 바르게 앉아서 먹어요	
	낮잠 및 휴식	• 클래식 음악 들으며 낮잠 자기		• 그림책 보며 잠들기	
	배변훈련	• 혼자서 바지를 내리고 올려요		• 변기의 물을 내려요	
	기본생활습관	• 횡단보도 건널 때는 손을 들어요		• 책장의 책을 정리해요	
자유놀이	신체	• 끌차 끌기 • 자동차처럼 달려 보아요	• 뛰뛰빵빵 붕붕카 • 미니카 경주놀이	• 한 발로 콩콩 뛰기 • 그림책 내용처럼 뛰어 보기	• 토끼와 거북이 되어 보기 • 고무줄 넘어 보기
	쌓기 · 역할	• 블록으로 자동차 만들기 • 선생님과 사진 찍기	• 주차장 만들기 • 운전사가 되어 보아요	• 레고 블록으로 친구 선물 만들기 • 생일파티에 친구 초대하기	• 그림책 집 만들기 • 엄마, 아빠되어 뽀뽀해요
	언어	• 동그란 바퀴가 있어요 • 동그란 모양의 사물	• 여러 가지 자동차 그림 • 자동차의 소리는?	• 선생님과 그림책 보기 • 그림책-포동이 화났어요	• 친구와 그림책 보기 • 예쁜 뽀뽀
	창의적 표현	• 바퀴에 물감 묻혀 굴려 보기 • 바퀴처럼 굴러 보아요	• 자동차 모양 종이에 스티커 붙이기 • 깡통 자동차 꾸미기	• 리본막대 춤추기 • 그림책 내용을 보아요	• 색지에 입술 찍어 보기 • 여우야 뭐하니
	감각 · 탐색	• 바퀴 탐색하기 • 띠블록으로 만들기	• 여러 가지 자동차 놀이 • 자동차 꼭지퍼즐	• 촉감판 위를 걸어 보아요 • 그림책의 여러 가지 모양	• 그림책 속 실물자료 탐색하기 • 꼭지퍼즐 맞춰 보기
실외 및 산책		• 깡통 자동차 끌기 • 천천히 뛰기, 빨리 뛰기		• 산책길의 풍경을 감상해요 • 색 풍선 던지기	
전이활동		• 언어리듬-간다간다 • 게임-터널 속을 지나가요 • 이야기 나누기-자동차를 타고 ○○에 갔어요			

활동명: 동그란 바퀴가 있어요

활동목표: 굴러가는 바퀴의 형태를 반복하여 탐색하여 본다.

표준보육과정 영역 및 범주: 자연탐구〉탐구하는 태도 기르기〉탐색 시도하기(2~4수준)

어린이집 평가인증지표: 자연탐구활동

활동자료: 다양한 자동차

활동방법

1. 다양한 자동차를 제시하여 영아가 탐색하며 놀이를 한다.
   "뛰뛰 빵빵 자동차가 있네. ○○가 한번 굴려 볼까?"
   "와! 선생님 자동차보다 더 빨리 굴러가는구나."
2. 자동차의 모양과 굴러가는 바퀴에 대해 이야기를 나누어 본다.
   "○○야, 빨간 자동차는 바퀴의 모양이 어때?" "동그랗구나."
   "자동차는 어떻게 굴러갈까?" "바퀴가 떼굴떼굴 굴러가네."
   "우리 교실에 바퀴처럼 동그랗게 생긴 놀이감은 어떤 게 있을까?"
   "그래, 시계가 있구나."
3. 영아들이 자유롭게 자동차를 굴리며 놀이를 한다.

확장 및 참고사항

*같은 모양의 자동차를 2~3개씩 배치하여 영아들 사이에 분쟁이 일어나지 않도록 돕는다.

활동명: 선생님과 사진 찍기

활동목표: 교사와 친밀감을 느끼고 정서적으로 안정감을 갖는다.
즐겁게 사진을 찍어 보는 경험을 갖는다.

표준보육과정 영역 및 범주: 사회관계〉더불어 생활하기〉안정적인 애착 형성하기(3~4수준)

어린이집 평가인증지표: 역할놀이

활동자료: 사진기 교구

활동방법

1. 영아가 사진기를 탐색할 수 있도록 한다.
   "○○야, 무엇을 가지고 놀이하고 있니?"
   "이건 사진기라고 한단다. 카메라라고도 해."
   "우리 ○○를 예쁘게 찍어 줄 수 있어."
2. 교사의 모델링을 통해 영아가 사진을 찍어 보도록 이야기해 준다.
   "선생님이 우리 ○○를 찍어 줄게. 활짝 웃어 볼까?"
   "하나, 둘, 셋, 찰칵!"
   "와! 멋있다. 우리 ○○의 얼굴이 멋있게 나왔네."
3. 교사와 함께 서로 사진을 찍어 주며 놀이한다.
   "이번에는 ○○가 선생님을 찍어 줄래?"
   "예쁜 얼굴~ 활짝~"

확장 및 참고사항

*활동이 익숙해진 후에는 실물 사진기를 가지고 친구와 함께 사진을 찍는 활동으로 확장해 본다.

활동명: 흘리지 않고 먹어요

활동목표: 흘리지 않고 음식을 먹는 바른 습관을 갖는다.

표준보육과정 영역 및 범주: 기본생활〉건강하게 생활하기〉즐겁게 먹기(1~4수준)

어린이집 평가인증지표: 기본생활 관련 활동

활동자료: 식판, 수저, 포크

활동방법

1. 영아의 점심을 준비하고, 영아가 자리에 앉아서 먹을 수 있도록 한다.
   "○○야, 우리 맛있게 밥을 먹어 볼까?"
2. 식판에 놓여 있는 음식에 대하여 이야기를 나누고 흘리지 않고 먹도록 이야기한다.
   "○○가 좋아하는 생선 반찬이 있구나."
   "밥하고 반찬을 꼭꼭 씹어서 먹어 보자."
   "몸을 식탁 가까이에 앉고 수저를 잘 쥐고 먹으면 흘리지 않고 먹을 수 있어."
   "우리 ○○도 흘리지 않고 잘 먹을 수 있지?"
   "그래, 잘했어. 조금밖에 안 흘렸네."
3. 식사가 끝난 영아가 식판을 스스로 정리해 볼 수 있도록 격려한다.

확장 및 참고사항

*교사가 영아와 함께 점심을 먹으며 바른 식습관 모델링을 보인다.

활동명: 여러 가지 자동차 그림

활동목표: 자동차의 종류에 대해 알아본다.

표준보육과정 영역 및 범주: 의사소통〉듣기〉경험과 관련된 말 듣고 알기(1~4수준)

어린이집 평가인증지표: 언어활동

활동자료: 여러 종류의 자동차

활동방법

1. 자동차에 관한 노래를 영아와 불러 본다.
   "자동차가 나오는 노래는 어떤 노래가 있을까?"
   빨간 자동차가 에엥에엥 불 났어요~불 났어요~ 에엥에엥~♬
2. 자동차에 관한 그림자료를 제시하고 이야기를 나눈다.
   "여러 종류의 자동차가 있네."
   "트럭은 짐을 싣고 갈 수 있단다."
   "구급차는 아픈 사람을 병원에 싣고 가는 차야."
3. 영아에게 자동차 그림을 보여 주고 맞혀 보게 한다.
   "이건 어떤 자동차일까?"
   "그래, 사람들을 많이 태울 수 있는 버스야."

확장 및 참고사항

* 실물 자동차 놀잇감으로 바퀴, 창문, 운전대 등을 알려 줄 수 있다.

활동명: 한 발로 콩콩 뛰기

활동목표: 한 발로 서기를 시도해 본다.

표준보육과정 영역 및 범주: 신체운동〉신체활동에 참여하기〉몸 움직임 즐기기(3~4수준)

어린이집 평가인증지표: 신체활동

활동자료: 카세트, 동요 CD

활동방법

1 . 놀이매트에서 영아들과 동요를 들으며 자유롭게 몸을 움직여 본다.
즐겁게 춤을 추다가 그대로 멈춰라~♬
"와! 우리 ○○이 멋지게 춤을 추네."
2. 교사가 한 발로 뛰는 모습을 보여 주며 영아들이 모방하여 뛰어 볼 수 있도록 한다.
"○○야, 선생님이 발을 올리고 한쪽 발로 서 있네."
"이번에는 한 발로 콩콩 뛰어 볼 거야."
"우리 친구들도 선생님처럼 한 발로 서 볼까?"
"와! 우리 ○○가 잘 따라 하는구나."
3. 영아들과 동요를 들으며 다같이 한 발로 뛰어 본다.

확장 및 참고사항

*한 발로 콩콩 뛰는 활동이 익숙해지면 한 발로 다양한 선 따라 뛰어 보기 활동으로 확장해 본다.

활동명: 리본막대 춤추기

활동목표: 리듬에 맞추어 몸을 흔들어 보고 자유롭게 표현해 본다.

표준보육과정 영역 및 범주: 예술경험〉예술적 표현하기〉움직임으로 반응하기(3~4수준)

어린이집 평가인증지표: 예술활동

활동자료: 카세트, 동요 CD, 리본막대

활동방법

1. 카세트에서 나오는 동요를 불러 본다.
   "카세트에서 곰 세 마리 노래가 나오는구나. 함께 불러 볼까?"
   곰 세 마리가 한집에 있어~ 아빠곰~ 엄마곰♬
2. 노래의 리듬을 몸으로 느껴 본 후 리본막대를 제시한다.
   "○○야, 노래를 부르며 춤을 춰 볼까?"
   "이건 리본막대라고 한단다."
   "노란색, 연두색 예쁜 리본끈이 막대에 달려 있구나."
   "리본막대를 흔들며 노래를 불러 볼까?"
3. 음악에 맞춰 리본막대를 흔들어 본다.
   "팔을 움직일 때마다 리본도 움직이네."
   "○○반 친구들이 멋지게 춤추는구나."

확장 및 참고사항

* 리본막대를 제시하기 전에 막대로 장난치거나 친구를 때리지 않게 지켜야 할 약속을 정한다.

활동명: 색 풍선 던지기

활동목표: 즐겁게 풍선놀이를 하며 대근육 발달을 돕는다.

표준보육과정 영역 및 범주: 신체운동〉신체활동에 참여하기〉기구를 이용하여 신체활동 시도하기(2~4수준)

어린이집 평가인증지표: 신체활동

활동자료: 색 풍선

활동방법

1. 영아들에게 풍선을 보여 주며 이야기를 나눈다.
   "선생님이 손에 들고 있는 이게 뭘까?"
   "여러분이 좋아하는 풍선이구나."
2. 영아들에게 풍선을 충분히 탐색할 수 있게 한다.
   "여러 가지 색깔 풍선이 있네. 바람을 넣으니까 커졌어."
   "풍선이 가벼우니까 하늘로 잘 올라가네."
3. 친구들과 풍선을 마음껏 던져 본다.
   "○○가 풍선을 멀리 던졌네."
   "풍선을 따라가 보자."
   "풍선을 발로 차니까 더 멀리 날아갔어."

확장 및 참고사항

* 영아들이 좋아하는 색깔의 풍선을 고를 수 있게 하여 색을 인지할 수 있는 활동으로도 확장해 본다.

활동명: 그림책 속 실물자료 탐색하기

활동목표: 그림책 속 실물자료를 찾아보고 탐색해 본다.

표준보육과정 영역 및 범주: 자연탐구〉과학적 탐구하기〉물체와 물질 탐색하기(1~4수준)

어린이집 평가인증지표: 자연탐구활동

활동자료: 그림책, 그림책 속 실물자료

활동방법

1. 그림책을 본 후 그림책에 나와 있는 실물자료를 제시한다.
   "그림책에 어떤 물건이 있었지?"
   "공, 볼펜, 로션이 있었지."
   "선생님이 그림책에 있는 물건들을 가지고 왔단다."
2. 영아와 실물자료를 탐색해 본다.
   "이건 무엇일까? 그림책에 있었던 공이네."
   "공이 무슨 색깔이니?"
   "그림책에서 본 로션도 있구나."
3. 그림책 속에 있는 다른 물건들을 교사가 제시하는 찾아올 수 있도록 한다.
   "이번에는 인형을 찾아와 보자."

확장 및 참고사항

*교실에 있는 물건을 찾는 게임을 해 본다.

만 1세 (12월) 월간보육계획안

주 제: 추워요 / 배변

다룰 내용: 추운 겨울날 볼 수 있는 풍경에 대해 이야기해 보고 우리 몸을 따뜻하게 해 주는 옷차림을 알아본다.
배변활동에 긍정적으로 반응할 수 있도록 다양한 활동을 경험해 본다.

활동 \ 주		1주	2주	3주	4주
		추워졌어요	옷을 따뜻하게 입어요	눈이 와요	혼자 할 수 있어요
등원 및 맞이하기		• 영아의 옷차림에 관심 가지기		• 영아의 건강상태 확인하기	
일상생활 (기본생활)	간식 및 점심	• 김치를 먹어 보아요		• 휴지로 입 닦아요	
	낮잠 및 휴식	• 이불 걷어차지 않고 눕기		• 동화 들으며 잠들기	
	배변훈련	• 낮잠 후 화장실 다녀오기		• 변기에 앉아 배변하기	
	기본생활습관	• 실외놀이 시 자신의 겉옷 찾아보기		• 내가 벗은 바지 접어 보기	
자유놀이	신체	• 썰매 타기 • 네모 모양판 밟기	• 지시한 겨울용품 가져오기 • 샌드백 발로 차기	• 캐롤에 맞추어 움직이기 • 부츠 신고 걸어 보기	• 매트에 팔, 다리 펴고 누워 보기 • 배변 후 스스로 바지 올려 보기
	쌓기 · 역할	• 친구 따뜻하게 안아 주기 • 레고 블록 끼우기	• 썰매 만들기 • 곰 인형에게 목도리 둘러 주기	• 눈사람 만들기 • 친구에게 선물 주기	• 블록으로 변기 만들기 • 응가하는 흉내 내기
	언어	• 전래동요 – 아침바람 찬바람에 • '추워요, 따뜻해요' 말해 보기	• 겨울풍경 사진 보기 • 겨울철에 사용하는 물건 이름 말해 보기	• 그림책 – 팽이의 눈사람 • 크리스마스예요	• 그림책 – 혼자 할 수 있어요 • 누가 했나요?
	창의적 표현	• 실로폰 연주하기 • 에어캡 위에 사인펜으로 그리기	• 옷 모양 종이에 수수깡으로 꾸미기 • 트리 꾸미기	• 눈오는 풍경 솜 붙여 표현하기 • 캐롤 들으며 방울벨 흔들기	• 옷 모양 종이에 꾸미기 • 신문지 응가 만들기
	감각 · 탐색	• 장갑 짝 찾기 • 요리 – 따뜻한 코코아	• 겨울풍경 퍼즐 맞추기 • 신문지 이불 덮어요	• 요리 – 모양 식빵 • 눈 만져 보기	• 눈사람 퍼즐 • 선물포장 뜯기
실외 및 산책		• 겨울바람 느끼며 걸어 보기 • 나뭇가지에 쌓인 눈 살펴보기	• 입김 불어 보기 • 눈 위 걸어 보기	• 눈 뭉치기 • 눈 맞아 보기	
전이활동		• 손유희 – 펑펑펑 눈이 내리면, 울면 안 돼, 흰 눈 사이로 • 이야기 나누기 – 겨울에 사용하는 소품 알아보기, 내가 할 수 있는 일 찾아보기			

활동명: 김치를 먹어 보아요

활동목표: 김치의 맛을 경험한다.

표준보육과정 영역 및 범주: 기본생활〉건강하게 생활하기〉즐겁게 먹기(4수준)

어린이집 평가인증지표: 기본생활 관련 활동

활동자료: 식판, 턱받이

활동방법

1. 점심 먹을 준비를 하고 오늘의 점심 메뉴를 소개한다.
   "오늘은 미역국도 있고 보리밥도 있네."
   "반찬은 김치도 있고 아삭아삭 호박볶음도 있구나."
   "꼭꼭 씹어서 골고루 먹어 보자."
2. 영아가 김치를 먹을 수 있도록 격려한다.
   "이번에는 김치를 먹어 볼까?"
   "김치를 먹으면 몸도 튼튼해지고 얼굴도 예뻐진대."
   "○○는 김치도 잘 먹는구나."
   "선생님도 김치를 좋아해."
3. 다 먹은 식판은 영아가 스스로 정리해 보도록 한다.

확장 및 참고사항

*냠냠 노래에 맞춰 활동해 본다.

활동명: 네모 모양판 밟기

활동목표: 네모 모양을 탐색해 본다.
네모 모양판을 밟으며 대근육 발달을 돕는다.

표준보육과정 영역 및 범주: 신체운동〉신체조절과 기본운동하기〉기본운동하기(3~4수준)

어린이집 평가인증지표: 신체활동

활동자료: 네모 모양판

활동방법

1. 네모 모양판을 제시하고 영아가 자유롭게 탐색해 보도록 한다.
"○○야, 이게 뭘까?"
"(네모 모양판의 모서리를 손으로 만지며) 하나, 둘, 셋, 넷, 네 개의 뾰족한 부분이 있는 네모판이구나."
2. 네모 모양판을 길게 놓아 길을 만든다.
"(네모 모양판을 바닥에 놓으며) 여기 네모 모양판을 길게 놓으니 기다란 길이 되었네."
3. 교사가 네모 모양판 위를 걷는 시범을 보인다.
"여기 네모 모양판 길 위로 걸어 볼까?"
"○○도 한번 해 보겠니?"
4. 영아가 해 보도록 한다.
"○○가 네모 모양판 위로 잘 걷는구나."

확장 및 참고사항

* 영아가 활동 시 미끄러지지 않도록 유의한다.

활동명: 겨울철에 사용하는 물건 이름 말해 보기

활동목표: 겨울철에 사용하는 물건을 탐색해 본다.
이름을 말해 보는 경험을 한다.

표준보육과정 영역 및 범주: 의사소통〉말하기〉발성과 발음으로 소리내기(3~4수준)

어린이집 평가인증지표: 언어활동

활동자료: 겨울 용품 사진(난로, 모자, 장갑)

활동방법

1. 바깥 날씨에 대해 이야기 나눈다.
   "○○야, 바깥 날씨가 어떠니?"
   "쌩쌩 바람도 불고 아주 추운 날씨구나."
2. 추운 겨울에 우리 몸을 따뜻하게 해 주는 용품들에 대해 알아본다.
   "이렇게 추운 겨울날 우리 몸을 따뜻하게 해 주는 것에는 어떤 것들이 있을까?"
3. 그림자료를 통해 사진과 이름을 말해 본다.
   "(그림자료를 보여 주며) 이건 뭘까?"
   "그래. 손을 따뜻하게 해 주는 장갑이구나."
   "이번에는 어떤 사진인지 ○○가 말해 볼까?"
   "이건 털부츠, 이건 목도리란다."
   "겨울에는 장갑을 끼고 목도리를 두르고 털부츠를 신어야 춥지 않단다."

확장 및 참고사항

*겨울 용품을 영아가 직접 착용해 보도록 한다.

활동명: 트리 꾸미기

활동목표: 다양한 재료를 탐색해 보고 트리에 꾸며 본다.

표준보육과정 영역 및 범주: 예술경험〉예술적 표현하기〉단순한 미술경험하기(3~4수준)

어린이집 평가인증지표: 예술활동

활동자료: 트리 모양 부직포, 단추, 양면테이프

활동방법

1. 트리 모양 부직포, 단추 재료를 소개하는 시간을 갖는다.
   "(트리 모양 부직포를 가리키며) 여기 초록색 모양을 본 적이 있니?"
   "그래 이건 트리라는 거야. 산타할아버지가 오시는 크리스마스에 하는 장식이란다."
   "(단추를 가리키며) 이건 뭘까? ○○ 옷에도 있는 단추구나."
2. 교사가 시범을 보인다.
   "트리 모양 부직포에 단추를 붙여 트리를 예쁘게 꾸며 보자."
3. 영아가 트리 모양에 준비한 재료를 붙여 보도록 한다.
   "○○가 한번 붙여 보겠니?"
   "○○가 붙이니 예쁜 트리가 완성되었네."
4. 완성된 작품은 친구들 앞에서 소개해 보는 시간을 갖는다.

확장 및 참고사항

*준비된 재료를 영아가 입에 넣지 않도록 유의한다.

활동명: 부츠 신고 걸어 보기

활동목표: 부츠의 따뜻함을 느껴 보고 신고 걸어 본다.

표준보육과정 영역 및 범주: 신체운동〉감각과 신체 인식하기〉감각기관으로 탐색하기(1~4수준)

어린이집 평가인증지표: 신체활동

활동자료: 부츠 그림과 부츠

활동방법

1. 영아와 겨울에 신는 부츠 그림을 보며 이야기를 나눈다.
   "이게 뭐지? 어디에 쓰는 물건이지?"
   "아, 추울 때 신는 신발이구나. 부츠라고 해."
2. 눈 오는 날 영아가 부츠를 신고 걸어 볼 수 있게 한다.
   "○○가 부츠를 신고 걷고 있구나."
   "눈 위를 걸어도 발이 춥지 않네?"
   "추운 날에, 눈 오는 날에 부츠를 신으면 발이 따뜻하지."
   "부츠는 이렇게 추운 날에만 신는 거야."

확장 및 참고사항

* 영아가 날씨를 느낄 수 있는 다른 소품들도 알아본다.
* 부츠를 신는 장소와 때를 알게 한다.

활동명: 친구에게 선물 주기

활동목표: 나눠 주는 경험을 한다.
또래에게 친밀감을 느껴 본다.

표준보육과정 영역 및 범주: 사회관계〉더불어 생활하기〉안정적인 애착 형성하기(3~4수준)

어린이집 평가인증지표: 사회관계증진활동

활동자료: 동요 CD, 포장된 선물

활동방법

1. 크리스마스 분위기를 느낄 수 있는 환경을 구성해 준다.
   "(울면 안돼 동요를 들려주며) 크리스마스에 누가 올까?"
   "산타할아버지가 오신대. 산타할아버지는 착한 친구에게 선물을 주신대."
   "산타할아버지가 어떤 선물을 주실까?"
2. 선물을 제시하고 영아가 관심을 보이면 친구에게 선물 나눠 주기를 하도록 한다.
   "○○야, 우리도 산타할아버지처럼 □□ 친구에게 선물을 주자."
   "(선물 받은 친구에게) ○○가 선물을 줬네. '고마워'라고 말해 보자."
3. 선물 받은 친구와 나눠 준 친구가 친밀감과 기쁨을 느낄 수 있게 관심을 보여 준다.

확장 및 참고사항

* 영아가 나눠 주는 기쁨과 감정을 표현할 수 있게 교사가 도와준다.

활동명: 매트에 팔, 다리 펴고 누워 보기

활동목표: 몸의 근육을 조절하며 몸을 굴려 본다.

표준보육과정 영역 및 범주: 신체운동〉신체조절과 기본운동하기〉대근육 조절하기(2~4수준)

어린이집 평가인증지표: 신체활동

활동자료: 매트

활동방법

1. 매트에 누워 옆으로 구르는 활동을 설명해 준다.
   "(매트를 가리키며) 이게 뭐지? 푹신푹신한 파란색 매트구나."
   "매트에 누워서 옆으로 구르기를 할 거야."
2. 영아가 매트 위에 옆으로 구를 수 있는 자세를 하도록 교사가 도와준다.
   "○○야, 천장 보고 바르게 눕자. 팔을 위로 올려 손잡고, 두 다리를 포개 보자."
   영아가 자세를 잡은 모습을 교사가 말로 표현해 준다.
3. 천천히 옆으로 구르기를 할 수 있게 한다.
   "선생님이 잡고 옆으로 굴려 줄게. ○○가 김밥처럼 한 바퀴 굴렀네."

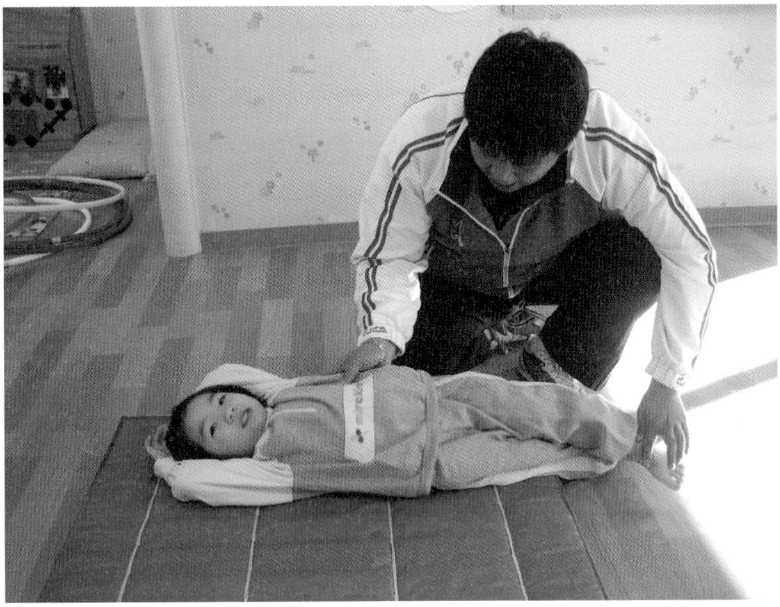

확장 및 참고사항

* 옆으로 구르는 활동이 낯설어 어려워하는 영아는 교사가 천천히 굴려 준다.

만 1세 (1월) 월간보육계획안

주 제: 친구야 놀자

다룰 내용: 또래 영아들과의 친사회적 경험을 통하여 자아존중감을 갖는다.
또래 영아들과 즐겁게 놀이한다.

활동 \ 주		1주	2주	3주	4주
		친구가 있어요	친구와 함께해요	친구와 나누어요	사이좋게 놀아요
등원 및 맞이하기		• 먼저 온 친구에게 반갑게 인사하기		• 친구의 얼굴을 찾아보기	
일상생활 (기본생활)	간식 및 점심	• 친구와 함께 앉기		• 친구들에게 식기를 나눠 주기	
	낮잠 및 휴식	• 친구에게 "잘 자" 인사하기		• 이불 꼭 덮고 자기	
	배변훈련	• 내 차례를 기다리기		• '쉬'라고 말해요	
	기본생활습관	• 친구와 헤어질 때 인사하기		• 친구와 놀잇감 함께 정리하기	
자유 놀이	신체	• 뚱보와 갈비	• 친구와 공 주고받기 • 친구와 자동차 타기	• 친구와 함께 구슬 옮기기 • 둘이서 둘이서	• 친구와 기차 놀이 • 누구를 잡을까?
	쌓기 · 역할	• 친구만큼 블록 쌓아 보기 • 친구에게 자랑하기	• 친구 초대하기 • 친구와 만나요	• 밀가루 반죽 생일 축하 놀이	• 친구 집 놀러가기
	언어	• 내 친구 이름은? • ○○는어디 있나?	• "친구야, 같이하자."	• 꼭꼭 약속해	• "하지 마." "미안해." • "친구야, 사랑해."
	창의적 표현	• 친구 모습 꾸며 보기	• 나는 사진작가 • 친구와 함께하는 악기연주	• 친구 입에 과자 넣어 주기 • ○○ 개구리	• 친구와 함께 그려 보아요 • '손을 잡고'
	감각 · 탐색	• 화면에서 친구 얼굴 찾기 • 너랑 나랑 닮은 곳은?	• 목소리 찾기 • 어디 어디 붙었나?	• 같은 사진 찾기	• 친구얼굴에 톡톡톡
실외 및 산책		• 어르신들께 새해 인사 드려요	• 눈을 굴려요	• 친구 모자 씌워 주기	• 눈 뭉쳐 던져 보기
전이활동		• 단체사진 속 얼굴 찾기	• 동요-나의 친구여	• 그림책-둘이서 둘이서	• 둘이 살짝 손잡고

활동명: 뚱보와 갈비

활동목표: 손가락 손유희로 소근육 발달을 돕는다.
친구에게 "미안해."라고 말해 본다.

표준보육과정 영역 및 범주: 신체운동〉신체조절과 기본운동하기〉소근육 조절하기(2~4수준)
의사소통〉말하기〉표정, 몸짓, 말소리로 말하기(3~4수준)

어린이집 평가인증지표: 언어활동

활동자료: 손가락 인형

활동방법

1. 교사는 손가락 손유희로 영아의 주의를 집중시킨다.
   "여기 배가 불록 나온 뚱보와 마른 몸을 가진 갈비라는 친구가 있네?
   "그런데 이 친구들이 길을 가다가 쾅! 하고 부딪혔대."
   "이 두 친구가 어떻게 했는지 선생님이 노래를 불러 줄게."
   ♬뚱보가 뛰어와 갈비가 뛰어와 길모퉁이에서 부딪혔다네.
   미안 미안해 둘이는 화해하고 하하하♬
2. 교사는 영아와 함께 친구들의 이름을 넣어 활동해 본다.
   "이번에는 ○○랑 □□의 이름을 넣어서 불러 볼까?"
   "○○이가 뛰어와 □□가 뛰어와 길모퉁이에서 부딪혔다네."

확장 및 참고사항

* 친구와 부딪혔을 때의 상황을 손가락 인형 등으로 재현하여 "미안해."라는 말을 어느 상황에 사용하는지에 대한 역할놀이로 확장해 볼 수 있다.

활동명: 친구만큼 블록 쌓아 보기

활동목표: 친구의 키만큼 블록을 쌓아 본다.

표준보육과정 영역 및 범주: 신체운동〉신체조절과 기본운동하기〉소근육 조절하기(2~4수준)

어린이집 평가인증지표: 쌓기놀이

활동자료: 종이벽돌 블록 혹은 우레탄 블록

활동방법

1. 영아와 노래를 부르며 블록을 쌓고 무너뜨리는 활동을 반복한다.
   "○○랑 △△가 선생님하고 블록을 쌓아서 집을 만들어 볼까?"
   "앗! 무너졌네? 첫 번째 돼지 집처럼 와르르 무너졌네."
   "다시 쌓아 볼까?"
   ♬첫 번째 돼지가 집을 짓는데 짚으로 차곡차곡 집을 짓는데
   늑대가 나타나 후~ 와르르 무너졌네. 아, 폭싹!♬
2. 영아가 블록을 쌓는 것에 흥미를 보이면 영아의 키만큼 블록을 쌓아 본다.
   "○○야, 이번에는 △△와 같이 △△ 키만큼 쌓아 볼까?"
   "○○가 한 개, △△가 한 개 차례 차례, 무너지지 않게 조심 조심 쌓아 보자."
3. 블록을 쌓은 뒤 교사는 영아에게 적절한 칭찬을 해 영아의 자신감과 성취감을 북돋워 준다.

확장 및 참고사항

*블록이 무너졌을 경우 놀이로 연계하여 무너진 블록을 보고 영아가 속상해하지 않도록 한다.

활동명: "친구야, 같이하자."

활동목표: 친구에게 "같이하자."라고 표현해 본다.
상황에 맞는 의사표현을 해 본다.

표준보육과정 영역 및 범주: 의사소통〉말하기〉표정, 몸짓, 말소리로 말하기(3~4수준)

어린이집 평가인증지표: 언어활동, 사회관계증진활동

활동자료: 꼭지블록 등 함께 놀이할 수 있는 놀잇감

활동방법

1. 영아들끼리 놀잇감을 가지고 분쟁이 일어났을 때 활동한다.
2. 영아는 친구에게 "같이하자." 혹은 "빌려 줘."라고 의사표현을 한다.
"○○야, △△가 놀이하고 있는 것으로 놀이하고 싶었니? 그랬구나."
"그럼 뺏거나 울지 않고 어떻게 말해야 될까?"
"그래, 맞았어. '같이하자, 빌려 줘.' 하는 거지?"
"○○가 놀잇감을 그냥 가져가면 △△가 속상하겠지?"
"그럼 이제 △△에게 말해 볼까?"
3. 먼저 놀이를 하고 있던 영아에게 함께 놀이할 것을 표현해 본다.
"△△야, ○○가 같이 하자고 말하네? ○○랑 같이 놀이할래?"
"우와, △△는 친구와 함께 놀이하는구나~"
"○○는 이제 같이하자고 말할 수 있구나?"

확장 및 참고사항

*친구가 놀잇감을 빌려 줬을 때의 상황에 맞는 의사표현을 해 보는 것으로 확장할 수 있다.

활동명: 친구와 함께하는 악기 연주

활동목표: 다양한 악기로 친구와 함께 연주해 본다.
함께 악기를 연주하면서 즐거움을 느껴 본다.

표준보육과정 영역 및 범주: 예술경험〉예술적 표현하기〉리듬 있는 소리로 반응하기(3~4수준)

어린이집 평가인증지표: 예술활동

활동자료: 마라카스, 탬버린 등

활동방법

1. 영아들에게 악기를 제시한 뒤 함께 노래를 부르며 악기 연주를 해 보도록 한다.
   "여기 마라카스와 탬버린이 있네?"
   "○○와 △△가 함께 연주해 볼까?"
2. 교사는 악기의 소리를 의성어로 표현해 준다.
   "마라카스와 탬버린을 흔드니 찰찰찰 소리가 나는구나."
3. 서로 악기를 바꾸어 연주해 볼 수 있도록 한다.
   "이번에는 ○○와 △△가 서로 바꿔서 악기를 연주해 볼까?"

확장 및 참고사항

*주변에 있는 소리 낼 수 있는 그릇으로 소리 내어 볼 수 있다.

활동명: 꼭꼭 약속해

활동목표: 또래 영아들과 약속을 해 본다.
또래 영아들과 사이좋게 놀이해야 하는 것을 알린다.

표준보육과정 영역 및 범주: 의사소통〉말하기〉표정, 몸짓, 말소리로 말하기(3~4수준)

어린이집 평가인증지표: 언어활동

활동자료: 손가락인형

활동방법

1. 영아가 손가락인형을 이용하여 놀이하고 있을 때 교사는 영아의 놀이를 관찰한 후 〈꼭꼭 약속해〉 노래를 불러 주며 영아의 놀이에 참여한다.
"우리 ○○가 손가락인형으로 놀이하고 있구나."
"선생님도 ○○처럼 손가락인형으로 놀이해야지."
2. 영아가 흥미를 보이면 놀이의 분쟁 상황을 손가락인형을 사용하여 구연한다.
"어? 돼지 친구 것이 갖고 싶어. 내 것이야, 나만 놀 거야."
"친구의 장난감을 갖고 싶으면 어떻게 해야 하지?"
"'빌려 줘.' 라고 이야기하면 되겠구나."
"친구와 사이좋게 놀이하기로 손가락 걸고 약속해 보자."
3. 교사가 먼저 영아에게 손가락을 걸며 약속에 대한 표현을 이끈다.
"사이좋게 놀이하면 울지 않고 재미있게 놀이할 수 있어?"
♬너하고 나는 친구 되어서 사이좋게 지내자. 새끼손가락 고리 걸고 꼭꼭 약속해.♬

확장 및 참고사항

* 이 시기의 영아는 주로 혼자 놀기가 이루어지므로 교사의 강요나 의도적으로 영아의 놀이에 참여하지 않는다.

활동명: 친구와 함께 장난감을 정리하기

활동목표: 놀이한 장난감을 함께 정리해 본다.

표준보육과정 영역 및 범주: 사회관계〉더불어 생활하기〉사회적 가치를 알기(3~4수준)

어린이집 평가인증지표: 사회관계증진활동

활동자료: 바구니, 작은 장난감

활동방법

1. 교사는 장난감을 정리하는 시간임을 알리는 노래를 틀어 영아들의 정리를 돕는다.
   "지금 무슨 노래가 나오지? 어~ 정리하는 노래가 나오네?"
   "어떻게 해야 할까?"
2. 영아가 힘들어하면 교사와 함께 정리해 본다.
   "바구니에 퐁당 넣어 보자. 장난감을 정리하면 교실이 깨끗해진대."
   "우리 ○○가 바구니에 넣었구나! 잘했어. 바구니가 무거우니 △△와 같이 들어 볼래?"
   "영차 영차."
3. 함께 정리한 영아를 칭찬해 준다.
   "와 우리 ○○, △△가 함께 정리하였구나."
   "다른 것도 바구니에 정리해 볼까?"
   "힘을 합쳐서 정리하니 교실이 깨끗해졌네."

확장 및 참고사항

* 영아가 정리 노래를 듣고 정리할 수 있도록 반복적으로 경험하게 한다.

활동명: 둘이서 둘이서

활동목표: 친구와 함께 움직여 보며 신체를 조절하여 본다.

표준보육과정 영역 및 범주: 신체운동〉신체 조절과 기본운동하기〉소근육 조절하기(2~4수준)

어린이집 평가인증지표: 역할놀이, 신체활동

활동자료: 아기 인형, 바구니, 병원놀이 세트

활동방법

1. 큰 바구니에 인형을 넣어 주고 영아들에게 제시한다.
   "여기 바구니에 아기 인형이 있네."
2. 아기 인형이 아파서 병원에 가야 하는 상황을 영아들에게 이야기한다.
   "얘들아, 아기 인형이 배가 아픈가 봐."
   "배가 아픈 아기 인형을 위해서 어떻게 해 주면 좋을까?"
   "그래, 병원에 가야지."
   "우리 아기 인형을 데리고 병원에 가 보자."
3. 영아들이 바구니를 들고 옮겨 보도록 한다.
   "혼자서 아기를 들기는 힘이 드니까 우리 ○○와 △△가 아기를 들어 보자."
   "아기가 아프니까 바구니를 들고 천천히 살금살금 걸어오면 좋겠다."

확장 및 참고사항

* 역할놀이와 연계하여 통합적인 놀이가 될 수 있도록 한다.

활동명: 밀가루 반죽 생일 축하 놀이

활동목표: 밀가루 반죽으로 감각적 경험을 한다.
친구의 생일을 축하하는 상징놀이를 한다.

표준보육과정 영역 및 범주: 예술경험〉예술적 표현하기〉단순한 미술경험하기(3~4수준)

어린이집 평가인증지표: 예술활동

활동자료: 밀가루 반죽, 소꿉놀이 세트

활동방법

1. 밀가루 반죽을 제시해 주고 영아들이 자유롭게 탐색할 수 있도록 한다.
   "밀가루 반죽이 있구나. 느낌이 어때?" "말랑말랑하구나."
2. 영아가 충분히 탐색한 후 놀이가 이루어지지 않을 때 먼저 케이크를 만들어 볼 것을 권유한다.
   "어~ 우리 ○○은 토끼를 만들었구나."
   "오늘은 토끼의 생일날! 선생님은 토끼의 케이크를 만들어 봐야지."
3. 영아가 든 케이크로 〈생일 축하합니다〉 노래를 함께 불러 본다.
   "우리 ○○도 케이크 만들어 보고 싶니?"
   "그럼 선생님과 함께 만들어 보자."
   "우리 ○○가 케이크를 만들었네."
   ♬사랑하는 ○○의 생일 축하합니다. 후~♬

확장 및 참고사항

* 영아가 구체적으로 표현할 수 있도록 소꿉놀이 세트를 제공한다.
* 원하는 영아의 이름을 넣어 생일 축하 놀이를 할 수 있도록 한다.

만 1세 (2월) 월간보육계획안

주 제: 이만큼 자랐어요

다룰 내용: 키와 몸이 자란 내 모습에 관심을 갖고 스스로 할 수 있는 일들을 경험해 본다.

<table>
<tr><th colspan="2" rowspan="2">주 / 활동</th><th>1주</th><th>2주</th><th>3주</th><th>4주</th></tr>
<tr><th>쑥쑥 자랐어요</th><th>혼자 할 수 있어요</th><th>도울 수 있어요</th><th>선생님 고맙습니다</th></tr>
<tr><td colspan="2">등원 및 맞이하기</td><td colspan="2">• 내 사물함에 내 물건 넣기</td><td colspan="2">• '다녀오세요' 말해 보기</td></tr>
<tr><td rowspan="4">일상 생활 (기본생활)</td><td>간식 및 점심</td><td colspan="2">• 친구들에게 간식 나눠 주기</td><td colspan="2">• '더 먹고 싶어요' 말해 보기</td></tr>
<tr><td>낮잠 및 휴식</td><td colspan="2">• 낮잠 전후 화장실 가기</td><td colspan="2">• 선생님 베개 갖다 드리기</td></tr>
<tr><td>배변훈련</td><td colspan="2">• 화장실 물 내리기</td><td colspan="2">• 차례대로 화장실 가기</td></tr>
<tr><td>기본생활습관</td><td colspan="2">• 가지고 놀이한 놀잇감 정리하기</td><td colspan="2">• 혼자서 로션 발라요</td></tr>
<tr><td rowspan="5">자유 놀이</td><td>신체</td><td>• 원기둥 블록에서 놀이하기
• 까치발 들고 걷기</td><td>• 내 이불 개 보기
• 훌라후프 운전해 보기</td><td>• 매달린 풍선 치기
• 공 머리 위로 던져 보기</td><td>• 매달린 풍선 치기
• 공 머리 위로 던져 보기</td></tr>
<tr><td>쌓기 · 역할</td><td>• 한복 입어 보기
• 절 배워 보기</td><td>• 십자블록 쌓기
• 우리 집은 어디에 있을까?</td><td>• 걸레로 닦기
• 블록 색깔 쌓기</td><td>• 컵 쌓기
• 선생님과 소꿉놀이</td></tr>
<tr><td>언어</td><td>• 내 키가 많이 자랐어요
• '싫어요' 표현하기</td><td>• 내가 할 수 있어요
• 여러 가지 소리 내어 보기</td><td>• '좋아요' 표현하기
• 형님반이 되어요</td><td>• '고맙습니다' 말해 보기
• 크게, 작게 말해 보기</td></tr>
<tr><td>창의적 표현</td><td>• 구슬 그림 그리기
• 좋아하는 음식 만들기</td><td>• 색종이 붙여 보기
• 솜 붙이기</td><td>• 친구와 소꿉놀이를 해요
• 친구와 함께 그려요</td><td>• 신문지 찢기
• 선생님 얼굴 그려 보기</td></tr>
<tr><td>감각 · 탐색</td><td>• 비닐봉지에서 소리가 나요
• 판 밟으며 걷기</td><td>• 정리할 수 있어요
• 색테이프 붙여 보기</td><td>• 친구 로션 발라 주기
• 돋보기로 친구 찾기</td><td>• 몸에서 소리가 나요
• 선생님 몸에 스티커 붙이기</td></tr>
<tr><td colspan="2">실외 및 산책</td><td>• 슈퍼마켓에 가요</td><td>• 혼자서 신발을 신어 보아요</td><td>• 친구와 함께 손잡고 걸어요</td><td>• 쓰레기를 찾아서 담아 보아요</td></tr>
<tr><td colspan="2">전이활동</td><td>• 나처럼 해 봐요 이렇게</td><td>• 둘이서 둘이서 손잡고</td><td>• 동대문을 열어라</td><td>• 두껍아 두껍아</td></tr>
</table>

활동명: 내 키가 많이 자랐어요

활동목표: 내 키를 재 보며 키가 얼마나 자랐는지 살펴본다.

표준보육과정 영역 및 범주: 신체운동〉신체 조절과 기본운동하기〉신체 균형 잡기(3~4수준)

어린이집 평가인증지표: 신체활동

활동자료: 키 재는 기구

활동방법

1. 키 재는 기구를 영아들과 탐색해 본다.
   "이건 뭘까?"
   "우리 키가 얼마나 컸는지 보는 거래."
   "이것을 쑤욱 올리니 올라가네."
2. 영아들의 키를 재 본다.
   "○○가 얼마나 컸는지 우리 한번 재 볼까?"
   "발을 여기에 두고 머리를 막대에 대면 돼."
   "우리 ○○는 키가 이만큼이네."
3. 예전의 키를 보여 주며 비교해 본다.
   "○○는 저번에는 이만했는데 지금은 이만하네."
   "○○가 밥도 잘 먹고 잠도 잘 자니까 키가 많이 컸네."

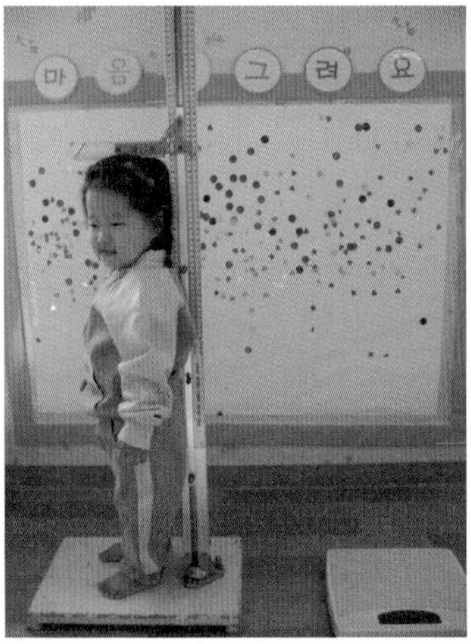

확장 및 참고사항

*친구의 키와 자신의 키를 비교해 본다.

활동명: 한복 입어 보기

활동목표: 한복을 입어 보는 경험한다.

표준보육과정 영역 및 범주: 예술경험〉예술감상하기〉아름다움 경험하기(1~4수준)

어린이집 평가인증지표: 역할놀이

활동자료: 한복, 안전거울

활동방법

1. 한복을 제시하여 영아가 탐색하도록 한다.
   "○○야, 이게 뭘까?"
   "이건 한복이라고 한대."
   "색깔이 분홍색도 있고, 노란색도 있구나."
2. 교사와 함께 한복을 입어 본다.
   "○○야, 이건 한복바지야. 입어 볼 수 있겠니?"
   "이번에는 저고리를 입어 보자."
   "○○가 한복을 입으니 참 예쁘구나."
   "○○야, 한복 입은 모습을 거울로 보겠니?"

확장 및 참고사항

* 한복 입고 절을 배워 보는 확장 활동을 해 본다.
* 한복을 입고 사진을 찍어 본다.

활동명: 우리 집은 어디에 있을까?

활동목표: 블록으로 집을 만들며 눈과 손의 협응력을 기른다.

표준보육과정 영역 및 범주: 신체운동〉신체조절과 기본운동하기〉소근육 조절하기(2~4수준)

어린이집 평가인증지표: 쌓기놀이

활동자료: 블록

활동방법

1. 블록을 제시하여 자유롭게 탐색해 본다.
   "와~ 여기에 블록이 많이 있다."
   "노란 블록, 파란 블록도 있네."
   "이건 무슨 모양일까?"
   "네모 모양이구나."
2. 교사와 함께 집을 만들어 본다.
   "우리 이 블록으로 집을 만들어 볼까?"
   "○○는 세모와 네모 블록으로 집을 만들었네."
   "△△는 긴 네모 두 개로 집을 만들었구나."
3. 여러 가지 집을 만들어 보고 우리 집을 찾아본다.
   "여기에 집이 많이 있다."
   "우리 동네를 만들어 볼까?"
   "○○네 집 앞에는 무엇이 있니?"
   "나무가 있구나."

확장 및 참고사항

*다양한 블록을 이용하여 집을 만들어 꾸며 보는 확장 활동을 해 본다.

활동명: 여러 가지 소리 내 보기

활동목표: 몸을 이용해 다양한 소리를 내 본다.

표준보육과정 영역 및 범주: 신체운동〉신체활동에 참여하기〉몸 움직임 즐기기(3~4수준)

어린이집 평가인증지표: 신체활동

활동자료: 없음

활동방법

1. 교사가 먼저 몸을 이용하여 다양한 소리를 내 본다.
   "(손뼉을 치며) 짝짝 짝짝짝."
   "(휘파람을 불며) 휘~~익."
   "(노래를 부르며) 라랄라 라랄라."
   "(발을 구르며) 쿵쿵쿵 쿵쿵쿵."
2. 관심을 보이는 영아와 함께 몸을 이용해 다양한 소리를 내 본다.
   "○○야, 선생님과 함께 소리를 내 볼까?"
   "○○는 무슨 소리를 내 볼까?"
   "선생님도 ○○와 같이 손뼉을 쳐야겠다."
   "○○야, 우리 이번에는 발로 소리를 내 볼까?"

확장 및 참고사항

*녹음기로 소리를 녹음하여 들어 본다.

*음악에 맞춰 소리를 내 본다.

활동명: 걸레로 닦기

활동목표: 청소하는 모습을 모방해 보고, 걸레로 바닥을 닦아 보고 소꿉 놀잇감을 닦아 보는 경험을 해 본다.

표준보육과정 영역 및 범주: 예술경험〉예술적 표현하기〉모방행동 즐기기(3~4수준)

어린이집 평가인증지표: 역할놀이

활동자료: 걸레, 소꿉 놀잇감 등

활동방법

1. 영아들에게 걸레를 제시해 살펴보게 한다.
   "선생님이 작은 걸레를 준비해 왔어."
   "걸레로 깨끗하게 닦아 볼까?"
2. 교사와 함께 교실 바닥을 닦아 본다.
   "친구들이 놀다가 쓰레기를 떨어뜨렸네."
   "선생님과 친구들이 깨끗이 청소해 주자."
3. 소꿉 놀잇감과 싱크대 놀잇감을 제시해 영아가 닦아 보도록 한다.
   "아, 저기 싱크대가 있네."
   "싱크대에 그릇을 넣어 닦아 볼까?"
   "여기 접시와 컵도 닦아 보자."

확장 및 참고사항

*바닥을 닦을 때 영아끼리 부딪히지 않게 안전에 유의한다.
*걸레로 닦을 수 있는 물건을 교실에서 찾아본다.

활동명: 친구 로션 발라 주기

활동목표: 로션의 촉감을 느껴 보고 친구 얼굴에 로션을 발라 주는 것을 경험해 본다.

표준보육과정 영역 및 범주: 자연탐구〉과학적 탐구하기〉물체와 물질 탐색하기(1~4수준)

어린이집 평가인증지표: 자연탐구활동, 사회관계증진활동

활동자료: 로션, 거울 등

활동방법

1. 로션을 제시하여 탐색해 보고 사용법을 이야기 나눠 본다.
   "얘들아, 선생님이 가지고 온 것이 무엇일까?"
   "그래, 로션이야."
   "우리 친구들은 이 로션을 언제 사용해 보았니?"
   "세수하고 난 후와 손 씻고 나서 사용해 보았구나."
2. 영아의 손에 로션을 떨어뜨리고 탐색하게 한다.
   "손으로 만져 봐. 느낌이 어떠니? 미끈미끈하네."
3. 영아끼리 짝을 지어 세수한 얼굴에 서로 로션을 발라 주고 영아의 손에 로션을 덜어 준다.
   "와, ○○가 친구 얼굴에 로션을 발라 주었구나."

확장 및 참고사항

*로션을 바른 후 느낌이 어떠한지 이야기해 본다.

*로션을 적당히 주고 로션이 바닥에 떨어져 미끄러지지 않도록 안전에 유의한다.

활동명: 신문지 찍기

활동목표: 신문지를 구겨 다양한 모양을 찍어 보고 그 모양을 살펴본다.

표준보육과정 영역 및 범주: 예술경험〉예술적 표현하기〉단순한 미술경험하기(3~4수준)

어린이집 평가인증지표: 예술활동

활동자료: 신문지, 물감, 팔레트 등

활동방법

1. 신문지, 물감, 팔레트를 보며 이야기를 나눈다.
   "얘들아, 오늘은 선생님이 무엇을 가지고 왔을까?"
   "그래, 이건 신문지이고, 이건 물감이야."
   "오늘은 신문지로 재미있는 놀이를 할 거야."
2. 영아와 신문지를 물감에 찍어 본다.
   "우리 친구들이 신문지를 구겨서 빨강, 파랑 색깔을 찍어 보자."
3. 신문지 모양을 찍은 후 어떤 모양인지 이야기해 본다.
   "신문지를 물감에 찍으니 재미있는 모양들이 나오네."
   "빨간 신문지 물감 발자국, 파란 신문지 물감 발자국이 예쁘게 찍혔네."

확장 및 참고사항

*다양한 모양의 종이 위에 영아와 신문지를 구겨 찍어 본다.
*영아의 손바닥 모양과 발바닥 모양을 찍어 본다.

활동명: 쓰레기를 찾아서 담아 보아요

활동목표: 쓰레기를 찾아 봉지에 넣어 보는 것을 경험해 본다.

표준보육과정 영역 및 범주: 신체운동〉신체조절과 기본운동하기〉소근육 조절하기(2~4수준)

어린이집 평가인증지표: 신체활동

활동자료: 그림책, 쓰레기를 줍는 그림자료나 매체 등

활동방법

1. 휴지를 줍는 그림자료를 보며 이야기를 나눈다.
   "어, 여기 그림에 뭐가 있지?"
   "바닥에 휴지가 많이 있구나."
   "우리도 산책 나가서 휴지를 주워 보자."
   "친구랑 부딪히지 않게 조심해서 갈 거야."
2. 영아와 산책로에서 스스로 휴지를 주워 비닐에 담아 보게 한다.
   "어, 누가 과자봉지를 바닥에 버렸네."
   "선생님이 주워서 비닐에 쏙."
   "친구들도 쓰레기를 찾아보자."
   "쓰레기를 주운 친구는 비닐에 쏙 담아 보자."

확장 및 참고사항

* 영아들이 한곳에 몰려 넘어지지 않게 활동을 진행한다.

활동편

만 2세아를 위한 활동

만 2세아를 위한 활동

만 2세 연간보육계획안

월	대주제	소주제	월	대주제	소주제
3월	즐거운 어린이집	어린이집에 왔어요	9월	우리 가족을 소개해요	우리 집에는 누가 있을까?
		엄마와 헤어질 수 있어요			우리 가족 사랑해요
		선생님과 친해져요			엄마/아빠 흉내놀이
		재미있는 우리반			할머니, 할아버지가 계세요
4월	새싹이 파릇파릇 (밖으로 나가요)	따뜻해졌어요	10월	가을, 우리 동네	가을이에요
		꽃이 피었어요			요술쟁이 가을
		산책을 나가요			우리 동네
		봄나들이 가요			고마운 분들이 있어요
5월	예쁜 나와 친구들	내 몸이 궁금해요	11월	탈것이 많아요	여러 가지 탈것이 있어요 I
		난 할 수 있어요 (움직임)			여러 가지 탈것이 있어요 II
		친구가 있어요			신호들이 있어요
		친구와 사이좋게 놀아요			안전하게 탈 수 있어요
6월	여러 동물들	하늘/땅/바다에 사는 동물들	12월	겨울이에요	날씨가 추워졌어요
		엄마동물 아기동물			눈/얼음/바람
		동물 흉내 내 보기			겨울놀이
		동물을 사랑해요			크리스마스
7월	여름이에요	더워졌어요	1월	색과 모양	한 살 더 먹었어요
		비 오는 날			신기한 모양
		재미있는 물놀이			여러 가지 색깔
		건강한 여름			그림책으로 떠나는 색깔과 모양
8월	무엇 일까요? (오감각)	어떤 맛일까?	2월	형, 언니가 되었어요	형님이 되었어요
		어떤 느낌일까?			혼자서도 잘해요
		어떤 소리가 날까?			즐거웠던 우리반
		어떤 냄새가 날까?/어떻게 보이니?			새로운 선생님을 만나요

만 2세 (3월) 월간보육계획안

주제		즐거운 어린이집			
주 / 활동		1주	2주	3주	4주
		어린이집에 왔어요	엄마와 헤어질 수 있어요	선생님과 친해져요	우리반이 좋아요
등원 및 맞이하기		• 선생님과 반갑게 인사 나누기 • 부모님과 손 흔들며 인사하기		• 건강상태 및 기분 파악하기	
일상생활 (기본생활)	간식 및 점심	• 맛있게 먹어요 • 바르게 앉아서 먹을 수 있어요		• 그릇과 포크를 정리할 수 있어요 • 골고루 먹어요	
	낮잠 및 휴식	• 내 이불, 내 베개를 알아요 • 아기 인형 재워 주며 같이 잠자기		• 동화 들으며 잠자기 • 슈베르트의 세레나데 들으며 휴식 취하기	
	기본생활습관 및 안전	• 공손히 인사하기/옷과 가방 정리하기		• 장난감을 제자리에 정리할 수 있어요	
자유놀이	신체	• 마주앉아 공 굴리고 받아요	• 발자국 따라 걷기 • 던져서 맞추기	• 선생님 발은 내 발 • 스트레칭	• 경쾌한 음악 들으며 춤 추기 • 높이높이 뛰어요
	쌓기 · 역할	• 쌓기영역 탐색하기 종이벽돌 블록 쌓기 • 역할영역 탐색하기 손 인형으로 인사하기	• 스폰지 블록 쌓기 • 아기 인형 안아 주고 우유 먹이기	• 종이벽돌 블록을 길고 짧게 놓아 보기 • 인형아기 돌봐 주기–업어주기, 재워주기	• 와플 블록 연결하고 걸어 보기 • 소꿉놀이를 해요
	언어	• "안녕하세요" 라고 말해요 • 내 이름을 말해요	• "안녕히 다녀오세요" 라고 말해요 • 동화–엄마는 아기를 좋아해	• 손인형으로 동화 듣기 • 교실 물건 찾아오기	• 나를찾아주세요 • 친구 사진 보고 이름 말하기 • 동화–누가누가 더 클까?
	미술 · 음률	• 큰 종이에 맘대로 그리기 • 밀가루 점토에 모양 찍기	• 엄마돼지 아기돼지 • 색종이 길게 붙이기	• 리본이 춤 춰요 • 쓱싹쓱싹 오려요	• 종이에 물감을 떨어뜨리기 • 샌들 만들기
	감각 · 탐색	• 어떤 놀이를 하는 곳인가? • 내 물건, 내 자리예요	• 같은 모양 짝 짓기 • 양파 싹 관찰하기	• 재미있는 모루 • 구슬 꿰기	• 우리반 퍼즐 • 누가누가 더 클까?
실외 및 산책		• 어린이집 주변 산책하기 • 바깥놀이 장난감 돌아보기		• 어린이집 주변 산책하기 • 풍선 가지고 위로 치기	
대집단 활동 (전이활동)		(이야기 나누기) • 반 이름을 알아요 • 선생님과 새 친구 소개하기 • 엄마와 웃으며 헤어져요 • 전이활동–쨍쨍, 웃는 얼굴 예쁜 얼굴		(이야기 나누기) • 선생님께 도움을 청할 수 있어요 • 전이활동–그냥 두고 나갔더니	

활동명: 내 물건, 내 자리예요

활동목표: 내 자리가 어디에 있으며 내 물건을 어디에 놓아야 하는지 알 수 있다.

표준보육과정 영역 및 범주: 사회관계〉더불어 생활하기〉사회적 가치 알기〉스스로 물건을 정리한다.
자연탐구〉수학적 탐구하기〉구분하기〉하루일과에 즐겁게 참여한다.

어린이집 평가인증지표: 기본생활 관련 활동

활동자료: 얼굴 사진이 붙어 있는 책상, 개인 사물함 등

활동방법

1. 영아 얼굴(사진)을 이용하여 영아 개인 사물함에 미리 붙여 놓는다.
2. 영아들의 사물함에 얼굴 사진이 붙어 있음을 이야기해 준 후, 내 얼굴은 어디에 있는지 찾아볼 수 있도록 한다.
   "○○이 얼굴이 어디에 있는지 찾아볼까?"
   "그래, 잘 찾았구나. 여기가 ○○의 자리구나."
3. 영아 얼굴이 붙어 있는 자리에 영아의 소지품을 넣어 볼 수 있도록 한다.
   "○○야, 이곳에 가방과 양말을 넣어 보자."
4. 다른 곳에 내 자리를 찾아볼 수 있도록 한다.

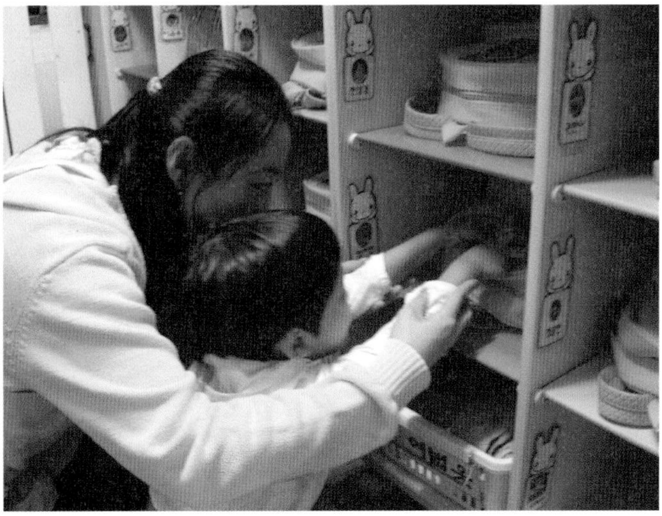

확장 및 참고사항

* 신호음에 맞춰 자기 자리를 빨리 찾아 앉아 보는 활동으로 연계할 수 있다.
* 영아가 자리를 못 찾을 경우 교사가 도와준다.

활동명: 손인형으로 인사하기

활동목표: 손인형을 들고 선생님과 친구에게 인사를 나누어 본다.
대상에 따른 적당한 인사말을 할 수 있다.

표준보육과정 영역 및 범주: 사회관계〉나와 다른 사람의 감정 알기〉나의 감정을 나타내기〉여러 가지 감정을 말과 행동으로 나타낸다.
의사소통〉말하기〉자신이 원하는 것을 말하기〉자신이 원하는 것을 낱말이나 짧은 문장으로 말해 본다.

어린이집 평가인증지표: 역할놀이, 사회관계증진활동, 언어활동

활동자료: 사람모형 손인형

활동방법

1. 손인형을 탐색할 수 있도록 한다.
2. 교사와 영아는 마주보고 앉아서 손인형을 끼고 인사를 나누어 본다.
"○○야, 안녕?"
"선생님, 안녕하세요?"
3. 교사는 영아의 인사말에 적절히 반응해 준다.
"그래, ○○도 안녕? 아침은 맛있게 먹고 왔니?"
4. 친구의 이름을 넣어서 인사를 나누어 본다.
"○○야, 안녕? 만나서 반가워~"

확장 및 참고사항

* 손인형의 크기는 영아 손에 맞는 것으로 준비해 준다.
* 영아들에게 친숙한 인형이나 동화 속의 주인공 손인형을 제시하면 영아들의 놀이에 더욱 효과적이다.

활동명: 발자국 따라 걷기

활동목표: 발자국을 따라 걸어 봄으로써 눈과 발의 협응력을 기른다.
대근육을 발달시킨다.

표준보육과정 영역 및 범주: 신체운동〉신체조절과 기본운동하기〉신체균형 잡기〉안정된 자세를 취하려고 시도한다.

어린이집 평가인증지표: 신체활동

활동자료: 시트지로 만든 발바닥 모양

활동방법

1. 교사는 미리 교실의 넓은 공간에 시트지로 발바닥 모양을 만들어 준다.
2. 발바닥 모양을 따라 천천히 걸어가 보자고 이야기한다.
   "○○야, 우리 바닥에 있는 발바닥 모양을 따라 걸어 볼까?"
3. 처음에는 교사가 손을 잡아 주고 걸어 본다.
   "○○야, 다른 곳은 밟지 않고, 발바닥 모양만 밟고 지나가 보는 거야."
   "하나, 둘, 셋, 조심, 조심."
   "정말 잘하는구나."
4. 익숙해지면 교사의 손을 놓고 혼자서 걸어 볼 수 있도록 한다.

확장 및 참고사항

*발바닥 모양의 배열을 다양하게 제시해 준다(사선, 곡선, 달팽이 모양 등).
*교실 바닥에 색 테이프로 선을 붙여 주어 선을 따라 걸어 보는 활동으로 확장할 수 있다.

활동명: 아기 인형 안아 주고 우유 먹이기

활동목표: 아기 인형을 돌봐 주면서 모방놀이를 해 본다.

표준보육과정 영역 및 범주: 예술경험〉예술적 표현하기〉모방과 상상놀이하기〉모방행동을 놀이처럼 즐긴다.

어린이집 평가인증지표: 역할놀이

활동자료: 아기 인형, 우유병

활동방법

1. 역할놀이 영역에 아기 인형을 제시하여 충분히 탐색할 수 있도록 한다.
2. 영아에게 아기가 무얼 하고 싶어 하는지 적절히 물어보고 안아 주기와 우유 먹여 주기 등의 돌봐 주기 활동을 해 볼 수 있도록 한다.
   "○○야, 아기가 울고 있네. 왜 울까?"
   "엄마는 이럴 때 어떻게 해 주실까?"
   "○○도 엄마처럼 아기를 안아도 주고 우유도 먹여 볼까?"
3. 아기를 돌봐 주고 나서의 느낌을 이야기해 본다.
   "○○는 아기를 돌보아 준 기분이 어땠니?"
   "아기가 울었을 때는 기분은 어땠니?"

확장 및 참고사항

*아기 인형을 업어 주거나 목욕시키기 등의 다른 모방놀이로 확장할 수 있다.

활동명: 종이벽돌 블록을 길고 짧게 놓아 보기

활동목표: 종이벽돌 블록을 움직이며 대근육 발달을 돕는다.
종이벽돌 블록을 길고 짧게 놓아 본다.

표준보육과정 영역 및 범주: 자연탐구〉수학적 탐구하기〉차이에 관심 가지기〉주변 사물의 크기(속성의 차이)에 관심 가진다.
자연탐구〉수학적 탐구하기〉수량 인식하기〉많고 적음을 구별한다.

어린이집 평가인증지표: 신체활동, 자연탐구활동

활동자료: 종이벽돌 블록, 긴 리본 끈, 짧은 리본 끈

활동방법

1. 교사는 길이가 다른 리본 끈(짧은 끈, 긴 끈)을 테이프로 바닥에 고정시켜 준비해 둔다.
2. 영아에게 리본 끈 위에 종이벽돌 블록을 올려놓아 보자고 이야기한다.
   "○○야, 선생님이랑 리본 끈 위에 벽돌 블록을 올려놓아 볼까?"
3. 어느 리본 끈 위에 종이벽돌 블록이 더 많이 올라갔는지 숫자를 세어 본다.
4. 숫자를 세서 비교해 보며 길고 짧음을 이야기해 본다.
5. 선생님이 만들어 놓은 것보다 길게 또는 짧게 놓아 본다.
   "○○야, 선생님 것보다 길게 놓아 볼까? 이번엔 짧게 놓아 볼까?"

확장 및 참고사항

* 활동을 하면서 교사는 '길다, 짧다'는 언어를 반복해서 말해 주어 길이의 단위를 익히게 할 수 있다.
* 종이벽돌 블록을 길게 연결해서 기차놀이를 해 볼 수 있다.

활동명: 리본이 춤 춰요

활동목표: 음악에 맞추어 몸을 흔들어 봄으로써 리듬감을 익히고 긴장감을 풀어 준다.
기구를 이용해 움직여 봄으로써 대소근육을 발달시킨다.

표준보육과정 영역 및 범주: 예술경험〉예술적 표현하기〉움직임으로 표현하기〉간단한 도구를 활용하여 몸으로 표현한다.
신체운동〉신체활동 참여하기〉기구를 이용하여 신체활동하기〉간단한 기구를 이용하여 신체활동을 한다.

어린이집 평가인증지표: 예술활동

활동자료: 리본막대, 카세트, CD

활동방법

1. 리본막대를 영아에게 제시하며 호기심을 갖게 한다.
"막대에 리본테이프가 달렸네."
"리본막대로 무엇을 할 수 있을까?"
2. 리본막대를 흔들며 리본의 움직임을 탐색해 본다.
"○○야, 리본이 흔들흔들 춤을 추고 있네."
"리본막대처럼 몸을 움직여 춤을 추어 볼까?"
3. 여러 가지 방법으로 흔들기를 제시해 준다.
"위에서 아래로 흔들어 보자~ 왼쪽에서 오른쪽으로 흔들어 보자~머리 위에서 흔들어 보자."
4. 리본막대로 흔드는 방법을 충분히 탐색한 후 음악에 맞춰 움직여 본다.
"제자리에서 흔들고, 뛰어가면서 흔들어 보자."
"그림 그리듯이 흔들어 볼까?"

확장 및 참고사항

* 리본막대 대신 스카프나 보자기를 이용해서 활동할 수 있다.
* 영아가 자유롭게 몸 동작을 표현했을 때 칭찬과 격려를 해 준다.
* 리본테이프를 양쪽에서 잡고 테이프 밑으로 기어가기와 뛰어넘어 보기 등의 활동을 할 수 있다.

활동명: 경쾌한 음악 들으며 춤 추기

활동목표: 음악 들으며 몸을 자유롭게 움직여 본다.

표준보육과정 영역 및 범주: 신체운동〉신체조절과 기본운동하기〉대근육 조절하기〉팔, 다리, 목, 허리 등 움직임을 조절한다.
예술경험〉예술적 표현하기〉움직임으로 표현하기〉노래나 리듬에 맞춰 몸으로 표현한다.

어린이집 평가인증지표: 신체활동, 예술활동

활동자료: 경쾌한 음악 CD

활동방법

1. 선생님이 틀어 주는 경쾌한 음악 소리를 들어 보게 한다.
   "음악의 느낌이 어떠니?"
   "○○는 음악을 들으며 무엇이 생각났니?"
2. 소리가 주는 느낌대로 몸을 움직여 볼 수 있도록 한다.
   "또 다른 느낌은 없었니?"
   "선생님은 파도가 생각났어."
   "우리 함께 파도가 출렁이는 바다가 되어 볼까?"
3. 다양한 움직임이 나올 수 있도록 창의적으로 움직이는 영아를 격려해 준다.
   "○○는 정말 재미있게 움직이는구나."
   "얘들아, 우리도 ○○처럼 움직여 보자."

확장 및 참고사항

* 영아의 움직임을 다른 영아가 따라 해 보는 활동으로 확장해 본다.
* 영아가 음악이 주는 느낌을 살릴 수 있도록 다양한 소품을 준비해 준다.

활동명: 장난감을 제자리에 정리할 수 있어요

활동목표: 놀잇감을 제자리에 정리할 수 있도록 한다.

표준보육과정 영역 및 범주: 사회관계〉더불어 생활하기〉사회적 가치 알기〉스스로 물건을 정리한다.

어린이집 평가인증지표: 기본생활 관련 활동

활동자료: 놀잇감 그림이 붙어 있는 정리용 바구니

활동방법

1. 장난감을 정리해 놓을 교구장과 바구니에 장난감 내용을 사진 찍어 붙여 놓는다.
2. 놀이가 끝난 후 장난감을 어디에 정리할지 영아와 이야기해 본다.
   "○○야, 이 자동차는 어디에 놓아야 할까?"
   "이 소꿉 그릇은 어디에 놓으면 좋을까?"
3. 제자리에 정리하지 않을 경우 교실이 어떻게 되는지 이야기 나눈다.
   "자동차를 제자리에 정리하지 않으면 어떻게 될까?"
4. 놀잇감과 똑같은 사진이 붙어 있는 곳에 정리해 보도록 한다.

확장 및 참고사항

* 교구장에도 놀잇감 사진을 붙여 둔다.
* 영아들에게 제공해 주는 모든 장난감은 바구니와 교구장에 사진과 함께 글씨를 넣어서 제시해 주면 자연스럽게 문자를 접할 수 있는 기회가 된다.

만 2세 (4월) 월간보육계획안

주제		새싹이 파릇파릇 (밖으로 나가요)			
주 / 활동		1주	2주	3주	4주
		따뜻해졌어요	꽃이 피었어요	산책을 나가요	봄나들이 가요
등원 및 맞이하기		• 아침 식사는 무엇을 먹고 왔니?		• 겉옷을 스스로 벗어 보기	
일상생활 (기본생활)	간식 및 점심	• 바깥놀이 후와 간식 전엔 손을 씻어요		• 음식을 먹고 난 후엔 양치를 해요	
	낮잠 및 휴식	• 슈베르트의 〈세레나데〉를 들으며 휴식 취하기		• 내 베개를 정리해요	
	기본생활습관 및 안전	• 손 씻고 수돗물 잠그기/화장실에 갈래요		• 차례차례 줄을 섭니다 • 낯선 사람을 따라가지 않아요	
자유놀이	신 체	• 개구리처럼 폴짝 뛰어 징검다리를 건너요 • 상자 속에 숨어요	• 나비가 되어 보아요 • 매트에서 옆으로 몸 구르기	• 모양 찾아 밟아 봐요 • 달팽이집을 지읍시다	• 자동차를 타요 • 풍선 위로 높이 치기
	쌓기 · 역할	• 종이 벽돌로 인형 침대 만들어 주기 • 인형 옷 입히기 • 내 물건 가방에 넣기	• 꽃밭 만들기 • 화분에 물 주기	• 종이 블록으로 벤치 만들기 • 아기 인형 유모차 태워 주기 • 짝꿍과 손잡고 걸어 봐요	• 블록으로 버스를 만들어 타 보아요 • 나들이 준비 • 화장하는 흉내 내기 • 소풍을 왔어요
	언 어	• 봄에 들을 수 있는 소리 흉내 내기 • 비밀 상자에는 무엇이?	• 그림에서 나는 소리 • 강아지 똥	• 어디까지 왔나? • 초록끈의 여행	• 융판동화–곰 세 마리 • 여보세요!
	미술 · 음률	• 모루도장 찍기 • 종이를 찢어 흔들어요	• 손가락 찍어 나뭇잎을 표현해요 • 팔랑이는 나비 만들기 • 씨앗	• 꼬물꼬물 애벌레 만들기 • 장난감 찍기	• 둘이 살짝 손잡고 • 자연물을 이용해 꾸미기
	감각 · 탐색	• 따뜻한 물, 차가운 물 • 뽕뽕이 자리를 찾아 주자	• 같은 모양 꽃 찾기 • 여러 가지 새싹 관찰하기	• 내가 가져온 자연물 탐색하기	• 곤충의 반쪽을 찾아 주세요 • 내 뚜껑을 찾아 줘요
실외 및 산책		• 계단을 올라가고 내려와요 • 바람개비 돌리며 걸어요		• 나만의 보물을 찾아요 • 흙 위에 맘대로 그려요	
대집단 활동 (전이활동)		(이야기 나누기) • 예쁜 꽃이 피었어요 • 꽃이 좋아하는 친구		(이야기 나누기) • 봄이 좋아요 • 손유희–봄이 왔대요	

활동명: 종이를 찢어 흔들어요

활동목표: 종이를 찢어 봄으로써 정서적 안정과 감성 발달을 돕고 소근육 발달을 돕는다.

표준보육과정 영역 및 범주: 자연탐구〉탐구하는 태도 기르기〉반복적 탐색 즐기기〉관심 있는 사물을 반복하여 주도적으로 탐색하기를 즐긴다.
신체운동〉신체활동 참여하기〉신체활동에 참여하기〉신체활동에 자발적으로 참여해 본다.

어린이집 평가인증지표: 예술활동, 신체활동

활동자료: 신문지, 헌 잡지, 카세트 CD

활동방법

1. 다양한 종류의 종이를 탐색해 보도록 제시해 준다.
2. 영아들이 종이를 자유롭게 찢어 볼 수 있도록 한다.
3. 종이를 찢으면서 어떤 기분과 느낌이 드는지 이야기해 본다.
   "○○야, 종이를 찢어 보니 기분이 어떠니?"
   "어떤 소리가 나니?"
4. 음악 CD를 틀어 주고, 찢어 놓은 종이를 하늘에 날려 보거나 흔들어 보고 바닥에 깔아 놓고 몸을 굴러 보는 활동을 한다.
5. 흩어진 종이를 재활용 상자에 담아 정리한다.

확장 및 참고사항

* 찢은 종이를 바닥에 매트처럼 깔아 놓고 종이의 질감을 느껴 보며 뒹굴어 보거나 종이 위에서 엉금엉금 기어 보기 등의 활동을 할 수 있다.

활동명: 상자 속에 숨어요

활동목표: 크기가 다른 상자를 비교해 본다.
상자에 숨어 봄으로써 대근육 발달을 돕는다.

표준보육과정 영역 및 범주: 자연탐구〉수학적 탐구하기〉차이에 관심 가지기〉주변 사물의 크기(속성의 차이)에 관심을 가진다.
신체운동〉신체조절과 기본운동하기〉대근육 조절하기〉팔, 다리, 목, 허리 등 움직임을 조절한다.

어린이집 평가인증지표: 신체활동, 자연탐구활동

활동자료: 영아의 몸이 들어갈 수 있는 크기의 상자들

활동방법

1. 영아의 몸이 들어갈 정도의 다양한 크기의 상자를 준비한다.
2. 준비해 놓은 상자를 탐색해 본다.
   "○○야, 여기 여러 가지 상자가 있네."
   "커다란 상자도 있고 작은 상자도 있구나."
3. 교사는 상자 안에 들어가 숨는 모습을 영아들에게 보여 준다.
   "선생님이 상자 속에 숨어 볼게."
   "선생님 몸이 상자 속에 쏙 들어갔네."
   "○○도, 상자에 쏙 들어가 볼까?"
4. 상자 안에 숨어 보기 활동을 해 본다.
5. 교사는 영아가 상자 속에 들어가면 "○○가 어디 갔을까?" 하면서 흥미를 유발해 준다.
   "찾았다! 여기 있구나."

확장 및 참고사항

* 영아가 상자 속에 들어가기를 꺼려 하면 강요하지 않는다.
* 상자를 이용해 집을 만들거나 터널 통과하기 활동으로 확장할 수 있다.

활동명: 화장실에 갈래요

활동목표: 대소변의 의사를 말로 표현해 보며 스스로 배변활동을 해 본다.
문제 상황에 대해 대처하는 방법을 안다.

표준보육과정 영역 및 범주: 기본생활〉건강한 생활하기〉건강한 일상생활하기〉화장실에서 배변한다.
의사소통〉말하기〉자신이 원하는 것을 말하기〉표정, 몸짓, 말소리로 의사표현을 한다.

어린이집 평가인증지표: 기본생활 관련 활동

활동자료: 그림판(화장실에서 용변을 보는 모습, 바지에 실수한 모습)
화장실에 배변 순서도를 붙여 환경 구성을 해 놓는다.

활동방법

1. 소그룹으로 모여 그림자료를 보며 문제 상황에 대해 이야기 나눈다.
"○○야, 그림 속 친구가 어떻게 하고 있니? 왜 그럴까?"
"아! 화장실에 가고 싶구나!"("바지에 실수를 했구나.")
2. 상황에 맞는 대처법에 대해 이야기 나눈다.
"○○야, 쉬하고 싶을 때는 어떻게 할까?" "실수했을 때는 어떻게 할까?"
3. 이야기를 듣고 적절한 언어적 표현을 할 수 있도록 격려해 준다.
"'화장실에 가고 싶어요, 선생님 쉬했어요.'라고 말할 수 있죠?"
4. 영아가 배변의사 표현을 하면 화장실로 데려가 벽면에 붙어 있는 그림을 보며 화장실 사용법을 알아본다.

확장 및 참고사항

*배변 후 혼자 옷 입기, 물 내리기, 손 씻기 등을 해 보고 격려해 준다.

활동명: 같은 모양 꽃 찾기

활동목표: 서로 다른 꽃 모양을 변별할 수 있다.

표준보육과정 영역 및 범주: 자연탐구〉과학적 탐구하기〉주변 동식물에 관심 가지기〉주변 동식물의 모양, 소리, 움직임에 관심을 가진다.
자연탐구〉수학적 탐구하기〉구분하기주변 사물의 같고 다름에 따라 구분한다.

어린이집 평가인증지표: 자연탐구활동

활동자료: 꽃, 꽃을 분류해서 넣을 통, 바구니

활동방법

1. 모양의 변별이 쉬운 꽃을 선택하여 준비하고 꽃을 넣을 통을 준비한다.
2. 조작영역에 제시하여 영아 스스로 탐색할 수 있도록 한다.
   "○○야, 여기 무슨 꽃이 있니?"
   "응, 장미꽃이구나."
   "이 꽃은 무슨 색이지?"
3. 꽃을 각각의 통에 분류해서 넣어 본다.
   "○○야, 이 꽃은 어느 꽃과 같을까?"
   "이 꽃은 어느 통에 넣어야 할까?"

확장 및 참고사항

*꽃의 색깔을 다양하게 준비하여 색과 모양을 분류해 보는 활동으로 확장할 수 있다.

*꽃에 넣을 통에 점을 찍어 주어 제시된 점의 숫자만큼 꽃을 넣어 보는 활동으로 확장할 수 있다.

활동명: 아기 인형 유모차 태워 주기

활동목표: 유모차에 아기 인형을 태우며 성인의 모습을 모방해 본다.
상상놀이를 하는 즐거움을 경험해 본다.

표준보육과정 영역 및 범주: 예술경험〉예술적 표현하기〉모방과 상상놀이하기〉모방행동을 놀이처럼 즐긴다.
사회관계〉나를 알고 존중하기〉좋아하는 것 해 보기〉스스로 선택한 놀이나 놀잇감을 즐긴다.

어린이집 평가인증지표: 역할놀이, 사회관계증진활동

활동자료: 아기 인형, 작은 담요, 유모차

활동방법

1. 교사는 인형과 담요, 유모차를 실내에 미리 준비한다.
   "유모차를 본 적 있니?"
2. 유모차를 타 본 경험이나 본 적이 있는지 이야기 나눈다.
   "○○야, 유모차를 타 본 적 있니?"
   "○○는 아기일 때 타 봤구나."
3. 아기 인형을 유모차에 태워 보도록 한다.
   "아기 인형이 유모차에 타고 싶다고 하네."
   "○○가 밀어 줄까?"
4. 영아가 아기 인형을 잘 돌볼 수 있도록 격려해 준다.
   "○○가 아기 인형을 잘 돌보는구나."

확장 및 참고사항

* 유모차에 인형을 태우고 목표물을 돌고 오는 게임을 할 수도 있다.
* 영아가 아기 인형을 포대기로 업어 주고, 돌봐 주는 역할놀이로 확장할 수 있다.

활동명: 흙 위에 맘대로 그려요

활동목표: 흙 위에 자유롭게 그리며 감각적 경험과 즐거움을 갖는다.

표준보육과정 영역 및 범주: 예술경험〉예술적 표현하기〉자발적으로 미술활동하기〉자발적으로 그리고, 만들기를 한다.
자연탐구〉탐구하는 태도 기르기〉호기심 가지기〉주변 사물과 자연 세계에 호기심을 가진다.

어린이집 평가인증지표: 예술활동, 자연탐구활동

활동자료: 나뭇가지

활동방법

1. 산책활동을 하며 다양한 굵기의 나뭇가지를 탐색한다.
   "가늘고 작은 나뭇가지도 있고, 울퉁불퉁한 나뭇가지도 있구나."
   "한번 만져 볼까?"
2. 나뭇가지로 무엇을 할 수 있을지 이야기한다.
   "땅에 그림을 그릴 수 있어요."
3. 교사는 마당 위에 그림을 그리며 다른 영아들이 그림을 감상해 보도록 한다.
   "○○야, 여기 동그라미는 무엇을 그린 거니?"
4. 영아가 마당 위에 마음대로 그려 보고 느낌을 이야기한다.
   "나뭇가지를 이용해 그려 보니 어떤 느낌이 드니?"

확장 및 참고사항

*콘크리트 바닥의 경우 분필을 이용해서 그림을 그려 볼 수 있다.

*작은 주전자나 물총에 물을 넣어 바닥에 뿌려 보며 다양한 모양을 나타낼 수 있다.

활동명: 내가 가져온 자연물 탐색하기

활동목표: 주변 환경에 관심을 갖고 자연물을 탐색한다.

표준보육과정 영역 및 범주: 자연탐구〉탐구하는 태도 기르기〉반복적 탐색 즐기기〉관심 있는 사물을 반복하여 주도적으로 탐색하기를 즐긴다.

어린이집 평가인증지표: 자연탐구활동

활동자료: 돌멩이, 나뭇잎, 나뭇가지 등을 담을 바구니

활동방법

1. 영아와 함께 작은 바구니를 준비해서 산책을 나간다.
2. 자유롭게 산책을 하며 새싹, 꽃을 관찰하고 상호작용을 해 준다.
   (싹이 돋는 것, 꽃이 핀 것, 흙, 돌멩이, 나뭇가지 등)
   "나뭇가지에 새싹이 돋았구나."
   "○○는 무엇을 줍고 있니?"
3. 영아들이 찾은 자연물을 바구니에 담아 온다.
4. 교실에서 영아들이 모아 온 것들을 탐색할 수 있도록 전시해 준다.
   "○○가 가져온 돌멩이는 무슨 모양일까?"
   "꽃잎을 만져 보니까 느낌이 어떠니?"
   "꽃잎이 부드럽고 촉촉하구나."

확장 및 참고사항

*가져온 자연물이 시드는 과정도 지켜볼 수 있도록 관찰영역에 제시해 둔다.

*나뭇잎, 꽃잎 등을 물감을 이용해 찍기 활동으로 확장할 수 있다.

활동명: 블록으로 버스를 만들어 타 보아요

활동목표: 종이벽돌 블록을 이용하여 버스를 만들어 본다.
결과물을 가지고 상상놀이를 해 본다.

표준보육과정 영역 및 범주: 자연탐구〉과학적 탐구하기〉물체와 물질 탐색하기〉친숙한 물체와 물질을 능동적으로 탐색한다.
사회관계〉더불어 생활하기〉또래와 관계하기〉또래의 모습과 행동을 모방한다.

어린이집 평가인증지표: 쌓기놀이

활동자료: 종이벽돌 블록, 백업으로 만든 핸들

활동방법

1. 교사는 쌓기영역에 버스 사진 그림을 벽면에 붙여 놓는다.
2. 영아가 블록을 이용해 버스를 만들어 볼 수 있도록 상호작용을 해 준다.
   "○○는 종이벽돌을 길게 놓았구나. 무엇을 만든 거니?"
   (자동차요, 기차요, 버스요, 뱀이요 등)
   "와! 종이벽돌 블록으로 정말 많은 것을 만들 수 있구나."
   "오늘은 버스를 만들어 보면 어떨까?"
3. 교사는 블록으로 만든 버스를 영아와 함께 타 본다.
   "버스를 타니까 기분이 어떠니?"
   "버스를 타고 어디로 갈까?"
   "그래~ 시골에 사시는 할머니한테 가 보자. 출발!"

확장 및 참고사항

* 역할을 정해서 운전사와 손님의 역할을 해 보도록 한다.
* 교사가 뒤에 탈 때는 운전하는 영아를 좌우로 흔들어 주면서 흥미를 유발시킨다.

만 2세 (5월) 월간보육계획안

주제		예쁜 나와 친구들			
활동 \ 주		1주	2주	3주	4주
		내 몸이 궁금해요	난 할 수 있어요 (움직임)	친구가 있어요	친구와 사이좋게 놀아요
등원 및 맞이하기		• 옷을 서랍장에 정리해요		• 친구와 반갑게 인사해요	
일상생활 (기본생활)	간식 및 점심	• 음식을 먹을 땐 돌아다니지 않아요		• 흘리지 않아요	
	낮잠 및 휴식	• 자장가 들으면서 잠자요		• 이부자리를 펴 보아요	
	기본생활습관 및 안전	• 손을 깨끗이 씻어요		• 친구와 사이좋게 지내요	
자유놀이	신 체	• 엉금엉금 기어가기 • 내 몸에 둘씩 있어요	• 방울 달고 소리 내어 보기 • 거울 보고 표정 짓기	• 엉덩이 씨름 • 사랑해 친구야	• 밀고 당기기 • 바구니에 공 받기
	쌓기 · 역할	• 나는야 멋쟁이 • 내 키만큼 쌓아요	• 블록으로 길 만들기 • 모델처럼 걸어 보아요	• 친구를 예쁘게 꾸며 주어요 • 친구 블록놀이	• 설거지 놀이 • 친구야 생일 축하해
	언 어	• 신체부분 말하기 • 누구의 목소리일까?	• 무엇을 할까요? • 동화–내 옷이 어디 갔지?	• 어디까지 왔나? • 초록끈의 여행	• 너의 조그만 것 –동시 듣기 • 친구에게 전해요
	미술 · 음률	• 전지에 몸 그리기 • 카브라 블록으로 얼굴 만들기	• 발바닥 찍기 • 비닐봉지 • 인형 만들기	• 발레리나 되어 보기 • 친구 얼굴막대 만들기	• 지점토 목걸이 만들기 • 비밀그림
	감각 · 탐색	• 내 몸이 커졌어요 • 신체 부분을 가리키기	• 예쁜 내 얼굴 • 쟁반에 공 담기	• 우리 반 친구 퍼즐 • 친구와 나는 달라요	• 누구일까요? • 강낭콩 친구들
실외 및 산책		• 모래에 손바닥 찍기 • 앞사람 허리 잡고 줄다리기하기		• 친구에게 풀잎반지 선물하기 • 친구 그림자 밟기	
대집단 활동 (전이활동)		• 내 몸을 살펴보아요 • 동화–머리에서 발끝까지 • 노래–'엄지 어디 있소'		• 친구가 있어요 • 노래–'친구야 나는 너를 사랑해' • 아침 바람 찬바람에	

활동명: 옷을 서랍장에 정리해요

활동목표: 자신의 옷을 스스로 정리해 본다.
자신의 물건을 보관하는 장소를 안다.

표준보육과정 영역 및 범주: 사회관계〉더불어 생활하기〉사회적 가치 알기〉스스로 물건을 정리한다.
사회관계〉더불어 생활하기〉사회적 가치 알기〉간단한 약속을 지킨다.

어린이집 평가인증지표: 기본생활 관련 활동, 사회관계증진활동

활동자료: 영아가 입고 온 겉옷

활동방법

1. 영아의 옷차림에 대해 이야기한다.
"○○는 분홍색 점퍼를 입었구나!"
"○○야, 점퍼를 벗어서 어디에 놓아야 할까?"
"그래, 옷장 안에 넣으면 되겠구나."
2. 겉옷을 어떻게 정리해서 넣으면 좋을지 이야기를 나눈다.
"○○야, 옷을 어떻게 정리하면 좋을까?"
3. 영아가 옷을 스스로 접어 볼 수 있도록 교사가 시범을 보이고 영아가 할 수 있도록 격려해 준다.
4. 영아가 접은 옷을 서랍장에 정리한다.

확장 및 참고사항

*수납장에 영아의 얼굴 사진을 부착해 두어 자신의 장을 찾아서 넣을 수 있도록 한다.

활동명: 누구의 목소리일까?

활동목표: 소리의 변별력을 기르고 다른 사람의 목소리를 구분해 본다.

표준보육과정 영역 및 범주: 의사소통〉듣기〉말소리 구분하여 듣고 의미 알기〉다양한 말소리의 차이를 구분한다.
사회관계〉더불어 생활하기〉자신이 속한 집단 알기〉자신이 속한 반의 활동에 즐겁게 참여한다.

어린이집 평가인증지표: 기본생활 관련 활동, 사회관계증진활동

활동자료: 녹음기, 녹음테이프, 퍼펫 인형

활동방법

1. 영아에게 녹음기의 기능을 이야기하고 탐색할 수 있도록 한다.
   "어디에 쓰이는 물건일까?"
2. 교사는 퍼펫 인형을 이용하여 영아에게 말해 보도록 유도하고 목소리를 녹음한다.
3. 녹음된 목소리를 재생하여 들려주고 누구의 목소리인지 맞추어 본다.
   "누구의 목소리가 들리니?"
   "그래, ○○의 목소리가 들리는구나! 우리가 했던 이야기들이네."
   "또 누구의 목소리가 들리니?"
4. 녹음된 목소리를 듣고 친구를 찾아볼 수 있다.

확장 및 참고사항

* 친구들이 말하는 목소리를 흉내 내어 녹음한 후 들어 볼 수 있다.
* 동물의 울음소리를 녹음해서 맞춰 보는 활동으로 확장할 수 있다.

활동명: 거울 보고 표정 짓기

활동목표: 거울을 보고 다양한 표정을 만들어 본다.
자신의 얼굴 표정을 탐색하고 즐거움을 느낀다.

표준보육과정 영역 및 범주: 신체운동〉감각과 신체 인식하기〉신체를 인식하고 움직이기〉신체 각 부분의 움직임을 탐색한다.
사회관계〉나를 알고 존중하기〉나를 구별하기〉나와 다른 사람의 모습을 구별한다.

어린이집 평가인증지표: 신체활동, 사회관계증진활동

활동자료: 안전거울

활동방법

1. 안전거울 앞에서 거울 속의 영아의 모습을 탐색할 수 있도록 한다.
2. 영아와 함께 여러 표정을 지어 본다.
   "거울을 보고 웃어 볼까?"
   "○○가 웃으니까 거울 속의 ○○도 따라 웃네."
   "화난 표정을 지어 볼까?"
3. 거울을 보고 손을 이용해 눈, 코, 입의 얼굴 표정을 만들어 본다.
   "양손으로 눈 꼬리를 올려 보자. 와~ 여우 눈이 되었구나."
   "손가락으로 코끝을 누르며 올려 보자. 누구의 코 같니?"
   "그래, 돼지 코가 되었구나."
4. 더욱 다양한 모습이 나올 수 있도록 상호작용해 주고 영아의 행동을 교사가 따라 해 봄으로써 흥미 있게 활동에 참여할 수 있도록 한다.

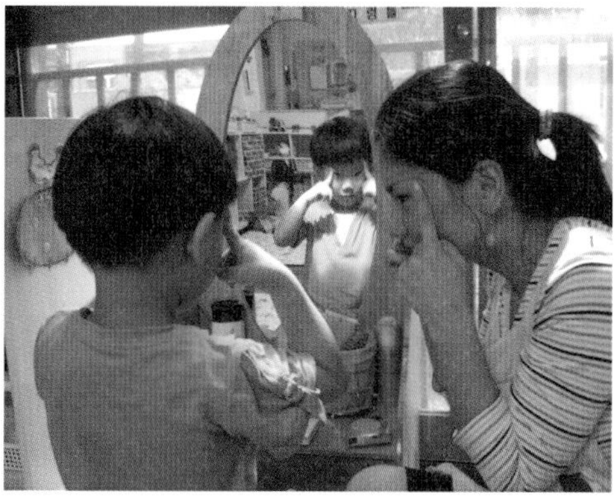

확장 및 참고사항

*표정 그림자료를 제시하여 주고 어떤 얼굴인지 표정을 지어 본다.
*수술이나 방울, 꽃 등을 몸에 달고 거울을 보며 다양한 신체놀이를 한다.

활동명: 모래에 손바닥 찍기

활동목표: 손바닥으로 모래의 촉감을 느껴 본다.
손바닥을 찍어 나타낸 모양을 탐색한다.

표준보육과정 영역 및 범주: 자연탐구〉과학적 탐구하기〉자연을 탐색하기〉돌, 물, 모래 등의 자연물을 탐색한다.

어린이집 평가인증지표: 실외활동, 자연탐구활동

활동자료: 분무기

활동방법

1. 교사와 영아는 모래영역에 둘러앉는다.
2. 분무기로 물을 뿌려 모래를 평평하게 한다.
   "○○가 분무기로 모래에 물을 뿌려 보겠니?"
   "물을 뿌리니 모래가 어떻게 되었니?"
3. 손바닥을 찍어 본다.
   "○○야! 손바닥을 쫙 펴서 힘껏 눌러 볼까?"
   "어떤 모양이 되었니?"
4. 손 모양을 다양하게 해서 찍어 본다.
   "이번엔 주먹을 쥐고 찍어 볼까?"
   "손가락 두 개만 펴서 찍어 보자."
5. 찍힌 모양과 실제 손 모양을 비교해 본다.

확장 및 참고사항

* 다양한 도구를 이용하여 모래 위에 그림 그려 보기를 해 볼 수 있다.
* 두꺼비집을 만들어 보는 활동으로 확장할 수 있다.
* 영아가 모래를 먹거나 입에 넣지 않도록 주의한다.

활동명: 친구를 예쁘게 꾸며 주어요

활동목표: 다양한 의상과 용품을 활용하여 창의적으로 꾸미고 표현해 본다.
친구와 도움을 주고받으며 고마움을 느껴 본다.

표준보육과정 영역 및 범주: 예술경험〉예술적 표현하기〉모방과 상상하기 놀이하기〉일상생활 경험을 상상놀이로 즐긴다.
사회관계〉더불어 생활하기〉또래와 관계하기〉또래의 모습과 행동을 모방한다.
의사소통〉말하기〉자신이 원하는 것을 말하기〉자신이 원하는 것을 낱말이나 짧은 문장으로 말해 본다.

어린이집 평가인증지표: 역할놀이, 사회관계증진활동

활동자료: 다양한 의상, 소품, 장신구, 화장품 세트, 안전거울

활동방법

1. 역할영역에 준비된 자료(의상, 소품, 장신구, 화장품 세트) 등을 탐색해 본다.
2. 다양한 의상과 소품을 가지고 어떻게 사용할지 이야기해 본다.
   "이것은 무엇이니? 어떻게 사용하는 것일까?"
3. 소품을 이용해 친구를 꾸며 준다.
   "○○를 예쁘게 꾸며 주려면 어떻게 하면 좋을까?"
   "그래 머리띠로 머리를 예쁘게 꾸며 주면 되겠구나!"
   "○○의 모습이 어떠니?"
4. 꾸며진 모습을 거울로 보며 이야기해 본다.
   "화장한 모습이 아주 예쁘구나, 거울을 한번 볼까?"
5. 역할을 바꾸어 활동을 진행해 보고, 교사는 적극적인 상호작용을 해 준다.

확장 및 참고사항

* 예쁘게 꾸민 후 모델이 되어 보기 활동으로 확장할 수 있다.
* 꾸며진 모습의 전후를 사진으로 찍어 비교해 보는 활동으로 할 수 있다.

활동명: 친구와 나는 달라요

활동목표: 거울을 보며 친구의 모습을 탐색한다.
친구와 내 모습을 살펴보고 다른 점을 표현해 본다.

표준보육과정 영역 및 범주: 자연탐구〉탐구하는 태도 기르기〉반복적 탐색 즐기기〉관심 있는 사물을 반복하여 주도적으로 탐색한다.
의사소통〉말하기〉낱말과 간단한 문장으로 말하기〉일상생활에서 반복적인 일이나 친숙한 상황을 한두 낱말이나 간단한 문장으로 말해 본다.

어린이집 평가인증지표: 자연탐구활동, 언어활동

활동자료: 거울, 영아의 사진, 돋보기

활동방법

1. 탐색영역에 영아들의 사진을 붙여 놓고 손거울을 제시한다.
2. 교사는 영아가 사진을 돋보기로 관찰할 수 있도록 유도한다.
"○○야, 코가 어디 있니? 돋보기로 코를 살펴볼까?"
3. 거울을 보며 머리 모양과 눈, 코, 입을 비교해 보고 관찰할 수 있도록 한다.
4. 친구와 나는 어떻게 다른지 친구의 모습도 돋보기로 관찰해 본다.
"여기 ○○의 얼굴 모습도 있네."
"○○의 눈을 보자. 내 눈도 볼까?"
"○○의 눈이 반짝반짝 빛이 나는구나."
"이번엔 거울 속의 내 눈을 볼까?"
"△△의 머리 모양을 볼까? 거울 속의 내 모습과 어떻게 다를까?"

확장 및 참고사항

＊옷차림을 살펴보는 활동으로 확장할 수 있다.

활동명: 이부자리를 펴 보아요

활동목표: 이부자리를 스스로 펴 보며 자립심을 기를 수 있다.
하루 일과에 즐겁게 참여한다.

표준보육과정 영역 및 범주: 사회관계〉더불어 생활하기〉사회적 가치 알기〉스스로 물건을 정리한다.
기본생활〉건강하게 생활하기〉건강한 일상생활하기〉하루일과에 즐겁게 참여한다.

어린이집 평가인증지표: 기본생활 관련 활동, 일상생활 관련 활동

활동자료: 낮잠 시 깔고 자는 이불, 베개, 덮고 자는 이불

활동방법

1. 이불을 깔아야 하는 이유를 이야기 나눈다.
2. 교사는 이불을 펼치며 모델링을 한다.
   "선생님이 이불을 어떻게 펼쳐 놓는지 볼까?"
3. 접혀 있던 이불을 영아 스스로 펼쳐 본다.
   "○○가 이불을 깔아 볼까?"
   "이불을 깔았으니 베개와 덮고 자는 이불도 바르게 놓아 볼까?"
4. 다른 영아가 이불을 깔아 보는 것을 볼 수 있도록 한다.

확장 및 참고사항

*활동 후 지속적으로 영아가 자신의 이불과 베개를 스스로 깔아 보고 정리하는 기회를 제공해 준다.

활동명: 아침 바람 찬 바람에

활동목표: 다른 사람과 함께 놀이하는 즐거움을 안다.
전래동요의 운율을 느껴 보고 리듬을 즐긴다.

표준보육과정 영역 및 범주: 사회관계〉더불어 생활하기〉또래와 관계하기〉또래가 있는 곳에서 놀이를 한다.
사회관계〉더불어 생활하기〉자신이 속한 집단 알기〉자신이 속한 반의 활동에 즐겁게 참여한다.
예술경험〉예술적 표현하기〉리듬 있는 소리와 노래로 표현하기〉친근한 노래를 따라 부른다.

어린이집 평가인증지표: 사회관계증진활동, 예술활동, 언어활동

활동자료: 아침 바람 찬 바람 노래 CD

활동방법

1. 놀이시간에 자주 들려주어 영아들이 익숙해질 수 있도록 한다.
2. 교사는 혼자 놀고 있는 영아에게 다가가 놀이를 제안한다.
   "친구와 함께 놀아 볼까? 그러면 재미있을 것 같은데?"
3. 교사는 〈아침 바람 찬 바람〉의 노래를 불러 주며 손 놀이를 함께 해 본다.
   "이 노래를 들어 본 적이 있니?"
   "노래를 부르며 손 놀이를 해 볼까?"
4. 노래를 하며 가사가 정확하게 전달될 수 있도록 한다.
5. 영아를 둘씩 짝지어 몸동작과 노래를 부르며 놀이를 진행한다.
   ♬아침 바람 찬 바람에 울고 가는 저 기러기
   우리 선생님 계실 적에 엽서 한 장 써 주세요.
   한 장 말고 두 장이요 두 장 말고 세 장이요♬

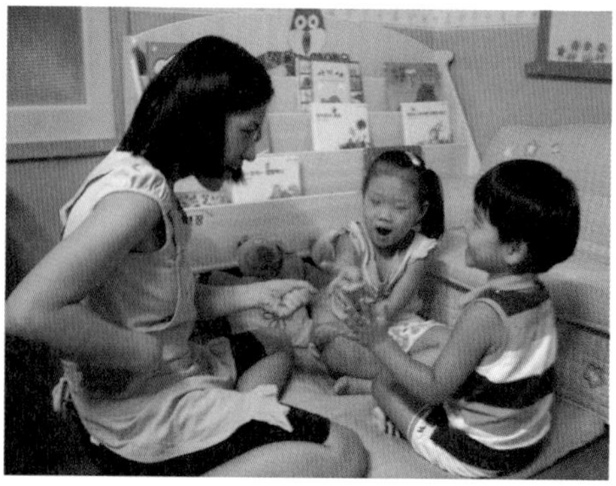

확장 및 참고사항

*가위, 바위, 보를 하여 진 영아는 고개를 숙이고 이긴 영아는 손가락을 정해 눌러 보고 어느 손가락으로 눌렀는지 맞추어 볼 수 있다.

*손 놀이를 따라오지 못하는 영아를 위해 속도를 조절하여 홍미를 갖고 참여할 수 있도록 한다.

만 2세 (6월) 월간보육계획안

주제		여러 동물들			
주 / 활동		1주	2주	3주	4주
		하늘/땅/바다에 사는 동물들	엄마동물 아기동물	동물 흉내 내 보기	동물을 사랑해요
등원 및 맞이하기		• 큰 소리로 "안녕하세요"라고 말하며 인사해요		• 신발은 제자리에 정리해요	
일상생활 (기본생활)	간식 및 점심	• 배식이 끝날 때까지 기다릴 수 있어요		• 음식을 먹고 "잘 먹었습니다" 인사해요	
	낮잠 및 휴식	• 동화 듣고 잠자기		• 편안한 휴식공간에서 쉬고 싶어요	
	기본생활습관 및 안전	• 휴지는 필요한 만큼만 써요	• 사자 입 속에 쏙(휴지 버리기)	• 동물에게 함부로 다가가지 않아요	• 동물을 사랑해요
자유놀이	신 체	• 고양이와 생쥐 • 동물 볼링 놀이	• 코끼리와 생쥐 발자국 • 작은 동물원	• 어떻게 다닐까? • 동물 꼬리 잡기	• 토끼와 거북이 • 곰돌이에게 먹이 주기
	쌓기 · 역할	• 우레탄 블록으로 좋아하는 동물 만들기 • 토끼야 사랑해	• 강아지 집을 만들어 주세요 • 강아지와 산책해요	• 공룡나라 • 종이 블록으로 말 만들기	• 동물 병원 놀이 • 동물원 꾸미기
	언 어	• 안녕! 내가 누구게	• 동화(아기 동물) • 코끼리 동시 감상해요	• 손가락 인형 • 말타기 놀이	• 누가 살까요? • 늑대가 들려주는 아기돼지 삼형제
	미술 · 음률	• 면봉 찍어 달팽이 꾸미기 • 동물 만들기	• 내가 좋아하는 동물 그려 보기 • 공작 꾸미기	• 동물 가면 만들기 • 친구들과 함께 어항 꾸미기	• 동물 야채 찍기 • 개미세상 만들기
	감각 · 탐색	• 물고기 먹이 주기 • 하늘, 땅, 바다의 동물들	• 엄마를 찾아 주세요 • 무지개 물고기	• 그림자 놀이 • 동물 퍼즐 맞추기 • 나무블록으로 거북이 만들기	• 개미집 관찰하기 • 무엇을 주렴
실외 및 산책		• 두껍아! 두껍아! • 산책하며 만나는 동물들		• 모래 위에 동물 세상 • 개미 채집	
대집단 활동 (전이활동)		• 너는 어디서 사니? • 거미가 줄을 타고…… • 내가 좋아하는 동물 • 꽃게		• 동물들아 고마워 • 막대놀이(전이활동)	

활동명: 동물 볼링 놀이

활동목표: 힘을 조절하여 공을 굴려 보고 신체조절력을 기른다.
손과 눈의 협응력을 기르고 대근육 발달을 돕는다.

표준보육과정 영역 및 범주: 신체운동〉신체조절과 기본운동하기〉대근육 조절하기〉팔, 다리, 목, 허리 등 움직임을 조절한다.
신체운동〉신체조절과 기본운동하기〉신체균형잡기〉안정된 자세를 취하려고 시도한다.

어린이집 평가인증지표: 신체활동

활동자료: 동물 모양으로 꾸민 장난감 볼링 핀, 공

활동방법

1. 동물 모양으로 꾸민 볼링 핀을 탐색해 본다.
   "와~ 여기 여러 동물 인형이 있구나. 어떤 동물이 있을까?"
2. 볼링 핀을 세우고 영아에게 활동 방법을 설명해 준다.
   "동물 모양의 핀을 쓰러트리는 게임이야."
   "공을 굴려 쓰러트려 볼까?"
3. 교사가 시범을 보이고 영아 스스로 활동해 보도록 한다.
   "선생님이 먼저 공을 굴려 볼게. 어떤 동물이 넘어지는지 보자."
   "○○야, 어떤 동물이 쓰러졌니?"
   "이번에는 △△가 공을 굴려 볼까?"
   "와! 사자가 쓰러졌네."
   "그럼 이번에는 다른 동물을 쓰러트려 볼까?"
4. 대근육 놀이 영역에 비치하여 자유롭게 놀이하도록 한다.

확장 및 참고사항

*둘 또는 여러 명의 영아가 함께 편을 나누어 '많이 넘어트리기' 게임으로 확장 활동할 수 있다.
*볼링핀 제작은 볼링핀에 손가락 인형을 끼워 꾸며 볼 수 있다.
*영아가 공을 굴려 볼링핀이 쓰러지면 격려해 주어 성취감을 느낄 수 있도록 한다.

활동명: 산책하며 만나는 동물들

활동목표: 동물의 모습을 보면서 생김새를 관찰한다.
동물들과 친숙해지는 기회를 갖는다.

표준보육과정 영역 및 범주: 자연탐구〉과학적 탐구하기〉주변 동물에 관심 가지기〉주변 동식물의 모양, 소리, 움직임에 관심을 가진다.
자연탐구〉과학적 탐구하기〉물체와 물질 탐색하기〉친숙한 물체와 물질을 능동적으로 탐색한다.

어린이집 평가인증지표: 실외활동, 일상생활 관련 활동, 자연탐구활동

활동자료: 동물 그림자료

활동방법

1. 그림자료를 보며 우리 주변의 동물에 대해 이야기 나눈다.
   "여기 동물이 있구나."
   "우리 산책하면서 어떤 동물들을 만날 수 있는지 알아볼까?"
2. 영아와 공원에 산책을 나간다.
   "○○야, 저기 강아지가 있네."
   "비둘기도 있구나."
3. 동물의 모습을 보면서 생김새를 관찰할 수 있도록 상호작용해 준다.
   "강아지는 다리가 넷이구나! 비둘기는 날개가 있네~"
4. 어린이집에 돌아와 산책하면서 만난 동물에 대해 이야기 나눈다.
   "산책하며 어떤 동물을 가장 많이 보았니?"

확장 및 참고사항

*산책 시 만난 동물을 그려 보는 활동으로 확장할 수 있다.

활동명: 작은 동물원

활동목표: 노래를 부르며 동물의 모습을 표현해 본다.
울음소리에 관심을 갖는다.

표준보육과정 영역 및 범주: 예술경험〉예술적 표현하기〉움직임으로 표현하기〉노래나 리듬에 맞춰 몸으로 표현한다.
자연탐구〉과학적 탐구하기〉주변 동식물에 관심 가지기〉주변 동식물의 모양, 소리, 움직임에 관심을 가진다.
신체운동〉신체활동에 참여하기〉신체활동에 참여하기〉신체활동에 자발적으로 참여해 본다.

어린이집 평가인증지표: 예술활동, 신체활동

활동자료: 동물가면, 음악 CD, 리듬막대

활동방법

1. 자유놀이 시간에 〈작은 동물원〉 노래를 틀어 주어 익숙해지도록 한다.
2. 〈작은 동물원〉 노래를 들어 보고, 노래에 나오는 동물의 울음소리에 대해 이야기 나눈다.
   "작은 동물원 노래 속에는 어떤 동물들이 나왔나 볼까?"
   "송아지가 어떻게 울음소리를 냈지?"
   "○○는 송아지 소리를 정말 잘 내는구나."
3. 동물의 생김새와 울음소리 등을 생각하며 영아와 함께 가사에 맞춰 율동을 만들어 본다.
4. 만들어진 율동에 맞춰 동물 가면을 쓰고 작은 동물원 노래를 표현해 본다.

확장 및 참고사항

* 역할을 정해 가면을 쓰고 각자 자기가 쓰고 있는 동물의 가사가 나올 때만 움직여 보는 활동으로 확장할 수 있다.
* 소리를 내는 다양한 동물로 개사하여 불러 보는 활동을 할 수 있다.

활동명: 엄마를 찾아 주세요

활동목표: 어미와 새끼를 짝지어 볼 수 있다.
각 동물의 어미와 새끼의 이름을 말할 수 있다.

표준보육과정 영역 및 범주: 자연탐구〉수학적 탐구하기〉구분하기〉주변 사물의 같고 다름에 따라 구분한다.
의사소통〉말하기〉낱말과 간단한 문장으로 말하기〉눈앞에 보이는 친숙한 사물의 이름을 발음해 본다.

어린이집 평가인증지표: 자연탐구활동, 언어활동

활동자료: 어미 동물 그림, 새끼 동물 그림자료

활동방법

1. 동물의 그림을 붙여 영아들이 탐색하도록 한다.
2. 수수께끼로 동물을 찾아보는 활동을 한다.
   "나는 걸어다녀요, 4개의 발을 가지고 있어요, 냄새를 잘 맡아요, 반가울 때는 꼬리를 흔들어요. 나는 누구일까요?"
3. 동물의 이름을 이야기하고 아기 동물의 엄마를 찾아보는 활동한다.
   "송아지의 엄마는 어디 있을까?"
   "송아지의 엄마를 무엇이라 부를까?"
   "그래~ '소' 라고 부르는구나."
   "어미 동물 옆에 아기 동물 카드를 끼워 볼까?"
4. 아기 동물의 엄마를 찾아 줄 수 있도록 돕는다.
5. 활동자료를 탐색영역에 놓아두어 영아가 자유롭게 반복적으로 활동할 수 있도록 한다.

확장 및 참고사항

*교구판을 제작하여 어미와 새끼를 짝지어 보는 일대일 대응해 보기 활동으로 확장할 수 있다.

활동명: 친구들과 함께 어항 꾸미기

활동목표: 재료를 이용하여 다양한 미술활동을 해 본다.

표준보육과정 영역 및 범주: 예술경험〉예술적 표현하기〉자발적으로 미술활동하기〉자발적으로 그리기, 만들기를 한다.

어린이집 평가인증지표: 예술활동, 사회관계증진활동

활동자료: 물고기 그림, 어항 그림자료, 색종이 비닐, 습자지, 빵 끈, 전지

활동방법

1. 활동 전에 전지에 어항 모형을 그리고 오린 후 벽면에 붙여 놓는다.
2. 물고기 그림자료를 보여 주고 생김새를 관찰한다.
3. 어항 모형을 보며 어항을 꾸며 보자고 이야기한다.
   "어항 속에 물고기가 하나도 없네."
   "우리 어항 속에 물고기를 만들어서 넣어 줄까?"
4. 준비해 놓은 재료들을 탐색하여 본다.
   "여기 색종이를 담아 두는 비닐도 있고, 빵 끈도 있구나."
5. 색종이 비닐 속에 습자지를 넣는다.
6. 지느러미 부분을 빵 끈으로 묶고 눈을 붙인다.
7. 벽면에 부착해 놓은 모형 어항에 영아가 만든 물고기를 붙여 준다.
   "와~ 물고기가 사는 멋진 어항이 되었구나."

확장 및 참고사항

*어항에 수초나 조개 모양을 꾸며 넣어 주는 활동으로 확장해 본다.

*사전 활동으로 바다생물에 관한 비디오를 보여 주는 것도 좋다.

활동명: 모래 위에 동물 세상

활동목표: 상상력을 기르고, 창의적으로 표현해 본다.
모래의 촉감을 탐색해 본다.

표준보육과정 영역 및 범주: 예술경험〉예술적 표현하기〉자발적으로 미술활동하기〉간단한 도구와 미술재료를 다룬다.
자연탐구〉과학적 탐구하기〉물체와 물질 탐색하기〉친숙한 물체와 물질을 능동적으로 탐색한다.

어린이집 평가인증지표: 실외활동, 자연탐구활동

활동자료: 아이스크림 막대, 나무젓가락, 수수깡, 동물 인형, 동물원 그림자료

활동방법

1. 동물원 그림자료를 보며 영아들과 이야기 나눈다.
   "○○야, 동물원에 가 본 적이 있니?"
   "동물원에서 무슨 동물을 보았니?"
2. 모래밭으로 나가 모래를 만지며 모래와 친숙해지는 시간을 갖는다.
3. 영아들에게 아이스크림 막대나 수수깡 등을 이용해 울타리를 꾸미고 동물원을 만들어 보자고 이야기한다.
   "수수깡을 모래 위에 꽂아 울타리를 만들어 볼까?"
4. 수수깡으로 만든 울타리 안에 동물 인형을 넣어 준다.
   "이 울타리 안에 어떤 동물을 넣어 줄까?"
   "음, 곰을 넣어 주었구나."

확장 및 참고사항

* 모래 속에 날카로운 이물질이 없는지 미리 살핀다.
* 모래놀이 후 손을 청결히 씻을 수 있도록 한다.

활동명: 동물 야채 찍기

활동목표: 동물의 생김새에 관심을 가진다.
야채를 이용해 찍기 놀이를 해 본다.

표준보육과정 영역 및 범주: 자연탐구〉과학적 탐구하기〉물체와 물질 탐색하기〉친숙한 물체와 물질을 능동적으로 탐색한다.
자연탐구〉과학적 탐구〉주변 동식물에 관심 가지기〉주변 동식물의 모양, 소리, 움직임에 관심을 가진다.
예술 경험〉예술적 표현하기〉자발적으로 미술활동하기〉간단한 도구와 미술 재료를 다룬다.

어린이집 평가인증지표: 예술활동, 자연탐구활동

활동자료: 동물 모양을 파낸 야채(무, 당근, 오이 등), 판화 속 동물 사진, 도화지, 물감

활동방법

1. 교사는 야채에 동물 얼굴 모양을 파서 찍기 준비를 한다.
2. 야채 찍기 도구를 제시하고 동물 얼굴 모양을 관찰한다.
   "○○야, 여기 여러 야채가 있구나."
   "야채에 어떤 모양이 있니?"
3. 야채에 물감을 묻혀 도화지에 찍어 무슨 동물인지 맞춰 보게 한다.
   "어떤 모양이 나오나 찍어 볼까?"
   "도화지 위에 무엇이 찍었니?"
   "와! 토끼구나."
4. 준비한 도화지에 자유롭게 찍어 꾸며 본다.
5. 완성된 그림으로 교실 환경을 꾸며 준다.

확장 및 참고사항

* 영아들이 자신들이 찍은 동물 모양을 보고 같은 동물끼리 연결해 보는 활동이나 동물소리를 내어 보는 활동으로 확장할 수 있다.
* 야채로 찍어 낸 동물의 얼굴에 색연필로 몸을 꾸며 보는 활동으로 확장할 수 있다.

활동명: 편안한 휴식공간에서 쉬고 싶어요

활동목표: 신체 리듬을 조절할 수 있다.
자신의 의사를 말로 표현할 수 있다.

표준보육과정 영역 및 범주: 기본생활〉건강하게 생활하기〉건강한 일상생활하기〉정해진 시간에 알맞게 휴식한다.
의사소통〉말하기〉자신이 원하는 것을 말하기〉자신이 원하는 것을 낱말이나 짧은 문장으로 말해 본다.

어린이집 평가인증지표: 기본생활 관련 활동, 언어활동

활동자료: 작은 쿠션, 매트

활동방법

1. 영아가 등원 시 몸 상태가 좋지 않거나 활동 중 영아의 안색이 창백해 보이면 건강상태를 점검한다.
2. 영아의 건강이 좋지 않거나 휴식이 필요하다고 판단되면 영아에게 쉴 것을 제안한다.
   "○○야, 몸에서 열이 나는구나. 휴식 공간에서 쉬면서 열을 식혀 보자."
3. 영아가 휴식 공간에서 편히 쉴 수 있도록 상호작용해 준다.
   "○○야, 여기 곰돌이가 있구나. 곰돌이도 쉬고 싶어 여기 왔네."
   "곰돌이가 ○○랑 같이 쉬니까 좋아하는구나."
4. 영아 스스로 "쉬고 싶어요."라고 말하여 보도록 한다.

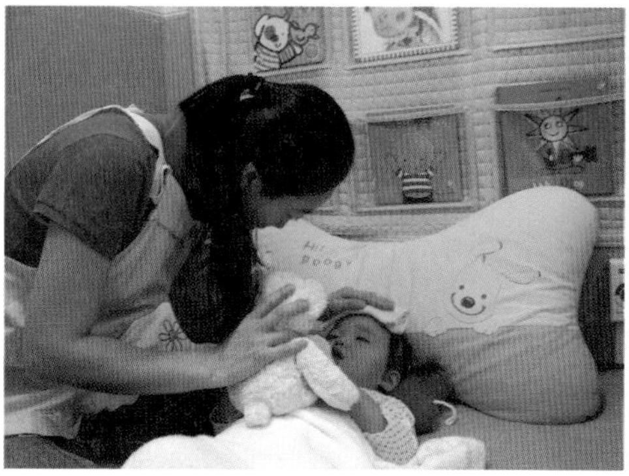

확장 및 참고사항

* 휴식 공간의 매트는 영아를 눕혔을 때 몸이 밖으로 나오지 않을 정도의 크기가 될 수 있도록 준비한다.
* 영아의 상태를 지속적으로 살펴보며, 영아의 몸 상태가 좋지 않으면 부모님께 연락을 취하도록 한다.

만 2세 (7월) 월간보육계획안

<table>
<tr><td colspan="2">주제</td><td colspan="4">여름이에요</td></tr>
<tr><td colspan="2" rowspan="2">주
활동</td><td>1주</td><td>2주</td><td>3주</td><td>4주</td></tr>
<tr><td>더워졌어요</td><td>비 오는 날</td><td>재미있는 물놀이</td><td>건강한 여름</td></tr>
<tr><td colspan="2">등원 및 맞이하기</td><td colspan="2">• 등원하며 무엇을 보았니?</td><td colspan="2">• 수영복 가져오면 사물함에 넣어 두기</td></tr>
<tr><td rowspan="3">일상
생활
(기본
생활)</td><td>간식 및 점심</td><td colspan="2">• 음식을 먹은 후 뛰지 않아요</td><td colspan="2">• 다른 곳에서 간식 먹어 보기</td></tr>
<tr><td>낮잠 및 휴식</td><td colspan="2">• 조용한 음악 들으며 낮잠 자기</td><td colspan="2">• 친구가 자고 있을 땐 조용한 놀이를 해요</td></tr>
<tr><td>기본생활습관 및 안전</td><td colspan="2">• 계절에 맞는 옷을 입어요</td><td colspan="2">• 햇빛에 오래 놀지 않아요</td></tr>
<tr><td rowspan="5">자유
놀이</td><td>신 체</td><td>• 누워서 다리 들어 올려요
• 그림자 따라 하기</td><td>• 사다리 칸 건너기
• 비가 내려요</td><td>• 재미있는 물놀이
• 어깨동무놀이</td><td>• 쑥쑥 키크기 체조
• 빨리 걷기, 천천히 걷기</td></tr>
<tr><td>쌓기 · 역할</td><td>• 아이스크림 가게 만들기
• 선생님 친구에게 부채 부쳐 주기</td><td>• 여름곤충 집 짓기 놀이
• 장화 신고 우산 쓰고</td><td>• 낚시터 만들고 물고기 잡기
• 수영장 만들기
• 아기 인형 목욕시키기</td><td>• 종이벽돌 블록으로 목욕탕 만들기
• 빨래를 해요</td></tr>
<tr><td>언 어</td><td>• 융판동화 – 꿀꿀이의 아이스크림 가게
• “더워요” 하고 이야기해요</td><td>• 여름곤충 소리 듣고 흉내 내기
• 동화–비 오는 날의 물놀이</td><td>• 동화 – 포도나무가 된 공주
• 물놀이에 필요한 물건의 명칭 알기</td><td>• 몸에 좋은 음식, 나쁜 음식
• 예쁜 이, 하얀 이를 만들자</td></tr>
<tr><td>미술 · 음률</td><td>• 밀가루 반죽으로 아이스크림 만들기
• 부채 만들기</td><td>• 비옷 꾸미기
• 비 오는 날</td><td>• 우유갑으로 배 만들기
• 분무기로 뿌리기</td><td>• 종이에 물감을 떨어뜨리기
• 샌들 만들기</td></tr>
<tr><td>감각 · 탐색</td><td>• 빨래가 말랐어요
• 물고기 수만큼 붙여요</td><td>• 우산 패턴 붙이기
• 나에게 옷을 입혀 주세요</td><td>• 소라 껍질 만져 보고 귀에 대어 보기
• 수영복과 모자 짝짓기</td><td>• 봉숭아 물들이기
• 조개껍질 밀가루 반죽에 찍어 보기</td></tr>
<tr><td colspan="2">실외 및 산책</td><td colspan="2">• 물총 놀이는 재미있어요
• 산책하며 곤충, 벌레를 찾아요</td><td colspan="2">• 물놀이를 해요
• 거품비누로 소꿉그릇 씻기</td></tr>
<tr><td colspan="2">대집단 활동
(전이활동)</td><td colspan="2">• 몸에 땀이 흘러요
• 날씨가 많이 더워졌어요
• 손유희– ‘꽃게가 나타났다’</td><td colspan="2">• 물놀이할 때 꼭 지켜야 해요!
• 손유희– ‘펭귄가족’
• 동화–수박을 먹는 아기도깨비</td></tr>
</table>

활동명: 그림자 따라 하기

활동목표: 그림자에 관심을 갖고 관찰해 본다.
그림자를 보면서 다양한 움직임 형태를 만들어 본다.

표준보육과정 영역 및 범주: 자연탐구〉탐구하는 태도 기르기〉호기심 가지기〉주변 사물과 자연 세계에 호기심을 가진다.
신체운동〉신체활동 참여〉바깥에서 신체활동하기〉규칙적으로 바깥에서 신체활동을 한다.

어린이집 평가인증지표: 실외활동, 신체활동

활동자료: 그림자가 생긴 모습을 찍은 사진 또는 그림자 카드

활동방법

1. 그림자가 짧아지는 정오 시간을 피해 영아와 함께 그림자를 만들어 본다.
   "여기 까만 그림자가 있네, 이 그림자는 누구의 그림자일까?"
2. 동작에 따라 변하는 그림자의 다양한 모습을 관찰한다.
   "우리가 뛰면 그림자는 어떻게 될까?"
   "우리가 걸으면 그림자가 어떻게 될까?"
   "그림자는 흉내쟁이구나. 다른 그림자 모양이 되도록 몸을 움직여 볼까?"
3. 충분한 탐색 후 둘씩 짝을 이루어 친구의 그림자 모습을 그대로 따라 해 보도록 한다.

확장 및 참고사항

*몸으로 동물 그림자를 만들어 활동을 확장할 수 있다.
*그림자 밟기 놀이로 확장하여 활동할 수 있다.
*친구의 그림자 모습을 분필로 따라 그려 볼 수 있다(이때 영아가 그리기 어려워하면 교사가 도와준다).

활동명: 빨래가 말랐어요

활동목표: 지속적인 관찰을 통해 사물의 변화를 안다.

표준보육과정 영역 및 범주: 자연탐구〉탐구하는 태도 기르기〉호기심 가지기〉주변사물과 자연세계에 호기심을 가진다.
자연탐구〉탐구하는 태도 기르기〉반복적 탐색 즐기기〉관심 있는 사물을 반복하여 주도적으로 탐색하기를 즐긴다.

어린이집 평가인증지표: 자연탐구활동, 실외활동

활동자료: 인형 옷 또는 영아의 옷, 붓, 그릇

활동방법

1. 활동하기 전날 영아와 함께 인형 옷이나 영아 옷을 빨아서 햇볕에 널어 놓는다.
2. 다음날 인형 옷의 변화를 보며 이야기 나눈다.
   "우리가 빨아 놓은 인형 옷을 살펴보자."
   "어제와 어떻게 달라졌니?"
   "인형 옷에 있던 물들이 다 어디로 갔을까?"
3. 햇볕에 의해 빨래가 말랐음을 이야기하고 분무기로 시멘트 바닥에 물을 살짝 뿌려 마르는 과정을 관찰해 본다.
4. 시멘트 바닥에 붓으로 물을 묻혀 그림을 그려 본 후 마르는 모습을 관찰한다.
   "이 붓으로 ○○가 그리고 싶은 그림을 그려 보자."
   "그림을 그렸던 물들이 어떻게 달라지는지 보자."

확장 및 참고사항

* '증발' 이라는 것을 설명하기보다 영아들에게 여러 상황을 자세히 관찰하고 느낄 수 있도록 교사는 언어적으로 자극을 준다.

활동명: 등원하며 무엇을 보았니?

활동목표: 일상생활의 경험을 이야기해 본다.

표준보육과정 영역 및 범주: 자연탐구〉탐구하는 태도 기르기〉호기심 가지기〉주변 사물과 자연 세계에 호기심을 가진다.

어린이집 평가인증지표: 자연탐구활동, 언어활동

활동자료: 없음

활동방법

1. 영아를 반갑게 맞이하고 영아와 일상적인 대화를 나누어 본다(영아의 옷차림, 아침에 먹은 음식 등).
   "○○는 시원한 원피스를 입고 왔구나."
2. 어린이집에 오는 길에 무엇을 보았는지에 대해 물어보고 상호작용해 준다.
   "○○는 어린이집 오는 길에 무엇을 보았니?"
   "잠자리를 보았구나."
   "예쁜 꽃도 보았고, 커다란 나무도 보았구나."
   "△△는 자동차도 보았네."
3. 영아와 함께 창밖에 보이는 풍경에는 어떤 것이 있는지 상호작용한다.
   "저기 창밖에 ○○ 할머니께서 지나가시네."
   "△△는 할머니가 계시니?"

확장 및 참고사항

*등원하면서 본 자연물뿐만 아니라 우리 동네에 있는 가게에는 무엇이 있었는지 확장해 볼 수 있다.

활동명: 장화 신고 우산 쓰고

활동목표: 비 오는 날의 옷차림에 대해 안다.

표준보육과정 영역 및 범주: 자연탐구〉과학적 탐구하기〉자연을 탐색하기〉날씨를 감각으로 느낀다.

어린이집 평가인증지표: 역할놀이

활동자료: 비옷, 우산, 장화, 분무기, 마른걸레

활동방법

1. 비 오는 날에 필요한 소품들을 역할영역에 놓아둔다.
2. 영아가 소품에 흥미를 보이면 소품을 이용한 놀이가 진행되도록 상호작용해 준다.
   "비가 오는데 무엇을 써야 할까?"
   "비가 올 땐 어떤 옷을 입어야 할까?"
   "그래, 비옷 입고 장화 신고 우산을 쓰면 비를 맞지 않겠구나."
3. 영아들에게 비옷을 입고 장화도 신고 우산을 써 볼 수 있도록 한다.
4. 영아들이 비가 오는 것처럼 느낄 수 있도록 분무기를 뿌려 주어 비 오는 느낌을 살려 준다.
   "우산을 쓰니까 비를 맞지 않네."
   "우산에 빗방울이 떨어지는 소리가 들리니?"
   "이렇게 우산을 쓰고 장화를 신으니 기분이 어떠니?"
5. 교사는 영아들이 비 오는 날을 상상하며 놀이를 할 수 있도록 격려를 해 준다.

확장 및 참고사항

*비 오는 날 영아의 건강상태를 확인해 보고 비옷과 장화를 신고 밖으로 나가서 '비 오는 날 산책하기' 활동을 할 수 있다.

*분무기로 뿌린 물을 닦을 걸레를 여유 있게 준비한다.

활동명: 분무기로 뿌리기

활동목표: 분무기에서 색 물감이 나오는 모습을 관찰한다.
소품을 바르게 조작하는 조작력을 기른다.

표준보육과정 영역 및 범주: 자연탐구〉과학적으로 탐구하기〉물체와 물질 탐색하기〉친숙한 물체와 물질을 능동적으로 탐색한다.
예술경험〉예술적 표현하기〉자발적으로 미술활동하기〉간단한 도구와 미술재료를 다룬다.
신체운동〉신체조절과 기본운동하기〉소근육 조절하기〉눈과 손을 협응하여 소근육을 조절해 본다.

어린이집 평가인증지표: 예술활동

활동자료: 색깔 물(빨강, 파랑, 노랑 물감을 탄 것), 분무기 4개, 전지

활동방법

1. 물이 들어 있는 분무기를 준비한다.
2. 공중에 분무기를 뿌려 물이 퍼지는 것을 영아들과 관찰한다.
   "하늘에서 비가 내리고 있네, 손을 내밀어 볼까?"
   "○○는 손으로 만져 보니 느낌이 어떠니?" " 그래, 차갑구나."
3. 영아가 물이 담겨져 있는 분무기를 뿌려 볼 수 있도록 한다.
   "○○도 뿌려 볼까?"
   "○○가 분무기의 손잡이를 누르니까 비가 내리는 것 같구나."
4. 물감 탄 물이 있는 분무기를 영아에게 소개한다.
5. 물감 탄 분무기를 전지 위에 뿌려 본다.
   "분무기를 하얀색 종이에 뿌려 볼까? 어떤 색이 나올 거 같니? 빨간색이 종이에 묻어 있네."
   "분무기 구멍은 조그만데 종이에 뿌리니깐 커다란 공 모양으로 나오는구나."
6. 다양한 색의 분무기를 전지에 뿌리면서 표현한다.

확장 및 참고사항

* 물감이 든 분무기를 사용하기 전에 실외놀이에서 물이 담긴 분무기를 충분히 탐색해 보는 경험을 하게 한다.
* 물감을 탄 분무기를 사용할 때는 종이에만 뿌리도록 약속한다.
* 분무기에 물을 담아 꽃밭에 물을 주는 활동으로 확장할 수 있다.

활동명: 아기 인형 목욕시키기

활동목표: 일상생활을 모방하여 기본생활습관을 연습해 본다.
인형을 씻겨 보며 성취감을 느껴 본다.

표준보육과정 영역 및 범주: 사회관계〉나를 알고 존중하기〉좋아하는 것 해 보기〉스스로 선택한 놀이나 놀잇감을 즐긴다.

어린이집 평가인증지표: 역할놀이, 사회관계증진활동

활동자료: 아기 인형, 목욕통, 수건, 비누, 작은 스펀지 조각, 타올

활동방법

1. 욕조에 물을 담아 준비하고 비누, 스펀지, 인형을 영아가 탐색할 수 있도록 한다.
   "○○가 스펀지를 가지고 있구나, 손으로 꾹 눌러 볼까? 물에도 넣어 보자."
   "이것은 무엇이니?" ("비누요.")
   "비누는 어떨 때 쓸까?"
   "그래. 손 닦을 때도 쓰고 더러운 것이 묻었을 때 비누로 닦으면 깨끗해지겠구나."
2. 인형을 목욕시켜 보자고 제안한다.
   "아기 인형이 목욕을 하고 싶대. ○○가 인형 옷 벗기는 걸 도와줄래?"
   "○○야, 인형 눈에 비누가 들어가지 않도록 조심해서 씻겨 보자."
3. 인형의 신체 부위의 이름을 이야기하면서 닦아 본다.
   "목은 어디야? 팔을 닦아 보자, 무릎은 어디에 있니?"
4. 다 씻긴 후 수건으로 닦아 주고 옷을 입혀 보고 느낌을 말해 본다.

확장 및 참고사항

* 인형의 옷은 간단한 찍찍이나 똑딱 단추로 되어 있고 품이 넉넉해서 영아들이 벗기기 쉬운 것으로 선택한다.

활동명: 다른 곳에서 간식 먹어 보기

활동목표: 매일 간식을 먹던 곳이 아닌 다른 장소에서 즐겁게 간식을 먹어 본다.

표준보육과정 영역 및 범주: 기본생활습관〉건강하게 생활하기〉바르게 먹기〉음식을 골고루 먹는다.

어린이집 평가인증지표: 실외활동, 기본생활 관련 활동, 일상생활 관련 활동

활동자료: 돗자리, 간식그릇, 간식, 포크

활동방법

1. 나무 그늘이나 정글짐 밑에서 돗자리를 깔거나, 다른 교실 혹은 놀이실에 돗자리를 깔고 간식을 먹어 본다.
2. 영아들과 함께 앉아 무엇이 보이고, 어떤 소리가 들리는지 등에 대해 이야기하며 영아들과 함께 새로운 기분을 느껴 본다.
   "무슨 소리가 들리니?"
   "맴맴맴. 매미소리가 들리는구나."
   "매미가 뭐라고 이야기하는 걸까?"
   "시원한 바람도 부는구나."
   "밖에서 간식을 먹어 보니 기분이 어떠니?"

확장 및 참고사항

* 편식이 심한 영아의 경우 간식그릇으로 소꿉그릇을 이용하여 자연스럽게 역할놀이하면서 음식을 먹어 볼 수 있도록 유도해 볼 수 있다.
* 영아가 평소 먹기 싫어하는 음식을 요리활동으로 실시해 봄으로써 영아가 흥미를 가지고 음식을 먹어 볼 수 있는 기회를 갖는 계기가 될 수 있다.

활동명: 종이벽돌 블록으로 목욕탕 만들기

활동목표: 대근육 발달과 소근육 발달을 돕는다.
친구들과 함께 만들어 봄으로써 협동심을 기른다.

표준보육과정 영역 및 범주: 신체운동〉신체조절과 기본운동하기〉대근육 조절하기〉팔, 다리, 목, 허리 등 움직임을 조절한다.
예술경험〉예술적 표현하기〉모방과 상상놀이하기〉모방행동을 놀이처럼 즐긴다.

어린이집 평가인증지표: 쌓기놀이, 사회관계증진활동

활동자료: 그림자료, 수건, 샴푸, 대야, 비누, 샤워기(모형), 종이벽돌 블록

활동방법

1. 영아들과 함께 목욕탕에 가 본 경험에 대해 이야기 나눈다.
   "목욕탕에 가 본 적이 있니?"
   "목욕탕에서 무엇을 했니?"
   "○○는 엄마와 함께 목욕탕에 갔구나."
2. 종이벽돌 블록을 이용해 목욕탕을 만들어 보자고 제안하고 영아들이 다양한 방법으로 만들 수 있도록 상호작용해 준다.
   "우리 함께 목욕탕을 꾸며 볼까?"
   "목욕탕에는 어떤 물건이 있을까?"
   "욕조와 의자는 무엇으로 만들면 좋을까?"
3. 친구와 협동해서 함께 만들어 볼 수 있도록 한다.
   "△△야, 수건을 여기에 놓았구나."
   "○○는 비누를 놓아 줄까?"

확장 및 참고사항

*목욕탕이 완성되면 역할놀이로 확장한다.

만 2세 (8월) 월간보육계획안

주제		무엇일까요?(오감각)			
주 / 활동		1주	2주	3주	4주
		어떤 맛일까?	어떤 느낌일까?	어떤 소리가 날까?	어떤 냄새가 날까? 어떻게 보이니?
등원 및 맞이하기		• 아침에 먹고 온 음식에 대해 이야기 나누기		• 선생님과 손잡고 교실에 들어가기	
일상생활 (기본생활)	간식 및 점심	• 음식을 남기지 않아요		• 음식을 골고루 먹어요	
	낮잠 및 휴식	• 늦게 깨는 친구 기분 좋게 깨워 주기		• 낮잠 자고 일어나서 화장실 다녀오기	
	기본생활습관 및 안전	• 찬 음식 많이 먹지 않기		• 배변 후 손을 씻어요	
자유놀이	신체	• 음식 나르기 • 줄에 달린 과자 따 먹기	• 감각 발바닥을 밟아 보아요 • 감각 주사위를 던지고 움직이기	• 개구리 마라카스 흔들며 움직여 보아요 • 리듬막대 치며 걷기	• 블록으로 징검다리를 만들어 건너 보기 • 나 잡아 봐라!
	쌓기 · 역할	• 나는 무엇을 먹고 있을까요? • 나는야, 요리사!	• 같은 느낌 블록끼리 쌓기	• 깡통블록으로 카세트 만들기 • 가수가 되어 보아요	• 같은 색 에듀블록끼리 쌓아 보기 • 음식상을 차려요
	언어	• 동화–사과가 쿵 • 어떤 맛일까?	• 촉감판을 만져 보아요 • 여러 가지 느낌이 있어요	• 소리 듣고 그림 맞히기 • 별별 소리가 다 나요	• 눈 가리고 찾아봐요 • 색안경을 끼고 보아요
	미술 · 음률	• 과자로 만든 목걸이 • 잡지 속 음식 그림 오리고 붙이기	• 식빵으로 얼굴 만들기 • 거품으로 그림을 그려요	• 요구르트병 마라카스 • 짝짝이 치며 부르기	• 색안경 만들기 • 돼지 코 만들기
	감각 · 탐색	• 새콤달콤 맛있는 과일 • 야채 그림에 빨대 꽂기	• 단추 모자이크 • 내 얼굴의 반쪽을 찾아요	• 무슨 소리 날까? • 같은 소리를 찾아봐요	• 냄새를 맡아요 • 같은 색끼리 놓아 보기 • 소리로 알 수 있어요
실외 및 산책		• 수박 비치볼을 가지고 놀아요 • 비 오는 날 산책해 보기		• 산책하면서 들을 수 있는 소리를 탐색해요 • 모래로 모양 찍기	
대집단 활동 (전이활동)		• 여러 가지 느낌이 있어요 • '잉잉잉' 노래 부르기		• 신체–말 못하는 선생님 • 동화–수박을 먹는 아기도깨비	

활동명: 나는야 요리사!

활동목표: 요리사가 되어 음식을 만들어 보며 상상놀이를 한다.
역할놀이를 통해 행동에 맞는 언어표현을 해 본다.

표준보육과정 영역 및 범주: 예술경험〉예술적 표현하기〉모방과 상상놀이하기〉일상생활 경험을 상상놀이로 즐긴다.
의사소통〉말하기〉자신이 원하는 것 말하기〉자신이 원하는 것을 낱말이나 짧은 문장으로 말해 본다.

어린이집 평가인증지표: 역할놀이, 언어활동

활동자료: 앞치마, 요리사 모자, 상, 소꿉놀이 세트

활동방법

1. 요리사 모자를 소개하면서 요리사에 대해 이야기를 나눈다.
   "(요리사 모자를 제시하며) ○○야, 짠~이것이 무엇일까?"
   "빵처럼 생긴 모자구나." "누가 쓰는 모자일까?"
2. 영아에게 요리사처럼 모자와 앞치마를 입혀 준다.
   "와! ○○가 멋진 요리사가 되었네."
   "선생님은 맛있는 빵이 먹고 싶은데 ○○가 만들어 줄래?"
3. 소꿉놀이용 그릇과 음식을 이용하여 음식을 만들고 먹어 보는 활동을 하면서 '맛있게 드세요.' '잘 먹겠습니다.'라고 표현해 보도록 한다.

확장 및 참고사항

* 여러 가지 음식을 만들어 상 차리기 놀이나 음식점 놀이를 해 본다.
* 실제 음식 재료와 비교해 보면서 요리활동을 해 볼 수 있도록 한다.

활동명: 새콤달콤 맛있는 과일

활동목표: 과일을 여러 가지 방법으로 탐색해 본다.
과일을 맛있게 먹어 본다.

표준보육과정 영역 및 범주: 자연탐구〉과학적 탐구하기〉물체와 물질 탐색하기〉친숙한 물체와 물질을 능동적으로 탐색한다.
기본생활습관〉건강한 생활하기〉바르게 먹기〉음식을 골고루 먹는다.

어린이집 평가인증지표: 자연탐구활동

활동자료: 과일(포도, 복숭아, 참외 등)

활동방법

1. 준비된 과일의 이름을 알아보고, 영아가 좋아하는 과일을 말해 보도록 한다.
   "여기 사과도 있고, 포도도 있네. 이 과일의 이름은 무엇인지 아니?"
   "그래, 복숭아구나. ○○는 무슨 과일을 좋아하니?"
2. 영아가 좋아하는 과일을 충분히 탐색할 수 있도록 한다.
   "○○는 사과를 좋아하는구나. 사과는 무슨 색이니?"
   "사과의 속은 어떻게 생겼을까?" (사과를 반으로 자른다)
   "사과 속에 조그만 씨가 들었구나."
3. 각각의 과일을 같은 방법으로 탐색해 본다.
4. 먹기 좋은 크기로 잘라 영아에게 과일의 맛을 비교해 볼 수 있도록 한다.
   "사과는 어떤 맛이나니? 그래, 달콤하구나."
   "포도도 먹어 보자. 무슨 맛이 나니?"

확장 및 참고사항

*자른 과일로 과일꼬치 끼우기 활동을 해 본다(꼬치 사용 시 안전에 대해 이야기를 한 후 개별적으로 과일을 선택하여 끼울 수 있도록 교사는 옆에서 도와준다).

활동명: 거품으로 그림을 그려요

활동목표: 거품의 질감을 감각적으로 경험해 본다.
손가락을 움직이며 자유롭게 표현해 본다.

표준보육과정 영역 및 범주: 자연탐구〉과학적 탐구하기〉물체와 물질 탐색하기〉친숙한 물체와 물질을 능동적으로 탐색한다.
예술경험〉예술적 표현하기〉자발적으로 미술활동하기〉간단한 도구와 미술재료를 다룬다.
신체운동〉감각과 신체인식하기〉감각기관 활용하기〉감각기관으로 주변 환경을 탐색한다.

어린이집 평가인증지표: 예술활동

활동자료: 쉐이빙 크림, 물감, 비닐로 싼 책상

활동방법

1. 쉐이빙 크림을 영아가 탐색할 수 있도록 비닐로 싼 책상 위에 짜 놓는다.
   쉐이빙 크림을 손으로 만져 보며 촉감에 대해 이야기를 나눈다.
   "하얀 크림을 손으로 만져 볼까?"
   "크림을 손으로 만져 보니 느낌이 어떠니?"
2. 쉐이빙 크림을 책상 위에서 마음대로 문질러 보도록 한다.
   "손으로 크림을 문질러 보니 느낌이 어떠니? 이번엔 두 손으로도 해 볼까?"
   "손으로 크림을 빙글빙글 돌리니 어떤 모양이 나오니?" "그래, 달팽이 모양 같구나."
3. 쉐이빙 크림에 물감을 떨어뜨려 색깔 변화를 관찰해 보도록 한다.
   "어떤 색깔의 물감을 넣어 볼까?" "○○가 물감을 넣어 보자."
   "하얀 크림에 분홍색 물감을 떨어뜨렸더니 어떻게 되었니?"
   "다른 색 물감도 넣어 보자."

확장 및 참고사항

* 활동을 시작하기 전 영아에게 쉐이빙 크림을 얼굴과 입에 대거나 먹지 않도록 주의를 준다.
* 활동 후 영아의 손을 깨끗이 닦도록 한다.

활동명: 늦게 깨는 친구 기분 좋게 깨워 주기

활동목표: 바르게 잠자는 습관을 갖는다.
자고 있는 친구를 기분 좋게 깨워 줌으로써 친근감을 느낀다.

표준보육과정 영역 및 범주: 기본생활〉건강한 생활하기〉건강한 일상생활하기〉일과에 따라 규칙적으로 잠을 잔다.
사회관계〉나와 다른 사람의 감정 알기〉다른 사람의 감정에 반응하기〉다른 사람이 나타내는 여러 가지 감정에 반응을 보인다.

어린이집 평가인증지표: 기본생활 관련 활동, 일상생활 활동, 사회관계증진활동

활동자료: 이불, 베개, 조용한 음악 CD

활동방법

1. 낮잠을 자기 전에 영아들에게 지켜야 할 약속에 대하여 이야기 나눈다.
   "○○가 자고 있는데 소란스러우면 기분이 어떨까?"
   "○○반 친구들이 아직 자고 있을 때는 어떻게 하면 좋을까?
   "늦게까지 자는 친구는 어떻게 깨워 주면 좋을까?"
2. 친구들과 함께 조용한 음악을 들으며 낮잠을 자도록 한다.
3. 먼저 일어난 영아들이 자연스럽게 친구들이 일어나는 것을 도와주는 행동을 하도록 격려해 준다.
   "△△가 아직 자고 있네. '○○야, 이제 일어나자.' 하고 얘기해 줄까?"
   "○○가 손으로 살살 흔들어 주니까 △△가 웃으며 일어났네. △△야, 잘 잤니?"

확장 및 참고사항

*늦게 일어난 친구의 이불과 베개 정리를 같이 도와줄 수 있다.

활동명: 산책하면서 들을 수 있는 소리를 탐색해요

활동목표: 산책을 하면서 들을 수 있는 소리에 호기심을 갖는다.
산책하며 다양한 소리를 들을 수 있다.

표준보육과정 영역 및 범주: 신체운동〉감각과 신체인식하기〉감각기관 활용하기〉감각기관으로 주변환경을 탐색한다.
자연탐구〉탐구하는 태도 기르기〉호기심 가지기 주변 사물과 자연에 호기심을 가진다.

어린이집 평가인증지표: 실외활동, 자연탐구활동

활동자료: 없음

활동방법

1. 날씨를 살피고 가까운 곳으로 산책을 나가 본다.
   "오늘의 날씨는 어떠니?"
   "밖으로 나오니 시원한 바람도 부는구나."

2. 산책을 하며 주변에 있는 소리를 탐색해 본다.
   "쉿! 무슨 소리가 들리네. 무슨 소리일까?"
   " 나무에 달려 있는 매미의 울음소리구나."
   "매미가 어떻게 우니?"
   "음, 맴맴 하며 우는구나."
   "또 무슨 소리가 들리니?"
   "그래, 자동차 소리도 들리는구나."
3. 여러 종류의 소리를 탐색하며 영아가 직접 소리를 흉내 내 본다.
   "산책을 하니 여러 가지 소리를 들을 수 있구나."
   "우리 산책하면서 들은 소리를 흉내 내 볼까?"

확장 및 참고사항

*산책놀이 시 녹음기를 가지고 나가 소리를 녹음하여 언어영역에 배치하여 들을 수 있도록 한다.

활동명: 별별 소리가 다 나요

활동목표: 주변에서 들을 수 있는 소리를 듣고 차이를 안다.
다양한 소리를 듣고 의성어로 표현한다.

표준보육과정 영역 및 범주: 의사소통〉듣기〉말소리 구분하여 듣고 의미 알기〉다양한 말소리의 차이를 구분한다.
의사소통〉말하기〉낱말과 간단한 문장으로 말하기〉일상생활에서 경험한 새로운 낱말에 관심을 가진다.

어린이집 평가인증지표: 언어활동

활동자료: 익숙한 소리를 녹음한 녹음테이프와 녹음기, 그림카드

활동방법

1. 영아에게 익숙한 소리들을 찾아 녹음해 놓는다. 아기 울음소리, 새소리, 물소리, 그릇 부딪히는 소리, 문 닫는 소리 등 주변에서 나는 소리를 준비한다.
2. 영아와 함께 녹음해 온 소리를 듣고 무슨 소리가 나는지 이야기 나눈다.
"○○야, 어떤 소리가 나는지 들어볼까?" (녹음된 소리를 틀어 준다)
"무슨 소리가 들렸니?"
"그래, (새 그림 카드를 보여 주며) 새소리였구나."
3. 우리 반에서 소리 나는 물건을 찾아와서 녹음해서 들어 보고 그 소리를 언어로 표현해 본다(딱딱, 찰찰, 둥둥 등).

확장 및 참고사항

*교사는 다양한 여러 종류의 소리를 녹음하여 활동이 활발히 이루어질 수 있도록 한다.

*어린이집의 실외에서 들리는 소리를 녹음하여 들어 본 후 이야기해 본다(자동차, 기차, 안내방송).

활동명: 배변 후 손을 씻어요

활동목표: 규칙적으로 손을 씻는 습관을 갖는다.

표준보육과정 영역 및 범주: 기본생활〉건강한 생활하기〉몸을 깨끗이 하기〉스스로 손과 몸 씻기를 시도한다.

어린이집 평가인증지표: 기본생활 관련 활동, 일상생활 관련 활동

활동자료: 비누, 물, 수건이나 종이 휴지

활동방법

1. 배변을 하고 난 후 손을 깨끗이 씻도록 이야기해 준다.
   "○○야, 소변은 다 봤니?"
   "소변 후 무엇을 해야 하니?" "그래, 손을 씻어야지."
   "소변(대변)을 보고 나면 손에 보이지 않는 세균이 생기기 때문에 비누로 닦아 주어야 한단다."
2. 교사가 옆에서 손을 씻는 모습을 보이면서 함께 손을 씻어 본다.
   "△△야, 물을 틀어서 손에 물을 묻혀 볼까?"
   "비누로 거품을 만들어 손을 깨끗이 씻어 보자."
   "손바닥도, 손등도, 손가락도 싹싹 문질러 깨끗이 씻어야 한단다."
3. 손을 다 씻고 난 후 손을 잘 닦을 수 있게 한다.

확장 및 참고사항

*손 닦는 곳(세면대) 앞에 손 씻는 과정이 그려져 있는 그림자료를 붙여 주어 영아 스스로 손을 잘 씻을 수 있도록 환경을 준비해 준다.

활동명: 색안경을 끼고 보아요

활동목표: 여러 가지 색의 색안경을 쓰고 사물의 색이 다르게 보임을 언어로 표현해 본다.

표준보육과정 영역 및 범주: 의사소통〉말하기〉낱말과 간단한 문장으로 말하기〉일상생활의 반복적인 일이나 친숙한 상황을 한두 낱말이나 간단한 문장으로 말해 본다.
자연탐구〉탐구하는 태도 기르기〉호기심 가지기〉주변 사물과 자연세계에 호기심을 가진다.

어린이집 평가인증지표: 언어활동, 자연탐구활동

활동자료: 여러 가지 색안경

활동방법

1. 교사는 여러 가지 색의 색안경을 여러 개 미리 만들어 놓는다.
   "○○야, 날씨가 화창하구나. 선생님이랑 밖에 나가 놀까?"
2. 영아 손을 잡고 실외 놀이터로 나가 본다.
   "나무도 보이고 그네도 보이고 미끄럼틀도 보이네."
   "색안경을 쓰고 보면 어떻게 보일까?"
3. 교사가 먼저 안경을 쓰고 하늘을 바라본다.
   "와~ 하늘이 노랗게 변했네."
   "○○도 한번 써 볼까?"
4. 영아는 색안경을 골라 써 보게 하고 느낌을 이야기하도록 한다.
   "○○는 파란색을 골랐구나. 하늘이 어떻게 보이니?"
   "그래~ 하늘도 친구 얼굴도 파랗게 보이는구나."
   "다른 색안경도 써 볼까?"

확장 및 참고사항

*색안경을 쓴 모습을 사진 찍어 보고 자신의 멋진 모습을 볼 수 있도록 한다.

*색 안경을 끼고 해를 바라보지 않도록 주의한다.

만 2세 (9월) 월간보육계획안

주제		우리 가족을 소개해요			
주 / 활동		1주	2주	3주	4주
		우리 집에는 누가 있을까?	우리 가족 사랑해요	엄마, 아빠 흉내놀이	할머니, 할아버지가 계세요
등원 및 맞이하기		• 어린이집에 누구하고 왔는지 이야기하기		• 친구들과 웃으며 인사하기	
일상생활 (기본생활)	간식 및 점심	• 냄새로 간식 이름 알아맞히기		• 간식을 나누어 줄 수 있어요	
	낮잠 및 휴식	• 자기 자리 찾아 누워 보기		• 자고 난 이불 개어 보기	
	기본생활습관 및 안전	• 내 칫솔과 양치 컵 찾아 양치하기 • 존댓말 쓰기		• 벗은 옷 바르게 개기	
자유놀이	신 체	• 발끝으로 걸어요 • 철봉에 매달리기	• 손으로 과일을 따요 • 종이벽돌 도미노	• 줄 가운데로 걷기 • 앉아서 등 마주 대고 밀어요	• 줄 따라 기어 보기 • 엎드려서 몸을 공처럼 휘기
	쌓기 · 역할	• 종이벽돌 블록으로 우리 집을 만들어요 • 부엌놀이는 재미있어요	• 가족인형 놀이해요 • 구두 닦기 • 나는야 미용사!	• 엄마, 아빠처럼 꾸며요 • 결혼식 놀이	• 할머니, 할아버지 집에 놀러 가기 • 벽돌 블록으로 우물 만들기
	언 어	• 우리 집은요 • 무슨 일을 하는 사람일까요? • 우리 집 가족은 누가 있는지 말해 보기	• 우리 가족이에요 • 녹음된 가족 목소리 듣기 • 동화–엄마 흉내	• 동시–아기웃음 • 가족사진 보고 이야기하기(닮은 곳 찾기)	• 할머니, 할아버지 사진을 봐요 • 동화–엄마 품이 세상에서 제일 좋아
	미술 · 음률	• 색종이로 집 접어 붙이고 그림 그리기 • 가족인형 만들기 • 가족 얼굴 그리기	• 밀가루 김밥 • 우리 가족 액자 꾸미기 • 결혼행진곡 감상하기	• 엄마 얼굴 내 얼굴 • 넥타이 꾸미기 • 음악소리에 맞춰 수술 흔들기 • 얼굴 모양 위에 머리카락 꾸미기	• 마블링 • 우리 가족 액자 꾸미기 • 할머니, 할아버지 돋보기 만들기
	감각 · 탐색	• 크기대로 놓아요 • 인형 옷 갈아입히기	• 엄마 물건 아기 물건 • 반지 끼우기	• 넥타이 같은 모양끼리 짝짓기 • 누구의 물건일까?	• 빨래집게 인형 • 요리–잼 샌드위치 만들기
실외 및 산책		• 게임–우리 집에 왜 왔니? • 선생님 따라가기		• 모래 속에서 장난감 찾기 • 가을하늘 올려다보기	
대집단 활동 (전이활동)		• 손유희–닮은 곳이 있대요 • 이야기 나누기–서로 도와주는 우리 가족		• 이야기나누기–엄마 아빠 사랑해요 • 손유희–펭귄가족	

활동명: 부엌놀이는 재미있어요

활동목표: 어른의 역할을 상상해 보고 모방놀이를 해 본다.

표준보육과정 영역 및 범주: 예술경험〉예술적 표현하기〉모방과 상상놀이하기〉일상생활 경험을 상상놀이로 즐긴다.

어린이집 평가인증지표: 역할놀이

활동자료: 놀이용 부엌가구, 소꿉놀이용 그릇, 소꿉놀이용 과일과 음식

활동방법

1. 영역에 준비된 놀이용 부엌가구, 소꿉놀이용 그릇, 소꿉놀이용 과일과 음식을 탐색한다.
   "여기에 있는 놀잇감으로 어떤 놀이를 할 수 있을까?"
   "그래, 엄마가 요리하는 놀이를 할 수 있겠구나."
   "요리는 엄마만 할 수 있는 것일까?"
   "맞아~ 할머니께서도 할 수 있고, 아빠도 할 수가 있어!"
2. 교사는 영아에게 언어적인 상호작용을 유도하면서 놀이에 함께 참여한다.
   "○○가 음식을 만들고 있구나. 만들고 있는 게 뭐니?"
   "△△가 만든 음식은 아주~ 맛있는 냄새가 나는구나. 선생님도 좀 주겠니?"
   "그럼, 만든 음식을 소꿉그릇에 예쁘게 담아 상을 차려 보도록 할까?"
3. 영아들이 만든 음식을 상을 차려 친구를 초대하여 맛있게 먹는 흉내를 내며 상상놀이를 한다.
   "냠냠냠~ 아주 맛있구나."

확장 및 참고사항

*소꿉놀이를 할 때 밀가루 반죽을 제공해 주어 음식으로 사용하면서 놀이할 수 있도록 한다.

*놀잇감의 상태가 청결한지 수시로 점검한다.

활동명: 우리 집에 왜 왔니?

활동목표: 영아들과 재미있는 전통놀이를 해 본다.

표준보육과정 영역 및 범주: 신체운동〉신체조절과 기본운동하기〉기본운동하기〉걷기, 계단 오르기 등 이동운동을 한다.
사회관계〉더불어 생활하기〉자신이 속한 집단 알기〉자신이 속한 반의 활동에 즐겁게 참여한다.

어린이집 평가인증지표: 실외활동, 사회관계증진활동, 신체활동

활동자료: 없음

활동방법

1. 교사는 게임 방법에 대해 설명을 한다.
2. 교사를 포함해서 영아를 양편으로 3~5명씩 손을 잡고 마주보고 서게 한다.
3. 노래를 부르며 선두 팀이 전진하면 상대 팀은 뒤로 물러난다.
   A팀: 우리 집에 왜 왔니 왜 왔니 왜 왔니?(A팀 전진–B팀 후진)
   B팀: 꽃 찾으러 왔단다 왔단다 왔단다.(A팀 후진–B팀 전진)
   A팀: 무슨 꽃을 찾으러 왔느냐 왔느냐?(A팀 전진–B팀 후진)
   B팀: ○○ 꽃을 찾으러 왔단다 왔단다.(A팀 후진–B팀 전진)
4. 이름이 불린 영아와 이름을 부른 영아가 가위바위보를 해서 진 영아가 이긴 편으로 간다.
5. 반복해서 활동해 본다.

확장 및 참고사항

*가위바위보를 잘 못하는 경우에는, 가위바위보를 하지 말고 이름이 불리는 대로 왔다 갔다 하도록 해도 된다.

활동명: 선생님 따라가기

활동목표: 바깥놀이에 소극적인 영아도 함께할 수 있는 간단한 놀이를 통해 모든 유아가 즐거운 시간을 갖게 한다.

표준보육과정 영역 및 범주: 신체운동〉신체활동에 참여하기〉신체활동에 참여하기〉신체할동에 자발적으로 참여한다.

어린이집 평가인증지표: 실외활동, 신체활동

활동자료: 부직포 허리띠, 여러 종류의 과일 그림

활동방법

1. 바깥놀이 활동에 교사는 영아에게 선생님은 영아에게 '따라가기'를 제안한다.
   "아기 오리는 엄마 오리 뒤를 어떻게 따라다니는지 알고 있니?"
   "맞아, 뒤뚱뒤뚱하며 엄마 오리 하는 대로 따라다니지."
   "얘들아, 너희도 선생님의 모습을 보고 흉내 내며 따라와 보자."
2. 영아들은 앞장 선 교사의 뒤를 따라간다.
3. 교사는 여러 가지 다양한 행동을 하며 앞장서 간다.
   (오리처럼 뒤뚱뒤뚱하며 가기, 비행기처럼 팔을 벌리고 가기, 천천히 걸어가기, 종종걸음으로 가기, 깡충깡충 토끼처럼 가기 등)
4. 영아들이 잘 따라오면 교사는 조금 빨리 걷는다.

확장 및 참고사항

* 교사는 영아들의 뛰는 속도를 고려하여 활동하며 영아들끼리 걸려 넘어지지 않는지 틈틈이 뒤를 보며 확인한다.
* 교실에서 할 때는 미리 장애물을 치워 놓는다.

활동명: 밀가루 김밥

활동목표: 소근육의 힘을 조절하여 반죽을 납작하게 밀어 본다.
점토의 질감을 탐색해 본다.

표준보육과정 영역 및 범주: 예술경험〉예술적 표현하기〉자발적으로 미술활동하기〉간단한 도구와 미술재료를 다룬다.
자연탐구〉과학적 탐구하기〉물체와 물질 탐색하기〉친숙한 물체와 물질을 능동적으로 탐색한다.

어린이집 평가인증지표: 예술활동

활동자료: 여러 색깔의 밀가루 점토, 밀대, 빵 칼, 도시락 통

활동방법

1. 소풍놀이와 연결 지어 계획하고 김밥 재료가 될 밀가루 점토를 다양한 색깔로 준비한다.
   "소풍을 갈 때 무엇을 가지고 갈까?"
   "○○는 김밥 먹어 봤니? 김밥을 어떻게 만드는지 본 적이 있니?"
   "선생님이 준비한 재료를 이용해 김밥을 만들어 보자."
2. 준비된 재료를 가지고 김밥의 속을 만들어 본다.
3. 검정색 밀가루 점토를 밀대로 납작하게 만들어 김을 만든다.
4. 노란색, 주황색, 녹색, 분홍색 등의 김밥 속이 될 점토를 길쭉하게 만든다.
5. 밀어 놓은 검정색 점토(김) 위에 길쭉하게 만든 점토를 넣고 말아 본다.
6. 말아진 김밥을 직접 썰어 보고 나온 모양을 관찰한다.
   "직접 김밥을 만드니 기분이 어떠니?"
   "여러 색의 김밥 속이 아주 먹음직스럽구나."
   "만들어 놓은 김밥을 가지고 무엇을 해 볼까?"
7. 만든 김밥을 도시락 통에 넣어 소풍놀이와 연결한다.

확장 및 참고사항

* 선뜻 반죽을 만지지 못하는 영아도 있으므로 영아들에게 충분히 탐색할 기회를 준다.
* 전날이나 당일 또는 다음날 점심 식단에 김밥으로 계획하여 놀이 경험과 연결시켜 보도록 한다.

활동명: 벗은 옷 바르게 개기

활동목표: 혼자서 옷을 벗어 본다.
벗은 옷 개어 보기를 시도한다.

표준보육과정 영역 및 범주: 사회관계〉더불어 생활하기〉사회적 가치 알기〉스스로 물건을 정리한다.

어린이집 평가인증지표: 기본생활 관련 활동

활동자료: 옷

활동방법

1. 낮잠 자기 전 영아에게 혼자서 옷을 벗어 보게 한다.
   "○○는 혼자서 옷을 벗을 수 있니?"
   "이제는 낮잠을 자야 할 시간이래. 그럼 혼자서 옷을 벗어 보자."
   "○○는 혼자서도 옷을 잘 벗을 수 있구나."
2. 교사의 도움을 받아 벗은 옷을 개어 볼 수 있도록 한다.
   "○○가 벗은 옷을 개어 보도록 하자."
   "옷을 바닥에 펴 볼까?"
   "팔과 팔이 만나도록 악수시켜 줘 보자."
   "몸을 숙여서 인사하듯이 옷을 반으로 접어 보자."
   "○○가 옷을 다 갰네."
3. 바르게 갠 옷을 옷장 안에 넣어 본다.
   "○○가 갠 옷을 어디에 넣었으면 좋겠니?"
   "그래, 서랍장 안에 넣어 두면 좋겠구나."

확장 및 참고사항

*교사가 옷을 바르게 개는 모습을 반복적으로 보여 준다.

*앞의 활동이 익숙해지면 교사가 직접적으로 도움을 주기보다는 언어적으로 활동을 도와준다.

활동명: 모래 속에서 장난감 찾기

활동목표: 모래 속에서 장난감을 찾아본다.
모래놀이를 통해 정서적 안정감을 얻는다.

표준보육과정 영역 및 범주: 신체운동〉감각과 신체 인식하기〉감각기관 활용하기〉감각기관으로 주변환경을 탐색한다.
사회관계〉나를 알고 존중하기〉좋아하는 것 해 보기〉내가 좋아하는 것을 찾아본다.

어린이집 평가인증지표: 실외활동

활동자료: 작은 장난감

활동방법

1. 교사는 미리 모래 속에 여러 가지 놀잇감을 숨겨 둔다.
2. 영아가 찾기 쉽게 색이 선명한 놀잇감을 사용한다.
3. 교사는 모래 속에서 놀잇감을 우연히 찾은 것처럼 가장하며 영아에게 찾아보도록 유도한다.
   "어! ○○야, 선생님이 모래 속에서 자동차를 찾았네~"
   "모래 속에 뭐가 또 있는 것 같은데 ○○가 찾아볼까?"
4. 영아가 찾도록 유도하고 다 찾고 나면 교사는 크기가 더 작은 놀잇감(소꿉놀잇감, 레고블록 등)을 숨겨 놓고 영아에게 찾아볼 수 있도록 한다.
5. 원하는 영아는 찾은 놀잇감을 가지고 모래놀이를 할 수 있도록 한다.

확장 및 참고사항

*활동을 할 때 모래를 던지지 않도록 이야기해 준다.

*소꿉그릇으로 모래 찍기 활동을 해 볼 수 있다.

활동명: 빨래집게 인형

활동목표: 몸의 구조를 살펴본다.
눈과 손의 협응력을 기른다.

표준보육과정 영역 및 범주: 자연탐구〉탐구하는 태도 기르기〉반복적 탐색 즐기기〉관심 있는 사물을 반복하여 주도적으로 탐색하기를 즐긴다.
신체운동〉신체조절과 기본운동하기〉소근육 조절하기〉눈과 손을 협응하여 소근육을 조절해 본다.

어린이집 평가인증지표: 자연탐구활동

활동자료: 빨래집게, 상반신 인형 코팅 카드(할아버지, 할머니, 아빠, 엄마, 형, 누나)

활동방법

1. 탐색영역에 상반신만 그려진 카드와 빨래집게를 준비한다.
2. 영아와 함께 바구니 안에 있는 것을 본다.
3. 빨래집게로 팔다리처럼 꽂아 보기도 하고 머리에 핀 꽂는 것처럼 장식도 하며 놀이를 한다.
   "○○처럼 빨래집게를 몸 아래 꽂으니 인형의 다리가 되었네."
   "○○가 빨래집게로 다리를 만들어 주어서 걸을 수가 있게 되었구나."
   "할머니 머리에 노란 핀을 꽂아드렸구나. △△이 할머니가 예뻐지셨네."
   "이 친구의 머리도 예쁘게 만들어 줄래?"
4. 바구니 안에 다른 사람카드를 꺼내서 빨래집게를 꽂게 한다.

확장 및 참고사항

*인형의 몸에 빨래집게를 꽂으며 역할놀이로 확장하며 놀이를 한다.

*다리가 없는 동물인형을 코팅해서 만들어 놓고 다리 부분에 집게를 꽂아 보는 활동을 할 수 있다.

활동명: 할머니, 할아버지 사진을 봐요

활동목표: 할머니, 할아버지 사진을 보며 정서적으로 안정감을 느껴 볼 수 있다.
자신의 경험을 말로 표현해 본다.

표준보육과정 영역 및 범주: 사회관계〉더불어 생활하기〉내 가족 알기〉내 가족에게 다른 사람과 구별된 특별한 감정을 갖는다.
의사소통〉말하기〉자신이 원하는 것을 말하기〉자신이 원하는 것을 낱말이나 짧은 문장으로 말해 본다.

어린이집 평가인증지표: 언어활동, 사회관계증진활동

활동자료: 할머니, 할아버지 사진

활동방법

1. 사전에 할머니, 할아버지 사진을 준비하여 영아들에게 제시하며 함께 살펴본다.
   "이 사진의 주인공은 누구일까? 정말 궁금하구나."
   "하나, 둘, 셋 하면 사진을 보여 줄거야. 선생님이랑 한번 살펴보자."
   "다 같이 세어 볼까? 하나, 둘, 셋~ 짜잔."
2. 할머니, 할아버지 사진을 보며 경험했던 일을 이야기 나눈다.
   "누구의 할아버지니? 와~ 멋진 모자를 쓰고 찍은 사진이네."
   "○○이 할아버지로구나. 어디에서 찍은 사진일까?"
   "△△야, 할머니, 할아버지와 함께 찍은 사진이구나."
   "△△는 가족들과 함께 여행을 갔었구나. 어디에 갔었는지 이야기해 줄 수 있겠니?"
3. 영아들과 함께 가족이 있는 사진을 가지고 ○○반 가족사진책을 만들어서 언어영역에 놓아 준다.

확장 및 참고사항

*가족사진 액자를 만들어 보며, 가족에 대한 이야기를 나눈다.

만 2세 (10월) 월간보육계획안

주제		가을, 우리 동네			
주 / 활동		1주	2주	3주	4주
		가을이에요	요술쟁이 가을	우리 동네	고마운 분들이 있어요
등원 및 맞이하기		• 큰 소리로 '안녕하세요' 말하며 인사해요		• 혼자서 신고 벗을 수 있어요	
일상생활 (기본생활)	간식 및 점심	• 꼭꼭 씹어 먹어요		• 3분 동안 치카 치카 • 음식 먹을 때 소리 내지 않아요	
	낮잠 및 휴식	• 친구야, 일어나!		• 친구들이 잘 때는 조용히 놀아요	
	기본생활습관 및 안전	• 날씨에 맞는 옷을 입어요	• 함부로 나무를 꺾지 않아요	• 쓰레기를 주울 수 있어요	• 불이 났어요
자유놀이	신 체	• 나는야! 낙엽이에요 • 나뭇잎 굴리기	• 솔방울 던지기 • 신체–빨간, 노란 나뭇잎아 나와라	• 가게 가는 길 • 신문지 공 굴리기 • 이사놀이	• 경찰관님 도와주세요 • 나는야! 119구급대
	쌓기 · 역할	• 산길 만들기 • 신나는 소풍놀이	• 사과나무 만들기 • 단풍잎으로 소꿉놀이	• 다리 만들기 • 자동차를 고쳐 주세요	• 세탁소 놀이 • 소방서 꾸미기
	언 어	• 가을이래요 • 가을에 볼 수 있어요	• 가을 열매로 소리를 만들어요 • 동화–벌레가 쏘옥	• 어느 가게 소리일까? • 말을 전해요	• 난 누구일까? • 여기가 어디니?
	미술 · 음률	• 칫솔 이용하여 나뭇잎 표현하기 • 나뭇잎 모빌 만들기	• 음률–다람쥐가 달아나요 • 이쑤시개 밤송이 • 나무 가면 만들기	• 노래–우리 동네 • 빨대로 집 구성하기	• 편지에 우표를 붙여 주세요 • 음악감상–대장간의 합창 • 퍼머한 내 모습
	감각 · 탐색	• 물 위에 나뭇잎이 동동 • 조각들이 모여 무엇이 될까?	• 세어 보아요 • 색깔 은행이 쏘옥 • 다람쥐에게 무엇을 줄까?	• 냠냠 맛있는 김밥 • 가게마다 파는 물건이 달라요	• 누구 물건일까? • 반쪽 찾아라
실외 및 산책		• 산책하며 날씨를 느껴 보기 • 나뭇잎이 떨어져요		• 재미있는 공사장 놀이 • 슈퍼에 가요	
대집단 활동 (전이활동)		• 노래–도토리 • 무슨 계절일까? • 단풍잎 위로 폴짝		• 전이활동–통통통 • 어디까지 왔니? • 이야기 나누기–시장에서는 무슨 일을 하나요?	

활동명: 물 위에 나뭇잎이 동동

활동목표: 나뭇잎을 입으로 불어 본다.
바람의 세기에 따른 나뭇잎의 움직임을 관찰해 본다.

표준보육과정 영역 및 범주: 자연탐구〉과학적 탐구하기〉물체와 물질 탐색하기〉친숙한 물체와 물질을 능동적으로 탐색한다.
자연탐구〉과학적 탐구하기〉자연을 탐색하기〉돌, 물, 모래 등의 자연물을 탐색한다.

어린이집 평가인증지표: 자연탐구활동

활동자료: 큰 대야, 여러 모양의 나뭇잎, 마른걸레, 물

활동방법

1. 영아들과 함께 산책하면서 여러 모양의 나뭇잎을 주워 온다.
2. 주워 온 나뭇잎의 모양을 탐색해 보도록 한다.
   "○○야, 나뭇잎이 어떻게 생겼니?"
   "아~ 동그랗구나. 여기 긴 나뭇잎도 있네."
3. 여러 모양의 나뭇잎을 물에 띄운다.
   "나뭇잎을 살짝 물 위에 올려놓아 볼까?"
   "나뭇잎이 어떻게 되었니?"
4. 물 위에 띄운 나뭇잎을 불어 보고 움직임을 관찰하여 본다.
   "나뭇잎을 '후' 하고 바람을 불어 볼까?"
   "나뭇잎이 어떻게 되었니?"
   "그래, 나뭇잎이 물 위에 동동 떠서 움직이는구나."
5. 입김의 세기를 달리하며 나뭇잎의 움직임을 관찰한다.
   "바람을 세게 '후' 하고 불어 보자."
   "바람을 약하게 '호' 하고 불어 보자."
   "어떻게 불었을 때 나뭇잎이 더 많이 움직이니?"

확장 및 참고사항

* "누가 멀리 나뭇잎을 부나?" 게임으로 확장 활동할 수 있다.
* 물 위에 돛단배 띄워 보기 활동으로 확장할 수 있다.
* 영아들의 발달 차이를 고려하여 불어 보기 활동이 잘 이루어지지 않을 경우 교사가 도와준다.

활동명: 산책하며 날씨를 느껴 보기

활동목표: 산책을 통해 날씨가 어떤지 느껴 본다.

표준보육과정 영역 및 범주: 자연탐구〉과학적 탐구하기〉자연을 탐색하기〉날씨를 감각으로 느낀다.

어린이집 평가인증지표: 실외활동, 일상생활 관련 활동

활동자료: 없음

활동방법

1. 영아와 함께 날씨를 느껴 보기 위해 산책을 계획한다.
   "어린이집에 올 때 날씨가 어땠니?"
   "선생님하고 오늘의 날씨가 어떤지 산책을 나가서 살펴볼까?"
2. 오감을 이용해서 날씨를 느낄 수 있도록 돕는다.
   (하늘에서 발견할 수 있는 것, 공원에서 찾을 수 있는 것들을 이야기한다)
   "하늘을 올려다볼까? 구름이 하나도 없이 맑고 파란 하늘이구나."
   "나뭇가지가 흔들리는 것을 보니 바람이 부네."
3. 영아들이 날씨 외의 것에 관심을 가져도 반응해 준다.
   "나뭇잎을 보자. 노랗게 되었네."
   "저기 고추잠자리도 날아간다. 잡아 볼까?"

확장 및 참고사항

*산책을 하면서 나뭇잎을 주워 와 옷걸이에 매달아 모빌을 만들고 움직임을 관찰하는 활동으로 확장할 수 있다.

활동명: 나무 가면 만들기

활동목표: 나뭇잎을 이용하여 가면을 만들어 본다.

표준보육과정 영역 및 범주: 예술경험〉예술적 표현하기〉자발적으로 미술활동 즐기기〉자발적으로 그리기, 만들기를 한다.

어린이집 평가인증지표: 예술활동

활동자료: 나무 모양 가면, 은행잎, 단풍잎 등 나뭇잎, 스팽글, 풀, 양면테이프, 고무줄

활동방법

1. 〈나무야〉 노래를 불러 주의집중을 시킨다.
2. 나무 모양 가면과 나뭇잎을 준비하여 영아에게 탐색하게 한다.
3. 영아에게 나무 모양 가면에 나뭇잎을 붙여 나무를 꾸며 보게 한다.
4. 스팽글을 이용하여 나무 가면을 화려하게 꾸며 보게 한다. 교사는 양면테이프 사용이 힘든 친구들을 위해 도와준다.
5. 완성된 나무 가면에 고무줄을 끼워 완성한다.
   "○○야, 나무 가면을 써 볼까?"
   "멋진 나무가 되었구나."

확장 및 참고사항

*완성된 나무 가면을 쓰고 가을 나무 역할극으로 확장하여 활동할 수 있다.

*바깥놀이 시 나뭇잎을 주워 와 왕관 만들기 활동을 해 볼 수 있다.

활동명: 사과나무 만들기

활동목표: 블록을 높이 쌓아 사과나무를 표현해 볼 수 있다.

표준보육과정 영역 및 범주: 신체운동〉신체조절과 기본운동하기〉대근육 조절하기〉팔, 다리, 목, 허리 등 움직임을 조절한다.
예술경험〉예술적 표현하기〉자발적으로 미술활동하기〉자발적으로 그리기, 만들기를 한다.

어린이집 평가인증지표: 쌓기놀이

활동자료: 나무블록, 부직포로 만든 나뭇잎과 사과

활동방법

1. 교사는 사과와 나뭇잎을 부직포로 만들어 준비해 놓는다.
2. 준비한 자료에 영아가 관심을 보이면 상호작용해 준다.
   "○○야, 여기 나무 모양 블록이 있구나. 빨간 사과도 있네."
   "블록을 높이 쌓아 사과나무를 만들어 보자."
3. 블록을 이용하여 나무의 형태를 만들고 사과를 붙여 사과나무를 완성하여 본다.
   "○○야, 나무가 되었구나."
   "여기에 사과와 나뭇잎도 붙여 보자."
4. 완성된 사과나무를 보며 이야기 나눈다.
   "와~ 정말 맛있는 사과가 주렁주렁 열렸구나."
   "친구들에게 사과를 따 줄 수 있겠니?"
5. 활동 후 제자리에 정리하여 준다.

확장 및 참고사항

*사과나무에 열린 사과를 세어 보는 활동으로 확장해 볼 수 있다.
*나무블록에 부직포 사과가 붙을 수 있도록 찍찍이를 붙여 준비한다.

활동명: 말을 전해요

활동목표: 친구의 말을 잘 듣고 바르게 전해 본다.

표준보육과정 영역 및 범주: 의사소통〉듣기〉말소리 구분하여 듣고 의미 알기〉다양한 말소리의 차이를 구분한다.
의사소통〉말하기〉낱말과 간단한 문장으로 말하기〉친숙한 낱말을 발음해 본다.

어린이집 평가인증지표: 언어활동

활동자료: 말을 잘 전해 들을 수 있는 둥근 통, 같은 그림이 있는 그림카드

활동방법

1. 언어영역에 영아들이 익숙한 그림카드를 미리 제시하고 영아들이 사물의 이름을 말해 볼 수 있도록 한다.
2. 영아들이 쉽게 알 수 있는 그림카드를 준비하여 관심을 보이는 영아와 함께 활동을 한다.
   "○○야, 이 그림이 무엇이니?"
   "그래, 사과구나."
   "그럼, 그림을 보고 이 그림의 이름을 △△에게 말해 줄 수 있겠니?"
3. 영아가 사물의 이름을 다른 영아에게 말하면 이야기를 전해 들은 영아는 사물을 찾아보도록 한다.
   "△△야, ○○가 말한 그림을 찾아볼까?"
   "그래, 사과였구나. ○○의 그림과 같은지 맞추어 볼까?"
   "우와~○○가 이야기한 것을 주의깊게 잘 듣는구나."
4. 소리 듣기가 익숙해지면 둥근 통을 이용하여 귓속말로 전하는 놀이로 전환하여 활동해 본다.

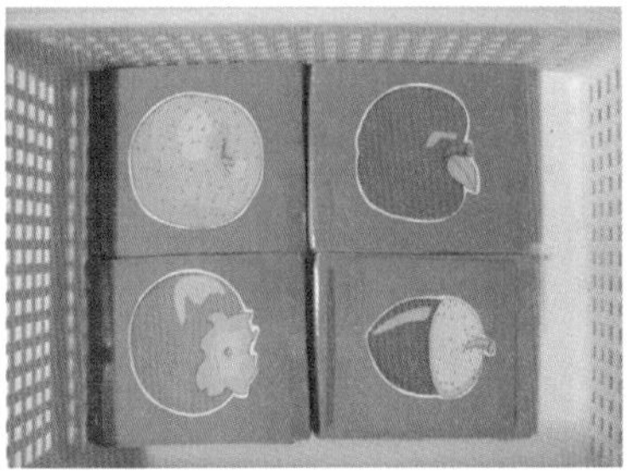

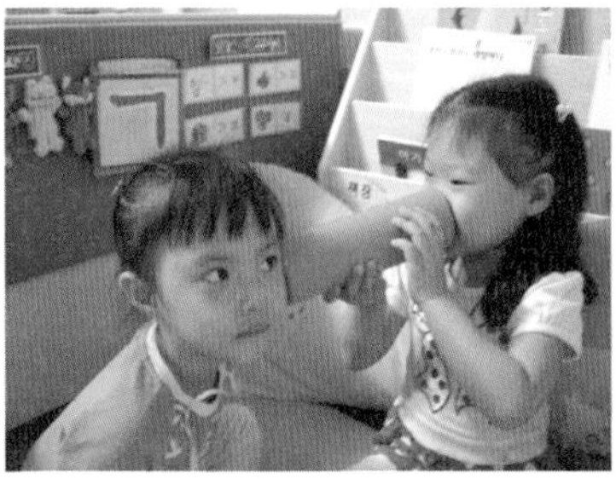

확장 및 참고사항

*그림카드는 영아들이 보고 무엇인지 말할 수 있는 친숙한 것으로 한다.
*처음 2~3명의 영아에서 반 전체가 함께해 보는 활동으로 할 수 있다.

활동명: 3분 동안 치카 치카

활동목표: 이를 깨끗이 닦는다.
몸을 깨끗하게 하는 습관을 기른다.

표준보육과정 영역 및 범주: 기본생활습관〉건강한 생활하기〉몸을 깨끗이 하기〉스스로 이닦기를 시도한다.

어린이집 평가인증지표: 일상생활 관련 활동, 기본생활 관련 활동

활동자료: 작은 모래시계, 양치질하는 그림자료

활동방법

1. 이야기 나누기를 통해 그림자료를 제시하고 활동내용을 알려 준 후 화장실에 게시한다.
2. 작은 모래시계를 준비하고 영아들이 양치질을 하러 올 때 3분 동안 양치질하는 것에 대해 이야기한다.
   "여기 작은 모래가 든 병이 있어. 이것을 모래시계라고 하는데 모래시계의 모래가 다 떨어질 때까지 양치질을 하는 거야. 그리고 깨끗하게 헹구면 된단다. 할 수 있겠니?"
   "그렇게 3분 동안 해야 입 속에 있던 병균이 없어진단다. 우리 함께 해 볼까?"
3. 교사는 영아들이 양치질하는 동안 모델링이 되어 주고 영아들이 칫솔 잡는 방법이나 칫솔을 하는 방향이 바른지 살펴주며 상호작용해 준다.
   "○○야, 정말 양치질을 잘하는구나."
   "어금니는 선생님이 닦아 줄게."
   "이제 모래시계의 모래가 조금 남았구나." "혀도 닦아 볼까?"
4. 교사는 시간이 다 되면 잘 헹구도록 도와주며 칫솔 청결에도 세심한 주의를 기울인다.

확장 및 참고사항

*모래시계 보는 법이 익숙해질 때까지 교사가 도우며 영아의 수대로 모래시계를 준비하고 개인별 교육이 이루어지도록 한다.

활동명: 세탁소 놀이

활동목표: 단순한 역할놀이를 해 본다.
일정한 영역에서 유사한 놀잇감을 가지고 놀아 본다.

표준보육과정 영역 및 범주: 예술경험〉예술적 표현하기〉모방과 상상놀이하기〉일상생활 경험을 상상놀이로 즐긴다.
사회관계〉나를 알고 존중하기〉좋아하는 것 해 보기〉스스로 선택한 놀이나 놀잇감을 즐긴다.

어린이집 평가인증지표: 역할놀이, 사회관계증진활동

활동자료: 다리미판, 다리미, 분무기, 세탁기 놀이감, 그림자료, 옷걸이

활동방법

1. 소꿉영역에 세탁하는 그림이나 다리미질을 하는 그림을 전시해 둔다.
2. 세탁소 놀이에 필요한 소품을 소개하고 역할을 정한다.
3. 교사는 영아들이 세탁소에 옷을 맡기는 과정, 빨래 돌리기, 다리기 등의 과정을 놀이로 표현해 볼 수 있도록 상호작용을 한다.
   "○○가 세탁소 아저씨처럼 옷을 다리고 있구나."
   "이 옷을 어떻게 해 드릴까요?"
   "깨끗하게 빨아서 다려 드릴까요?"
   "○○가 빨아서 다리미로 다려 주겠니?"
4. 다리미판 위에 빨래를 올려놓고 분무기로 물을 뿌려 옷을 다려 본다.
   "구김 없이 잘 다렸구나!"
   "○○가 세탁이 다 된 옷을 주인에게 가져다 줄래?"

확장 및 참고사항

*다리미는 레고블록으로 사용해도 좋다.
*손님의 역할과 주인의 역할을 번갈아 해 볼 수 있도록 한다.
*교사는 영아들의 놀이가 확장될 수 있도록 상호작용을 해 주되 너무 많은 게임을 하지 않는다.

활동명: 나는야! 119구급대

활동목표: 친구들과 협동하는 경험을 갖는다.
신체를 원활히 조절한다.

표준보육과정 영역 및 범주: 사회관계〉자신이 속한 집단 알기〉자신이 속한 반의 활동에 즐겁게 참여한다.
신체운동〉신체조절과 기본운동하기〉대근육 조절하기〉팔, 다리, 목, 허리 등의 움직임을 조절한다.

어린이집 평가인증지표: 신체활동, 사회관계증진활동

활동자료: 119구급대의 모습 그림자료, 인형, 보자기를 이용하여 만든 들것

활동방법

1. 그림자료를 보며 119구급대에 대하여 이야기 나눈다.
   "그림 속 아저씨들이 무엇을 하고 있니?"
   "그래, 아픈 사람을 병원으로 옮겨 주고 있단다."
   "이런 분들을 119구급대원이라고 해."
2. 인형을 병원에 데려다 줄 수 있는 방법에 대해 영아와 함께 생각해 본다.
   "여기 다리가 다쳐 못 움직이는 사람이 있어. 119구급대원 아저씨들은 다리 다친 사람을 어떻게 병원으로 데려다 줄까?"
   "그래, 안전하게 눕혀서 데려다 주면 좋겠구나."
3. 영아가 친구와 협동하여 들것에 인형을 옮겨 보도록 게임 방법을 안내해 준다.
   "구급대원들이 '들것'으로 환자를 데려다 주던데. 혹시 너희도 들것을 본 적이 있니?"
   "우리도 구급대원처럼 '들것'으로 ○○를 병원에 데려다 줄까?"
4. 게임을 하는 동안 영아들을 격려해 준다.
   "친구와 한 발 한 발 움직여 가는구나."

확장 및 참고사항

* 역할놀이 중 병원놀이 활동으로 확장하여 활동할 수 있다.

만 2세 (11월) 월간보육계획안

주제		탈것이 많아요			
주 / 활동		1주	2주	3주	4주
		여러 가지 탈 것이 있어요 I	여러 가지 탈 것이 있어요 II	신호등이 있어요	안전하게 탈 수 있어요
등원 및 맞이하기		• 어린이집에 어떻게 왔는지 이야기하기		• 차 안에 바르게 앉았는지 이야기하기	
일상생활 (기본생활)	간식 및 점심	• 음식을 나누어 먹어요		• 자신이 먹고 싶은 양만큼 먹기	
	낮잠 및 휴식	• 조용한 음악 들으며 잠 자기		• 이불 꼭 덮고 자기	
	기본생활습관 및 안전	• 신호등 보고 건너가요		• 자동차 안전하게 오르내리기	
자유놀이	신 체	• 비행기처럼 쉬~잉 • 보자기 가마 옮기기	• 흔들흔들 공을 타요 • 빠르고 느리게 움직이기	• 자동차 전달하기 • 바퀴가 되어 봐요	• 노 젓기 • 낙하산 놀이
	쌓기 · 역할	• 택시를 타고 ○○에 가요 • 자동차 운전놀이 • 트럭에 짐을 실어요	• 도로 만들기 • 기차 블록 놀이 • 세차장 놀이	• 신호등 놀이 • 파일럿 되어 보기 • 벽돌블록으로 주차장 만들기	• 선착장 만들기 • 주유소 놀이 • 빵빵 초보운전
	언 어	• 찻길 따라 부릉부릉 • 탈것의 짝을 찾아 말해요	• 탈것 이름을 알아요 • 내가 탈 수 있는 차들	• 자동차가 나오는 책을 보아요 • 교통기관 명칭 알기	• 지나가는 길 • 소리 나는 자동차
	미술 · 음률	• 자동차 모양 종이에 바퀴 붙여 꾸미기 • 상자로 택시 꾸미기	• 종이비행기 꾸미기 • '간다, 간다'	• 신호등 만들기 • 숨은 자동차 찾기	• 자동차 만들기 • 로켓 액자 만들기
	감각 · 탐색	• 기구에 풍선 달기 • 탈것 퍼즐 맞추기	• 어느 것이 더 빠를까? • 비탈길 자동차	• 큰 자동차, 작은 자동차 • 촉감 기차놀이	• 자동차를 차고에 넣어요 • 안전벨트를 끼우고 빼 보아요
실외 및 산책		• 페달 없는 자동차 타기 • 타이어를 건너요		• 덤프트럭에 모래를 실어요 • 깃대 세우기	
대집단 활동 (전이활동)		• 장난감 기차 • 노래–길조심		• 교통안전카드 보며 이야기하기 • 이야기나누기–횡단보도로 다녀요	

활동명: 택시를 타고 ○○에 가요

활동목표: 택시를 타 본 경험을 모방하여 놀이해 본다.

표준보육과정 영역 및 범주: 예술경험〉예술적 표현하기〉모방과 상상놀이하기〉일상생할 경험을 상상놀이로 즐긴다.

어린이집 평가인증지표: 역할놀이

활동자료: 상자로 만든 택시

활동방법

1. 역할영역에서 그림자료(택시를 운전하는 기사 아저씨)를 붙여 주어 탐색할 수 있도록 한다.
2. 조형영역에 박스(상자)를 놓아 주어 영아들과 함께 택시를 꾸민다.
3. 꾸며 놓은 상자를 이용하여 택시기사와 손님을 가장하여 놀이해 본다.

운전사 아저씨: “어디로 모실까요?”
손님: “○○로 가 주세요.”
운전사 아저씨: “네, 손님. 차가 출발하려고 하니 안전벨트를 매 주세요. 출발합니다.”
운전사 아저씨: “○○에 다 왔습니다.”
손님: “얼마예요?”
운전사 아저씨: “1,000원입니다.”
손님: “감사합니다.”

확장 및 참고사항

*상자는 손님과 기사가 함께 탈 수 있을 정도의 크기로 준비한다.
*상자가 작을 경우 2개를 연결하여 운전석과 손님석을 만들어 활동한다.

활동명: 신호등을 보고 건너가요

활동목표: 신호등에 관심을 갖는다.
교통 안전규칙을 지킨다.

표준보육과정 영역 및 범주: 기본생활〉안전한 생활하기〉교통안전 알기〉교통수단의 위험을 알고 조심한다.

어린이집 평가인증지표: 기본생활 관련 활동, 일상생활 관련 활동

활동자료: 신호등

활동방법

1. 실외로 활동을 나가기 전 모형 신호등 건널 때 주의사항에 대해 이야기를 나눈다.
   "신호등은 어떻게 생겼을까?"
   "무슨 색일까?"
   "신호등은 왜 필요할까?"
   "신호등이 없다면 어떻게 될까?"
   "어떤 불이 들어오면 건너야 할까?"
2. 〈건너가는 길〉 노래를 불러 보고 신호등과 횡단보도가 있는 길로 나가 영아들과 횡단보도를 건너 본다.
3. 교사는 영아들의 안전에 유의하며 신호등이 있는 횡단보도로 나가 신호에 따라 영아들과 횡단보도를 건너 본다.
   "빨간 불이 들어왔구나. 어떻게 해야 할까?"
   "그래, 초록 불이 들어올 때까지 기다려야겠구나."
   "초록 불이 들어왔구나. 손을 들고 건너 보자."

확장 및 참고사항

*교사는 신호등을 보고 건널 때 영아들이 잘 따라오는지 뒤를 자주 돌아보고 영아들이 횡단보도를 안전하게 건널 수 있도록 한다.
*빨강과 초록의 모형 신호등을 (청기, 백기 게임처럼) 들고 멈추기 놀이로 확장할 수 있다.

활동명: 세차장 놀이

활동목표: 자동차를 깨끗이 닦아 본다.
자동차를 닦아 깨끗해진 것을 보고 성취감을 갖는다.

표준보육과정 영역 및 범주: 사회관계〉나를 알고 존중하기〉좋아하는 것 해 보기〉스스로 선택한 놀이나 놀잇감을 즐긴다.

어린이집 평가인증지표: 역할놀이

활동자료: 헝겊 걸레, 물뿌리개, 유아용 고무장갑

활동방법

1. 영아들과 자동차와 자전거를 탄 뒤 교사는 자연스럽게 세차 놀이가 일어날 수 있도록 유도한다.
"○○야, 자동차에 흙이 많이 묻었네." "어떻게 하지?"
"그래, 깨끗이 닦아 보자."
2. 교사와 함께 자동차를 닦아 보며 상호작용한다.
"○○야, 아빠가 자동차를 씻는 모습을 본 적이 있니?"
"물을 뿌린 후 어떻게 해야 하지? 그래~ 비눗물로 자동차를 닦는구나."
"우리도 아빠처럼 자동차를 닦아 보자."
3. 자동차를 닦은 후 느낌을 이야기해 본다.
"와~ 자동차가 깨끗해졌네." "깨끗한 자동차를 보니 기분이 어떠니?"

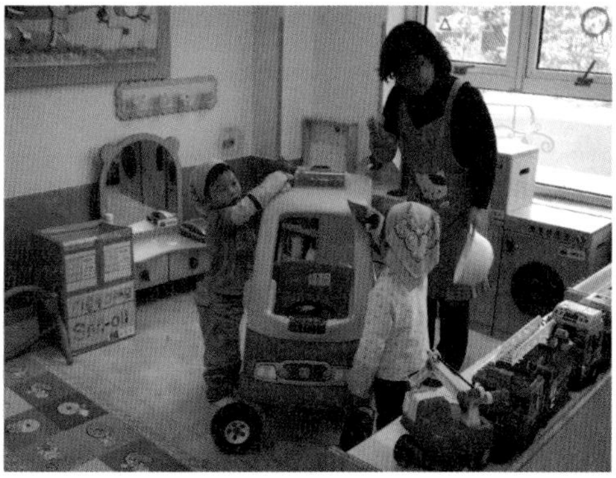

확장 및 참고사항

* 실외로 나가 영아에게 호스를 주고 호스로 물을 뿌려 보는 경험을 갖도록 해 주어도 좋다.
* 여름에 활동을 할 경우 여벌옷을 준비해 옷이 젖어서 활동이 제재를 받지 않도록 하고, 추운 계절의 경우는 물을 뿌리는 가상 놀이를 한다.

활동명: 종이비행기 꾸미기

활동목표: 자유롭게 비행기를 꾸며 봄으로써 창의력을 기른다.

표준보육과정 영역 및 범주: 예술경험〉예술적 표현하기〉자발적으로 미술활동하기〉자발적으로 그리기, 만들기를 한다.

어린이집 평가인증지표: 예술활동

활동자료: 종이로 접은 비행기, 꾸미기 재료

활동방법

1. 영아와 함께 종이로 접은 비행기를 보며 이야기 나눈다.
   "이것은 무엇일까?" "그래, 종이비행기구나."
2. 종이비행기를 날려 본다.
   "야~ ○○의 비행기와 선생님의 비행기가 하늘을 날아다니는구나."
   "○○야, 저 비행기 중에 ○○의 비행기가 어떤 것인지 알 수 있겠니?"
   "선생님은 잘 모르겠는데 ○○도 ○○의 비행기를 예쁘게 꾸며서 누구의 비행기인지 알 수 있도록 하자."
3. 종이비행기에 교사는 영아의 손을 함께 잡고 꾸미기 재료로 이름을 쓰고 난 뒤 영아가 스티커와 크레파스로 종이비행기를 예쁘게 꾸며 보도록 한다.
   "와~ 스티커와 사인펜으로 장식하니 아주 멋진 ○○ 비행기가 완성됐구나!"

확장 및 참고사항

* 영아가 꾸민 비행기를 가지고 실외놀이 시 날려 본다.
* 종이비행기가 날아가는 모습을 관찰하고 종이비행기가 날아가는 모습을 표현활동으로 확장해 볼 수 있다.

활동명: 숨은 자동차 찾기

활동목표: 스펀지로 물감을 찍고 나오는 모양을 관찰해 본다.
간단한 도구를 이용해 물감놀이를 해 본다.

표준보육과정 영역 및 범주: 예술경험〉예술적 표현하기〉자발적으로 미술활동하기〉간단한 도구와 미술재료를 다룬다.
자연탐구〉수학적 탐구하기〉공간과 도형에 관심 가지기〉주변 사물의 모양에 관심을 가진다.

어린이집 평가인증지표: 예술활동

활동자료: 흰색 도화지, 자동차 모양을 오린 그림자료, 풀 스펀지, 물감 접시

활동방법

1. 교사는 잡지에 있는 여러 종류의 탈것 사진들을 오려 바구니에 담는다.
2. 사진을 보며 탈것에 대한 이야기를 나눈다.
   "○○야, 어떤 사진이 있니?" "그래, 자동차와 비행기, 자전거 사진이 있네."
3. 영아가 원하는 탈것의 사진을 골라 흰색 도화지에 붙인 후 물감을 묻혀 스펀지로 사진이 보이지 않게 찍는다.
   "○○는 자동차를 골랐구나." "○○가 바구니에 있는 탈것을 도화지에 붙여 볼까?"
   "자동차가 보이지 않게 물감을 묻힌 스펀지로 자동차 위에 꾹꾹 찍어 보자."
4. 물감이 묻은 사진을 떼어내고 흰색 도화지에 나타난 모양을 보며 이야기 나눈다.
   "사진을 떼어 보니 어떤 모양이 나왔니?" "그래, 흰색의 자동차 모양이 찍혔구나."

확장 및 참고사항

* 신문이나 잡지 속의 교통기관 사진을 정교하게 오려 내어 교통기관 형태가 잘 드러나도록 한다.
* 자동차 카탈로그로 활용하면 좋다.
* 잡지 속 인물을 이용하여 자동차에 사람을 태워 보는 활동으로 확장해 볼 수 있다.

활동명: 큰 자동차, 작은 자동차

활동목표: 크기별로 자동차를 분류하고 상자와 자동차를 크기에 따라 짝지어 본다.

표준보육과정 영역 및 범주: 자연탐구〉탐구하는 태도 기르기〉반복적 탐색 즐기기〉관심 있는 사물을 반복하여 주도적으로 탐색하기를 즐긴다.
자연탐구〉수학적 탐구하기〉차이에 관심 가지기〉주변 사물의 크기(속성의 차이)에 관심을 가진다.

어린이집 평가인증지표: 자연탐구활동

활동자료: 큰 상자, 중간크기 상자, 작은 상자, 크기가 다른 장난감 자동차 3개

활동방법

1. 자동차를 가지고 놀고 있는 영아에게 교사는 자연스럽게 다가가 이야기를 나눈다.
   "○○야, 자동차 놀이를 하고 있구나."
2. 교사는 큰 상자와 작은 상자를 준비하여 자동차를 집에 데려다 주자고 한다.
   "여기 큰 상자와 작은 상자가 있구나. 우리 큰 자동차는 큰 상자에, 작은 자동차는 작은 자동차에 넣어 줄까?"
3. 영아는 자동차의 크기에 따라 큰 상자와 작은 상자에 넣어 본다.
4. 영아가 익숙해지면 자동차와 상자의 수를 늘려 활동해 본다.
5. 영아가 상자의 크기에 맞는 자동차를 상자 안에 넣어 보도록 한다.

확장 및 참고사항

* 색깔이나 자동차의 종류 등으로 자동차를 분류해 보게 할 수 있다.

활동명: 소리 나는 자동차

활동목표: 자동차의 다양한 소리에 흥미를 갖고 이름을 알아본다.
특수 자동차들의 쓰임과 특징을 알아본다.

표준보육과정 영역 및 범주: 의사소통〉말하기〉낱말과 간단한 문장으로 말하기〉일상생활에서 경험한 새로운 낱말에 관심을 가진다.
의사소통〉듣기〉말소리 구분하여 듣고 의미 알기〉다양한 말소리의 차이를 구분한다.
자연탐구〉과학적 탐구하기〉물체와 물질 탐색하기〉친숙한 물체와 물질을 능동적으로 탐색한다.

어린이집 평가인증지표: 언어활동

활동자료: 소리 나는 모형 자동차(경찰차, 소방차, 병원차 등), 소리 나는 자동차의 역할 관련 사진

활동방법

1. 교사는 영아와 함께 소리를 내는 자동차에 대해 이야기 나눈다.
 "소리를 내며 달리는 자동차를 본 적이 있니?"
 "○○는 어디서 보았니?" "○○가 본 자동차는 무슨 소리를 냈니?"
2. 그림자료와 소방차를 보여 주고 다양한 질문을 해 본다.
 "이 차의 이름이 무엇일까?" "그래, 소방차구나." "소방차는 무슨 색이니?"
 "어떤 소리를 내고 달리니? 왜 이런 소리를 내며 달릴까?"
3. 경찰차와 구급차 등도 보여 주고 위와 같은 질문을 해 본다.
4. 차의 이름을 말해 보고 위와 반대로 질문을 해 본다.
 "불이 나면 어떤 차가 달려올까? (소방차)"
 "나쁜 사람을 데려갈 때는 어떤 차가 달려올까? (경찰차)"

확장 및 참고사항

*소리 나는 자동차의 소리를 탐색하여 입으로 흉내 내 본다.
*모형 자동차를 이용하여 각 상황을 연출해 보는 놀이를 해 보도록 한다.

활동명: 자동차 안전하게 오르내리기

활동목표: 장난감 자동차를 안전하게 타고 내리는 방법을 안다.
차례를 지키고 순서를 기다려 보는 경험을 갖는다.

표준보육과정 영역 및 범주: 기본생활〉안전하게 생활하기〉교통안전 알기〉교통수단의 위험을 알고 조심한다.
사회관계〉더불어 생활하기〉사회적 가치 알기〉자기 순서를 안다.

어린이집 평가인증지표: 기본생활 관련 활동, 일상생활 관련 활동

활동자료: 장난감 자동차

활동방법

1. 바깥놀이 활동 시 영아가 장난감 자동차를 타고 있을 때 자연스럽게 활동을 진행해 본다.
   "○○가 장난감 자동차를 타고 있구나. 선생님이 밀어 줄까?"
   "○○가 안전하게 앉아서 자동차를 타는구나."
2. 흥미를 보이는 영아에게 같이 밀어 주자고 제안한다.
   "○○가 밀어 줘 보자."
   "△△야, 친구를 밀어 줄 때는 너무 세게 밀지 말고 살살 밀어 주자~"
3. 장난감 자동차를 타면서 다른 영아와 부딪혔을 경우에 사과하는 방법을 가르쳐 준다.
   "○○야, 친구와 부딪혔을 경우에는 "미안해."라고 말해 주어야 해."
   "○○야, 친구가 "미안해."라고 사과하면 "괜찮아."라고 말해 보자."
4. 친구가 장난감 자동차에서 완전히 내릴 때까지 기다린 후 장난감 자동차에 탄다.
   "△△야, □□가 차에서 내릴 때까지 기다려 주자~"
   "□□가 다 내렸네. 이제 △△가 타 볼까?"

확장 및 참고사항

* 활동 중에 배운 안전한 자동차 이용 방법을 어린이집 통학버스에서 실천해 볼 수 있다(순서 지키기, 의자에 바르게 앉기, 안전벨트 착용하기 등).

만 2세 (12월) 월간보육계획안

주제		겨울이에요			
주 / 활동		1주	2주	3주	4주
		날씨가 추워졌어요	눈 / 얼음 / 바람	겨울놀이	크리스마스
등원 및 맞이하기		• 날씨에 대해 이야기하기		• 차가워진 볼 만져 주며 인사하기	
일상생활 (기본생활)	간식 및 점심	• 밥을 먹을 때 조용히 먹어요		• "더 주세요."라고 말하기	
	낮잠 및 휴식	• 이불 잘 덮고 자기		• 벗은 옷 정리하고 잠자기	
	기본생활습관 및 안전	• 주머니에 손을 넣고 걷지 않아요 • 겉옷을 혼자서 정리해요		• 미끄러운 길 조심해서 걷기 • 겨울철 내 물건 잘 챙기기	
자유놀이	신 체	• 신문지 눈싸움 • 가위로 수수깡 자르기	• 눈송이 신체 표현하기 • 펭귄공 굴리기	• 뻥뻥이를 꺼내요 • 음악을 들으며 눈싸움 표현하기	• 선물상자 속에 던지기 • 누가 들어갔니?
	쌓기 · 역할	• 종이벽돌 블록으로 집 만들기 • 감기에 걸린 아기 인형	• 눈으로 만든 음식 • 겨울잠 자는 동물 되어 보기	• 얼음집 만들기 • 눈썰매 타기	• 산타가 되어 보아요 • 산타 마을 꾸미기
	언 어	• "추워요, 따뜻해요." 라고 이야기하기 • 겨울에는 무엇을 할까?	• 감기에 걸리지 않아요 • 느낌을 말해 봐요	• 겨울풍경 사진 보기 • 뜨거운 주전자	• "미안해."라고 말해요 • 동시–선물
	미술 · 음률	• 양말과 장갑을 꾸며요 • 털실 그림	• 가방 만들기 • 얼음으로 그려 보기	• 눈사람 그림 • 크리스마스 트리 꾸미기	• 크리스마스 카드 꾸미기 • 산타 모빌 만들기
	감각 · 탐색	• 울퉁불퉁 솜뭉치 • 털모자 빨대 꽂기 • 색깔 팽이	• 추울 때 입는 옷 찾아보기 • 눈사람 퍼즐 맞추기	• 얼음 구멍 만들기 • 장갑의 짝을 찾아요	• 선물이 몇 개 있나요? • 산타 얼굴 꾸미기 (자석놀이)
실외 및 산책		• 겨울 나무 • 고드름, 얼음 찾아보기		• 겨울 산책 • 꼬마 눈사람 만들기	
대집단 활동 (전이활동)		• 〈멋진 눈사람〉 노래 부르기 • 〈하얀 나라〉 노래 부르기		• 〈하얀 나라〉 노래 부르기	

활동명: 신문지 눈싸움

활동목표: 신체 각 기관의 움직임을 조절한다.
신문지 눈싸움 활동을 통해 즐거움을 느껴 본다.

표준보육과정 영역 및 범주: 신체운동〉신체조절과 기본운동하기〉대근육 조절하기〉팔, 다리, 손, 허리 등 움직임을 조절한다.
신체운동〉신체활동에 참여하기〉신체활동에 참여하기〉신체활동에 자발적으로 참여해 본다.

어린이집 평가인증지표: 신체활동

활동자료: 신문지, 신나는 음악

활동방법

1. 눈싸움을 해 본 경험에 대해 이야기 나눈다.
   "눈싸움을 해 본 적이 있니?"
   "어떻게 하는 놀이니?"
   "눈싸움을 했을 때 어땠었니?"
2. 활동을 소개하고 방법에 대해 이야기 나눈다.
   "신문지를 길게 찢어 동그랗게 뭉쳐 보자."
   "두 손으로 꼭꼭 뭉쳐 보자."
3. 신문지 뭉치가 만들어지면 영아들의 활동이 더욱 흥미롭도록 음악 CD를 틀어 주고 눈싸움을 해 본다.

확장 및 참고사항

*바구니에 신문지 뭉치를 던져서 넣어 보기나 목표물 맞추기 등의 활동으로 확장할 수 있다.

활동명: 겨울나무

활동목표: 겨울의 날씨의 변화를 경험한다.
겨울 날씨에서 느껴지는 자기 감정을 표현한다.

표준보육과정 영역 및 범주: 자연탐구〉탐구하는 태도 기르기〉호기심 가지기〉주변사물과 자연세계에 호기심을 가진다.
의사소통〉말하기〉자신이 원하는 것을 말하기〉자신이 원하는 것을 낱말이나 짧은 문장으로 말해 본다.

어린이집 평가인증지표: 실외활동, 일상생활 관련 활동, 자연탐구활동

활동자료: 없음

활동방법

1. 산책을 나가 어린이집 주변을 둘러본다.
2. 어린이집 주변에 있는 나무를 보면서 나무의 변화를 살펴본다.
   "○○가 나무를 보고 있구나?"
   "나뭇잎이 없네! 어디로 갔을까? 바닥에 떨어졌구나."
   "바람이 불어 나뭇잎이 떨어졌구나."
3. 나무를 위해 어떤 일들을 할 수 있는지 이야기 나눈다.
   "나뭇잎이 없어 나무 혼자만 있으니 심심하겠다."
4. 나무의 주변을 돌면서 노래를 불러 준다.
5. 나무를 위해서 해 줄 수 있는 일에 대해 이야기 나눈다.
   "노래를 불러 주는 것 말고 또 무엇을 해 줄 수 있을까?"
   " '나무야, 사랑해.' 라고 말해 주면서 나무를 쓰다듬어 줄까?"

확장 및 참고사항

* 도화지에 겨울나무를 그려 주고 영아들이 맘대로 꾸밀 수 있도록 해 준다(겨울나무 꾸미기로 확장).
* 영아가 감기에 걸리기 쉬우므로 따뜻하게 옷을 입고 나갈 수 있게 한다.
* 영아들에게 다양한 정서를 느낄 수 있도록 교사가 적절한 언어적 자극을 해 준다.

활동명: 눈송이 신체 표현하기

활동목표: 몸을 다양하게 움직여 눈가루를 뿌려 본다.
눈가루를 뿌려 보며 창의적으로 표현하고 심미감을 느낀다.

표준보육과정 영역 및 범주: 신체운동〉신체활동 참여하기〉신체활동에 참여하기〉신체활동에 자발적으로 참여해 본다.
자연탐구〉탐구하는 태도 기르기〉호기심〉주변사물과 자연세계에 호기심을 가진다.
예술경험〉아름다움 찾아보기〉예술적 요소 탐색하기〉주변환경에서 색, 모양을 탐색한다.

어린이집 평가인증지표: 신체활동, 예술활동

활동자료: 음악테이프, 카세트, 흰 종이 가루

활동방법

1. 눈이 내리는 것을 본 적이 있는지 이야기를 나눈다.
2. 〈눈송이〉 또는 〈펄펄 눈이 옵니다〉 노래를 함께 불러 보고 음악을 감상해 본다.
3. 준비한 흰 종이 가루를 영아 머리 위에 뿌려 준다.
   "○○야, 어때? 눈이 오는 것 같지?"
   "머리 위에 하얀 눈이 내려오네."
4. 음악을 틀어 주고 눈이 내리는 것을 상상하며 흰 종이 가루를 뿌려 본다.
   "○○가 뿌린 눈은 빠르게 내리는 것 같구나."
   "△△가 뿌린 눈은 천천히 내리고 있네."

확장 및 참고사항

*눈결정체 모양을 관찰하고 눈의 모양을 꾸며 보는 활동을 해 본다.
*눈결정체 모빌을 천정 위에 달아 놓고 활동해도 흥미롭다.

활동명: 눈으로 만든 음식

활동목표: 눈을 만져 보고 밟아 보며 다양한 느낌을 경험한다.
눈으로 만든 음식을 또래에게 나누어 주면서 친밀감을 느낀다.

표준보육과정 영역 및 범주: 자연탐구〉과학적 탐구하기〉자연을 탐색하기〉돌, 물, 모래 등의 자연물을 탐색한다.
사회관계〉더불어 생활하기〉또래와 관계하기〉또래가 있는 곳에서 놀이를 한다.

어린이집 평가인증지표: 사회관계증진활동, 역할놀이

활동자료: 다양한 모양의 그릇, 다양한 크기의 숟가락, 국자, 바구니

활동방법

1. 눈이 쌓여 있는 바깥놀이터에 나가서 손으로 만져 보거나 눈 위를 걸어 보고 탐색해 본다.
   "○○야, 눈이야~~ 어린이집 앞에 눈이 많이 쌓였구나."
   "눈을 만져 보자. 발자국 모양도 찍어 볼까? 여기에 ○○의 발자국이 찍혔구나."
2. 다양한 모양의 그릇과 숟가락을 제시해 주어 눈을 그릇에 담고 쏟아 본다.
   "선생님은 눈으로 맛있는 아이스크림을 만들어 먹어야지."
   "○○도 맛있는 아이스크림을 만들어 볼까?"
3. 영아가 그릇에 담은 눈을 다른 영아들과 함께 나누어 먹는 흉내를 내며 놀아 볼 수 있도록 한다.
   "○○는 호빵을 담았구나." "음식을 나누어 먹어 보자."
   "○○가 갖다준 음식을 친구들과 같이 먹으니까 기분이 좋구나."

확장 및 참고사항

* 영아들이 그릇에 담아 온 눈을 교실로 가져와 시간이 지나면 물로 변화하는 모습을 살펴본다.
* 눈에 옷이 쉽게 젖으므로 놀이시간은 20분 이상 하지 않도록 주의한다.
* 실외놀이 후 젖은 옷을 바로 다른 옷으로 갈아입혀 준다.

활동명: 장갑의 짝을 찾아요

활동목표: 모양을 변별해 보고 같은 모양끼리 짝지어 본다.

표준보육과정 영역 및 범주: 자연탐구〉수학적 탐구하기〉구분하기〉주변사물의 같고 다름에 따라 구분한다.

어린이집 평가인증지표: 자연탐구활동

활동자료: 모양이 다른 장갑으로 만든 하드보드지 판, 장갑모양 조각

활동방법

1. 사전 활동으로 영아들이 끼고 온 장갑을 모아 바구니에 넣은 후 장갑의 짝을 찾아보는 활동을 해 본다.
2. 하드보드지에 밑판을 준비하고 모양과 색이 다른 장갑을 그려 코팅한다.
3. 영아에게 장갑 한 짝을 제시하고 같은 모양의 장갑을 찾아보게 한다.
   "○○야, 이 모양과 같은 장갑을 찾아보겠니?"
   "이 장갑은 별 모양 장갑이구나. 이 장갑과 똑같은 장갑은 어디에 있을까?"
4. 활동을 끝낸 영아는 다른 친구를 위해 장갑 모양 조각을 바구니 안에 잘 정리해 놓도록 한다.

확장 및 참고사항

* 여러 가지 종류의 옷감(면, 나일론, 실크 등)으로도 활동할 수 있다.

활동명: 뽕뽕이를 꺼내요

활동목표: 눈과 손의 협응력을 기르며 대소근육의 발달을 돕는다.

표준보육과정 영역 및 범주: 신체운동〉신체조절과 기본운동하기〉소근육 조절하기〉눈과 손을 협응하여 소근육을 조절해 본다.

어린이집 평가인증지표: 신체활동

활동자료: 투명한 플라스틱 병, 뽕뽕이 또는 탁구공

활동방법

1. 투명한 플라스틱 병의 가운데에 뽕뽕이가 나올 정도의 구멍을 뚫어 미리 준비해 둔다.
2. 구멍에 테이프로 마무리하여 날카로운 부분이 없게 한다.
3. 영아에게 구멍 뚫린 투명한 플라스틱 병과 뽕뽕이를 주고 자유롭게 놀이하게 한다.
4. 플라스틱 병 안에 뽕뽕이를 넣은 후 병을 기울여 꺼내도록 한다.
   "○○야, 손을 구멍 안으로 넣지 말고 뽕뽕이를 꺼내 보자."
   "○○야, 이리저리 흔들어서 뚫려 있는 구멍으로 뽕뽕이가 쏙 나오게 기울여 볼까?"
   "○○는 정말 잘 꺼내는구나."
   "꺼낸 뽕뽕이를 구멍 안에 넣어 보자."
5. 영아 스스로 반복하며 활동을 시도해 보게 한다.

확장 및 참고사항

*구멍 안으로 손을 넣지 않고 꺼내도록 주의한다.
*활동에 어려움을 느끼는 영아에게는 교사가 적절히 도움을 주어 좌절감을 느끼지 않게 한다.
*구멍의 크기를 작게 하여 뽕뽕이를 꺼내 볼 수 있도록 한다.

활동명: 선물상자 속에 던지기

활동목표: 대근육 발달을 돕고, 힘의 조절능력을 기른다.

표준보육과정 영역 및 범주: 신체운동〉신체조절과 기본운동하기〉대근육 조절하기〉팔, 다리, 목, 허리 등 움직임을 조절한다.

어린이집 평가인증지표: 신체활동

활동자료: 바구니 4개, 콩 주머니

활동방법

1. 바구니 안쪽에 선물 그림을 붙여 미리 준비해 둔다.
2. 준비된 바구니 네 개를 나란히 놓아 두고, 상자에서 1미터 정도 떨어진 곳에 선을 그어 놓은 후 영아에게 콩 주머니를 주고 던져 보게 한다.
   "○○야, 어떤 선물이 가지고 싶니?"
   "○○가 받고 싶은 선물 바구니에 콩 주머니를 힘껏 던져 넣어 보자."
   "○○는 힘이 무척 세구나. 잘 던졌어요."
3. 어느 바구니에 들어갔는지 교사와 영아가 함께 확인해 본다.
   "○○의 콩 주머니는 예쁜 인형이 붙어 있는 바구니로 들어갔구나? 예쁜 인형이 가지고 싶었나 보구나."
   "이번 산타할아버지께 예쁜 인형을 선물해 달라고 해야겠구나."
4. 영아가 활동에 익숙해지면 바구니로부터 거리를 조절하여 던져 보게 한다.

확장 및 참고사항

*교사가 미리 선물상자를 지목해 주고 그 상자 속에 콩 주머니를 던져 넣게 할 수도 있다.
*선물 그림 대신 동물 그림이나 숫자 등 영아에게 익숙한 그림을 사용할 수도 있다.

활동명: "미안해."라고 말해요

활동목표: 다른 사람에게 "미안해."라고 말할 수 있다.

표준보육과정 영역 및 범주: 의사소통〉말하기〉자신이 원하는 것을 말하기〉표정, 몸짓, 말소리로 의사표현을 한다.
사회관계〉나와 다른 사람의 감정 알기〉다른 사람의 감정에 반응하기〉다른 사람이 나타내는 여러 가지 감정에 반응을 보인다.

어린이집 평가인증지표: 언어활동, 사회관계증진활동

활동자료: 없음

활동방법

1. 교사가 작은 실수를 했을 때 영아에게 "미안해."라고 사과하여 영아들이 잘못한 것에 대해 어떻게 해결하는지를 알 수 있도록 모델링을 해 준다.
   "선생님이 ○○가 가지고 놀고 있는 블록을 깔고 앉아 버렸네." "○○야, 미안해."
2. 교사는 하루 일과 중 영아들끼리 다툼이 일어났을 때 자연스럽게 상호작용해 준다.
   "○○야, △△가 왜 울고 있니?"
   "△△가 실로폰을 치고 있는데 ○○가 빼앗으면 △△의 기분이 어떨까?"
   "△△에게 무엇이라고 말하면 좋을까?"
   "그래, △△에게 "미안해."라고 말하면 좋겠구나. "미안해."라고 말해 볼까?"
   "○○도 실로폰을 가지고 놀고 싶구나."
   "여기 실로폰이 하나 더 있네, 이걸 가지고 놀면 되겠구나."
3. 영아들이 잘못된 행동을 했을 때 사과하고 받아들이는 습관이 자연스럽게 이루어지도록 생활 속에서 모델링해 주고 반복해서 지도해 준다.

확장 및 참고사항

* 교사는 영아들이 싸웠을 때 친구에게 어떻게 사과하는지를 구체적으로 이야기해 준다.
* 교사는 영아들의 놀이를 잘 관찰하고 영아들이 서로 문제를 해결해 나갈 수 있도록 적절한 개입과 조절을 해 준다.

만 2세 (1월) 월간보육계획안

주제		색과 모양			
주 / 활동		1주 한 살 더 먹었어요	2주 신기한 모양	3주 여러 가지 색깔	4주 그림책으로 떠나는 색깔과 모양
등원 및 맞이하기		• 새해 인사를 나눠요		• 무슨 색 옷을 입고 왔을까?	
일상생활 (기본생활)	간식 및 점심	• 모양 간식을 먹어요		• 음식의 색깔이 달라요	
	낮잠 및 휴식	• 스스로 할 수 있어요		• 베개와 이불의 색과 모양	
	기본생활습관 및 안전	• 양보하며 도와주어요		• 그림책을 보고 제자리에 두어요	
자유놀이	신 체	• 상자를 옮겨요 • 나는야! 바람개비	• 모양 틀에 탁구공 넣어요 • 모양막대 행진	• 보물을 찾아라 • 색을 찾아라	• 머리에 이고 운반하기 • 모양 신문지 통과하기
	쌓기 · 역할	• 와플블록 끼우기 • 떡국상 차리기	• 모양 찾아 쌓기 • 모양가면 놀이	• 색깔블록 분류 • 색깔 집에 놀러가요	• 그림책으로 쌓아요 • 색깔요정
	언 어	• 많이 컸어요 • 우리 아기 걸음 • 나이 말하기	• 모양을 찾아라 • 구멍 속의 모양	• 여러 색깔 모자 • 같은 색 찾아보기	• 색깔 책을 봐요 • 색의 이름을 알아요 • 동시-〈사인펜〉 감상
	미술 · 음률	• 손발 따라 그리기 • 얼굴사진 붙이고 몸 그리기 • 비제의 어린이 놀이 중 〈행진곡〉	• 구슬로 모양 만들기 • 우드락 판화	• 숨어 있는 색깔 • 셀로판지 락스 그림	• 크레파스 그림과 물감 • 데칼코마니
	감각 · 탐색	• 나는 할 수 있어요 • 누구의 뒷모습일까요?	• 맞는 조각 찾기 • 모양 종이 오리고 붙이기 • 삐에로에게 모양을 찾아주세요	• 색깔 만들기 • 색깔 있는 창문으로 봐요 • 티셔츠를 바꿔 줘요	• 그림책 보며 색깔놀이해요 • 그림 맞추기
실외 및 산책		• 눈 오는 날 산책하기 • 눈싸움 놀이		• 색 분필 그림 • 색 눈 만들기	
대집단 활동 (전이활동)		• 모양을 찾아라 • 새노래-새달력		• 내가 좋아하는 색깔 • 색깔 책을 봐요(색깔 책 만들기) • 색깔놀이	

활동명: 떡국상 차리기

활동목표: 빵 칼을 사용하는 경험을 갖는다.
상상놀이를 해 본다.

표준보육과정 영역 및 범주: 자연탐구〉과학적 탐구하기〉생활도구 사용하기〉간단한 도구를 사용한다.
신체운동〉신체조절과 기본운동하기〉소근육 조절하기〉눈과 손을 협응하여 소근육을 조절해 본다.
예술경험〉예술적 표현하기〉모방과 상상놀이하기〉모방행동을 놀이처럼 즐긴다.

어린이집 평가인증지표: 역할놀이

활동자료: 흰색의 백업 또는 가래떡 모양의 흰색 지점토, 빵 칼, 소꿉그릇, 소꿉놀이용 상, 숟가락, 물컵

활동방법

1. 새해가 되면 떡국을 먹는 것에 대한 이야기를 나눈다.
   "떡국을 먹어 본 적이 있니?" "떡이 무슨 색이니?"
2. 영아와 함께 떡국상 차리기에 필요한 재료를 탐색하고 준비한다.
   "떡국을 담을 그릇과 흰색의 떡과 떡을 썰어 주는 칼이 있구나."
3. 역할을 정해 떡국상 차리기를 놀이한다.
   "떡은 누가 썰어 볼까?"
   "썰어 놓은 떡을 그릇에 담아 보자."
   "자, 이제 완성되면 준비된 상에 올려놓고 숟가락도 놓아 보자."
   "물도 준비해야겠구나."
4. 차려진 떡국상에 모여 앉아 먹는 흉내를 내어 보고 그릇들을 제자리에 정리한다.

확장 및 참고사항

* 떡국상 차리기 활동을 끝내고 설거지를 하는 것과 상을 치우는 역할을 나누어 연계활동을 할 수 있다.
* 색종이 등 다양한 재료를 이용해 떡국 속의 양념을 넣어 상상하며 놀이를 진행해 본다(초록색 종이는 파, 노란색 종이는 달걀 지단 등).

활동명: 나이 말하기

활동목표: 새해가 되면 나이가 한 살 많아진다는 것을 안다.
나이에 따라 형과 동생의 관계를 알아본다.

표준보육과정 영역 및 범주: 자연탐구〉수학적 탐구하기〉수량 인식하기〉많고 적음을 구별한다.

어린이집 평가인증지표: 언어활동, 자연탐구활동

활동자료: 1~5까지의 숫자, 융판

활동방법

1. 해가 바꾸면 사람들은 한 살씩 더 나이를 먹게 된다는 것에 대해 말한다.
   "한 해가 새로 시작되면 사람들은 나이를 한 살 더 먹게 된단다."
2. 영아의 나이가 이제 몇 살이 되는지 질문해 본다.
   "○○는 새해가 되니 몇 살이 되었니?"
   "작년에 네 살이었던 ○○는 이제 다섯 살이 되는구나."
3. (동생이 있는 경우) 동생의 나이를 생각하여 말해 본다.
   "○○의 동생 나이는 몇 살인지 알고 있니?"
   "새해가 되었으니 동생도 한 살 더 먹었구나."
4. 융판 위의 숫자를 보고 내 나이에 맞는 수를 찾아본다.
   "○○는 다섯 살인데 다섯을 가리키는 숫자 5는 어디 있을까?"
   "그래 그 수를 다섯 또는 오라고 해."
   "따라 해 볼까? 다섯, 오!"

확장 및 참고사항

* 영아의 나이만큼 개수를 세어 보는 활동으로 연계할 수 있다(빨래집게 놀이 꽂아 보기, 나이만큼 블록 연결하기, 구슬 꿰기, 손가락을 세면서 꼽아 보기 등).

활동명: 모양을 찾아라

활동목표: 영아가 좋아하는 모양의 이름과 생김새에 대해 말로 표현해 본다.
우리 주변에서 볼 수 있는 모양을 찾아보고 식별해 본다.

표준보육과정 영역 및 범주: 의사소통〉말하기〉낱말과 간단한 문장으로 말하기〉일상생활에서 경험한 새로운 낱말에 관심을 가진다.
자연탐구〉수학적 탐구하기〉공간과 도형에 관심 가지기〉주변 사물의 모양에 관심을 가진다.

어린이집 평가인증지표: 언어활동, 자연탐구활동

활동자료: 여러 가지 모양조각, 융판

활동방법

1. 모양조각을 융판에 붙여 둔다.
2. 영아가 좋아하는 모양을 융판에서 찾아보고 이야기할 수 있도록 한다.
   "○○는 어떤 모양을 좋아하니?"
   "왜 이 모양을 좋아하니?"
3. 영아가 좋아하는 모양이 주변에 어떤 것들이 있는지 살펴보게 한다.
4. 모양카드를 보고 주변에서 같은 모양의 물건을 찾아와 본다.
   "(동그라미를 가리키며) 우리 교실에는 동그라미처럼 생긴 물건이 뭐가 있지?"
   "그래, 시계가 동그랗구나."
   "그래, 장난감 공도 동그랗네. 또 뭐가 있는지 찾아볼까?"

확장 및 참고사항

* 여러 가지 사물을 비밀상자에 넣어 두어 상자 안에 손을 넣어 만져 보고 어떤 모양인지 말해 보는 활동으로 확장할 수 있다.

활동명: 삐에로에게 모양을 찾아 주세요

활동목표: 다양한 모양을 변별해 본다.

표준보육과정 영역 및 범주: 자연탐구〉수학적 탐구하기〉공간과 도형에 관심 가지기〉주변 사물의 모양에 관심을 가진다.
신체운동〉신체조절과 기본운동하기〉소근육 조절하기〉눈과 손을 협응하여 소근육을 조절해 본다.

어린이집 평가인증지표: 자연탐구활동

활동자료: 삐에로의 모양 판, 여러 가지 모양조각, 비밀상자

활동방법

1. 교사는 삐에로의 모양 판을 제작하고 여러 가지 모양조각을 준비해 둔다.
2. 교구를 영아에게 제시하고 활동방법을 이야기한다.
3. 모양카드를 비밀상자에 넣고 비밀상자에서 교사가 제시하는 모양카드를 하나 뽑는다.
   "동그라미 모양을 찾아보겠니?"
   "이 모양은 어디에 놓아야 할까?"
4. 뽑은 모양카드를 삐에로 활동판의 모양에 맞게 놓는다.

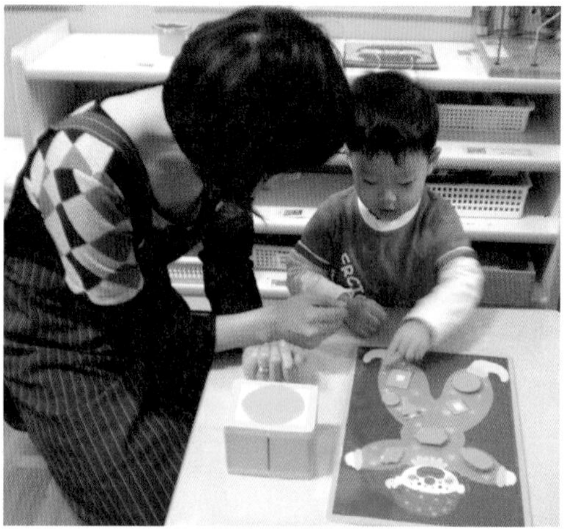

확장 및 참고사항

*2개의 삐에로 모양 판을 제작해 활동판을 하나씩 나눠 갖고 비밀상자에서 모양카드를 뽑아 모양카드를 본인의 활동판에 놓는 게임으로 연계할 수 있다.

활동명: 색 분필그림

활동목표: 모양을 보고 기본 도형의 모양을 구별해 본다.
분필을 이용해 자유롭게 그려 본다.

표준보육과정 영역 및 범주: 자연탐구〉수학적 탐구하기〉공간과 도형에 관심 가지기〉주변 사물의 모양에 관심을 가진다.
의사소통〉쓰기〉끼적거리며 즐기기〉의도적으로 끼적인다.
예술경험〉예술적 표현하기〉자발적으로 미술활동하기〉자발적으로 그리기, 만들기를 한다.

어린이집 평가인증지표: 실외활동, 예술활동

활동자료: 색 분필, 물 스프레이

활동방법

1. 분필 가루가 날리지 않도록 물 스프레이를 이용해 충분히 적셔 실외로 가지고 나간다.
2. 색 분필을 끼적거리기에 적합한 장소에 교사와 영아는 둘러앉는다(시멘트나 아스팔트 바닥).
3. 영아에게 색 분필을 바닥에 늘어 놓고 탐색하게 한다.
   "여러 색의 분필이 있구나. 이 분필로 써 본 적이 있니?"
4. 영아가 색 분필을 선택하여 바닥에 그림을 그려 본다.
   "○○는 무엇을 그렸니?"
   "이번엔 다른 색으로 그려 볼까?"
5. 영아가 자유롭게 끼적거리는 것에 교사는 적절하게 개입하여 상호작용해 준다.

확장 및 참고사항 .

*바위나 돌에 색 분필을 이용해 그려 꾸며 볼 수 있다.

*검정 도화지에 그려 봐도 흥미롭다.

활동명: 같은 색 찾아보기

활동목표: 같은 색을 찾아 분류해 본다.
색깔의 명칭을 알고 찾아볼 수 있다.

표준보육과정 영역 및 범주: 의사소통〉말하기〉낱말과 간단한 문장으로 말하기〉친숙한 낱말을 발음해 본다.
자연탐구〉수학적 탐구하기〉구분하기〉주변 사물의 같고 다름에 따라 구분한다.

어린이집 평가인증지표: 언어활동, 자연탐구활동

활동자료: 초록색과 빨간색의 여러 가지 물건, 바구니

활동방법

1. 교실 주변이나 영아의 물건들 중 초록색인 것들을 모아 바구니 안에 넣어 두고 탐색하게 한다.
   "이 바구니 안에 무엇이 들었니?"
   "이것이 무슨 색인지 알 수 있겠니?"
2. 영아가 직접 보육실 안의 초록색 물건들을 찾아보고 이름을 말해 본다.
3. 초록색의 과일(키위, 메론, 사과 등)이나 야채의 그림이나 사진 등을 보여 준다.
   "○○는 무얼 찾아 왔니?" "초록색 수박을 찾아 왔구나."
   "○○는 수박을 좋아하는구나."
4. 같은 방법으로 빨간색인 것들을 모아 바구니 안에 넣어 두고 탐색한 후 빨간색 물건을 교실에서 찾아본다.
5. 그림카드를 바구니에 분류하여 본다.

확장 및 참고사항

*같은 방법으로 다른 색을 탐색해 본다.

*초록색의 물감이나 밀가루 반죽을 이용하여 그리거나 만들기를 하여 바구니에 넣을 수도 있다.

활동명: 색 눈 만들기

활동목표: 물감 스프레이를 눈 위에 뿌려 보면서 색의 변화를 느껴본다.

표준보육과정 영역 및 범주: 예술경험〉아름다움 찾아보기〉예술적 요소 탐색하기〉주변 환경에서 색, 모양 등을 탐색한다.
자연탐구〉과학적 탐구하기〉자연을 탐색하기〉돌, 물, 모래 등의 자연물을 탐색한다.

어린이집 평가인증지표: 실외활동, 자연탐구활동

활동자료: 분무기 3~4개, 물감, 돋보기

활동방법

1. 교사는 분무기에 물을 담아 물감을 섞어 영아와 함께 실외로 나간다.
   "이 분무기 안에는 무엇이 들어 있을까?"
   "분무기 안에 물과 물감을 섞어 색깔 물을 만들었단다."
2. 눈이 쌓인 곳을 돋보기로 이용해 탐색하게 한다.
3. 눈을 충분히 관찰한 뒤 분무기를 뿌려 본다.
   "눈이 쌓인 곳에 분무기로 이곳저곳에 뿌려 볼까?"
   "하얀 눈 위에 예쁜 색이 만들어졌구나."
   "분무기로 하얀 눈 위에 뿌려 보니 노란색 눈도 있고 파란색 눈도 있구나."

확장 및 참고사항

* 색 눈을 이용하여 모래놀이 시 사용하는 놀잇감을 이용해 색 눈으로 해 볼 수 있다.
* 색 눈을 뭉쳐서 눈사람을 만들어 볼 수 있다.

활동명: 그림책을 보고 제자리에 두어요

활동목표: 책을 소중히 다루는 습관을 기른다.
읽고 난 책은 제자리에 정리하는 규칙을 익힌다.

표준보육과정 영역 및 범주: 사회관계〉더불어 생활하기〉사회적 가치 알기〉간단한 약속을 지킨다.
사회관계〉더불어 생활하기〉사회적 가치 알기〉도움받아 물건을 정리한다.

어린이집 평가인증지표: 기본생활 관련 활동

활동자료: 그림책

활동방법

1. 언어영역에서 그림책 보는 활동이 끝나면 자연스럽게 다가가 질문을 해 본다.
   "○○는 무슨 책을 보고 있었니?"
   "동화책 속에 누가 나왔었니?"
   "선생님과 함께 볼까? 무슨 이야기인지 궁금하다."
2. 그림책을 보고 난 후에는 그림책을 어떻게 해야 하는지 이야기를 나누어 본다.
   "그림책을 어디에 놓으면 될까?"
   "이 책을 어디에서 가지고 왔니?"
3. 교사는 제자리에 정리한 영아를 격려해 준다.
   "○○가 정리한 그림책을 다른 친구가 볼 수 있도록 제자리에 정리했구나."

확장 및 참고사항

*책을 제자리에 정리해 놓을 때 다른 영아들이 책을 선택해서 보기 쉽도록 가능하면 책의 표지가 앞으로 나오도록 정리할 수 있도록 유도한다.

만 2세 (2월) 월간보육계획안

구분		1주	2주	3주	4주
주제		형, 언니가 되었어요			
주 / 활동		형님이 되었어요	혼자서도 잘해요	즐거웠던 우리 반	새로운 선생님을 만나요
등원 및 맞이하기		• 스스로 가방 메고 등원하기		• 즐거운 마음으로 등원하기	
일상생활 (기본생활)	간식 및 점심	• 엎지른 것을 닦아요		• 내가 먹은 자리는 스스로 정리해요	
	낮잠 및 휴식	• 동화책 듣고 잠자기		• 음악 듣고 잠 자기	
	기본생활습관 및 안전	• 고집쟁이는 미워요 • 혼자서 점퍼를 입고 벗기		• 아껴 쓸 수 있어요 • 자기 물건 챙기기	
자유놀이	신 체	• 지시대로 움직이기 • 풍선을 발로 차요	• 나는야, 김밥 • 손바닥으로 제기 차기 • 날 잡아 봐라	• 둘이서 한마음 • 기어 나가기	• 데굴데굴 굴러요 • 선생님과 줄다리기
	쌓기 · 역할	• 친구 키만큼 블록 쌓기 • 동생 반 도우미	• 놀이터 꾸미기 • 도와줄 수 있어요	• 우리 반 꾸미기 • 옷 바꿔 입기	• 쓸고 담아요 • 나도 선생님처럼
	언 어	• 어제는 ○○를 했어요 • 나의 성장 이야기	• 여러 가지 선 긋기 • 무엇이 있었지?	• 즐거웠던 우리 반 사진첩 • 카드 속의 글자	• 즐겁게 놀았어요 • 형님 반 선생님에게 온 편지
	미술 · 음률	• 고깔모자 꾸미기 • 소고를 두드려요	• 부채 들고 춤추기 • 비스킷 만들기	• 박스로 꾸민 집 • 종이봉투 가면	• 선생님 얼굴 콜라주 • 친구에게 그림 그려 선물하기
	감각 · 탐색	• 상자를 위로! 쏙쏙! • 누가 더 클까?	• 펀치로 모양 뚫기 • 어느 것이 더 무거울까?	• 그림 보고 수 세기 • 우리 반 사진퍼즐	• 달력 속에 숨은 그림 • 수만큼 빨래집게 꽂기
실외 및 산책		• 눈 위에 발자국 남기기 • 꽃삽으로 눈 퍼 담기		• 연 날리기 • 어린이집 주변 산책하기	
대집단 활동 (전이활동)		• 내가 입었던 옷이에요 • 혼자서도 잘해요		• 새로운 선생님을 만나요 • 형님반 돌아보기	

활동명: 친구 키만큼 블록 쌓기

활동목표: 숫자 세기를 해 본다.
블록을 높이 쌓으면서 대근육을 발달시킨다.

표준보육과정 영역 및 범주: 사회관계〉나를 알고 존중하기〉나를 구별하기〉나와 다른 사람의 모습을 구별한다.
신체운동〉신체조절과 기본운동하기〉대근육 조절하기〉팔, 다리, 목, 허리 등 움직임을 조절해 본다.

어린이집 평가인증지표: 신체활동, 자연탐구활동

활동자료: 종이벽돌 블록

활동방법

1. 교사는 블록놀이를 하고 있는 영아에게 자연스럽게 활동을 소개한다.
   "○○와 △△가 블록놀이를 하고 있구나."
2. 영아에게 옆에 있는 친구 키만큼 블록을 눕혀서 높이 쌓아 보자고 이야기한다.
   "○○야, △△ 키만큼 블록을 높이 쌓아 볼까?"
3. 영아가 다 쌓으면 △△를 블록 옆에 나란히 세워 높이를 비교해 보고 △△ 키에 맞게 높이를 조절해 볼 수 있도록 언어적 제시를 해 준다.
   "△△의 키가 블록보다 더 큰데 한 개 더 올려 볼까? 아니면 내려 볼까?
4. 몇 개나 쌓아졌는지 블록을 세어 보도록 한다.
5. 블럭을 세워서 △△의 키만큼 쌓아 보고 숫자를 세어 본다.
6. 눕혀서 쌓았을 때와 세워서 쌓았을 때의 숫자를 비교해 본다.
   "○○야, 어떻게 쌓았을 때 블록이 더 많이 사용되었니?"
7. 역할을 바꾸어서 활동해 본다.

확장 및 참고사항

* 키만큼 쌓은 후 사용된 블록의 숫자를 세어 보고 비교해 보는 활동이므로 친구가 쌓은 블록을 일부러 넘어트리지 않도록 주의한다.

활동명: 상자를 위로! 쏙쏙!

활동목표: 서열개념을 발달시킨다.
크기에 대한 개념을 발달시킨다.

표준보육과정 영역 및 범주: 자연탐구〉수학적 탐구하기〉공간과 도형에 관심 가지기〉주변 사물의 모양에 관심을 가진다.
자연탐구〉수학적 탐구하기〉차이에 관심 가지기〉주변 사물의 크기(속성의 차이)에 관심을 가진다.

어린이집 평가인증지표: 자연탐구활동

활동자료: 한 면이 뚫린 하드보드지로 제작한 크기가 다른 정사각형의 상자(4~5개 정도)

활동방법

1. 영아들에게 상자를 탐색할 수 있도록 제시한다.
   "○○야! 여기 상자가 있구나. 상자의 한쪽 면이 뚫려 있네."
2. 상자를 높이 쌓아 본다.
   "어떤 상자를 맨 밑에 놓아야 높이 쌓을 수 있을까?"
   "그래, 가장 큰 상자를 밑에 놓아야겠구나!"
3. 영아가 상자를 높게 쌓기가 익숙해지면 반대로 큰 상자 속에 작은 상자를 넣어 보는 활동을 한다.
4. 큰 상자부터 작은 상자까지의 서열을 알 수 있도록 상호작용해 주며 반복해서 할 수 있도록 한다.

확장 및 참고사항

* 영아가 활동을 할 때 교사는 크기에 대한 언어적 상호작용을 해 준다(제일 큰 상자/중간 상자/제일 작은 상자 등).

활동명: 나는야! 김밥

활동목표: 이불을 이용해 놀이한다.
균형감각을 기르고 대근육을 발달시킨다.

표준보육과정 영역 및 범주: 신체활동〉신체활동 참여하기〉기구를 이용하여 신체활동하기〉간단한 기구를 이용하여 신체운동을 한다.

어린이집 평가인증지표: 신체활동

활동자료: 이불이나 큰 타올

활동방법

1. 이불을 바닥에 펴 놓고 한쪽 끝에 영아를 눕힌다.
2. 영아의 몸을 김밥 말듯이 이불을 이용해서 돌돌 감아 준다.
3. 반대로 돌려서 이불을 풀어 본다.
   "○○야, 이번엔 반대로 김밥을 풀어 보자. 어, ○○ 김밥이 풀어졌네."
4. 다른 영아와 함께 역할을 바꿔 가며 이불을 말아 본다.
5. 활동이 끝나면 영아 스스로 이불을 정리해 보도록 한다.

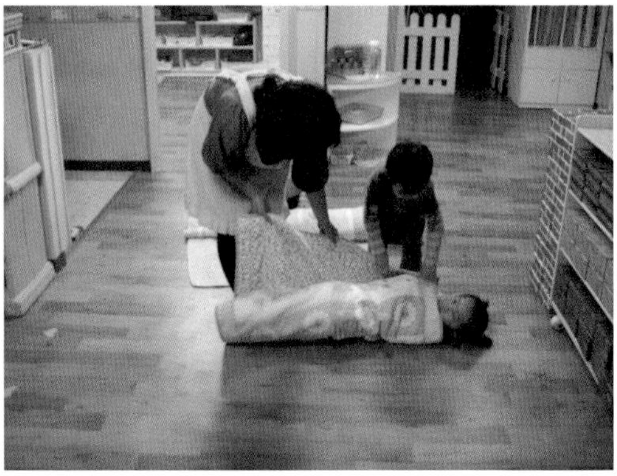

확장 및 참고사항

*이불을 말은 체로 애벌레처럼 꼬물꼬물 기어가 보는 활동을 해 본다.
*이불을 말을 때 영아의 얼굴을 이불 밖으로 나올 수 있도록 한다.
*영아를 이불에 태우고 끌어 주는 활동을 할 수 있다.

활동명: 무엇이 있었지?

활동목표: 그림을 보고 기억해서 말로 표현해 볼 수 있다.

표준보육과정 영역 및 범주: 의사소통〉말하기〉낱말과 간단한 문장으로 말하기〉일상생활에서 경험한 새로운 낱말에 관심을 가진다.

어린이집 평가인증지표: 언어활동

활동자료: 그림자료(영아가 자주 접하는 장면 사진, 다양한 그림자료를 클리어 파일에 넣어 놓는다)

활동방법

1. 영아들에게 제시할 그림자료를 사전에 제작해 놓는다.
   (너무 단순하지 않은 사진자료로 시장 사진 등)
2. 준비한 그림자료의 펴서 잠깐 동안만 영아에게 보여 준다.
3. 뚜껑을 접고 그림 속에 무엇이 있었는지 질문을 하고 영아가 대답해 볼 수 있도록 한다.
   "○○야, 방금 본 그림 속에 무엇이 있었지?"
4. 영아가 잘 기억해 내지 못하면 그림을 다시 한 번 보여 준 후 대답해 보도록 한다.
5. 다양한 방법으로 영아에게 힌트를 주어서 말해 볼 수 있도록 한다.
   "○○야, 빨간색이고, 머리에 쓰는 것이 있었는데."

확장 및 참고사항

* 영아의 반응에 따라 그림을 보여 주는 시간을 조절해서 제시한다.
* 제시되는 그림의 형태는 단순한 것에서 복잡한 것으로 점점 난이도를 높여서 활동한다.

활동명: 종이봉투 가면

활동목표: 종이봉투로 가면을 만들어 본다.

표준보육과정 영역 및 범주: 예술 경험〉예술적 표현하기〉자발적으로 미술활동하기〉자발적으로 그리기, 만들기를 한다.

어린이집 평가인증지표: 예술활동

활동자료: 커다란 종이봉투, 가위, 색종이, 사인펜, 실

활동방법

1. 교사는 미리 영아의 머리가 들어갈 수 있는 정도의 커다란 봉투를 준비한다.
2. 종이봉투를 머리에 쓰고 느낌을 이야기해 본다.
   "○○야, 무엇이 보이니?"
   "그래, 아무것도 안 보이는구나. 선생님이 구멍을 뚫어서 보이게 해 줄게."
3. 교사는 눈, 코, 입 부분에 구멍을 내 준다.
4. 나머지 부분을 영아들이 꾸며 볼 수 있도록 한다.
   "실로 머리카락을 만들어 줘 볼까?"
   "눈썹이 없네. 눈썹도 그려 주자."
5. 가면 속에 누가 숨어 있는지 알아맞혀 보는 활동을 한다.
   "가면 속에 누가 있을까 ? ○○야, 이름을 말해 줘 볼래?"
6. 가면을 쓰고 교실을 돌아다녀 본다.

확장 및 참고사항

*가면을 쓰고 돌아다닐 때 넘어지거나 다치지 않도록 주의한다.

활동명: 즐거웠던 우리 반 사진첩

활동목표: 일 년 동안 우리 반에서 즐거웠던 기억들을 떠올려 보고 이야기할 수 있다.

표준보육과정 영역 및 범주: 의사소통〉말하기〉자신이 원하는 것을 말하기
사회관계〉더불어 생활하기〉자신이 속한 집단 알기〉자신이 속한 반과 교사를 안다.

어린이집 평가인증지표: 언어활동

활동자료: 일 년 동안 영아들의 활동을 모아 둔 사진들

활동방법

1. 교사는 마리 영어들과 함께 활동했던 사진을 모아 사진첩을 만들어 둔다.
2. 영아를 무릎에 앉혀 놓고 사진첩을 보여 주면 탐색한다.
   "○○야, 선생님이 재미있는 사진첩을 준비했단다."
   "사진 속에 어떤 모습들이 있나 우리 같이 볼까?"
3. 한 장 한 장 넘기며 사진 속의 상황을 이야기하며 지난 일을 회상해 볼 수 있도록 한다.
   "어머 ! 이건 ○○의 생일잔치 사진이구나. 다음엔 어떤 사진이 나올까?"
   "○○가 선생님이랑 물놀이하는 사진이네, 이때 물놀이했던 것 기억 나니?"
4. 교사는 사진을 보며 (언제, 누구랑 무엇을 어떻게 했는지) 등을 구체적 질문을 해 보고 영아가 대답해 볼 수 있도록 한다.

확장 및 참고사항

* 영아의 모습이 나와 있는 사진을 선택하여 활동하고 영아가 기억해 내지 못하면 상황 설명을 해 주어 기억해 낼 수 있도록 한다.
* 영아가 기억을 잘하고 있고 이야기를 잘하면 칭찬과 격려를 해 준다.

활동명: 선생님 얼굴 콜라주

활동목표: 선생님께 감사하는 마음을 표현해 본다.
다양한 그리기 도구를 접해 본다.

표준보육과정 영역 및 범주: 사회관계〉더불어 생활하기〉자신이 속한 집단 알기〉자신이 속한 반과 교사를 안다.
예술경험〉예술적 표현하기〉자발적으로 미술활동하기〉간단한 도구와 미술재료를 다룬다.

어린이집 평가인증지표: 예술활동, 사회관계증진활동

활동자료: 유성펜, 사인펜, 크레파스, 교사 얼굴 사진

활동방법

1. 선생님 얼굴 사진을 찍어 얼굴 부위만 오려 도화지에 붙여 둔다.
2. 영아에게 열굴 사진을 붙인 도화지를 보여 주며 이야기한다.
   "○○야, 도화지 위에 누구의 얼굴이 있니?"
   "선생님이 어떤 표정을 짓고 계시니?"
3. 그리기 도구를 이용하여 몸을 그리고 꾸며 본다.
   "여기 선생님 얼굴에 선생님의 몸을 그려 주고 예쁜 옷을 입히고 꾸며서 선생님께 선물해 줄래? 그러면 선생님은 이 선물을 볼 때 아마 ○○를 잊지 않고 영원히 기억할 거야."
4. 모습이 완성되면 영아가 주는 그림을 기쁜 표정으로 받고 사랑의 표현을 해 준다.

확장 및 참고사항

*패션잡지에서 옷 등을 오려 콜라주를 해 볼 수 있다.

활동명: 형님 반 돌아보기

활동목표: 새로 접하게 될 선생님과 환경을 돌아보고 친숙해질 수 있는 시간을 갖는다.

표준보육과정 영역 및 범주: 사회관계〉더불어 생활하기〉자신이 속한 집단 알기〉자신이 속한 반과 교사를 안다.

어린이집 평가인증지표: 사회관계증진활동

활동자료: 형님 반

활동방법

1. 등원하는 원아를 반갑게 맞이한 후 형님 반 교실을 돌아보자고 제의한다.
   "○○야, 우리 옷장 안에 가방을 넣어 놓고 이제 곧 ○○가 가게 될 기린반 교실에는 어떤 놀잇감과 선생님이 계신지 가 볼까?"
2. 형님 반 교실의 여러 영역을 돌아보며 탐색할 수 있도록 한다.
3. 형님 반 선생님을 소개하고 형님 반 선생님과 간단한 놀이를 할 수 있도록 한다.
   "○○야, 형님 반 선생님과 인사하자."
4. 영아가 흥미 있어 하는 영역에서 놀아 볼 수 있도록 배려한다.
5. 형님 반 선생님은 영아가 친숙해질 수 있도록 온화한 표정으로 영아와 함께 놀아 보는 시간을 갖도록 한다.

확장 및 참고사항

*형님과 선생님과 교실 환경에 친숙해질 수 있도록 자주 형님 반에 가 보는 활동을 한다.

부 록

- 어린이집 평가인증 운영체계에 따른 필수항목 · 기본항목 및 어린이집 평가인증지표
- 제2차 39인 이하 어린이집 평가인증지표(5개 영역 55항목)
- 제2차 40인 이상 어린이집 평가인증지표(6개 영역 70항목)

어린이집 평가인증 운영체계에 따른 필수항목 · 기본항목 및 어린이집 평가인증지표

■ **필수항목: 9항목(39인 이하, 40인 이상 어린이집 모두 해당)**

항목	평정	평정기준
총 정원 준수	준수	어린이집의 현원이 총 정원 이내인 경우
	미준수	어린이집의 현원이 총 정원을 초과한 경우
예 · 결산서 및 회계서류 구비	준수	예산서와 결산서 및 회계서류가 구비되어 있는 경우 * 상시 영유아 20명 이하인 어린이집으로서 어린이집의 장이 보육교사를 겸임하는 어린이집의 경우 예산서와 결산서를 구비하지 않을 수 있음(「영유아보육법」 시행규칙 [별표 8] 참조)
	미준수	예산서 또는 결산서가 없는 경우 회계서류가 전혀 없는 경우
안전사고에 대한 보험 (상해 · 화재 · 배상보험) 가입	준수	모든 영유아에 대한 상해보험과 어린이집에 대한 화재 및 배상보험에 가입되어 있는 경우
	미준수	영유아 상해보험에 가입되지 않은 경우 화재보험 또는 배상보험에 가입되지 않은 경우
「영유아보육법」 관련 행정처분 등	준수	참여확정 마감일까지 아래 행정처분이 종료되거나, 과징금 납부 또는 보조금 반환명령이 이행 완료될 예정인 경우 –「영유아보육법」 제40조의 제2호, 제3호 –「영유아보육법」 제45조, 제45조의 2 –「영유아보육법」 제46조 –「영유아보육법」 제47조 –「영유아보육법」 제48조
	미준수	참여확정 마감일까지 아래 행정처분이 종료되지 않거나, 과징금 납부 또는 보조금 반환명령이 이행될 수 없는 경우 –「영유아보육법」 제40조의 제2호, 제3호 –「영유아보육법」 제45조, 제45조의 2 –「영유아보육법」 제46조 –「영유아보육법」 제47조 –「영유아보육법」 제48조
어린이집의 설치기준 준수	준수	어린이집 내 영유아용 화장실, 목욕실, 조리실이 모두 설치되어 있는 경우 * 영유아보육법 시행규칙 제9조 [별표 1] 참조
	미준수	어린이집 내 영유아용 화장실, 목욕실, 조리실 중 어느 하나가 설치되어 있지 않은 경우 * 영유아보육법 시행규칙 제9조 [별표 1] 참조

보육실의 설치기준	준수	인가정원 대비 보육실의 면적이 설치기준을 충족한 경우 * 영유아보육법 시행규칙 제9조 [별표 1] 참조 * 기존어린이집('05.1.29 이전 설치 신고된 어린이집)은 구법 적용
	미준수	인가정원 대비 보육실의 면적이 설치기준 미만인 경우 * 영유아보육법 시행규칙 제 9조 [별표 1] 참조
보육교직원 배치기준	준수	보육교직원 배치기준 중 일반기준을 모두 충족한 경우 * 영유아보육법 시행규칙 제9조 [별표 2] 참조
	미준수	보육교직원 배치기준 중 일반기준을 충족하지 못한 경우 * 영유아보육법 시행규칙 제10조 [별표 2] 참조
보육교직원의 정기 건강검진	준수	모든 보육교직원에 대하여 연 1회 건강검진을 실시한 경우 * 해당년도 및 전년도 기록 검토
	미준수	건강검진에서 누락된 보육교직원이 있는 경우
비상대피시설 설치	준수	비상시 각 층별로 양방향 대피가 가능한 대피시설을 구비한 경우 -어린이집이 1층, 2층 이상인 경우 모두 포함 * 보육사업안내 참조
	미준수	비상시 각층별로 양방향 대피가 가능한 대피시설을 구비하지 않은 경우 -어린이집이 1층, 2층 이상인 경우 모두 포함 * 보육사업 안내 참조

■ 기본항목: 2항목(39인 이하, 40인 이상 어린이집 모두 해당)

항목	평정	평정기준
예 · 결산서 및 재무회계 관련	양호 (2점)	아래 사항을 모두 충족한 경우 –(세입, 세출) 예 · 결산서 구비: 구체적 산출기초 명기 –수입 · 지출 기록 명확: 영수증 –수입: 금융기관 통한 수납, 납부고지서 발급 –지출: 5만 원 이상 카드 결제, 1기관 1계좌 사용
	미흡 (0점)	평가기준 중 충족하지 못한 항목이 1개 이상 있는 경우
행정처분 및 위반사항 · 민원사항	8점 만점에서 평정기준에 따라 감점처리	참여확정 마감일로부터 직전 1년 이내에 아래 사항이 발생하였거나 발생 예정인 경우 항목별로 감점 처리 –영유아보육법상 시정명령: 건당 1점 감점(최대 2점 감점) –민원사항 발생 시: 건당 1점 감점(최대 2점 감점) –식품위생법 관련 위반사항 발생 시: 건당 2점 감점 –영유아보육법 제40조제5호에 따른 보조금반환명령, 제47조 및 제48조에 "따른 보육교사 자격정지 또는 자격취소: 건당 2점 감점 –영유아보육법 제40조제2호 또는 제3호에 따란 보조금 반환 명령, 제46조 및 제48조에 따른 원장 자격정지 또는 자격취소: 건당 3점 감점 –영유아보육법 제45조에 따른 운영 정지, 제45조의2에 따른 과징금처분, 아동학대: 건당 4점 감점 * 법 제 47조 및 제 48조에 따른 보육교사 자격정지 및 자격취소의 경우 어린이집의 운영 · 관리 및 보육과정상 발생한 고의 · 과실과 무관한 경우 감점 대상에서 제외 * 아동학대는 "라. 인증이 취소되는 경우" 의 ④에서 정한 3가지 사유 중 어느 하나 이상에 해당되는 경우를 의미함 * 전체 감점 점수가 8점을 초과할 경우 8점까지만 감점 처리

제2차 39인 이하 어린이집 평가인증지표 (5개 영역 55항목)

영역 1. 보육환경 및 운영관리(11항목)

항목 및 항목별 수준	
소 1-1. 영유아용 가구와 설비	
우수 (3점)	영유아용 가구나 설비가 갖추어져 있고, 개별 소지품 보관 공간이 영유아 수에 맞게 마련되어 있다.
부분적 우수 (2점)	영유아용 가구나 설비가 갖추어져 있고, 개별 소지품 보관 공간이 있으나, 영유아 수에 충분하지 않다.
미흡 (1점)	영유아용 가구나 설비가 갖추어져 있지 않거나, 개별 소지품 보관 공간이 없다.
소 1-2. 보육실의 공간배치	
우수 (3점)	보육실의 공간이 영유아의 연령, 발달 특성을 고려하여 흥미영역으로 구성되어 있으며, 배치가 적절하다.
부분적 우수 (2점)	보육실의 공간이 영유아의 연령, 발달 특성을 고려하여 흥미영역으로 구성되어 있으나, 한두 영역의 조정이 필요하다.
미흡 (1점)	보육실의 공간이 흥미영역으로 구성되어 있지 않거나, 한두 영역만으로 구성되어 있다.
소 1-3. 보육실 내 영유아의 휴식 공간	
우수 (3점)	영유아가 혼자 활동하거나 휴식을 취할 공간이 있고, 이를 쉽게 이용할 수 있다.
부분적 우수 (2점)	영유아가 혼자 활동하거나 휴식을 취할 공간은 있지만, 이를 쉽게 이용할 수 없다.
미흡 (1점)	영유아 혼자 활동하거나 휴식을 취할 공간이 없다.
소 1-4. 어린이집의 운영방침 및 정보안내	
우수 (3점)	어린이집의 운영철학 및 보육목표, 운영내용 등을 포함하는 운영방침이 체계적으로 수립되어 있고, 이를 안내한다.
부분적 우수 (2점)	어린이집의 운영철학 및 보육목표, 운영내용 등을 포함하는 운영방침의 내용이 미흡하거나, 이에 대하여 안내하지 않는다.
미흡 (1점)	어린이집의 운영철학 및 보육목표, 운영내용 등을 포함하는 운영방침이 수립되어 있지 않다.
소 1-5. 원아에 대한 관리	
우수 (3점)	신입 원아의 적응을 위한 과정이 체계적으로 진행되고, 모든 원아에 관한 문서를 지속적으로 관리하고 있다.
부분적 우수 (2점)	신입 원아의 적응을 위한 과정이 체계적으로 진행되지 않거나, 원아에 관한 문서 관리가 미흡하다.
미흡 (1점)	신입 원아의 적응을 위한 과정이 체계적이지 않고, 원아에 관한 문서가 거의 없다.

소 1-6. 보육실의 교사 대 영유아 비율

우수 (3점)	모든 반에서 보육실의 교사 대 영유아 법정 비율을 지키고 있다.
부분적 우수 (2점)	보육실의 교사 대 영유아 비율이 초과 보육허용 범위 이내이나, 법정 비율을 초과하는 반이 있다.
미흡 (1점)	보육실의 교사 대 영유아 비율이 초과 보육허용 범위를 초과하는 반이 있다.

소 1-7. 보육교직원의 근로계약과 업무수행

우수 (3점)	근로계약서와 복무규정을 문서화하여 모든 보육교직원에게 알려 주고, 보육교직원은 업무 분장된 내용을 잘 파악하고 있다.
부분적 우수 (2점)	근로계약서와 복무규정이 문서화하여 모든 보육교직원에게 알려 주나, 보육교직원이 자신의 업무내용을 잘 파악하고 있지 못하다.
미흡 (1점)	근로계약서와 복무규정이 내용이 불명확하거나, 규정을 알려 주지 않는다.

소 1-8. 보육교직원의 교육

우수 (3점)	새로운 보육인력에 대한 오리엔테이션을 실시하며, 어린이집의 원장과 보육교사가 다양한 재교육을 받는다.
부분적 우수 (2점)	새로운 보육인력에 대한 오리엔테이션이 미흡하거나, 어린이집의 원장과 보육교사가 다양한 재교육을 받지 못한다.
미흡 (1점)	새로운 보육인력에 대한 오리엔테이션을 실시하지 않거나, 직무교육이나 승급교육을 받지 못한 원장이나 교사가 있다.

소 1-9. 보육교사용 참고자료

우수 (3점)	보육교사용 참고자료가 충분하고, 이를 자유롭게 활용한다.
부분적 우수 (2점)	보육교사용 참고자료가 충분하지 않거나, 이를 자유롭게 활용하지 못한다.
미흡 (1점)	보육교사용 참고자료가 구비되어 있지 않다.

소 1-10. 어린이집과 가정 간의 의사소통

우수 (3점)	가정과의 의사소통 및 부모와의 개별면담이 원활하게 이루어진다.
부분적 우수 (2점)	가정과의 의사소통이나 부모와의 개별면담이 원활하게 이루어지지 않는다.
미흡 (1점)	가정과의 의사소통이나 부모와의 개별면담이 이루어지지 않는다.

소 1-11. 어린이집에서의 부모참여

우수 (3점)	부모의 보육실 참관을 허용하고, 부모프로그램에 참여할 기회가 자주 있다.
부분적 우수 (2점)	부모의 보육실 참관을 허용하지 않거나, 부모 프로그램에 참여할 기회가 제한적이다.
미흡 (1점)	부모의 보육실 참관을 허용하지 않고, 부모 프로그램에 참여할 기회도 부족하다.

■ 영역 2. 보육과정(11항목)

항목 및 항목별 수준	
소 2-1. 보육계획안의 수립	
우수 (3점)	연간, 월간(또는 주간) 보육계획안이 영유아의 연령, 흥미, 계절 등을 고려하여 구체적이고 연계성 있게 수립되어 있다.
부분적 우수 (2점)	보육계획안은 구체적이나, 연령, 흥미, 계절 등의 고려가 미흡하여 연계성이 적다.
미흡 (1점)	보육계획안이 없거나 있어도 구체적이지 않고 연계성도 없다.
소 2-2. 보육활동 계획의 균형과 진행	
우수 (3점)	보육활동이 균형 있게 계획되어 있고, 그 계획에 따라 일과를 진행한다.
부분적 우수 (2점)	보육활동이 한두 가지 활동에 치우쳐 계획되어 있거나, 계획에 따라 일과를 진행하지 않는다.
미흡 (1점)	보육활동이 주로 대집단 활동이나 일상적 양육이 대부분이다.
소 2-3. 실외활동 및 일상생활 관련 활동	
우수 (3점)	실외활동이나 일상생활 관련 활동이 영유아의 연령에 따라 자주 이루어진다.
부분적 우수 (2점)	실외활동이나 일상생활 관련 활동이 가끔 이루어진다.
미흡 (1점)	실외활동이나 일상생활 관련 활동이 거의 이루어지지 않는다.
소 2-4. 일과의 통합적 운영	
우수 (3점)	오전 일과를 통합적으로 운영하고, 영유아의 연령 및 개별적 상황을 고려한다(개별적 상황에는 부모의 동의, 불참영유아에 대한 별도 보육과정 운영이 포함됨).
부분적 우수 (2점)	오전 일과를 통합적으로 운영하고 영유아의 연령을 고려하나, 개별적 상황에 대한 고려가 미흡하다.
미흡 (1점)	오전 일과가 통합적으로 운영되지 못하거나, 영유아의 연령에 대한 고려가 미흡하다.
소 2-5. 신체활동과 자료	
우수 (3점)	신체(대 · 소근육)활동 자료가 영유아 수에 따라 충분히 있고, 이를 이용한 활동을 매일 한다.
부분적 우수 (2점)	신체(대 · 소근육)활동 자료가 충분하지 않거나, 이를 이용한 활동을 가끔 한다.
미흡 (1점)	신체(대 · 소근육)활동 자료가 거의 없거나, 관련 활동을 거의 하지 않는다.
소 2-6. 언어활동과 자료	
우수 (3점)	듣기, 말하기, 읽기, 쓰기 네 영역 모두 충분히 마련되어 있고, 듣기와 말하기 기회를 다양하게 제공하며, 읽기와 쓰기에 관심을 갖도록 하는 활동을 자주 한다.
부분적 우수 (2점)	언어(듣기, 말하기, 읽기, 쓰기)활동 자료가 충분하지 않거나, 언어활동이 중 한두 영역에 치우쳐 있다.
미흡 (1점)	언어(듣기, 말하기, 읽기, 쓰기)활동 자료가 마련되지 않은 영역이 있거나, 언어활동을 거의 하지 않는다.

소 2-7. 기본생활 관련 활동

우수 (3점)	예절과 질서, 규칙 지키기, 정리정돈 등 기본생활에 관련된 활동을 자연스럽게 보육과정에서 제공한다.
부분적 우수 (2점)	기본생활에 관련된 활동을 가끔 하거나, 활동을 하더라도 교사 지시적으로 이루어진다.
미흡 (1점)	기본생활에 관련된 활동을 거의 하지 않는다.

소 2-8. 사회관계 증진 활동

우수 (3점)	영유아 자신과 가족, 또래, 지역사회의 구성원에 대해 관심을 갖도록 하는 활동 기회를 자주 제공한다.
부분적 우수 (2점)	사회관계 증진 활동 기회를 가끔 제공하거나 교사의 일방적인 설명으로 이루어진다.
미흡 (1점)	사회관계 증진 활동 기회를 거의 제공하지 않는다.

소 2-9. 자연탐구활동과 자료

우수 (3점)	자연탐구(수 · 과학)활동 자료가 다양하고, 수 · 과학 탐구활동을 자주 한다.
부분적 우수 (2점)	자연탐구(수 · 과학)활동 자료가 다양하지 않거나, 이러한 활동을 가끔 한다.
미흡 (1점)	자연탐구(수 · 과학)활동 자료가 거의 없거나, 이러한 활동을 거의 하지 않는다.

소 2-10. 예술활동과 자료

우수 (3점)	다양한 예술(음악, 동작, 미술)활동 자료가 충분하고, 이를 활용하여 창의적인 예술활동을 자주한다.
부분적 우수 (2점)	예술(음악, 동작, 미술)활동 자료가 충분하지 않거나, 창의적인 예술활동을 가끔 한다.
미흡 (1점)	예술(음악, 동작, 미술)활동 자료가 거의 없거나 예술활동을 거의 하지 않는다.

소 2-11. 역할놀이 및 쌓기놀이와 자료

우수 (3점)	다양한 종류의 역할놀이 및 쌓기놀이 자료가 충분하고, 활동이 자주 이루어진다.
부분적 우수 (2점)	다양한 종류의 역할놀이 및 쌓기놀이 자료가 충분하지 않거나, 활동이 가끔 이루어진다.
미흡 (1점)	역할놀이 및 쌓기놀이를 위한 자료가 거의 없고, 활동이 이루어지지 않는다.

■ 영역 3. 상호작용과 교수법(11항목)

항목 및 항목별 수준	
소 3-1. 즐거운 식사(수유)와 간식	
우수 (3점)	보육교사가 영유아의 바람직한 식습관과 자율성을 격려하고, 즐거운 분위기에서 대화를 나눈다.
부분적 우수 (2점)	보육교사가 영유아의 바람직한 식습관과 자율성을 격려하나, 즐거운 분위기에서 대화를 나누지 못하는 경우가 있다.
미흡 (1점)	보육교사가 집단 배식 및 급식에만 열중한다.
소 3-2. 편안한 분위기의 낮잠	
우수 (3점)	낮잠 시간을 마련하여 편히 잠들 수 있는 분위기를 만들어 주고, 영유아의 개별적인 낮잠 습관을 수용한다.
부분적 우수 (2점)	낮잠 시간은 있으나, 편히 잠들 수 있는 분위기나 개별적인 낮잠 습관 중 한 가지를 배려하지 못한다.
미흡 (1점)	낮잠 시간이 없거나, 있어도 편히 잠들 수 있는 분위기와 개별적인 낮잠 습관을 배려하지 못한다.
소 3-3. 자연스러운 배변 경험	
우수 (3점)	보육교사는 기저귀 갈기, 화장실 사용 시 영유아가 긍정적인 경험을 갖도록 개별적 상호작용을 한다.
부분적 우수 (2점)	보육교사는 영유아의 긍정적인 배변 경험을 위한 개별적인 상호작용을 하지 않는 경우가 가끔 있다.
미흡 (1점)	보육교사는 영유아의 긍정적인 배변 경험을 위한 개별적인 상호작용을 거의 하지 않는다.
소 3-4. 영유아를 존중하고 평등하게 대하기	
우수 (3점)	보육교사는 영유아를 존중하고, 평등하게 대한다.
부분적 우수 (2점)	보육교사는 영유아를 존중하지 못하거나 평등하게 대하지 못하는 경우가 가끔 있다.
미흡 (1점)	보육교사는 영유아를 존중하지 못하거나 평등하게 대하지 못하는 경우가 자주 있다.
소 3-5. 영유아의 요구와 질문에 대한 민감한 반응	
우수 (3점)	보육교사는 영유아의 요구와 질문을 잘 알아차리고 적절하게 반응한다.
부분적 우수 (2점)	보육교사는 영유아의 요구와 질문을 알아차리지 못하거나, 적절하게 반응하지 못하는 경우가 가끔 있다.
미흡 (1점)	보육교사는 영유아의 요구와 질문을 알아차리지 못하거나, 적절하게 반응하지 못하는 경우가 자주 있다.
소 3-6. 긍정적인 방법의 행동지도	
우수 (3점)	보육교사는 영유아의 행동지도에 긍정적인 방법을 사용한다.
부분적 우수 (2점)	보육교사는 영유아의 행동지도에 긍정적인 방법을 사용하지 못하는 경우가 가끔 있다.
미흡 (1점)	보육교사는 영유아의 행동지도에 긍정적인 방법을 거의 사용하지 못하거나 행동지도를 하지 않는 경우가 대부분이다.

소 3-7. 또래 간 긍정적 상호작용의 격려

우수 (3점)	보육교사는 나누기, 협동하기, 도와주기, 사이좋게 지내기, 배려하기 등 또래 간 긍정적 상호작용을 자주 격려한다.
부분적 우수 (2점)	보육교사는 또래 간 긍정적 상호작용을 가끔 격려한다.
미흡 (1점)	보육교사는 또래 간 긍정적 상호작용을 거의 격려하지 않는다.

소 3-8. 자유놀이에 교사 참여

우수 (3점)	보육교사는 영유아의 놀이 상대로 참여하고, 놀이를 활성화시킨다.
부분적 우수 (2점)	보육교사는 영유아 놀이에 소극적으로 참여하거나, 놀이를 활성화시키지 못한다.
미흡 (1점)	보육교사는 영유아 놀이에 거의 참여하지 않는다.

소 3-9. 영유아 간의 다툼이나 문제 상황 개입

우수 (3점)	영유아 간의 다툼이나 문제 발생 시, 보육교사는 영유아가 원인을 서로 이해하고 스스로 해결하도록 지도한다.
부분적 우수 (2점)	영유아 간의 다툼이나 문제 발생 시, 대부분 보육교사가 해결해 주거나 개입하지 않는 경우가 가끔 있다.
미흡 (1점)	영유아 간의 다툼이나 문제 발생 시, 보육교사가 거의 개입하지 않는다.

소 3-10. 교수법의 효과적인 사용

우수 (3점)	보육교사는 영유아의 사전경험이나 지식에 기초하여 새로운 활동과 경험이 의미있게 연결되도록 교수법을 효과적으로 사용한다.
부분적 우수 (2점)	보육교사는 교수법을 효과적으로 사용하지 못하는 경우가 가끔 있다.
미흡 (1점)	보육교사는 교수법을 효과적으로 사용하지 못하는 경우가 대부분이다.

소 3-11. 동기유발과 호기심 장려

우수 (3점)	보육교사는 영유아가 활동이나 놀이에 자발적으로 참여하고, 호기심을 높이도록 자주 격려한다.
부분적 우수 (2점)	보육교사는 영유아가 활동이나 놀이에 자발적으로 참여하고, 호기심을 높이도록 가끔 격려한다.
미흡 (1점)	보육교사는 영유아가 활동이나 놀이에 자발적으로 참여하고, 호기심을 높이도록 거의 격려하지 않는다.

■ 영역 4. 건강과 영양(12항목)

항목 및 항목별 수준	
소 4-1. 실내공간의 청결	
우수 (3점)	모든 실내 공간이 청결하다.
부분적 우수 (2점)	실내 공간 중 청결하지 못한 공간이 한두 군데 있다.
미흡 (1점)	실내 공간 중 청결하지 못한 공간이 세 군데 이상 있다.
소 4-2. 보육실의 환기, 채광, 조명, 온도관리	
우수 (3점)	보육실의 환기, 채광, 조명, 온도가 적절하게 유지되고 있다.
부분적 우수 (2점)	보육실의 환기, 채광, 조명, 온도 조절 중 미흡한 부분이 한두 가지 있다.
미흡 (1점)	보육실에서 환기, 채광, 조명, 온도 조절 중 미흡한 부분이 세 가지 이상 있다.
소 4-3. 놀잇감의 청결	
우수 (3점)	놀잇감이 전반적으로 청결하다.
부분적 우수 (2점)	놀잇감 일부가 청결하지 않다.
미흡 (1점)	놀잇감 대부분이 청결하지 않다.
소 4-4. 화장실과 세면장의 청결	
우수 (3점)	화장실과 세면장이 전반적으로 청결하고, 비품이 잘 갖추어져 있다.
부분적 우수 (2점)	화장실과 세면장의 청결상태나 비품 구비가 미흡하다.
미흡 (1점)	화장실과 세면장이 청결하지 않거나, 비품이 갖추어져 있지 않다.
소 4-5. 조리실의 공간과 설비의 위생적 관리	
우수 (3점)	조리실 공간과 설비 및 비품이 청결하고 위생적이다.
부분적 우수 (2점)	조리실 공간과 설비 및 비품의 청결상태에 미흡한 부분이 한두 가지 있다.
미흡 (1점)	조리실 공간과 설비 및 비품의 청결상태에 미흡한 부분이 세 가지 이상 있다.
소 4-6. 식자재, 조리 및 배식 과정의 위생적 관리	
우수 (3점)	식자재, 조리 및 배식 과정이 위생적으로 관리되고 있다.
부분적 우수 (2점)	식자재, 조리 및 배식 과정에 미흡한 부분이 한두 가지 있다.
미흡 (1점)	식자재, 조리 및 배식 과정에 미흡한 부분이 세 가지 이상 있다.

소 4-7. 영유아와 보육교사의 청결유지

우수 (3점)	영유아와 보육교사는 손 씻기와 이 닦기를 통해 위생과 청결 유지를 한다.
부분적 우수 (2점)	영유아와 보육교사가 손 씻기와 이 닦기를 하지 못하는 경우가 가끔 있다.
미흡 (1점)	영유아와 보육교사가 손 씻기와 이 닦기를 하지 못하는 경우가 대부분이다.

소 4-8. 개별 침구의 사용과 관리

우수 (3점)	영유아는 개별 침구를 사용하고 있으며, 침구 등을 자주 세탁하여 항상 청결한 상태를 유지하고 있다.
부분적 우수 (2점)	영유아가 개별 침구를 사용하고 있으나, 전반적으로 침구의 청결상태가 미흡하다.
미흡 (1점)	영유아가 공동 침구를 사용하고 있다.

소 4-9. 아프거나 다친 영유아의 보호

우수 (3점)	아프거나 다친 영유아를 위한 적절하고, 구체적인 절차가 마련되어 있고, 이를 일관되게 시행한다.
부분적 우수 (2점)	아프거나 다친 영유아를 위한 절차가 구체적이지 않거나, 이를 일관성 있게 시행하지 않는다.
미흡 (1점)	아프거나 다친 영유아를 위한 절차가 구체적이지 않고, 이를 일관성 있게 시행하지 않는다.

소 4-10. 영유아와 보육교직원의 건강관리

우수 (3점)	전염성 질환의 예방과 관리를 위한 구체적인 대책이 마련되어 있으며, 영유아와 보육교직원의 건강관리가 체계적으로 이루어지고 있다.
부분적 우수 (2점)	전염성 질환의 예방 및 관리대책이나 영유아와 보육교직원의 체계적인 건강관리가 미흡하다.
미흡 (1점)	전염성 질환의 예방 및 관리대책이 마련되어 있지 않거나, 영유아와 보육교직원의 체계적인 건강관리가 거의 이루어지지 않는다.

소 4-11. 영유아를 위한 급식

우수 (3점)	영유아를 위한 급식이 영양적 균형과 발달단계에 적절하고, 식단에 따라 적절한 형태로 조리되어 제공된다.
부분적 우수 (2점)	영유아를 위한 급식이 영양적 균형과 발달단계에 적절하지 않거나, 식품의 조리형태가 미흡하다.
미흡 (1점)	영유아를 위한 급식이 영양적 균형과 발달단계에 적절하지 않고, 식품의 조리형태도 미흡하다.

소 4-12. 영유아를 위한 간식

우수 (3점)	간식이 오전과 오후로 다양하게 제공되며, 신선한 과일이나 채소가 주 3회 이상 제공된다.
부분적 우수 (2점)	간식이 오전과 오후로 계획되나, 신선한 과일이나 채소가 주 3회 미만으로 제공된다.
미흡 (1점)	간식이 오전과 오후 중 한 번만 계획되어 있거나, 주로 인스턴트식품이 제공된다.

■ 영역 5. 안전(10항목)

항목 및 항목별 수준	
소 5-1. 보육실의 안전관리	
우수 (3점)	모든 보육실의 시설 및 설비에는 위험요인이 없다.
부분적 우수 (2점)	보육실의 시설 및 설비에 위험요인이 한두 가지 있다.
미흡 (1점)	실내 공간 중 청결하지 못한 공간이 세 군데 이상 있다.
소 5-2. 실내외 시설 및 설비의 안전관리	
우수 (3점)	실내외 시설 및 설비에 위험요인이 없다.
부분적 우수 (2점)	실내외 시설 및 설비에 위험요인이 한두 군데 있다.
미흡 (1점)	실내외 시설 및 설비에 위험요인이 세 군데 이상 있다.
소 5-3. 조리실 설비의 안전관리	
우수 (3점)	조리실 설비가 영유아의 활동공간과 분리되어 영유아에게 노출되지 않는다.
부분적 우수 (2점)	조리실 설비가 영유아의 활동공간과 분리되어 있으나, 영유아에게 노출될 수 있어 개선이 필요하다.
미흡 (1점)	조리실 설비가 영유아에게 위험하게 노출되어 있다.
소 5-4. 실내외 놀잇감의 안전관리	
우수 (3점)	어린이집 실내외의 모든 놀잇감에는 위험요인이 없다.
부분적 우수 (2점)	어린이집 실내외의 놀잇감에 위험요인이 한두 가지 있다.
미흡 (1점)	어린이집 실내외의 놀잇감에 위험요인이 세 가지 이상 있다.
소 5-5. 실내외 위험한 물건의 보관	
우수 (3점)	실내외 위험한 물건은 영유아의 손이 닿지 않는 곳에 보관한다.
부분적 우수 (2점)	실내외 위험한 물건의 보관에 미흡한 부분이 한두 가지 있다.
미흡 (1점)	실내외 위험한 물건의 보관에 미흡한 부분이 세 가지 이상 있다.
소 5-6. 영유아에 대한 성인의 보호	
우수 (3점)	보육교사는 실내외에서 영유아들의 전체 상황을 항상 주시하고 있다.
부분적 우수 (2점)	보육교사는 주위에 있는 영유아 외의 전체 상황을 관찰하지 못하는 경우가 가끔 있다.
미흡 (1점)	보육교사는 영유아의 전체 상황을 관찰하지 못하는 경우가 자주 있다.

소 5-7. 영유아의 안전한 인계 과정

우수 (3점)	영유아의 인계 과정에 대한 규정이 잘 수립되어 있고, 이를 잘 지킨다.
부분적 우수 (2점)	영유아의 인계 과정에 대한 규정이 미흡하거나, 이를 잘 지키지 못한다.
미흡 (1점)	영유아의 인계 과정에 대한 규정이 없다.

소 5-8. 어린이집의 안전한 차량 운행

우수 (3점)	어린이집에서 차량을 운행하지 않거나, 운행할 경우 차량 안전설비를 갖추고 안전하게 운행한다.
부분적 우수 (2점)	차량 운행 시 안전설비와 안전운행, 안전점검에 미흡한 부분이 한두 가지 있다.
미흡 (1점)	차량 운행 시 안전설비와 안전운행, 안전점검에 미흡한 부분이 세 가지 이상 있다.

소 5-9. 비상사태를 대비한 시설 및 설비와 대처방안

우수 (3점)	비상사태를 대비한 안전시설 및 설비가 관리되고 있으며, 비상 시 대처방안이 마련되어 있다.
부분적 우수 (2점)	비상사태를 대비한 안전시설 및 설비 관리와 비상 시 대처방안에 미흡한 부분이 한두 가지 있다.
미흡 (1점)	비상사태를 대비한 안전시설 및 설비 관리와 비상 시 대처방안에 미흡한 부분이 세 가지 이상 있다.

소 5-10. 안전교육과 정기적인 소방훈련

우수 (3점)	보육교직원과 영유아에게 다양한 안전교육이 이루어지며, 소방훈련을 월 1회 이상 한다.
부분적 우수 (2점)	안전교육의 내용이 다양하지 않거나, 소방훈련을 정기적으로 하지 않는다.
미흡 (1점)	안전교육의 내용이 다양하지 않고, 소방훈련을 정기적으로 하지 않는다.

제2차 40인 이상 어린이집 평가인증지표 (6개 영역 70항목)

■ 영역 1. 보육환경(11항목)

항목 및 항목별 수준	
대 1-1. 보육실의 공간 배치	
우수 (3점)	보육실의 공간이 영유아의 연령, 발달 특성을 고려하여 흥미영역으로 구성되어 있으며, 배치가 적절하다.
부분적 우수 (2점)	보육실의 공간이 영유아의 연령, 발달 특성을 고려하여 흥미영역으로 구성되어 있으나, 한두 영역의 조정이 필요하다.
미흡 (1점)	보육실의 공간이 흥미영역으로 구성되어 있지 않거나, 한두 영역만으로 구성되어 있다.
대 1-2. 보육실 내 영유아의 휴식 공간	
우수 (3점)	영유아가 혼자 활동하거나 휴식을 취할 공간이 있고, 이를 쉽게 이용할 수 있다.
부분적 우수 (2점)	영유아가 혼자 활동하거나 휴식을 취할 공간은 있지만, 이를 쉽게 이용할 수 없다.
미흡 (1점)	영유아 혼자 활동하거나, 휴식을 취할 공간이 없다.
대 1-3. 옥외놀이터와 놀이기구	
우수 (3점)	옥외놀이터가 있고, 놀이기구가 3종 이상 있다.
부분적 우수 (2점)	옥외놀이터는 없으나 대체놀이터가 있고, 놀이기구가 3종 이상 있다.
미흡 (1점)	대체놀이터가 없거나, 있어도 놀이기구가 3종 미만이다.
대 1-4. 신체활동 자료	
우수 (3점)	발달 수준에 적합한 신체(대 · 소근육)활동 자료가 다양하고, 양이 충분하다.
부분적 우수 (2점)	발달 수준에 적합한 신체(대 · 소근육)활동 자료가 다양하지 않거나, 양이 충분하지 않다.
미흡 (1점)	신체(대 · 소근육)활동 자료 중 어느 한쪽이 거의 없거나, 영유아의 발달 수준에 적합하지 않은 자료가 대부분이다.
대 1-5. 언어활동 자료	
우수 (3점)	언어활동 자료가 듣기, 말하기, 읽기, 쓰기의 네 영역으로 마련되어 있고, 영유아 수에 따라 충분하다.
부분적 우수 (2점)	언어활동 자료가 듣기, 말하기, 읽기, 쓰기의 네 영역으로 마련되어 있으나, 영유아 수에 따라 충분하지 않다.
미흡 (1점)	언어활동 자료가 듣기, 말하기, 읽기, 쓰기 중 마련되지 않은 영역이 있다.

대 1-6. 자연탐구활동 자료

우수 (3점)	자연탐구(수 · 과학)활동 자료가 다양하고, 대부분 실물자료로 구성되어 있다.
부분적 우수 (2점)	자연탐구(수 · 과학)활동 자료가 다양하지 않거나, 실물자료가 충분하지 않다.
미흡 (1점)	자연탐구(수 · 과학)활동 자료 중 어느 한 영역이 거의 없거나, 평면 자료만 제시하고 있다.

대 1-7. 예술활동 자료

우수 (3점)	예술(음악 · 동작, 미술)활동 자료가 다양하고, 양이 충분하다.
부분적 우수 (2점)	예술(음악 · 동작, 미술)활동 자료가 다양하지 않거나, 충분하지 않다.
미흡 (1점)	예술(음악 · 동작, 미술)활동 자료 중 어느 한 영역 자료가 없다.

대 1-8. 역할놀이 및 쌓기놀이 자료

우수 (3점)	역할놀이 및 쌓기놀이 자료가 다양하고 충분하다.
부분적 우수 (2점)	역할놀이 및 쌓기놀이 자료가 다양하지 않거나, 충분하지 않다.
미흡 (1점)	역할놀이 및 쌓기놀이 자료 중 어느 한 영역의 자료가 거의 없다.

대 1-9. 비품과 활동자료의 보관

우수 (3점)	비품과 활동자료를 보관할 장소나 자료실이 별도로 있으며, 자료가 체계적으로 정리되어 있다.
부분적 우수 (2점)	비품과 활동자료를 보관할 장소나 자료실이 별도로 있으나, 자료가 체계적으로 정리되어 있지 않다.
미흡 (1점)	비품과 활동자료를 보관할 장소나 자료실이 별도로 없고, 자료들도 정리되어 있지 않다.

대 1-10. 보육교사를 위한 공간

우수 (3점)	교사를 위한 개인 사물함이나 개별 책상이 있고, 별도의 공간도 마련되어 있다.
부분적 우수 (2점)	교사를 위한 개인 사물함이나 개별 책상은 있으나, 별도의 공간은 없다.
미흡 (1점)	교사를 위한 개인 사물함이나 개별 책상이 없다.

대 1-11. 보육교사용 참고자료

우수 (3점)	보육교사용 참고자료가 충분하고, 이를 자유롭게 활용한다.
부분적 우수 (2점)	보육교사용 참고자료가 충분하지 않거나, 이를 자유롭게 활용하지 못한다.
미흡 (1점)	보육교사용 참고자료가 구비되어 있지 않다.

■ 영역 2. 운영관리(12항목)

항목 및 항목별 수준	
대 2-1. 어린이집의 운영방침 및 정보안내	
우수 (3점)	어린이집의 운영철학 및 보육목표, 운영내용 등을 포함하는 운영방침이 체계적으로 수립되어 있고, 이를 안내한다.
부분적 우수 (2점)	어린이집의 운영철학 및 보육목표, 운영내용 등을 포함하는 운영방침의 내용이 미흡하거나, 이에 대하여 안내하지 않는다.
미흡 (1점)	어린이집의 운영철학 및 보육목표, 운영내용 등을 포함하는 운영방침이 수립되어 있지 않다.
대 2-2. 원아에 대한 관리	
우수 (3점)	신입 원아의 적응을 위한 과정이 체계적으로 진행되고, 모든 원아에 관한 문서를 지속적으로 관리하고 있다.
부분적 우수 (2점)	신입 원아의 적응을 위한 과정이 체계적으로 진행되지 않거나, 원아에 관한 문서 관리가 미흡하다.
미흡 (1점)	신입 원아의 적응을 위한 과정이 체계적이지 않고, 원아에 관한 문서가 거의 없다.
대 2-3. 보육실의 교사 대 영유아 비율	
우수 (3점)	모든 반에서 보육실의 교사 대 영유아 법정 비율을 지키고 있다.
부분적 우수 (2점)	보육실의 교사 대 영유아 비율이 초과 보육 허용 범위 이내이나, 법정 비율을 초과하는 반이 있다.
미흡 (1점)	보육실의 교사 대 영유아 비율이 초과 보육 허용 범위를 초과하는 반이 있다.
대 2-4. 보육교직원의 근로계약	
우수 (3점)	근로계약서와 복무규정이 문서화되어 있고, 원장이 모든 보육교직원에게 알려 준다.
부분적 우수 (2점)	근로계약서와 복무규정의 내용이 불명확하나, 원장이 모든 보육교직원에게 이를 알려 준다.
미흡 (1점)	근로계약서와 복무규정이 없거나, 원장이 이를 알려 주지 않는다.
대 2-5. 원장과 보육교사의 업무수행	
우수 (3점)	원장과 보육교사가 업무 분장된 내용을 파악하고 있고, 교사회의를 월 2회 이상 한다.
부분적 우수 (2점)	원장과 보육교사가 업무 분장된 내용을 파악하고 있지 못하거나, 교사회의를 월 2회 미만 한다.
미흡 (1점)	원장과 보육교사의 업무 분장이 되어 있지 않거나, 교사회의를 월 1회 미만 한다.
대 2-6. 보육교직원의 교육	
우수 (3점)	새로운 보육인력에 대한 오리엔테이션을 실시하며, 어린이집의 원장과 보육교사가 다양한 재교육을 받는다.
부분적 우수 (2점)	새로운 보육인력에 대한 오리엔테이션이 미흡하거나, 어린이집의 원장과 보육교사가 다양한 재교육을 받지 못한다.
미흡 (1점)	새로운 보육인력에 대한 오리엔테이션을 실시하지 않거나, 직무교육이나 승급교육을 받지 못한 원장이나 교사가 있다.

대 2-7. 신입 원아 부모를 위한 오리엔테이션

우수 (3점)	신입 원아 부모를 위한 체계적인 오리엔테이션을 한다.
부분적 우수 (2점)	신입 원아 부모를 위한 오리엔테이션을 하지만, 체계적이지 않다.
미흡 (1점)	신입 원아 부모를 위한 오리엔테이션을 하지 않는다.

대 2-8. 어린이집과 가정 간의 의사소통

우수 (3점)	가정과의 의사소통 및 부모와의 개별면담이 원활하게 이루어진다.
부분적 우수 (2점)	가정과의 의사소통이나, 부모와의 개별면담이 원활하게 이루어지지 않는다.
미흡 (1점)	가정과의 의사소통 및 부모와의 개별면담이 이루어지지 않는다.

대 2-9. 어린이집에서의 부모참여

우수 (3점)	부모의 보육실 참관을 허용하고, 부모 프로그램에 참여할 기회가 자주 있다.
부분적 우수 (2점)	부모의 보육실 참관을 허용하지 않거나, 부모 프로그램에 참여할 기회가 제한적이다.
미흡 (1점)	부모의 보육실 참관을 허용하지 않고, 부모 프로그램에 참여할 기회도 부족하다.

대 2-10. 어린이집 운영위원회의 구성과 활동

우수 (3점)	어린이집 운영위원회가 구성되어 시설운영에 관한 회의를 정기적으로 개최하며, 부모에게 안내한다.
부분적 우수 (2점)	어린이집 운영위원회가 구성되어 있고 정기적으로 회의가 개최되나, 부모에게 안내하지는 않는다.
미흡 (1점)	어린이집 운영위원회의 구성이 제한적이거나, 정기적으로 회의가 개최되지 않는다.

대 2-11. 지역사회와의 협력

우수 (3점)	지역사회와의 연계와 협력이 활발하게 이루어진다.
부분적 우수 (2점)	지역사회와의 연계와 협력이 가끔 이루어진다.
미흡 (1점)	지역사회와의 연계가 거의 이루어지지 않는다.

대 2-12. 영유아와 가족의 문제에 대한 이해와 지원

우수 (3점)	어린이집은 영유아와 가족의 문제를 파악하고 있으며, 이를 도와주기 위한 관련 정보를 가지고 있다.
부분적 우수 (2점)	어린이집은 영유아나 가족을 지원하기 위한 관련 정보를 가지고 있으나, 개별 영유아나 가족의 문제를 파악하고 있지는 않다.
미흡 (1점)	어린이집은 영유아나 가족을 지원하기 위한 관련 정보가 없으며, 개별 영유아나 가족의 문제를 파악하고 있지도 않다.

■ 영역 3. 보육과정(14항목)

항목 및 항목별 수준	
대 3-1. 보육계획안의 수립	
우수 (3점)	연간, 월간(또는 주간) 보육계획안이 영유아의 연령, 흥미, 계절 등을 고려하여 구체적이고 연계성 있게 수립되어 있다.
부분적 우수 (2점)	보육계획안은 구체적이나, 연령, 흥미, 계절 등의 고려가 미흡하여 연계성이 적다.
미흡 (1점)	보육계획안이 없거나 있어도 구체적이지 않고 연계성도 없다.
대 3-2. 보육활동 계획의 균형과 진행	
우수 (3점)	보육활동이 균형있게 계획되어 있고, 그 계획에 따라 일과를 진행한다.
부분적 우수 (2점)	보육활동이 한두 가지 활동에 치우쳐 계획되어 있거나, 계획에 따라 일과를 진행하지 않는다.
미흡 (1점)	보육활동이 주로 대집단 활동이나 일상적 양육이 대부분이다.
대 3-3. 자유선택활동 시간과 운영	
우수 (3점)	자유선택활동 시간이 매일 2시간 30분 이상이고, 다양한 영역의 활동이 이루어진다.
부분적 우수 (2점)	자유선택활동 시간이 1시간에서 2시간 30분 미만이거나, 한두 영역의 활동 위주로 이루어진다.
미흡 (1점)	자유선택활동 시간이 1시간 미만이다.
대 3-4. 실외활동 시간과 운영	
우수 (3점)	실외활동 시간이 매일 한 시간 이상이고, 다양한 실외활동이 이루어진다.
부분적 우수 (2점)	실외활동이 주 3~4회, 또는 한 시간 미만이거나, 한 가지 활동으로만 이루어진다.
미흡 (1점)	실외활동이 주 2회 이하다.
대 3-5. 일과의 통합적 운영	
우수 (3점)	오전 일과를 통합적으로 운영하고, 영유아의 연령 및 개별적 상황을 고려한다(개별적 상황에는 부모의 동의, 불참 영유아에 대한 별도의 보육과정 운영이 포함됨).
부분적 우수 (2점)	원장과 보육교사가 업무 분장된 내용을 파악하고 있지 못하거나, 교사회의를 월 2회 미만 한다.
미흡 (1점)	원장과 보육교사의 업무 분장이 되어 있지 않거나, 교사회의를 월 1회 미만 한다.
대 3-6. 일상생활 관련 활동	
우수 (3점)	일상생활 관련 활동을 자주 제공한다.
부분적 우수 (2점)	일상생활 관련 활동을 가끔 제공한다.
미흡 (1점)	일상생활 관련 활동을 거의 제공하지 않는다.

대 3-7. 보육과정 평가 및 영유아 활동 관찰

우수 (3점)	정기적으로 보육과정을 평가하고, 개별 영유아 관찰이 이루어진다.
부분적 우수 (2점)	정기적으로 보육과정을 평가하나, 개별 영유아 관찰이 미흡하게 이루어진다.
미흡 (1점)	보육과정을 평가하지 않거나, 개별 영유아 관찰이 이루어지지 않는다.

대 3-8. 신체활동

우수 (3점)	신체(대 · 소근육)활동을 자주 한다.
부분적 우수 (2점)	신체(대 · 소근육)활동을 가끔 한다.
미흡 (1점)	신체(대 · 소근육)활동을 거의 하지 않는다.

대 3-9. 언어활동

우수 (3점)	듣기와 말하기 기회를 다양하게 제공하고, 읽기와 쓰기에 관심을 갖도록 하는 활동을 자주 한다.
부분적 우수 (2점)	네 영역(듣기, 말하기, 읽기, 쓰기) 활동 중 한두 영역에 치우쳐 있거나, 자발적 선택 활동보다는 대집단 언어활동으로 치우쳐 있다.
미흡 (1점)	언어활동을 거의 하지 않거나, 주로 학습지나 대집단으로 언어활동을 한다.

대 3-10. 기본생활 관련 활동

우수 (3점)	예절과 질서, 규칙 지키기, 정리정돈 등 기본생활에 관련된 활동을 자연스럽게 보육과정에서 제공한다.
부분적 우수 (2점)	기본생활에 관련된 활동을 가끔 하거나, 활동을 하더라도 교사 지시적으로 이루어진다.
미흡 (1점)	기본생활에 관련된 활동을 거의 하지 않는다.

대 3-11. 사회관계 증진 활동

우수 (3점)	영유아 자신과 가족, 또래, 지역사회의 구성원에 대해 관심을 갖도록 하는 활동 기회를 자주 제공한다.
부분적 우수 (2점)	사회관계 증진 활동 기회를 가끔 제공하거나, 교사의 일방적인 설명으로 이루어진다.
미흡 (1점)	사회관계 증진 활동 기회를 거의 제공하지 않는다.

대 3-12. 자연탐구활동

우수 (3점)	다양한 실물 자료나 자연물, 일상생활 경험을 이용한 자연탐구(수 · 과학)활동을 자주 한다.
부분적 우수 (2점)	자연탐구(수 · 과학)활동을 가끔 한다.
미흡 (1점)	자연탐구(수 · 과학)활동을 거의 하지 않거나, 대부분 학습지나 교재를 이용한다.

대 3-13. 예술활동	
우수 (3점)	다양한 음악 및 동작, 미술 자료를 활용하여 창의적인 예술활동을 자주한다.
부분적 우수 (2점)	예술활동을 하지만 창의적 활동보다 모방활동으로 치우쳐 있다.
미흡 (1점)	예술활동 중 한두 활동으로 치우쳐 있거나, 제한된 자료를 사용한 모방활동과 교사 지시적 활동을 주로 한다.

대 3-14. 역할놀이 및 쌓기놀이	
우수 (3점)	다양한 종류의 역할놀이 및 쌓기놀이가 자발적으로 자주 이루어진다.
부분적 우수 (2점)	다양한 종류의 역할놀이 및 쌓기놀이가 가끔 이루어지거나, 시간과 공간이 충분하지 않다.
미흡 (1점)	역할놀이 및 쌓기놀이를 거의 하지 않는다.

■ 영역 4. 상호작용과 교수법(11항목)

항목 및 항목별 수준	
대 4-1. 즐거운 식사(수유)와 간식	
우수 (3점)	보육교사가 영유아의 바람직한 식습관과 자율성을 격려하고, 즐거운 분위기에서 대화를 나눈다.
부분적 우수 (2점)	보육교사가 영유아의 바람직한 식습관과 자율성을 격려하나, 즐거운 분위기에서 대화를 나누지 못하는 경우가 있다.
미흡 (1점)	보육교사가 집단 배식 및 급식에만 열중한다.
대 4-2. 편안한 분위기의 낮잠	
우수 (3점)	낮잠 시간을 마련하여 편히 잠들 수 있는 분위기를 만들어 주고, 영유아의 개별적인 낮잠 습관을 수용한다.
부분적 우수 (2점)	낮잠 시간은 있으나, 편히 잠들 수 있는 분위기나 개별적인 낮잠 습관 중 한 가지를 배려하지 못한다.
미흡 (1점)	낮잠 시간이 없거나, 있어도 편히 잠들 수 있는 분위기와 개별적인 낮잠 습관을 배려하지 못한다.
대 4-3. 자연스러운 배변 경험	
우수 (3점)	보육교사는 기저귀 갈기, 화장실 사용 시 영유아가 긍정적인 경험을 갖도록 개별적 상호작용을 한다.
부분적 우수 (2점)	보육교사는 영유아의 긍정적인 배변 경험을 위한 개별적인 상호작용을 하지 않는 경우가 가끔 있다.
미흡 (1점)	보육교사는 영유아의 긍정적인 배변 경험을 위한 개별적인 상호작용을 거의 하지 않는다.
대 4-4. 영유아를 존중하고 평등하게 대하기	
우수 (3점)	보육교사는 영유아를 존중하고 평등하게 대한다.
부분적 우수 (2점)	보육교사는 영유아를 존중하지 못하거나, 평등하게 대하지 못하는 경우가 가끔 있다.

미흡 (1점)	보육교사는 영유아를 존중하지 못하거나, 평등하게 대하지 못하는 경우가 자주 있다.

대 4-5. 영유아의 요구와 질문에 대한 민감한 반응

우수 (3점)	보육교사는 영유아의 요구와 질문을 잘 알아차리고 적절하게 반응한다.
부분적 우수 (2점)	보육교사는 영유아의 요구와 질문을 알아차리지 못하거나, 적절하게 반응하지 못하는 경우가 가끔 있다.
미흡 (1점)	보육교사는 영유아의 요구와 질문을 알아차리지 못하거나, 적절하게 반응하지 못하는 경우가 자주 있다.

대 4-6. 긍정적인 방법의 행동지도

우수 (3점)	보육교사는 영유아의 행동지도에 긍정적인 방법을 사용한다.
부분적 우수 (2점)	보육교사는 영유아의 행동지도에 긍정적인 방법을 사용하지 못하는 경우가 가끔 있다.
미흡 (1점)	보육교사는 영유아의 행동지도에 긍정적인 방법을 거의 사용하지 못하거나, 행동지도를 하지 않는 경우가 대부분이다.

대 4-7. 또래 간 긍정적 상호작용의 격려

우수 (3점)	보육교사는 나누기, 협동하기, 도와주기, 사이좋게 지내기, 배려하기 등 또래 간 긍정적 상호작용을 자주 격려한다.
부분적 우수 (2점)	보육교사는 또래 간 긍정적 상호작용을 가끔 격려한다.
미흡 (1점)	보육교사는 또래 간 긍정적 상호작용을 거의 격려하지 않는다.

대 4-8. 자유놀이에 교사 참여

우수 (3점)	보육교사는 영유아의 놀이 상대로 참여하고, 놀이를 활성화시킨다.
부분적 우수 (2점)	보육교사는 영유아 놀이에 소극적으로 참여하거나, 놀이를 활성화시키지 못한다.
미흡 (1점)	보육교사는 영유아 놀이에 거의 참여하지 않는다.

대 4-9. 영유아 간의 다툼이나 문제 상황 개입

우수 (3점)	영유아 간의 다툼이나 문제 발생 시, 보육교사는 영유아가 원인을 서로 이해하고 스스로 해결하도록 지도한다.
부분적 우수 (2점)	영유아 간의 다툼이나 문제 발생 시, 대부분 보육교사가 해결해 주거나 개입하지 않는 경우가 가끔 있다.
미흡 (1점)	영유아 간의 다툼이나 문제 발생 시, 보육교사가 거의 개입하지 않는다.

대 4-10 교수법의 효과적인 사용

우수 (3점)	보육교사는 영유아의 사전경험이나, 지식에 기초하여 새로운 활동과 경험이 의미 있게 연결되도록 교수법을 효과적으로 사용한다.
부분적 우수 (2점)	보육교사는 교수법을 효과적으로 사용하지 못하는 경우가 가끔 있다.
미흡 (1점)	보육교사는 교수법을 효과적으로 사용하지 못하는 경우가 대부분이다.

대 4-11. 동기유발과 호기심의 장려	
우수 (3점)	보육교사는 영유아가 활동이나 놀이에 자발적으로 참여하고, 호기심을 높이도록 자주 격려한다.
부분적 우수 (2점)	보육교사는 영유아가 활동이나 놀이에 자발적으로 참여하고, 호기심을 높이도록 가끔 격려한다.
미흡 (1점)	보육교사는 영유아가 활동이나 놀이에 자발적으로 참여하고, 호기심을 높이도록 거의 격려하지 않는다.

■ 영역 5. 건강과 영양(12항목)

항목 및 항목별 수준	
대 5-1. 실내공간의 청결	
우수 (3점)	모든 실내 공간이 청결하다.
부분적 우수 (2점)	실내 공간 중 청결하지 못한 공간이 한두 군데 있다.
미흡 (1점)	실내 공간 중 청결하지 못한 공간이 세 군데 이상 있다.
대 5-2. 보육실의 환기, 채광, 조명, 온도관리	
우수 (3점)	보육실의 환기, 채광, 조명, 온도가 적절하게 유지되고 있다.
부분적 우수 (2점)	보육실의 환기, 채광, 조명, 온도 조절 중 미흡한 부분이 한두 가지 있다.
미흡 (1점)	보육실에서 환기, 채광, 조명, 온도 조절 중 미흡한 부분이 세 가지 이상 있다.
대 5-3. 놀잇감의 청결	
우수 (3점)	놀잇감이 전반적으로 청결하다.
부분적 우수 (2점)	놀잇감 일부가 청결하지 않다.
미흡 (1점)	놀잇감 대부분이 청결하지 않다.
대 5-4. 화장실과 세면장의 청결	
우수 (3점)	화장실과 세면장이 전반적으로 청결하고, 비품이 잘 갖추어져 있다.
부분적 우수 (2점)	화장실과 세면장의 청결상태나 비품 구비가 미흡하다.
미흡 (1점)	화장실과 세면장이 청결하지 않거나, 비품이 갖추어져 있지 않다.
대 5-5. 조리실의 공간과 설비의 위생적 관리	
우수 (3점)	조리실의 공간과 설비 및 비품이 청결하고 위생적이다.
부분적 우수 (2점)	조리실의 공간과 설비 및 비품의 청결상태에 미흡한 부분이 한두 가지 있다.

미흡 (1점)	조리실의 공간과 설비 및 비품의 청결상태에 미흡한 부분이 세 가지 이상 있다.

대 5-6. 식자재, 조리 및 배식 과정의 위생적 관리

우수 (3점)	식자재, 조리 및 배식 과정이 위생적으로 관리되고 있다.
부분적 우수 (2점)	식자재, 조리 및 배식 과정에 미흡한 부분이 한두 가지 있다.
미흡 (1점)	식자재, 조리 및 배식 과정에 미흡한 부분이 세 가지 이상 있다.

대 5-7. 영유아와 보육교사의 청결유지

우수 (3점)	영유아와 보육교사는 손 씻기와 이 닦기를 통해 위생과 청결 유지를 한다.
부분적 우수 (2점)	영유아와 보육교사가 손 씻기와 이 닦기를 하지 못하는 경우가 가끔 있다.
미흡 (1점)	영유아와 보육교사가 손 씻기와 이 닦기를 하지 못하는 경우가 대부분이다.

대 5-8. 개별 침구의 사용과 관리

우수 (3점)	영유아는 개별 침구를 사용하고 있으며, 침구 등을 자주 세탁하여 항상 청결한 상태를 유지하고 있다.
부분적 우수 (2점)	영유아가 개별 침구를 사용하고 있으나, 전반적으로 침구의 청결상태가 미흡하다.
미흡 (1점)	영유아가 공동 침구를 사용하고 있다.

대 5-9. 아프거나 다친 영유아의 보호

우수 (3점)	아프거나 다친 영유아를 위한 적절하고 구체적인 절차가 마련 되어 있고, 이를 일관되게 시행한다.
부분적 우수 (2점)	아프거나 다친 영유아를 위한 절차가 구체적이지 않거나, 이를 일관성 있게 시행하지 않는다.
미흡 (1점)	아프거나 다친 영유아를 위한 절차가 구체적이지 않고, 이를 일관성 있게 시행하지 않는다.

대 5-10. 영유아와 보육교직원의 건강관리

우수 (3점)	전염성 질환의 예방과 관리를 위한 구체적인 대책이 마련되어 있으며, 영유아와 보육교직원의 건강관리가 체계적으로 이루어지고 있다.
부분적 우수 (2점)	전염성 질환의 예방 및 관리대책이나, 영유아와 보육교직원의 체계적인 건강관리가 미흡하다.
미흡 (1점)	전염성 질환의 예방 및 관리대책이 마련되어 있지 않거나, 영유아와 보육교직원의 체계적인 건강관리가 거의 이루어지지 않는다.

대 5-11. 영유아를 위한 급식

우수 (3점)	영유아를 위한 급식이 영양적 균형과 발달단계에 적절하고, 식단에 따라 적절한 형태로 조리되어 제공된다.
부분적 우수 (2점)	영유아를 위한 급식이 영양적 균형과 발달단계에 적절하지 않거나, 식품의 조리형태가 미흡하다.
미흡 (1점)	영유아를 위한 급식이 영양적 균형과 발달단계에 적절하지 않고, 식품의 조리형태도 미흡하다.

대 5-12. 영유아를 위한 간식

우수 (3점)	간식이 오전과 오후로 다양하게 제공되며, 신선한 과일이나 채소가 주 3회 이상 제공된다.
부분적 우수 (2점)	간식이 오전과 오후로 계획되나, 신선한 과일이나 채소가 주 3회 미만으로 제공된다.
미흡 (1점)	간식이 오전과 오후 중 한 번만 계획되어 있거나, 주로 인스턴트식품이 제공된다.

■ 영역 6. 안전(10항목)

항목 및 항목별 수준	
대 6-1. 보육실의 안전관리	
우수 (3점)	모든 보육실의 시설 및 설비에는 위험요인이 없다.
부분적 우수 (2점)	보육실의 시설 및 설비에 위험요인이 한두 가지 있다.
미흡 (1점)	보육실의 시설 및 설비에 위험요인이 세 가지 이상 있다.
대 6-2. 실내시설의 안전관리	
우수 (3점)	실내시설 및 설비에 위험요인이 없다.
부분적 우수 (2점)	실내시설 및 설비에 위험요인이 한두 군데 있다.
미흡 (1점)	실내시설 및 설비에 위험요인이 세 군데 이상 있다.
대 6-3. 실외시설의 안전관리	
우수 (3점)	실외시설 및 설비에 위험요인이 없다.
부분적 우수 (2점)	실외시설 및 설비에 위험요인이 한두 가지 있다.
미흡 (1점)	실외시설 및 설비에 위험요인이 세 가지 이상 있다.
대 6-4. 실내외 놀잇감의 안전관리	
우수 (3점)	어린이집 실내외의 모든 놀잇감에는 위험요인이 없다.
부분적 우수 (2점)	어린이집 실내외의 놀잇감에 위험요인이 한두 가지 있다.
미흡 (1점)	어린이집 실내외의 놀잇감에 위험요인이 세 가지 이상 있다.
대 6-5. 실내외 위험한 물건의 보관	
우수 (3점)	실내외 위험한 물건은 영유아의 손이 닿지 않는 곳에 보관한다.
부분적 우수 (2점)	실내외 위험한 물건의 보관에 미흡한 부분이 한두 가지 있다.

미흡 (1점)	실내외 위험한 물건의 보관에 미흡한 부분이 세 가지 이상 있다.

대 6-6. 영유아에 대한 성인의 보호

우수 (3점)	보육교사는 실내외에서 영유아들의 전체 상황을 항상 주시하고 있다.
부분적 우수 (2점)	보육교사는 주위에 있는 영유아 외의 전체 상황을 관찰하지 못하는 경우가 가끔 있다.
미흡 (1점)	보육교사는 영유아의 전체 상황을 관찰하지 못하는 경우가 자주 있다.

대 6-7. 영유아의 안전한 인계 과정

우수 (3점)	영유아의 인계 과정에 대한 규정이 잘 수립되어 있고, 이를 잘 지킨다.
부분적 우수 (2점)	영유아의 인계 과정에 대한 규정이 미흡하거나, 이를 잘 지키지 못한다.
미흡 (1점)	영유아의 인계 과정에 대한 규정이 없다.

대 6-8. 어린이집의 안전한 차량 운행

우수 (3점)	어린이집에서 차량을 운행하지 않거나, 운행할 경우 차량 안전설비를 갖추고 안전하게 운행한다.
부분적 우수 (2점)	차량 운행 시 안전설비와 안전운행, 안전점검에 미흡한 부분이 한두 가지 있다.
미흡 (1점)	차량 운행 시 안전설비와 안전운행, 안전점검에 미흡한 부분이 세 가지 이상 있다.

대 6-9. 비상사태를 대비한 시설 및 설비와 대처방안

우수 (3점)	비상사태를 대비한 안전시설 및 설비가 관리되고 있으며, 비상 시 대처방안이 마련되어 있다.
부분적 우수 (2점)	비상사태를 대비한 안전시설 및 설비 관리와 비상 시 대처방안에 미흡한 부분이 한두 가지 있다.
미흡 (1점)	비상사태를 대비한 안전시설 및 설비 관리와 비상 시 대처방안에 미흡한 부분이 세 가지 이상 있다.

대 6-10. 안전교육과 정기적인 소방훈련

우수 (3점)	보육교직원과 영유아에게 다양한 안전교육이 이루어지며, 소방훈련을 월 1회 이상 한다.
부분적 우수 (2점)	안전교육의 내용이 다양하지 않거나, 소방훈련을 정기적으로 하지 않는다.
미흡 (1점)	안전교육의 내용이 다양하지 않고, 소방훈련을 정기적으로 하지 않는다.

참고문헌

강문희, 정정옥, 김승경(2006). 영유아발달의 이해. 서울: 신정.

곽형식, 백경숙, 김민정, 김혜금, 김혜영, 박희현(2008). 아동복지론. 서울: 공동체.

김승옥, 황윤세(2006). 예비유아교사의 사고양식과 다중지능과의 관계. 미래유아교육학회지, 12(1), 165-197.

김연진, 한성심, 윤혜경, 최진원, 현미숙(2005). 보육학개론. 서울: 동문사.

김영희, 송명숙, 최미숙(2003). 0~3세 영유아를 위한 프로그램의 이론과 실제. 경기: 양서원.

김지은, 문혁준, 김경회, 김현주, 김혜금, 김혜연, 신혜원, 안선희, 안효진, 임연진, 조혜정, 황옥경(2010). (개정)보육과정. 서울: 창지사.

김혜경, 김홍은, 문혁준, 박은혜, 유애열, 임혜영, 장영희, 조혜진(2008). 효과적인 영아보육을 위한 지침서. 서울: 다음세대.

김혜금, 조인숙, 박은희, 이은진(2005). 보육시설 평가인증 관련 문서양식. 중앙보육정보센터.

보건복지부(1999). 영아교육프로그램 총론. 서울: 보건복지부.

보건복지부(2012). 2012년 보육통계. 서울: 보건복지부.

서영숙, 김경혜(2008). 보육학개론. 경기: 양서원.

여성가족부(2007). 표준보육과정 해설서.

원효현(2000). 발달지향적 교사 평가의 맥락. 안암교육학연구, 6(2), 203-225.

이기숙, 장영희, 김희진, 김혜경, 기현주, 김영애, 김경란, 정미라, 최미이(2002a). 영아교육 활동자료집 I (3~12개월). 서울: 한국어린이육영회.

이기숙, 장영희, 김희진, 김혜경, 기현주, 김영애, 김경란, 정미라, 최미이(2002b). 영아교육 활동자료집 II(12~24개월). 서울: 한국어린이육영회.

이기숙, 장영희, 김희진, 김혜경, 기현주, 김영애, 김경란, 정미라, 최미이(2002c). 영아교육 활동자료집 III(24~36개월). 서울: 한국어린이육영회.

이숙재, 이봉선(1999). 영유아의 발달과 교육. 서울: 창지사.

이순형, 이혜승, 이성옥, 황혜신, 이완정, 이소은, 권혜진, 이영미, 정윤주, 한유진, 성미영(2005). 보육학개론. 서울: 학지사.

이영, 이미화(1999). 2세아를 위한 놀이 및 활동. 서울: 학지사.

이영석, 추정희(2001). 유치원 과학활동에서 포트폴리오 평가활동의 적용효과. 미래유아교육학회지, 8(1), 141-172.

이종현(2004). 초등교사의 발달 지향적 자기 평가 도구 개발 연구. 한국교원대학교 대학원 박사학위논문.

임승렬(2001). 유아교사 평가의 새로운 접근. 유아교육연구, 21(1), 87-116.

전제상(2001). 교사평가의 준거개발 연구. 교육행정학연구, 19(2), 183-222.

정계숙, 김명애, 김혜금, 문혁준, 심희옥, 안효진, 양성은, 이정희, 이희선, 정태회, 제경숙, 한세영(2007). 부모교육. 서울: 창지사.

최미현, 박명화, 박성미, 최양미, 김애자, 김정신(2000). 영유아보육의 이해. 서울: 창지사.

통계청(2012a). 2011년 출생통계 결과.

통계청(2012b). 2012 고령자 통계.

홍혜경(1996). 유치원 원장과 교사의 평가에 대한 신념과 실제. 유아교육연구, 16(2), 143-159.

황해익(2000). 비고스키의 사회 문화적 이론과 유아교육적 시사: 유아를 위한 역동적 평가. 한국유아교육학회 정기학술발표논문집, 201-225.

황해익, 김석우, 송연숙, 이경화, 정혜영, 손원경, 명선우(2001). 유치원 수준별 교육과정 평가척도 개발 방향 모색. 열린유아교육연구, 6(3), 157-180.

Beane, J., Toepfer, C. Jr., & Alessi, S., Jr. (1986). *Curriculum planning and development*. Newton, MA: Allyn and Bacon, Inc.

Brighton, S. (1965). *Increasing your accuracy in teacher evaluation*. NJ: Prentice-Hall.

Gowen, J. W. (1995). The early development of symbolic play. *Young Children, 50*, 75-81.

Wilford, S. (2005). Teacher self-evaluation: Building on your strengths. *Scholastic Early Childhood Today, 19*(7), 6-7.

Wortham, S. C. (2001). *Assessment in early childhood education.* Columbia, Ohio: Merrill.

찾아보기

저자소개

김혜금
연세대학교 가정대학 아동학과 학사
연세대학교 대학원 아동학과 석사
연세대학교 대학원 아동가족학과 박사
전 경기도보육정보센터 운영위원
경기도보육정책위원
의왕시보육정책위원
강북구보육정책위원
한국보육진흥원 평가인증 심의위원
현 동남보건대학 보육과 교수
과천시보육정책위원
서초구보육정책위원
경기도아동학대사례판정위원
한국보육지원학회 학술위원

〈주요저서 및 논문〉
『아동간호학』(공저, 정민사, 2012)
「표준보육과정 연구」(공동, 여성가족부, 2005)
「개정 표준보육과정 연구」(공동, 보건복지부, 2010)
「유아의 상해위험행동 발달」(대한가정학회, 2011)
「5세 누리과정에 기초한 어린이집 프로그램 4권 연구」(공동, 보건복지부, 2012)
「아이사랑카드제도에 대한 어린이집 원장 및 부모의 인식과 개선방안」(공동, 한국아동학회, 2012)
「취업모와 비취업모의 지역사회 육아지원과 사회적지원에 대한 인식」(한국보육지원학회, 2012)
「어린이집 표준보육과정에 기초한 영아보육프로그램 0세」(공동, 보건복지부, 2013)

임미정
한국방송통신대학 가정학과 학사
가야대학교 행정대학원 사회복지학과 석사
창원대학교 대학원 교육학과 박사과정
전 경남보육정보센터 영아보육프로그램 IP위원
경남보육정보센터 평가인증 조력위원
경상남도 보육정책위원
가야대학교 사회복지학과 외래교수
창원문성대학 사회복지과 외래교수
현 창원시보육정보센터 운영위원
창원시지역사회복지실무협의체 위원
한국가정보육학회 이사
슬기어린이집 원장

〈주요논문〉

「다문화가정 아동에 대한 보육교사 인식도 조사」(한국가정보육학회, 2008)

차승환
한국외국어대학교 교육대학원 유아교육과 석사
성신여자대학교 대학원 유아교육과 박사과정
전 서울형 어린이집 공인 현장 관찰자
현 한국외국어대학교 유아교육전공 외래교수
서울 사회복지대학원대학교 평생교육원 외래교수
표준보육과정 0세 프로그램 자문위원
서울시 문제행동 및 상호작용 자문위원
동대문구 보육정보센터 조력위원
한국모래놀이학회 치료사
구립 보림어린이집 원장

〈주요저서〉

『우리 아기 첫 교육 이렇게 시작하세요』(공저, 월간 엄마선생님, 2006)

『만1세 교육계획안』(공저, 월간 폴라리스, 2006)

『영아교사를 위한 보육프로그램』(공저, 이천시 보육정보센터, 2010)

전영희

동국대학교 사범대학 가정교육학과 학사
한국외국어대학교 교육대학원 유아교육과 석사
전 어린이집 평가인증 현장관찰자
서울시 보육정보센터 보육프로그램 IP위원
어린이집 평가인증사무국 영아전담보육시설 평가인증지표 자문위원
숙명여자대학교 평생교육원 외래교수
명지대학교 부설 보육교사교육원 외래교수
청강문화산업대학 유아교육과 외래교수
경복대학교 영유아보육학과 외래교수
현 도봉구보육정보센터 조력위원
명지대학교 사회교육원 외래교수
인덕대학교 사회복지학과 외래교수
주은어린이집 원장

〈주요저서 및 논문〉
『영아보육과정』(공저, 정민사, 2010)
『영아교사를 위한 보육프로그램』(공저, 이천시 보육정보센터, 2010)
「어린이집 표준보육과정에 기초한 영아보육프로그램 0세」(공동, 보건복지부, 2013)

길미애

남서울대학교 아동복지학과 학사
한국외국어대학교 교육대학원 유아교육과 석사
전 도봉구보육정보센터 조력위원
세경대학교 유아교육과 외래교수
현 성북구보육정보센터 조력위원
한국보육진흥원 평가인증 심의위원
와이제이 학사고시 운영관리교수
구립 장위3동어린이집 원장

〈주요저서〉
『영아교사를 위한 보육프로그램』(공저, 이천시 보육정보센터, 2010)

표준보육과정과 평가인증지표에 기초한
0·1·2세아 영아보육 프로그램(2판)

2010년 9월 10일 1판 1쇄 발행
2013년 8월 5일 2판 1쇄 발행
2018년 3월 20일 2판 3쇄 발행

지은이 • 김혜금 · 임미정 · 차승환 · 전영희 · 길미애
펴낸이 • 김 진 환
펴낸곳 • (주) 학지사
04031 서울특별시 마포구 양화로 15길 20 마인드월드빌딩 5층
대표전화 • 02) 330-5114　　팩스 • 02) 324-2345
등록번호 • 제313-2006-000265호
홈페이지 • http://www.hakjisa.co.kr
페이스북 • https://www.facebook.com/hakjisabook

ISBN 978-89-997-0146-7 93370

정가 20,000원

이 도서의 국립중앙도서관 출판시도서목록(CIP)은 서지정보유통지원시스템 홈페이지(http://seoji.nl.go.kr)와 국가자료공동목록시스템(http://www.nl.kr/kolisnet)에서 이용하실 수 있습니다.
(CIP제어번호: CIP2013012388)